Die unselbständige Stiftung in der Insolvenz

Schriftenreihe des Centrum
für Deutsches & Europäisches
Insolvenzrecht

Herausgegeben von Stefan Smid, Silke Wehdeking
und Mark Zeuner

Band 13

PL ACADEMIC RESEARCH

Nina Rohrberg-Braun

Die unselbständige Stiftung in der Insolvenz

PL ACADEMIC RESEARCH

Bibliografische Information der Deutschen Nationalbibliothek
Die Deutsche Nationalbibliothek verzeichnet diese Publikation in der Deutschen Nationalbibliografie; detaillierte bibliografische Daten sind im Internet über http://dnb.d-nb.de abrufbar.

Zugl.: Kiel, Univ., Diss., 2016

D 8
ISSN 2194-4881
ISBN 978-3-631-67208-2 (Print)
E-ISBN 978-3-653-06711-8 (E-Book)
DOI 10.3726/978-3-653-06711-8

PL Academic Research ist ein Imprint der Peter Lang GmbH.

Peter Lang – Frankfurt am Main · Bern · Bruxelles · New York · Oxford · Warszawa · Wien

Diese Publikation wurde begutachtet.

www.peterlang.com

Vorwort

Die vorliegende Arbeit wurde im Wintersemester 2014/2015 von der Rechtswissenschaftlichen Fakultät der Christian-Albrechts-Universität zu Kiel als Dissertation angenommen.

Besonderen Dank schulde ich meinem Doktorvater Herrn Prof. Dr. Stefan Smid. Er hat das Thema der Dissertation angeregt, die Erstellung der Arbeit mit wertvollen Anregungen sowie hilfreicher Kritik begleitet und das Erstgutachten zügig erstellt. Auch Herrn Prof. Dr. Jickeli möchte ich für die zeitnahe Erstellung des Zweitgutachtens danken.

Herzlich danken möchte ich auch der Christian-Albrechts-Universität zu Kiel, die mich durch ein Landesgraduiertenstipendium gefördert und mir dadurch ein fokussiertes Arbeiten ermöglicht hat.

Ganz besonders danke ich meinem Mann Dominik, der die Entstehung dieser Arbeit in jeder Hinsicht unterstützt, mich zu einer zeitnahen Bearbeitung ermuntert und damit wesentlich zu der Fertigstellung dieser Arbeit beigetragen hat.

Gewidmet ist diese Arbeit meinen Eltern Helga und Eberhard, die mir in allen Situationen meines Lebens liebevoll zur Seite stehen und den Abschluss der Arbeit stets unterstützt haben. Mein besonderer Dank gilt meinem Vater, der mir das Studium ermöglicht hat.

Inhaltsübersicht

Inhaltsverzeichnis

1. Teil: Strukturanalyse der unselbständigen Stiftung

A. Einführung

Gesetzlicher und stiftungsrechtlicher Ausgangspunkt ist zunächst die selbständige Stiftung i.S.d. §§ 80 ff. BGB. Die hier gegenständliche unselbständige Stiftung hat daneben keinen Eingang ins Gesetz gefunden. Gleichwohl ist sie als die Urform der Stiftungen anerkannt[1] und ihre Bedeutung nicht zu unterschätzen. Ihre Errichtung ist für potentielle Stifter dann attraktiv, wenn die gesetzlich normierte Stiftung den Stifterinteressen nicht gerecht wird. So vor allem, soll lediglich ein geringes Vermögen gestiftet werden und daher die Vorgaben für den Umfang des Stiftungsvermögens der selbständigen Stiftung[2] ebenso wenig eingehalten werden können, wie die gesetzlich geforderte umfassende Stiftungsorganisation und -verwaltung den Interessen des Stiftungswilligen nicht entsprechen.[3] Daneben kann dem Stifter auch die laufende Kontrolle durch die Stiftungsaufsicht missfallen oder er strebt eine mit der selbständigen Stiftung nicht zu erreichende umfassende strukturelle Flexibilität an.[4] Entspricht die selbständige Stiftung, mithin die Errichtung einer juristischen Person, danach nicht der Form, anhand der sich der potentielle Stifter vorstellt sein gemeinnütziges Engagement auszuüben, so bietet die unselbständige Stiftung als klassische Form der Kleinstiftung[5] eine denkwürdige Alternative. Dies vor allem, weil ihre Rechtsform und Errichtungsvoraussetzungen gesetzlich nicht vorgeschrieben sind, sodass sich die mit ihr verbundene Form- und Gestaltungsfreiheit vollständig am Stifterwillen orientieren kann.

In Folge dessen entsteht die unselbständige Stiftung anders als die selbständige Stiftung durch den Abschluss eines Stiftungsgeschäfts zwischen Stifter und Stiftungsträger. Auf Grundlage des Stiftungsgeschäfts überträgt der Stifter das Stiftungsvermögen mit der Verpflichtung, dieses zur dauerhaften Verfolgung eines

1 Gierke, Privatrecht, S. 645; Kohler, ArchBürgR 3 (1890), 228, 277; ausführlich zur Historie Danckwerth, Unselbständige Stiftungen, S. 7 ff.

2 Zwar ist kein festes Mindestkapital vorgeschrieben, doch verlangen die Anerkennungsbehörden eine Vermögensausstattung von 50.000 Euro bis 100.000 Euro, damit die Zweckerfüllung aus den Erträgen des bereitgestellten Vermögens als nachhaltig gesichert erscheint. Rawert, in: Jahreshefte, S. 27, 29; ausführlich zum Diskussionsstand Schwake, NZG 2008, 248 ff. m.w.N.

3 Wochner, ZEV 1999, 125, 126; O. Werner, Stiftung & Sponsoring, Rote Seiten 4/1999, 1, 2; zu den Mindestanforderungen der Stiftungsorganisation bei der selbständigen Stiftung, vgl. Seifert/Campenhausen/*Hof*, Stiftungsrecht, § 8 Rn. 7, 9 ff.

4 Frische, ZSt 2008, (3).

5 Soergel/*Neuhoff*, BGB, Vor § 80 Rn. 32; Wochner, ZEV 1999, 125, 126.

bestimmten Stiftungszwecks zu verwenden, in das Vermögen des Stiftungsträgers.[6] Die dogmatische Einordnung des Stiftungsgeschäfts als vertragliches Rechtsgeschäft zwischen Stifter und Stiftungsträger ist mangels gesetzlicher Regelungen und den hierdurch entstehenden Möglichkeiten zur rechtlichen Verortung Gegenstand lang anhaltender Diskussionen. Die Aussage, die unselbständige Stiftung sei juristisch weder Fisch noch Fleisch, halb Stiftung und halb Vertragszweck,[7] veranschaulicht die Schwierigkeiten ihrer Einordnung in das Rechtssystem.

Seit jeher findet entweder eine Ausgestaltung des Stiftungsgeschäfts als Schenkung unter Auflage oder als Treuhandvertrag statt. Vorweggenommen werden kann an dieser Stelle bereits, dass sich diese Qualifizierungen des Stiftungsgeschäfts Kritik entgegenhalten lassen müssen. Hierbei handelt es sich um ein grundlegendes Problem der Einordnung des Stiftungsgeschäfts als Rechtsgeschäft zwischen Stifter und Stiftungsträger, welches sich bei Betrachtung aus insolvenzrechtlicher Sicht deutlich offenbart. Anknüpfungspunkt ist die Tatsache, dass das Stiftungsvermögen in das Vermögen des Stiftungsträgers übertragen wird und es sich daher anders als bei der selbständigen Stiftung nicht verselbständigt und allein seinem Zweck gehört. Vielmehr stellt es sich als ein Teilvermögen im Gesamtvermögen des Stiftungsträgers dar. Bei Betrachtung der haftungs- und insolvenzrechtlichen Folgen führt die Zuordnung zum Vermögen des Stiftungsträgers dazu, dass das Stiftungsvermögen der Gefahr eines Zugriffs von Stiftungsträger-Gläubigern wegen Forderungen, die in keinem Zusammenhang mit der Stiftungstätigkeit stehen, ausgesetzt ist. Ähnliche Fragestellungen ergeben sich für den Zugriff von privaten Gläubigern des Stifters. Besonders deutlich wird dies bei Eröffnung eines Insolvenzverfahrens über das Vermögen des Stiftungsträgers, weil das Stiftungsvermögen als Teilvermögen in seinem Gesamtvermögen gleichsam mit zur Insolvenzmasse gezogen wird, letztlich der Befriedigung stiftungsfremder Gläubiger dient. Mangels Verselbständigung ist das Stiftungsvermögen, die unselbständige Stiftung, damit stets der Gefahr ausgesetzt für stiftungsfremde Verbindlichkeiten einstehen zu müssen.

Dass eine derartige Haftungssituation weder den Interessen des Stifters an der Förderung des Gemeinwohls noch dem Stiftungsgedanken entspricht, ist offensichtlich. Zuzugeben ist, dass die Fragen der Insolvenz in der Stiftungswirklichkeit (glücklicherweise) nicht in das Zentrum des Stiftungsgeschehens rücken.[8] Gleichwohl lässt sich die Eröffnung eines Insolvenzverfahrens nicht ausschließen, sodass die Einordnung des Stiftungsgeschäfts immer auch die insolvenzrechtlichen Auswirkungen im Blick haben muss. Zu denken ist dabei auch an pflichtwidrig handelnde Stiftungsträger.

---

6 Ebersbach, Stiftungsrecht, S. 172; Staudinger/*Hüttemann/Rawert*, BGB, Vorbem zu §§ 80 ff Rn. 231 m.w.N.

7 Liermann, in: Stiftungswesen, S. 229.

8 K. Schmidt, in: Stiftungsrecht, S. 175, 184 wonach Fragen der Zwangsvollstreckung und der Insolvenz die Praktiker schmunzeln lassen, weil bei Professoren dauernd gehaftet und vollstreckt wird.

Im Rahmen der vorliegenden Arbeit hat eine Strukturanalayse der unselbständigen Stiftung mit Blick auf die insolvenzrechtlichen Konstellationen stattzufinden. Es soll ein Beitrag dazu geleistet werden, die Einordnung des Stiftungsgeschäfts unter Berücksichtigung der zivilrechtlichen Schranken interessengerecht auszugestalten. Dabei ist stets zu berücksichtigen, dass der Gesetzgeber die unselbständige Stiftung bewusst nicht gesetzlich geregelt, sondern es der Rechtswissenschaft überlassen hat, die unselbständige Stiftung mit Hilfe der allgemeinen Regelungen des Schuld- und Erbrechts zu qualifizieren. Insofern besteht jedenfalls die Möglichkeit, das Recht der unselbständigen Stiftung weiterzuentwickeln.

B. Gang der Untersuchung

Der erste Teil der Arbeit betrifft die Darstellung der unselbständigen Stiftung in ihren wesentlichen Strukturen. Dabei geht es zuvorderst um die Voraussetzungen und Anforderungen zur Errichtung einer unselbständigen Stiftung. Im Rahmen dessen erfolgt die Darstellung der Einordnung des Stiftungsgeschäfts als Schenkung unter Auflage und als Treuhandvertrag, gefolgt von der Darlegung der insolvenzrechtlichen Auswirkungen bei Eröffnung eines Insolvenzverfahrens über das Vermögen des Stifters und des Stiftungsträgers. Es ist zu klären, wessen insolvenzrechtliches Schicksal das Stiftungsvermögen nach Errichtung der unselbständigen Stiftung teilt. Die Rechtsfolgen sind dabei vor allem unter Berücksichtigung der Interessen der Stiftungsbeteiligten zu würdigen.

Der zweite Teil der Arbeit beschäftigt sich unter Berücksichtigung der zuvor gefundenen Ergebnisse mit der Frage der Weiterentwicklung der unselbständigen Stiftung hin zu einem insolvenzfesten Sondervermögen in Form eines Rechtsträgers. Dass die bisherige Ausgestaltung des Stiftungsgeschäfts den Interessen der Beteiligten nicht umfassend gerecht wird, wurde in der Einführung bereits deutlich. Aus diesem Anlass werden zahlreiche neue Ansätze in der Literatur zur interessengerechten Ausgestaltung des Stiftungsgeschäfts zwischen Stifter und Stiftungsträger vorgetragen. Grundlage ist dabei stets die Sicherung des Stiftungsvermögens in den insolvenzrechtlichen Gestaltungen. Im Rahmen dessen kommen entsprechend der gesetzlichen Möglichkeiten zur Verselbständigung von Vermögen sowohl die Weiterentwicklung der unselbständigen Stiftung hin zu einer juristischen Person oder hin zu einem rechtsfähigen Gebilde als auch zu einem selbständigen Sondervermögen im Vermögen des Stiftungsträgers in Betracht. Die bisher vorgebrachten Ansätze zur Weiterentwicklung der unselbständigen Stiftung sind zu untersuchen und zu bewerten.

Der dritte Teil der Ausarbeitung basiert auf den vorangegangenen Ergebnissen und verdeutlicht die Anforderungen und Bedürfnisse an die Ausgestaltung des Stiftungsgeschäfts, um die dauerhafte Verfolgung des Stiftungszwecks gewährleisten zu können. Unter Berücksichtigung der zuvor gefundenen Ergebnisse erfolgt die Darstellung eines nach der hier vertretenen Ansicht tauglichen Ansatzes zur Errichtung der unselbständigen Stiftung. Diese Ausgestaltung der unselbständigen Stiftung wird durch die in Betracht kommenden insolvenzrechtlichen

Fallgestaltungen auf ihren Fortbestand, mithin ihre Insolvenzimmunität, hin untersucht und gewürdigt. Im Anschluss erfolgt eine Darstellung der wesentlichen Ergebnisse.

C. Einführung in das Recht der unselbständigen Stiftung

I. Historische Einführung

Die identische Struktur von selbständiger und unselbständiger Stiftung führt zu der Annahme, die unselbständige Stiftung sei im klassischen römischen Recht die Grundform und damit die ältere Form der Stiftung gewesen.[9] Denn bereits in der vorchristlichen Antike traten stiftungsartige Institutionen mit religiöser, sozialer und rechtlicher Bedeutung auf. Hierbei handelte es sich nicht um rechtsfähige Stiftungen, sondern um fiduziarische Stiftungen, da das

gewidmete Vermögen stets einem anderen Rechtssubjekt gehörte.[10] Der Gesetzgeber hat sich bei der Kodifikation des privaten Stiftungsrechts allerdings auf die selbständige Stiftung konzentriert, ohne die unselbständige Stiftung ebenfalls ausdrücklich mit ins BGB aufzunehmen.[11] Sie wurde als eigenständige Form der Stiftung mit eigenem Regelungsbedarf nicht anerkannt.[12] Dabei war man sich bewusst, dass die Mehrzahl aller Stiftungen unselbständige, fiduziarische Stiftungen waren und Stiftungen mit staatlicher Genehmigung die Ausnahme darstellen würden.[13] Es wurde aber davon ausgegangen, die vorhandenen schuld- und erbrechtlichen

9 OLG Stuttgart, NJW 1964, 1231, 1232; Gierke, Privatrecht, S. 645; Kohler, ArchBürgR 3 (1890), 228, 277; Herzog, Die unselbständige Stiftung, S. 16; Schlüter, Stiftungsrecht, S. 220 ff.; Staudinger/*Hüttemann/Rawert,* BGB, Vorbem zu §§ 80 ff Rn. 235; Seifert/Campenhausen/*Hof,* Stiftungsrecht, § 36 Rn. 1; Danckwerth, Unselbständige Stiftungen, S. 7 ff.

10 Ausführlich hierzu und zur weiteren Entwicklung Seifert/Campenhausen/*ders.,* Stiftungsrecht, § 5 Rn. 4 ff.; zur Entwicklungsgeschichte des Stiftungsrechts Staudinger/*Hüttemann/Rawert,* BGB, Vorbem zu §§ 80 ff Rn. 48 ff.

11 Zwar gab es in der Kommission für die zweite Lesung des Entwurfs des BGB einen Antrag, die Regelungen der rechtsfähigen Stiftung entsprechend auf die unselbständige Stiftung anzuwenden, vgl. Achilles/Spahn/Gebhard, Protokolle, Bd. I, S. 606 f., doch fand dieser keine Berücksichtigung. Es wurde davon ausgegangen, eine Schenkung unter Auflage sei üblich, sodass in diesem Zusammenhang diskutiert wurde, ob sie formbedürftig sei, wenn die Auflage eine zweckbestimmte Verwendung des geschenkten Gegenstandes vorsehe und damit letztlich die Errichtung einer fiduziarischen Stiftung bezweckt werde, vgl. Achilles/Spahn/Gebhard, Protokolle, Bd. II, S. 33 f.; zur fehlenden Verortung im BGB Fritsche, ZSt 2008, 3, 5 f.

12 Pleimes, Irrwege, S. 92 f., 96 f.; vgl. Tuhr, Allgemeine Teil, S. 595.

13 Achilles/Spahn/Gebhard, Protokolle, Bd. I, S. 585 f.; OLG Stuttgart, NJW 1964, 1231, 1232.

Regelungen würden ausreichen.[14] So ist bewusst vermieden worden, für fiduziarische Stiftungen eine bestimmte Form vorzuschreiben, um die anzustrebende Förderung idealer Zwecke nicht zu hindern.[15] Dies wurde durch das Reichsgericht bestätigt.[16] Weitere Diskussionen im Rahmen der Reform des Stiftungsrechts in den 60er Jahren haben keine Änderung gebracht.[17] Auch im Rahmen der Reform des Stiftungsprivatrechts von 2002 wurde von einer ausdrücklichen Regelung der unselbständigen Stiftungen abgesehen.[18]

II. Rechtsgrundlagen

Die unselbständige Stiftung findet mangels zivilrechtlicher Gesetzgebungskompetenz der Länder keinen Eingang in landesrechtliche Vorschriften.[19] Indes wird die unselbständige Stiftung regelmäßig in den jeweiligen Gemeinde- und Kommunalordnungen angesprochen,[20] wobei sich die Regelungen allein auf gemeindlich verwaltete Stiftungen beschränken. Allerdings hat die unselbständige Stiftung Eingang in steuerrechtliche Vorschriften gefunden. Nach § 1 Abs. 1 Nr. 5 KStG wird sie als eigenes Steuersubjekt behandelt und ist unbeschränkt körperschaftssteuerpflichtig, mithin körperschaftssteuerlich rechtsfähig.[21] Diese Vorschrift setzt die unselbständige Stiftung jedoch voraus, ohne sie weiter zu definieren, sodass sich hieraus keine Rechtsgrundlage für die unselbständige Stiftung ziehen lässt. Mangels gesetzlicher Definition und Konkretisierung der unselbständigen Stiftung finden vorrangig die

---

14 Mugdan, Materialien, Bd. II, S. 754 f.; Kohler, ArchBürgR 3 (1890), 228, 277, 291; kritisch hierzu Pleimes, Irrwege, S. 92 ff.

15 Achilles/Spahn/Gebhard, Protokolle, Bd. II, S. 34; vgl. Liermann, in: Stiftungswesen, S. 229, 231 f.

16 RGZ 105, 305, 307.

17 Ausführlich Westebbe, Stiftungstreuhand, S. 23 f.; weitergehend Ballerstedt/Salzwedel, in: Verhandlungen, S. 1, 51 f.; Fritsche, ZSt 2008, 3, 5 f.; Staudinger/*Hüttemann/Rawert*, BGB, Vorbem zu §§ 80 ff Rn. 62 ff.

18 BGBl. 2002, Teil 1, S. 2634 f.; BMJ, Bericht Stiftungsrecht, S. 52 f. wonach sich ergibt, dass ein Bedarf für gesetzliche Regelungen nicht begründet ist und die nichtrechtsfähige Stiftung vielmehr aufgrund fehlender spezieller Regelungen eine besondere Flexibilität aufweist und daher gut geeignet ist, auf neue Entwicklungen zu reagieren. Zu den Inhalten der Reform und deren Umsetzung Weitemeyer, in: Law Yearbook, S. 17 ff.

19 Bis zum Außer-Krafttreten erwähnten einige Landesgesetze die unselbständige Stiftung, z.B. § 28 StiftG Sachsen-Anhalt, als eine Vermögensmasse, die vom Stifter zur treuhänderischen Verwaltung auf eine juristische Person übertragen wird. Hierzu Fritsche, ZSt 2008, 3, 6 f.

20 Vgl. z.B. § 96 GO-SH; §§ 96, 101 GO-BW; §§ 97, 100 GO-NRW.

21 Schauhoff/*ders.*, Handbuch, § 6 Rn. 1, § 3 Rn. 181; Hüttemann/Herzog, DB 2004, 1001, 1002 ff.; Augsten/Wolf, ZErb 2006, 155, 160; Strickrodt, Stiftungsrecht, S. 117; Buchna/Seeger/Brox, Gemeinnützigkeit, S. 47.

Normen des Schuld- und Erbrechts Anwendung.[22] Damit obliegt die Aufgabe, die unselbständige Stiftung zu typisieren, der Rechtspraxis.[23]

III. Abgrenzung zur Stiftung mit Rechtspersönlichkeit

Die Unterschiede zwischen der unselbständigen Stiftung und der Stiftung i.S.d. §§ 80 ff. BGB basieren vor allem auf der Einordnung der letztgenannten Stiftung als juristische Person.[24] Als juristische Person entsteht die Stiftung aufgrund einer einseitigen, nicht empfangsbedürftigen Willenserklärung des Stifters.[25] Dieser Stiftungsakt enthält die Erklärung des Stifters, ein bestimmtes Vermögen auf Dauer der Erfüllung der von ihm vorgegebenen Zwecke zu widmen, und die Stiftungssatzung, die die Grundlage der konkreten Stiftung bildet, mithin Zweck und Organisation der Stiftung, konkretisiert.[26] Mit der sodann folgenden staatlichen Anerkennung[27] erlangt die Stiftung Rechtsfähigkeit und wird zur juristischen Person.[28] Die unselbständige Stiftung bedarf hingegen eines rechtsfähigen Trägers, um rechtswirksam handeln zu können.[29] Sie entsteht durch den Abschluss des Stiftungsgeschäfts zwischen Stifter und Stiftungsträger. Bei diesem zweiseitigen Vertrag[30] verpflichtet sich der Stifter zur Übertragung der für die Erfüllung des Stiftungszwecks erforderlichen

---

22 VGH Baden-Württemberg v. 23.6.1955, VRspr. 8, 550 = StiftRSpr. Band. I, S. 11 f., 13; Mugdan, Materialien, Bd. II, S. 754 f.; Kohler, ArchBürgR 3 (1890), 228, 277, 291; Seifert/Campenhausen/*Hof*, Stiftungsrecht, § 36 Rn. 30; Richter, Stiftung & Sponsoring, Rote Seiten 3/2006, 1, 17; Hof/Bianchini-Hartmann/Richter, Stiftungen, S. 277 f.; Buchna/Seeger/Brox, Gemeinnützigkeit, S. 47.

23 So im Ergebnis auch Fritsche, ZSt 2008, 3, 7; Neuhoff, DÖV 1985, (985).

24 Strickrodt, Stiftungsrecht, S. 117.

25 Seifert/Campenhausen/*Hof*, Stiftungsrecht, § 6 Rn. 11; eingehend Muscheler, AcP 203 (2003), 469 ff.

26 Eingehend hierzu MünchKomm/*Reuter*, BGB, §§ 80, 81 Rn. 12 ff., 25 ff.; Seifert/Campenhausen/*Hof*, Stiftungsrecht, § 6 Rn. 3 f., 116 f.

27 Nach allg. Ansicht handelt es sich bei dem Stiftungsgeschäft und der Anerkennung um zwei selbständige Voraussetzungen zur Entstehung der Stiftung, vgl. MünchKomm/*Reuter*, BGB, §§ 80, 81 Rn. 1 f. m.w.N.; über die Anerkennung entscheidet die nach Landesrecht zuständige Behörde durch gebundenen Verwaltungsakt auf Grundlage des § 80 II BGB.

28 Seifert/Campenhausen/*Hof*, Stiftungsrecht, § 6 Rn. 326.

29 Herzog, Die unselbständige Stiftung, S. 18, 29; Werner/Saenger/*Fritsche*, Stiftung, Rn. 833; Danckwerth, Unselbständige Stiftungen, S. 78 f.

30 Allg. Ansicht, vgl. Danckwerth, Unselbständige Stiftungen, S. 34 f.; Ebersbach, Stiftungsrecht, S. 171; Muscheler, in: Jahreshefte, S. 71; Vertragshandbuch/*Hof*, Bd. 1, VIII. 6 Anm. 1, 5; Seifert/Campenhausen/*Hof*, Stiftungsrecht, § 36 Rn. 30; Staudinger/*Hüttemann/Rawert*, BGB, Vorbem zu §§ 80 ff Rn. 239. Andere Ansichten, nach denen kein Vertrag bestehen soll, konnten sich nicht durchsetzen, so Bächstädt, Unselbständige Stiftung, S. 165 f., der einen Vertrag als sachlich nicht begründeten Unterschied zur rechtsfähigen Stiftung ablehnt; Kohler, ArchBürgR 3 (1890), 226, 283, der eine einseitige Kreation annimmt.

Vermögensgegenstände auf den Stiftungsträger. Der Stiftungsträger verpflichtet sich, diese Vermögensgegenstände i.S.d. Stiftungszwecks zu verwalten und einzusetzen. Die unselbständige Stiftung ist damit kein Rechtssubjekt, sondern basiert lediglich auf dem Rechtsverhältnis zwischen Stifter und dem Rechtsträger des zugewendeten, zweckgebundenen Vermögens.[31] Daher unterliegt die unselbständige Stiftung anders als die Stiftung i.S.d. §§ 80 ff. BGB keiner staatlichen Anerkennung und weitergehenden Kontrollen.[32] Eine Abgrenzung der Stiftungen bereitet aufgrund der staatlichen Anerkennung als Voraussetzung zur Entstehung der selbständigen Stiftung keine Schwierigkeiten.[33] Grundsätzlich ist damit eine Stiftung, die ohne staatliche Genehmigung besteht, eine unselbständige Stiftung.

IV. Begriffsbestimmung der unselbständigen Stiftung

Eine allgemeine Definition der Stiftung ist in zivilrechtlichen Normen nicht vorhanden. Dementsprechend bestehen verschiedene Definitionsansätze, die im Wesentlichen durch drei Elemente gekennzeichnet sind: das Vorhandensein eines Stiftungszwecks, das Stiftungsvermögen und eine Stiftungsorganisation.[34] Neben der Stiftung mit Rechtspersönlichkeit i.S.d. §§ 80 ff. BGB ist auch die unselbständige Stiftung als Stiftung anerkannt und zulässig.[35] Der Begriff der Stiftung knüpft daher nicht allein an eine bestimmte Rechtsform an, sondern ist weiter zu fassen und unter zwei Anknüpfungspunkten zu verstehen. Dies ist zum einen der Vorgang, also die zweckgebundene Widmung der Vermögensmasse durch den Stifter und dessen Übertragung auf einen anderen Träger; zum anderen das Ergebnis, also die Stiftung als Einrichtung, die die Aufgabe hat, den Stiftungszweck mit Hilfe des dazu gewidmeten Vermögens auf Dauer zu fördern.[36] Von diesem funktionalen Stiftungsbegriff sind sämtliche Formen der Stiftung, die die wesentlichen Begriffsmerkmale,

---

31 RGZ 105, 305, 306; Ebersbach, Stiftungsrecht, S. 173; Herzog, Die unselbständige Stiftung, S. 18; Hüttemann/Herzog, DB 2004, 1001, 1002.

32 Seifert/Campenhausen/*Hof*, Stiftungsrecht, § 36 Rn. 12; Werner/Saenger/*A. Werner*, Stiftung, Rn. 948; Beckmann, in: Stiftungen, S. 220; Muscheler, in: Jahreshefte, S. 60.

33 Westebbe, Stiftungstreuhand, S. 39; Seifert/Campenhausen/*Hof*, Stiftungsrecht, § 36 Rn. 2.

34 Ebersbach, Stiftungsrecht, S. 15 ff.; Koos, Fiduziarische Person, S. 56; Seifert/Campenhausen/*ders.*, Stiftungsrecht, § 1 Rn. 6, § 2 Rn. 4; Westebbe, Stiftungstreuhand, S. 33, 35; Muscheler, in: Jahreshefte, S. 60 f.; Herzog, Die unselbständige Stiftung, S. 18 f.; Staudinger/*Hüttemann/Rawert*, BGB, Vorbem zu §§ 80 ff Rn. 231, 3 ff.; Soergel/*Neuhoff*, BGB, Vor § 80 Rn. 10, 14, 17.

35 H.M. vgl. nur RGZ 88, 335, 338 f.; OLG Stuttgart, NJW 1964, 1231 f.; Staudinger/*Hüttemann/Rawert*, BGB, Vorbem zu §§ 80 ff Rn. 231; Seifert/Campenhausen/*ders.*, Stiftungsrecht, § 2 Rn. 4; Westebbe, Stiftungstreuhand, S. 33; Muscheler, in: Jahreshefte, S. 60 f.; Soergel/*Neuhoff*, BGB, Vor § 80 Rn. 23; RGRK/*Steffen*, BGB, Vor § 80 Rn. 5.

36 Sog. funktionaler Stiftungsbegriff, Schlüter, Stiftungsrecht, S. 210 ff.; Staudinger/*Hüttemann/Rawert*, BGB, Vorbem zu §§ 80 ff Rn. 3, 32 ff., 270 ff.; Rawert, in: FS

Stiftungszweck, Stiftungsvermögen, Stiftungsorganisation erfüllen, erfasst. Stiftung in diesem Sinne ist damit auch die vorliegende unselbständige Stiftung.[37] Nach dieser Begriffsbestimmung handelt es sich bei der vorliegenden Stiftung um eine Zuwendung von Vermögenswerten durch den Stifter an eine natürliche Person oder an einen anderen mit Rechtsfähigkeit ausgestatteten Stiftungsträger mit der Maßgabe, die übertragenen Werte wirtschaftlich getrennt von seinem Eigenvermögen als Sondervermögen zu verwalten und dauerhaft zur Verfolgung der vom Stifter festgelegten Zwecke zu nutzen.[38] Namentlich in Betracht kommen für die Übernahme der Stiftungsträgerschaft private Träger, selbständige Stiftungen, Vereine, Verbände, Gesellschaften aber auch öffentlich-rechtliche Institutionen wie Universitäten oder Gemeinden.[39]

V. Voraussetzungen

Die konstitutiven Merkmale einer Stiftung, die Dauerhaftigkeit des Stiftungszwecks, das Stiftungsvermögen und die Stiftungsorganisation, sind im Folgenden im Hinblick auf die Errichtung einer unselbständigen Stiftung zu charakterisieren.

1. Stiftungszweck

Dem Stiftungszweck kommt entscheidende Bedeutung und eine zentrale Funktion im Stiftungsrecht zu.[40] Er bezeichnet das Ziel der Stiftungstätigkeit, mithin

---

Hopt, S. 177, 181; Reuter, in: Law Yearbook, S. 65, 68 f.; Seifert/Campenhausen/*ders.*, Stiftungsrecht, § 1 Rn. 1; Soergel/*Neuhoff*, BGB, Vor § 80 Rn. 2.

37 RGZ 88, 335, 339; OLG Stuttgart, NJW 1964, 1231, 1232; OVG NW, DÖV 1985, (983); Bamberger/Roth/*Backert*, BGB, § 80 Rn. 22; Staudinger/*Hüttemann/Rawert*, BGB, Vorbem zu §§ 80 ff Rn. 231; Hauger, Unselbständige Stiftung, S. 7 f.; Seifert/Campenhausen/*Hof*, Stiftungsrecht, § 36 Rn. 3; Schlüter, Stiftungsrecht, S. 21 f.; Weitemeyer, in: Law Yearbook, S. 17, 18.

38 OLG Hamburg NJW-RR 1986, (1305); MünchKomm/*Reuter*, BGB, Vor § 80 Rn. 97; Ebersbach, Stiftungsrecht, S. 173; Liermann, in: Stiftungswesen, S. 229, 232; Staudinger/*Hüttemann/Rawert*, BGB, Vorbem zu §§ 80 ff Rn. 231; Seifert/Campenhausen/*ders.*, Stiftungsrecht, § 2 Rn. 4; Seifert/Campenhausen/*Hof*, Stiftungsrecht, § 36 Rn. 1, 59; Muscheler, in: Jahreshefte, S. 59; Herzog, Die unselbständige Stiftung, S. 26.

39 Seifert/Campenhausen/*Hof*, Stiftungsrecht, § 36 Rn. 59; Soergel/*Neuhoff*, BGB, Vor § 80 Rn. 21; Liermann, in: Stiftungswesen, S. 229, 232; Werner/Saenger/*A. Werner*, Stiftung, Rn. 950; Danckwerth, Unselbständige Stiftungen, S. 47 f.

40 H.M. vgl. nur Ebersbach, Stiftungsrecht, S. 16; Seifert/Campenhausen/*ders.*, Stiftungsrecht, § 1 Rn. 9; Staudinger/*Hüttemann/Rawert*, BGB, Vorbem zu §§ 80 ff Rn. 5; O. Werner, in: Stiftungen, S. 243, 247; nach Koos, Fiduziarische Person, S. 57 bildet der Stiftungszweck den Geist des Stiftungsgebildes, seine Identität. Bei der Stiftung i.S.d. §§ 80 ff. BGB wird der Stiftungszweck auch als die Seele der Stiftung bezeichnet, Liermann, in: Stiftungswesen, S. 153, 154; Strickrodt, Stiftungsrecht, S. 26 „wichtigstes Konstitutionselement".

die Manifestation des Stifterwillens. Der Stifter legt durch den Stiftungszweck die Leitlinien der Stiftungstätigkeit fest, mithin welchen Zwecken die Stiftung dienen und auf welche Art und Weise Förderungen stattfinden sollen. Hierdurch wird dem Stiftungsträger zugleich der notwendige Handlungsspielraum eingeräumt. Das der unselbständigen Stiftung zugewendete Vermögen ist dabei dem Stiftungszweck unterworfen,[41] wird also nur für diese Zwecke eingesetzt.

a) Inhaltliche Anforderungen an den Stiftungszweck

Mangels Anwendbarkeit des § 87 BGB,[42] der für die selbständige Stiftung bestimmt, dass der Stiftungszweck weder unmöglich sein, noch das Allgemeinwohl gefährden darf, folgen inhaltliche Grenzen für die unselbständige Stiftung und die Beschränkung des Stiftungszwecks auf gemeinwohlkonforme Zwecke aus den allgemeinen Regelungen der §§ 134, 138 BGB. Danach darf der Stiftungszweck weder gegen ein gesetzliches Verbot noch gegen die guten Sitten verstoßen.[43] Der Bestimmung des Stiftungszwecks sind damit bereits durch die allgemeinen Vorschriften der §§ 134, 138 BGB Grenzen gezogen. Eine Überlegung bzgl. einer analogen Anwendung des § 87 BGB auf die unselbständige Stiftung erscheint überflüssig. Um die Gemeinwohlkonformität von Anfang an sicherzustellen, bietet es sich an, bei Ausgestaltung des Stiftungsgeschäfts auf die inhaltlichen Anforderungen des § 87 BGB Bezug zu nehmen. Die Anforderungen des § 87 BGB gelten in diesem Fall jedoch nicht direkt, sondern kraft vertraglicher Vereinbarung zwischen Stifter und Stiftungsträger.[44]

b) Dauerhaftigkeit des Stiftungszwecks

In Abgrenzung zu anderen Rechtsinstituten, insbesondere zum Sammelvermögen i.S.d. § 1914 BGB, muss der Stiftungszweck auf Dauer angelegt sein.[45] Mangels gesetzlicher Regelungen ist auch das Merkmal der Dauerhaftigkeit nicht näher

---

41 Seifert/Campenhausen/*Hof*, Stiftungsrecht, § 36 Rn. 7.

42 Speziell zur Anwendung des § 87 BGB: RGZ 105, 305, 307; Seifert/Campenhausen/*Hof*, Stiftungsrecht, § 10 Rn. 66; Westebbe, Stiftungstreuhand, S. 35 f., 177 f.; a.A. für eine analoge Heranziehung des § 87 BGB Palandt/*Ellenberger*, BGB, Vorb v § 80 Rn. 10; Soergel/*Neuhoff*, BGB, Vor § 80 Rn. 30; Buchna/Seeger/Brox, Gemeinnützigkeit, S. 48; tendenziell auch Erman/*O. Werner*, BGB, Vor § 80 Rn. 12.

43 Der gemeinwohlgefährdende Zweck i.S.d. §§ 80 II, 87 BGB ist ein unbestimmter Rechtsbegriff, der durch das einfache Recht näher bestimmt und ausgestaltet wird. Eine Gemeinwohlgefährdung liegt insbes. bei Kollisionen des Stiftungszwecks mit dem einfachen Gesetz und bei Verstößen gegen die verfassungsrechtliche Ordnung vor, vgl. BVerwGE 106, 177, 180; Seifert/Campenhausen/*Hof*, Stiftungsrecht, § 7 Rn. 70; weitergehend Staudinger/*Hüttemann/Rawert*, BGB, § 80 Rn. 28 f., § 87 Rn. 7; Palandt/*Ellenberger*, BGB, § 87 Rn. 1, § 80 Rn. 6; Erman/*O. Werner*, BGB, § 87 Rn. 3.

44 So auch Seifert/Campenhausen/*Hof*, Stiftungsrecht, § 36 Rn. 66; Kaper, Bürgerstiftungen, S. 194.

45 So schon Mugdan, Materialien, Bd. II, S. 754; Soergel/*Neuhoff*, BGB, Vor § 80 Rn. 13; Erman/*O. Werner*, BGB, Vor § 80 Rn. 13.

bestimmt. Eine genaue Definition der Dauerhaftigkeit ist jedoch für die spätere rechtliche Qualifizierung des Stiftungsgeschäfts bedeutsam. Fraglich ist, ob unter Dauerhaftigkeit die Ewigkeit der Verfolgung des Stiftungszwecks zu verstehen ist; Dauerhaftigkeit also in zeitlicher Hinsicht zu sehen ist. So wurde für die unselbständige Stiftung eine Mindestdauer von einem Menschenalter verlangt.[46] Dauerhaftigkeit kann hingegen auch im Sinne von Beständigkeit der Zwecksetzung gegenüber dem Wandel der Verhältnisse verstanden werden.[47] Danach soll die unselbständige Stiftung beständig sein, also nicht in der Art angelegt sein, dass ihr zugrunde liegender Zweck lediglich ein kurzzeitiger, vorübergehender ist, der nur ein zeitlich begrenztes Tätigwerden der Stiftung erfordert.

Erleichtert wird die Einordnung des Begriffs der Dauerhaftigkeit durch eine Abgrenzung der unselbständigen Stiftung zum sog. Sammelvermögen.[48] Letzteres wird von mehreren Personen (Spendern) durch Spenden oder Beiträge für einen bestimmten Zweck aufgebracht und von den Sammlern für diesen Zweck verwendet.[49] Es ist zum Verbrauch bestimmt, sodass der Zweck beim Sammelvermögen nur vorübergehend erfüllt wird, es letztlich am Merkmal der Dauerhaftigkeit fehlt.[50]

Daher geht bei der unselbständigen Stiftung mit der Dauerhaftigkeit der Zweckverfolgung auch der dauerhafte Erhalt des Stiftungsvermögens einher. Ein zeitlich begrenzter Zweck kann damit dauerhaft sein, soweit das Stiftungsvermögen nicht kurzzeitig verbraucht wird oder der Zweck kurzzeitig erreicht werden kann. Der Stiftungszweck muss über einen gewissen Zeitraum bestehen und damit einhergehend das Stiftungsvermögen erhalten bleiben. Dem entspricht der Sinn einer Stiftung, langfristig das Gemeinwohl zu fördern und entsprechend der festgelegten Zwecke zu handeln. Dabei sind jedoch die wandelnden Verhältnisse der Gesellschaft zu berücksichtigen, sodass die ursprüngliche Zwecksetzung ggf. den geänderten Verhältnissen anzupassen ist. Im Rahmen dessen sind vor allem die Wahrung der Identität der Stiftung und der ursprüngliche Wille des Stifters zu berücksichtigen. Einer begrifflichen Gleichsetzung von einem dauerhaften Erhalt und einem ewigen und unvergänglichen Bestand der Stiftung kann nicht gefolgt werden.[51] Dies ist mit dem Wandel der Zeit nicht in Einklang zu bringen.

---

46 Kohler, ArchBürgR 3 (1890), 228, 268; Danckwerth, Unselbständige Stiftungen, S. 29; a.A. Koos, Fiduziarische Person, S. 67.

47 Ebersbach, Stiftungsrecht, S. 16; Seifert/Campenhausen/*ders.*, Stiftungsrecht, § 1 Rn. 9; Soergel/*Neuhoff*, BGB, Vor § 80 Rn. 13.

48 Zum Begriff des Sammelvermögens: Ebersbach, Stiftungsrecht, S. 19; Staudinger/*Hüttemann/Rawert*, BGB, Vorbem zu §§ 80 ff Rn. 296 f.; Erman/*O. Werner*, BGB, Vor § 80 Rn. 13.

49 Ebersbach, Stiftungsrecht, S. 19; Erman/*O. Werner*, BGB, Vor § 80 Rn. 13.

50 Ganz h.M., vgl. Ebersbach, Stiftungsrecht, S. 20; Staudinger/*Hüttemann/Rawert*, BGB, Vorbem zu §§ 80 ff Rn. 298; RGRK/*Steffen*, BGB, Vor § 80 Rn. 6.

51 Schmid, Zuwendungen, S. 103; Bamberger/Roth/*Backert*, BGB, § 80 Rn. 4; Schlüter, Stiftungsrecht, S. 309; Westebbe, Stiftungstreuhand, S. 36; Werner/Saenger/*A. Werner*, Stiftung, Rn. 945; Plodeck, ZSt 2007, 38, 39.

2. *Stiftungsvermögen*

Als unverzichtbare Grundlage stellt das Stiftungsvermögen nicht nur eine elementare Voraussetzung der unselbständigen Stiftung dar, sondern ist zugleich materielle Grundlage für die Verwirklichung des Stiftungszwecks.[52] Das Stiftungsvermögen wird vom Stifter auf den Stiftungsträger – bei beweglichen Gegenständen nach §§ 929 ff. BGB, bei Grundstücken aufgrund §§ 873, 925 BGB bzw. durch die Abtretung von etwaigen Forderungen oder sonstigen Rechten nach §§ 398 ff. BGB – übertragen.

a) *Verwaltung als Sondervermögen*

Der Stiftungsträger hat das Stiftungsvermögen getrennt von seinem übrigen Vermögen zu verwalten.[53] Dabei ist allgemein anerkannt, dass das Stiftungsvermögen im Vermögen des Stiftungsträgers die Stellung eines Sondervermögens erlangt. Zur Gewährleistung dessen ist es erforderlich, diese Verpflichtung des Stiftungsträgers bereits im Stiftungsgeschäft festzulegen.[54] Konkret bedeutet dies, die Verpflichtung des Stiftungsträgers, Konten für das Stiftungsvermögen zu eröffnen und zu führen, die unabhängig von seinen privaten Konten bestehen, sodass eine eigenständige Bilanzführung sichergestellt ist. Eine Vermischung von Eigenvermögen mit den übertragenen Gütern des Stifters, würde eine jederzeitige Feststellung und Verwaltung des Stiftungsvermögens unmöglich machen[55] und ist dabei keineswegs im Interesse des Stifters. Entscheidend ist bei Errichtung einer unselbständigen Stiftung die Erfüllung des Stiftungszwecks durch das hierfür gewidmete Vermögen. Dazu muss eine ordnungsgemäße Trennung der Vermögensmassen im Vermögen des Stiftungsträgers gewährleistet sein.

b) *Umfang des Stiftungsvermögens*

Das Stiftungsvermögen umfasst neben dem vom Stifter übertragenen Vermögen als unantastbaren Teil, sog. Grundstockvermögen, auch Erträge des Grundstockvermögens, sog. Verwaltungsvermögen.[56] Hierunter fallen die Mittel, die mit Hilfe des Grundstocks selbst erwirtschaftet werden, namentlich seine Früchte und Nutzungen, vgl. §§ 99, 100 BGB. Das Grundstockvermögen kann durch Zustiftungen

---

52 Westebbe, Stiftungstreuhand, S. 37; Soergel/*Neuhoff*, BGB, Vor § 80 Rn. 14 m.w.N.

53 Seifert/Campenhausen/*Hof*, Stiftungsrecht, § 36 Rn. 73; O. Werner, Stiftung & Sponsoring, Rote Seiten 4/1999, 1, 10; Ebersbach, Stiftungsrecht, S. 172; Kaper, Bürgerstiftungen, S. 208; Westebbe, Stiftungstreuhand, S. 98; Danckwerth, Unselbständige Stiftungen, S. 84.

54 RGZ 105, 305, 307; Ebersbach, Stiftungsrecht, S. 172; Herzog, Die unselbständige Stiftung, S. 24, 105; Seifert/Campenhausen/*Hof*, Stiftungsrecht, § 36 Rn. 8, 58.

55 Westebbe, Stiftungstreuhand, S. 98.

56 Werner/Saenger/*A. Werner*, Stiftung, Rn. 945; O. Werner, Stiftung & Sponsoring, Rote Seiten 4/1999, 1, 10.

ergänzt werden. Daneben können Zuwendungen, sog. Spenden, erfolgen, die anders als die Zustiftungen nicht der Stärkung des Grundstocks, sondern zum Verbrauch bestimmt sind.[57]

Eine Mindestkapitalausstattung ist bei der unselbständigen Stiftung anders als bei der selbständigen Stiftung nicht erforderlich.[58] Um den Stiftungszweck dauerhaft zu erfüllen, ist sicherlich zu fordern, dass ein gewisses Vermögen vorhanden ist, sodass der Stiftungszweck auch nach Abzug der Aufwendungen verfolgt werden kann. Hinsichtlich der Höhe können jedoch wegen der Verschiedenartigkeit der Stiftungszwecke keine konkreten Angaben gemacht werden.[59] Grundsätzlich sollte das Verhältnis von Stiftungszweck, Stiftungsvermögen und der erforderliche organisatorische Aufwand in einem ausgewogenen Verhältnis zueinander stehen.[60]

c) Einsatz des Stiftungsvermögens

Die übertragenen Vermögenswerte sind zur Verfolgung des Stiftungszwecks einzusetzen. Entsprechend der Vorstellungen des Stifters ist eine Zweckwidmung des Vermögens erforderlich, die die Art und Weise, zu der die übertragenen Vermögenswerte eingesetzt werden sollen, festlegt.[61] Ebenfalls kann dabei die Ausgestaltung der Aufgaben und die Arbeitsweise im Zusammenhang mit der Inanspruchnahme des Vermögens umfassend geregelt werden.[62] Eine konkrete Bestimmung bildet dabei eine Leitlinie bei der Verwaltung des Vermögens[63] und stellt sicher, dass das Stiftungsvermögen für den vom Stifter vorgegebenen Stiftungszweck eingesetzt wird. Unter Berücksichtigung der Dauerhaftigkeit des Stiftungszwecks ergibt sich, dass das Grundstockvermögen grdsl. zu erhalten ist und unangetastet bleibt. Demgemäß erfolgt die Aufgabenerfüllung allein aus den Erträgen und sonstigen Einnahmen der Stiftung.[64]

---

57 Ebersbach, Stiftungsrecht, S. 116; Staudinger/*Hüttemann/Rawert,* BGB, Vorbem zu §§ 80 ff Rn. 265; Seifert/Campenhausen/*Hof,* Stiftungsrecht, § 9 Rn. 19.

58 Schlüter/Stolte, Stiftungsrecht, Kap. 4 Rn. 46. Dies ergibt sich bereits daraus, dass die unselbständige Stiftung keiner Anerkennung einer staatlichen Aufsichtsbehörde bedarf, sodass eine dauerhafte und nachhaltige Erfüllung des Stiftungszwecks nicht überprüft wird.

59 Vgl. Neuhoff, ZSt 2005, 277, 280 zu „Spekulationen über das Stiftungsvermögen".

60 Ebenso Seifert/Campenhausen/*Hof,* Stiftungsrecht, § 36 Rn. 76; Kaper, Bürgerstiftungen, S. 209 f.

61 Herzog, Die unselbständige Stiftung, S. 21, 24; Kaper, Bürgerstiftungen, S. 208; Westebbe, Stiftungstreuhand, S. 203; Seifert/Campenhausen/*Hof,* Stiftungsrecht, § 36 Rn. 139; ausführlich Hüttemann, in: FG Flume, S. 59, 69 mit Beispielen.

62 Findet eine Festlegung nicht statt, so ist der Stifterwille auszulegen und eine bestmögliche Erfüllung des Stiftungszwecks durch den Einsatz des Stiftungsvermögens zu gewährleisten.

63 Hierzu ausführlich Hüttemann, in: FG Flume, S. 59, 69.

64 Seifert/Campenhausen/*Hof,* Stiftungsrecht, § 36 Rn. 4; O. Werner, Stiftung & Sponsoring, Rote Seiten 4/1999, 1, 10 f.; zu weiteren Möglichkeiten, die die Existenz

Hinsichtlich der Anforderungen an die Dauerhaftigkeit des Stiftungszwecks ist fraglich, ob das Stiftungsvermögen, insbesondere das Grundstockvermögen, auch zum Verbrauch bestimmt sein kann, mithin eine sog. Verbrauchsstiftung zulässig ist. Bei einem bloßen Verbrauch des Stiftungsvermögens würde jedenfalls der Stiftungszweck den Anforderungen der Dauerhaftigkeit nicht genügen. Der Verbrauch des Stiftungsvermögens muss daher mit der Dauerhaftigkeit des Stiftungszwecks im Einklang stehen.[65] Ob ein Verbrauch des Stiftungsvermögens oder der Erhalt des Stiftungsvermögens angestrebt wird, ergibt sich i.d.R. aus den Regelungen des Stiftungsgeschäfts, andernfalls ist der Wille der Beteiligten, insbesondere der des Stifters, zu ermitteln. Entscheidend ist der hinter dem Verbrauch stehende Zweck. Ein Wille zum Verbrauch kann etwa vorliegen, wenn der Stiftungszweck im Wiederaufbau von Kulturdenkmälern besteht. Dieser Zweck ist nicht einmalig, sondern erstreckt sich über einen gewissen Zeitraum, ein zeitlich eng befristetes Tätigwerden liegt nicht vor. Da es sich um einen längerfristigen Zweck handelt, die Stiftung also über einen gewissen Zeitraum wirken kann, steht dies mit den Vorgaben über die Beständigkeit und Dauerhaftigkeit des Stiftungszwecks im Einklang. In diesen Fällen handelt sich damit um eine sog. unechte unselbständige Stiftung oder Verbrauchsstiftung.[66]

3. Stiftungsorganisation

Das dritte konstitutive Merkmal der Stiftung, die Stiftungsorganisation, beschreibt das Rechtsverhältnis zwischen Stifter und Stiftungsträger. Sie stellt die erforderliche Verbindung von Stiftungszweck und Stiftungsvermögen dar in Folge dessen der Stiftungsträger die ihm übertragenen Vermögenswerte auch ausschließlich zur Verfolgung des vom Stifter vorgegebenen Stiftungszwecks einsetzt.[67] Die Stiftung besteht im Gegensatz zur Gesellschaft nicht aus einem Personenverband, sondern sie ist mitgliederlos, sodass es an einer verbandsmäßigen Organisation fehlt.[68] Weiterer Unterschied zur Körperschaft ist, dass der Wille des Stifters über die Gründungsphase hinaus wirkt, der Stiftungszweck sich vom Stifter verselbständigt. Eine Körperschaft hingegen hängt vom wandelbaren Willen ihrer Mitglieder ab, ohne die sie auch keinen Bestand hätte.[69]

---

des Grundstockvermögens sicherstellen können vgl. Westebbe, Stiftungstreuhand, S. 203 f.

65 Seifert/Campenhausen/*Hof*, Stiftungsrecht, § 36 Rn. 67; Herzog, Die unselbständige Stiftung, S. 22; Werner/Saenger/*A. Werner*, Stiftung, Rn. 945.

66 Wallenhorst, DStR 2002, 984, 986; Herzog, Die unselbständige Stiftung, S. 22; Werner/Saenger/*A. Werner*, Stiftung, Rn. 945; Erman/*O. Werner*, BGB, Vor § 80 Rn. 12; Staudinger/*Hüttemann/Rawert*, BGB, Vorbem zu §§ 80 ff Rn. 127, § 81 Rn. 57.

67 Ebersbach, Stiftungsrecht, S. 21; Herzog, Die unselbständige Stiftung, S. 24.

68 O. Werner, Stiftung & Sponsoring, Rote Seiten 4/1999, 1, 11.

69 Koos, Fiduziarische Person, S. 53; Seifert/Campenhausen/*ders.*, Stiftungsrecht, § 1 Rn. 7.

a) *Stiftungssatzung*

Die Stiftungsorganisation wird weitgehend in der Stiftungssatzung[70] geregelt und dient gleichzeitig der näheren Ausgestaltung des durch das Stiftungsgeschäft begründeten Rechtsverhältnisses zwischen Stifter und Stiftungsträger. Mangels zivilrechtlicher Vorschriften steht dem Stifter in der Gestaltungsfreiheit ein hohes Maß an Flexibilität zu, sodass er durch die Satzung seinen Einfluss auf die dem Träger obliegende Stiftungsverwaltung nach seinem Ermessen steuern und entsprechend seinem Stifterwillen zum Ausdruck bringen kann. Vor allem werden Zweck und Gemeinnützigkeit der Stiftung, ebenso wie Rechte und Pflichten des Stiftungsträgers, Vorgaben zur Organisation durch den Einsatz von Gremien und dessen Kompetenzen, die Verwaltung und Behandlung des Vermögens und die Satzungsänderung und Beendigung niedergelegt.[71] Konkrete Vorgaben erfolgen im Bereich der Vermögensverwaltung und –einsatz, beispielsweise Regelungen über den Einsatz des Grundstockvermögens durch den Stiftungsträger.[72] Weitere Klärungspunkte sind die Verwendung von Erträgen der Stiftung sowie die Möglichkeiten der Aufstockung des Stiftungsvermögens durch Zustiftungen und Spenden von Dritten.[73] Der Umfang der Handlungsfreiheit des Stiftungsträgers hängt damit entscheidend von der Art und Weise der Ausgestaltung der Stiftungssatzung ab.[74] Die Stiftungssatzung bedarf zu ihrer Wirksamkeit der Einbeziehung in das Stiftungsgeschäft, sodass sie Bestandteil der vertraglichen Vereinbarung wird.[75]

b) *Einsatz von Gremien*

Mangels staatlicher Kontrolle durch die Stiftungsaufsicht i.S.d. § 80 BGB hat der Stifter wegen der zum Teil erheblichen Vermögensübertragung und seinem Anliegen -der dauerhaften Verfolgung des Stiftungszwecks- ein großes Interesse an einer

---

70 Siehe hierzu die Musterbeispiele, Formularbuch/*Rawert,* I. 32; Vertragshandbuch/*Neuhoff,* Bd. 6, XVII. 3; ferner Werner/Saenger/*A. Werner,* Stiftung, Rn. 975 ff.

71 Fritsche, ZSt 2008, 3, 11; Werner/Saenger/*A. Werner,* Stiftung, Rn. 975; Herzog, Die unselbständige Stiftung, S. 69; Wochner, ZEV 1999, 125, 130; ausführlich hierzu Seifert/Campenhausen/*Hof,* Stiftungsrecht, § 36 Rn. 120 ff.; Vertragshandbuch/*Hof,* Bd. 1, VIII. 6 Anm. 6.

72 Soll der Bestand „ewig“ gesichert werden, kann die Entnahme aus dem Vermögen grdsl. verboten werden, sodass die Verfolgung des Stiftungszwecks ausschließlich aus den Erträgen des Grundstockvermögens erfolgt. Vgl. Westebbe, Stiftungstreuhand, S. 204; Seifert/Campenhausen/*Hof,* Stiftungsrecht, § 36 Rn. 140.

73 Westebbe, Stiftungstreuhand, S. 203.

74 Vertragshandbuch/*Neuhoff,* Bd. 6, XVII. 3 Anm. 1.

75 Augsten/Wolf, ZErb 2006, 155, 159; Fritsche, ZSt 2008, 3, 11; Erman/*O. Werner,* BGB, Vor § 80 Rn. 12; vgl. auch das Beispiel in Formularbuch/*Rawert,* I. 30. Aufgrund der Niederlegung von Rechten und Pflichten des Stiftungsträgers kommt ihr Vertragscharakter zu. Noch weitergehend Strickrodt, Stiftungsrecht, S. 119, der von einem „Organisationsvertrag“ spricht. Von einem Organisation- und Rechtsetzungsakt ausgehend Bächstädt, Unselbständige Stiftung, S. 156 f.

kontrollierten Arbeit des Stiftungsträgers. Hierzu kann er verschiedene Gremien[76] zur internen Kontrolle einsetzen, die die Arbeit der Stiftung nahe am Stifterwillen sicherstellen.[77] Dies insbesondere im Hinblick auf eine ordnungsgemäße Verwaltung und Einsetzung des Stiftungsvermögens. Als solches kann ein „Beirat", ein „Stiftungsrat" oder auch ein „Kuratorium" fungieren.[78] Dabei steht es dem Stifter frei, ob und in welchem Umfang die unselbständige Stiftung über ein eigenständiges Gremium verfügen soll.[79]

Die den eingesetzten Gremien zukommenden Kontrollbefugnisse gegenüber dem Stiftungsträger dienen, angelehnt an die Kontrolle der Stiftungsaufsicht bei der selbständigen Stiftung, der Sicherstellung der Erfüllung des Stiftungszwecks durch Überwachung der laufenden Verwaltung.[80] Hauptaufgabe ist die Kontrolle über die Stiftungsverwaltung durch den Stiftungsträger und die Beschlussfassung über die Vergabe der Stiftungsmittel.[81] Auch werden Gremien in der Satzung gewöhnlich mit Informations- und Einsichtsrechten ausgestattet. Die Stellung als Gremienmitglied und die damit zusammenhängenden Rechte und Pflichten stellen zugleich die Grundlage für einen entsprechenden Aufwendungsersatz der Gremienmitglieder, der im Rahmen der Stiftungssatzung festgelegt wird, dar.[82]

Da die Einsetzung im Belieben des Stifters steht, kann sich je nach Ausgestaltung eine andere Aufgabenverteilung, insbesondere eine andere Ausgestaltung der Kontrollaufgaben zwischen Stiftungsträger und den jeweiligen Gremien, ergeben. Die Aufgabenverteilung zwischen Stiftungsträger und einem Gremium muss vom Stifter mit dem Stiftungsträger abgestimmt und in der Stiftungssatzung oder dem Stiftungsgeschäft niedergelegt sein.[83]

---

76 Wegen der fehlenden Rechtspersönlichkeit der unselbständigen Stiftung kann es keine Organe geben, die für die unselbständige Stiftung handeln. Daher ist vorliegend von „Gremien" die Rede.

77 A. Werner, ZSt 2008, 51, 55; Seifert/Campenhausen/*Hof*, Stiftungsrecht, § 36 Rn. 146; Hof/Bianchini-Hartmann/Richter, Stiftungen, S. 292.

78 Vertragshandbuch/*Hof*, Bd. I, VIII. 6 Anm. 13; Formularbuch/*Rawert*, I. 32; Seifert/Campenhausen/*Hof*, Stiftungsrecht, § 36 Rn. 91.

79 Küstermann, ZSt 2008, 161, 163; Seifert/Campenhausen/*Hof*, Stiftungsrecht, § 36 Rn. 91.

80 Wochner, ZEV 1999, 125, 130; A. Werner, ZSt 2008, 51, 54; Seifert/Campenhausen/*Hof*, Stiftungsrecht, § 36 Rn. 90.

81 A. Werner, ZSt 2008, 51, 55.

82 Der Aufwendungsersatz ist durch den Stiftungsträger aus dem Stiftungsvermögen an die Gremienmitglieder zu zahlen. Seifert/Campenhausen/*Hof*, Stiftungsrecht, § 36 Rn. 137; Seyfarth, Unselbstständige Stiftung, S. 68; Herzog, Die unselbständige Stiftung, S. 90.

83 Seifert/Campenhausen/*Hof*, Stiftungsrecht, § 36 Rn. 98; Westebbe, Stiftungstreuhand, S. 87.

VI. Grundlegendes zum Stiftungsgeschäft

1. *Stiftungsgeschäft unter Lebenden*

Die Qualifizierung der Rechtsnatur des Stiftungsgeschäfts ist seit langem Gegenstand zahlreicher Diskussionen. Dabei sind zunächst die beiden grundlegend vertretenen Ansichten zur Qualifizierung des Stiftungsgeschäfts darzustellen.

a) Schenkung unter Auflage

Teilweise wird das Stiftungsgeschäft als Schenkung unter Auflage i.S.d. §§ 516, 525 BGB eingeordnet.[84] Die unentgeltliche Zuwendung wird dabei in der Übertragung des Stiftungsvermögens vom Stifter auf den Stiftungsträger gesehen. Durch die mit der Schenkung verbundene Auflage wird der Stiftungsträger verpflichtet, das ihm übertragene Vermögen zur Verfolgung des vom Stifter vorgegebenen Zwecks zu verwenden und von seinem übrigen Vermögen getrennt zu verwalten. Mit Vollzug der Schenkung wird der Stiftungsträger Eigentümer des Stiftungsvermögens. Der Stifter kann vom Stiftungsträger die Vollziehung der Auflage verlangen, sobald er das Stiftungsvermögen auf den Stiftungsträger übertragen hat, vgl. § 525 Abs. 1 BGB.

b) Treuhandlösung

Nach anderer Ansicht ist das Stiftungsgeschäft zwischen Stifter und Stiftungsträger treuhänderisch ausgestaltet.[85] Das Treuhandrecht wurde innerhalb des BGB zwar nicht ausdrücklich geregelt, ist jedoch in Lehre und Rechtsprechung allgemein anerkannt.[86] Die sog. fiduziarische Treuhand ist eine rechtsgeschäftliche Treuhand und setzt sich aus zwei Geschäften zusammen, der Treuhandabrede als schuldrechtlich verpflichtenden Teil und dem Übertragungsakt als dingliches Element.[87] Der Treuhandvertrag ist dabei je nach Entgeltlichkeit als Auftrag, §§ 662 ff. BGB,

---

84 MünchKomm/*Reuter,* BGB, Vor § 80 Rn. 104 f.; Reuter, in: Stiftungen, S. 203, 217 f.; neuerdings auch Staudinger/*Hüttemann/Rawert,* BGB, Vorbem zu §§ 80 ff Rn. 248; Herzog, Die unselbständige Stiftung, S. 46 ff.; Wochner, ZEV 1999, 125, 127 f., 132; Schlüter, Stiftungsrecht, S. 59 f.; Schlüter/Stolte, Stiftungsrecht, Kap. 4 Rn. 12; dahingehend auch Staudinger/*Chiusi,* BGB, § 525 Rn. 49.

85 Westebbe, Stiftungstreuhand, S. 66 f., 188 f.; O. Werner, Stiftung & Sponsoring, Rote Seiten 4/1999, 1, 7 f.; Erman/*O. Werner,* BGB, Vor § 80 Rn. 12; Uhlenbruck/*Hirte,* InsO, § 11 Rn. 227; Löhnig, Treuhand, S. 324; vgl. auch Heuel, Stiftung & Sponsoring, Rote Seiten 4/2012, 1, 7 wonach im Zweifel ein Treuhandvertrag vorliegt.

86 RGZ 127, 341, 345; BGH, WM 1969, 935 f.; ausführlich zur Entwicklung des Treuhandrechts Coing, Treuhand, S. 28 ff., 40 ff.; Henssler, AcP 196 (1996), 37 f.; Siebert, Treuhandverhältnis, S. 148; Gernhuber, JuS 1988, (355); Kritik bei Löhnig, Treuhand, S. 135 wonach die Treuhand eine Regelung im Recht der Geschäftsbesorgung gefunden habe.

87 Gernhuber, JuS 1988, 355, 356; Coing, Treuhand, S. 85 f.; Henssler, AcP 196 (1996), 37, 47.

oder als Geschäftsbesorgungsvertrag, § 675 BGB, einzustufen.[88] Der Treuhandabrede folgt jedoch lediglich eine vorübergehende Vermögensübertragung[89] in Folge dessen der Treuhänder zwar Eigentümer des Treuguts wird, er jedoch durch die zugrunde liegende Treuhandabrede gegenüber dem Treugeber im Innenverhältnis verpflichtet wird, über das Treugut ausschließlich im Sinne der schuldrechtlichen Abrede zu verfügen.[90] Dem Treuhänder werden nach außen hin also mehr Rechte übertragen, als ihm im Verhältnis zum Treugeber wirtschaftlich zustehen sollen.[91] Vorliegend wird der Stiftungsträger durch die schuldrechtliche Treuhandabrede zur Verwaltung des Stiftungsvermögens und zur Erfüllung des vorgegebenen Stiftungszwecks entsprechend der Vorgaben des Stifters verpflichtet. Bei Einordnung des Stiftungsgeschäfts unter das Treuhandrecht handelt es sich in Abgrenzung zur Sicherungstreuhand um eine sog. Verwaltungstreuhand.[92] Hierbei wird das Treugut durch den Treuhänder fremdnützig für andere Personen oder Zwecke gehalten. Aufgrund der Zweckbindungen nimmt das Treugut innerhalb des Vermögens des Treuhänders eine besondere Stellung als sog. Sondervermögen ein,[93] das er getrennt von seinem persönlichen Vermögen zu halten hat.[94] Der Treuhänder hält damit zwei verschiedene Vermögensmassen, die ihm in gleicherweise zugeordnet sind, wobei er in der Verfügung und Verwendung seines privaten Vermögens frei, hinsichtlich des Sondervermögens jedoch an die Vorgaben aus der Treuhandabrede gebunden ist. Diese Beschränkung ist zwar schuldrechtlich wirksam, § 137 S. 2 BGB, wirkt aber gem. § 137 S. 1 BGB nicht dinglich.[95]

---

88 BGHZ 32, 67, 70 unter Verweis auf RGZ 59, 190, 192; BGH, ZIP 1995, 1860, 1862; NJW 2002, 2459, 2460; Coing, Treuhand, S. 92, 109; Ebersbach, Stiftungsrecht, S. 178; Muscheler, in: Jahreshefte, S. 59, 73; Meyer, in: Stiftungen, S. 228, 231.

89 Muscheler, in: Jahreshefte, S. 59, 74; Staudinger/*Hüttemann/Rawert,* BGB, Vorbem zu §§ 80 ff Rn. 243 f.; MünchKomm/*Reuter,* BGB, Vor § 80 Rn. 99; Gottwald/*ders./ Adolphsen,* Insolvenzrecht, § 40 Rn. 34.

90 Coing, Treuhand, S. 85 f., 161 f.; Hauger, Unselbständige Stiftung, S. 82; Koos, Fiduziarische Person, S. 72; Meyer, in: Stiftungen, S. 228, 229; Westebbe, Stiftungstreuhand, S. 66 f.; Erman/*Berger,* BGB, § 662 Rn. 17, 6; Bitter, Rechtsträgerschaft, S. 5; Siebert, Treuhandverhältnis, S. 146.

91 Reinhardt/Erlinghagen, JuS 1962, (41).

92 Coing, Treuhand, S. 57, 89; Gernhuber, JuS 1988, 355, 356 f.; Ganter, in: FS Kreft, S. 251 f.; Siebert, Treuhandverhältnis, S. 99 f.; Muscheler, in: Jahreshefte, S. 59, 73; Wochner, ZEV 1999, 125, 126.

93 Coing, Treuhand, S. 86; Kötz, Trust, S. 137; Enneccerus/Nipperdey, Allg. Teil, § 132 I, S. 845; Ulmer/Ihrig, GmbHR 1988, 373, 376 f.; zu den verschiedenen Ansätzen einer Begriffsbestimmung der Zweckbindungen vgl. Dauner-Lieb, Sondervermögen, S. 41 f.

94 Kötz, Trust, S. 137; Ebersbach, Stiftungsrecht, S. 172; Seifert/Campenhausen/*Hof,* Stiftungsrecht, § 36 Rn. 73; Kaper, Bürgerstiftungen, S. 208; Westebbe, Stiftungstreuhand, S. 98; Danckwerth, Unselbständige Stiftungen, S. 84.

95 RGZ 99, 142, 143; 153, 366, 368 f.; BGHZ 11, 37, 43; Coing, Treuhand, S. 123, 162; Gaul, in: FS Serick, S. 105, 107; Henssler, AcP 196 (1996), 37, 48.

2. *Stiftungsgeschäft durch Verfügung von Todes wegen*

Daneben kann eine unselbständige Stiftung auch durch Verfügung von Todes wegen mit Hilfe der erbrechtlichen Gestaltungsformen errichtet werden. Für die Errichtung kommen vor allem eine Erbeinsetzung oder die Anordnung eines Vermächtnisses in Betracht.[96] Dies kann durch Testament, §§ 2229 ff. BGB oder durch Erbvertrag, §§ 2274 ff. BGB, erfolgen. In diesen Fällen unterliegt das Stiftungsgeschäft besonderen erbrechtlichen Formvorschriften, vgl. §§ 2247, 2276 BGB. Indes kann die unselbständige Stiftung mangels Rechtsfähigkeit nicht selbst Erbe sein.

a) Errichtung der unselbständigen Stiftung

Setzt der Stifter den Stiftungsträger als Erbe ein,[97] so geht mit dessen Tod das Vermögen nach § 1922 BGB auf den Stiftungsträger über. Die unselbständige Stiftung entsteht dabei unmittelbar mit der Annahme der Erbschaft, § 1942 BGB. Daneben kann der Erblasser zur Errichtung der unselbständigen Stiftung auch den Stiftungsträger als Vermächtnisnehmer i.S.d. §§ 2147 ff. BGB einsetzen.[98] Der Vermächtnisnehmer erhält im Gegensatz zum Erben mit dem Erbfall jedoch nur einen schuldrechtlichen Anspruch gegen die Erben auf Übertragung des Stiftungsvermögens, § 2174 BGB.[99] Die unselbständige Stiftung entsteht sodann mit der Annahme des Vermächtnisses.

Weiter kann die unselbständige Stiftung durch ein Schenkungsversprechen von Todes wegen, § 2301 BGB, errichtet werden. Dabei kommen wegen § 2301 Abs. 2 BGB die schuldrechtlichen Schenkungsvorschriften zur Anwendung, soweit der Schenker die Schenkung durch Leistung des zugewendeten Gegenstandes noch zu Lebzeiten vollzieht.[100]

b) Bindung an den Stiftungszweck

Wie bei der Stiftungserrichtung unter Lebenden ist auch im Fall der Errichtung von Todes wegen erforderlich, dass die notwendige Bindung des Stiftungsträgers an den vom Erblasser vorgegebenen Stiftungszweck hergestellt wird. Als Mittel kommen vor allem die Anordnung eines Vermächtnisses bzw. Untervermächtnisses zugunsten der Destinatäre oder eine Auflage, wonach der Stiftungsträger als Beschwerter

---

96 Ebersbach, Stiftungsrecht, S. 179 f.; Koos, Fiduziarische Person, S. 108; Seifert/Campenhausen/*Hof*, Stiftungsrecht, § 36 Rn. 102; Werner/Saenger/*A. Werner*, Stiftung, Rn. 969; Westebbe, Stiftungstreuhand, S. 75; Wochner, ZEV 1999, 125, 128.

97 Zu den Möglichkeiten der Einsetzung des Trägers als Miterbe, Vorerbe, Nacherbe oder Ersatzerbe vgl. O. Schmidt, ZEV 2003, (316); Werner/Saenger/*A. Werner*, Stiftung, Rn. 968.

98 Zu den Möglichkeiten des Ersatzvermächtnisses, des Vor- und Nachvermächtnisses vgl. O. Schmidt, ZEV 2003, 316, 317.

99 Seifert/Campenhausen/*Hof*, Stiftungsrecht, § 36 Rn. 110; MünchKomm/*Rudy*, BGB, § 2174 Rn. 4 f.

100 Vgl. hierzu Koos, Fiduziarische Person, S. 110; Nieder, BWNotZ 1996, 129, 130 f.; Palandt/*Weidlich*, BGB, § 2301 Rn. 1.

verpflichtet wird, den Nachlass zur Verfolgung und Erfüllung des Stiftungszwecks einzusetzen, in Betracht.[101]

aa) Vermächtnis

Im erstgenannten Fall würden die Destinatäre als Vermächtnisnehmer einen schuldrechtlichen Anspruch gegen den Träger als Beschwerten auf Zuwendung der Stiftungserträge erhalten, §§ 2147 ff. BGB. Dieser Anspruch der Destinatäre gegenüber dem Stiftungsträger ist jedoch aufgrund des Wesens der unselbständigen Stiftung einigen Bedenken ausgesetzt.

Ausgehend von dem Standpunkt, dass den Destinatären grdsl. kein eigenes Forderungsrecht hinsichtlich der Stiftungsleistungen zusteht,[102] ist eine Bindung des Stiftungsträgers an den Stiftungszweck durch ein Vermächtnis zugunsten der Destinatäre bereits aus diesem Grund nicht geeignet.[103] Die Rechtsstellung der Stiftungsdestinatäre steht mit einer Zweckbindung durch Vermächtnis zu ihren Gunsten in Widerspruch.

Damit einhergehend sind bei Anordnung eines Vermächtnisses die §§ 2151, 2152 BGB zu berücksichtigen. Danach kann die Bestimmung der Berechtigten, der Destinatäre, zwar einem Dritten, dem Träger, überlassen werden, der Erblasser muss den Kreis jedoch hinreichend genau bestimmen.[104] Erforderlich hierfür ist, dass alle seine Angehörigen benannt werden können.[105] Die Förderung der Allgemeinheit oder eines nicht bestimmbaren Personenkreises ist mit einem Vermächtnis daher nicht möglich.[106] Diese Bestimmbarkeit divergiert zudem mit den steuerrechtlichen Anforderungen der AO an eine gemeinnützige Stiftung, wonach ihr Steuervergünstigungen nur zukommen, soweit sie i.S.d. § 52 AO die Allgemeinheit fördert.[107] Dies kann mit einem Vermächtnis nicht erreicht werden.

Zudem sind die §§ 2162, 2163 Abs. 2 BGB zu berücksichtigen. Danach wird ein Vermächtnis, das unter einer aufschiebenden Bedingung oder unter Bestimmung eines Anfangstermins angeordnet ist, nach Ablauf von 30 Jahren nach dem Erbfall unwirksam. Nach Ablauf dieser Frist würde das Stiftungsvermögen endgültig an

---

101 Augsten/Wolf, ZErb 2006, 155, 158; O. Schmidt, ZEV 2003, 316, 317 f.

102 Ein eigenes Forderungsrecht der Destinatäre scheidet bereits aufgrund der Unvereinbarkeit mit den steuerrechtlichen Anforderungen an die Gemeinnützigkeit, wonach eine Förderung der Allgemeinheit erforderlich ist, aus, vgl. § 52 AO.

103 Koos, Fiduziarische Person, S. 108; Westebbe, Stiftungstreuhand, S. 75 f.

104 MünchKomm/*Rudy*, BGB, § 2151 Rn. 2; Palandt/*Weidlich*, BGB, § 2151 Rn. 1.

105 BGHZ 121, 357, 361 f.; Muscheler, in: Jahreshefte, S. 59, 70; Palandt/ *Weidlich*, BGB, § 2151 Rn. 2; Staudinger/*Otte*, BGB, § 2151 Rn. 3.

106 Koos, Fiduziarische Person, S. 108; Muscheler, in: Jahreshefte, S. 59, 70; Seifert/Campenhausen/*Hof*, Stiftungsrecht, § 36 Rn. 111; Seyfarth, Unselbstständige Stiftung, S. 57; Werner/Saenger/*A. Werner*, Stiftung, Rn. 969; Staudinger/*Otte*, BGB, § 2151 Rn. 3; Staudinger/*Hüttemann/Rawert*, BGB, Vorbem zu §§ 80 ff Rn. 252.

107 Zu den Anforderungen vgl. Schauhoff/*ders.*, Handbuch, § 6 Rn. 20 ff.; siehe hierzu auch sogleich, 1. Teil, C. VII.

den Treuhänder gehen.[108] Das Vermächtnis ist daher für die Errichtung einer unselbständigen Stiftung wenig geeignet.

bb) Auflage

Die Bindung an den Stiftungszweck kann seitens des Erblassers sowohl im Fall der Erbeinsetzung als auch im Fall des Vermächtnisses durch eine Auflage sichergestellt werden, vgl. §§ 1940, 2192 ff. BGB. Inhalt der Auflage ist dabei die Verpflichtung zur Verfolgung des Stiftungszwecks mit den dafür vorgesehenen Mitteln für die im Stiftungsgeschäft vorgesehene Art und Weise,[109] *ohne* dass eine begünstigte Person ein Recht auf die Leistung erhält, vgl. § 1940 BGB. Die Vollziehung der Auflage durch den Stiftungsträger können gem. § 2194 S. 1 BGB die Erben, der Miterbe sowie derjenige verlangen, dem der Wegfall des Beschwerten unmittelbar zustattenkäme. Die Leistung kann bei der Auflage nach billigem Ermessen bestimmt werden, §§ 2192, 2156 BGB, und dem Beschwerten, dem Stiftungsträger, gem. § 2193 BGB weitgehend überlassen werden, wer durch die Auflage begünstigt wird und welche Leistungen er erhält.[110] Letztlich unterliegt die Auflage im Gegensatz zum Vermächtnis auch keinen zeitlichen Beschränkungen. Damit entspricht die Bindung durch Auflage dem Bild der unselbständigen Stiftung, denn es findet eine Förderung der Allgemeinheit und nicht eines schon bestimmten Personenkreises statt, welchem ggf. noch Forderungsrechte zustehen.

c) Zwischenergebnis

Sowohl bei der Stiftungserrichtung durch Erbeinsetzung als auch bei der durch Vermächtnis kann die Bindung an den Stiftungszweck in Form einer Auflage als auch durch Vermächtnis bzw. Untervermächtnis ausgestaltet werden. Die Bindung des Stiftungsträgers an den vom Erblasser vorgegebenen Stiftungszweck durch ein Vermächtnis entspricht dabei jedoch in der überwiegenden Zahl weder dem Wesen der unselbständigen Stiftung noch den Interessen der Beteiligten.[111] Hingegen lässt sich mit der Anordnung einer Auflage i.S.d. §§ 1940, 2192 ff. BGB die Errichtung einer unselbständigen Stiftung von Todes wegen verwirklichen. Im weiteren Verlauf der Arbeit ist das Stiftungsgeschäft von Todes wegen nur im Hinblick auf die

---

108 Zu den Einzelheiten: Seifert/Campenhausen/*Hof,* Stiftungsrecht, § 36 Rn. 112; weitergehend Westebbe, Stiftungstreuhand, S. 77; Werner/Saenger/*A. Werner,* Stiftung, Rn. 969.

109 Muscheler, in: Jahreshefte, S. 59, 61 f.; Staudinger/*Hüttemann/Rawert,* BGB, Vorbem zu §§ 80 ff Rn. 253; Westebbe, Stiftungstreuhand, S. 79; Werner/Saenger/*A. Werner,* Stiftung, Rn. 970 f.; Wochner, ZEV 1999, 125, 129.

110 Koos, Fiduziarische Person, S. 108 f.; Muscheler, in: Jahreshefte, S. 59, 64; Wochner, ZEV 1999, 125, 129; Staudinger/*Hüttemann/Rawert,* BGB, Vorbem zu §§ 80 ff Rn. 253.

111 Ebenso Koos, Fiduziarische Person, S. 108; Muscheler, in: Jahreshefte, S. 59, 64, 69; Reuter, in: Stiftungen, S. 203, 219; Westebbe, Stiftungstreuhand, S. 75 f.

Zweckbindung durch Auflage weiter zu berücksichtigen. Die Stiftungserrichtung ist damit rechtlich gleich zu behandeln wie die Stiftungserrichtung unter Lebenden in Form der Schenkung unter Auflage.[112]

VII. Berücksichtigung des Steuer- und Gemeinnützigkeitsrechts

Ungeachtet der zivilrechtlichen Rechtsfähigkeit stellt die vorliegende Stiftung nach § 1 Abs. 1 Nr. 5 KStG ein selbständiges Steuersubjekt dar.[113] Ihr Einkommen ist nicht schon bei einem anderen Steuerpflichtigen, dem Stiftungsträger, zu versteuern, vgl. § 3 Abs. 1 KStG. Denn das Stiftungsvermögen besitzt eine wirtschaftliche Selbständigkeit,[114] weil es aus dem Vermögen des Stifters ausgeschieden ist, der Stiftungsträger obligatorisch durch die Auflage[115] bzw. die Treuhandabrede an den Stiftungszweck gebunden ist und das Stiftungsvermögen gesondert von seinem sonstigen Vermögen verwaltet wird.[116] Hinsichtlich der wirtschaftlichen Selbständigkeit wurden kürzlich die Anforderungen konkretisiert.[117] Danach ist erforderlich, dass die unselbständige Stiftung und der Stiftungsträger unterschiedliche Zwecke verfolgen. Ist dies nicht der Fall, so sind eigene Stiftungsgremien erforderlich, die unabhängig vom Stiftungsträger über die Verwendung der Mittel entscheiden können. Bei Annahme der wirtschaftlichen Selbständigkeit werden auch die Erträge des Stiftungsvermögens dem Rechtsträger des Stiftungsvermögens nicht als eigenes Einkommen zugerechnet.[118] Der steuerrechtliche Beginn der unselbständigen Stiftung ist dabei einzelfallabhängig, wobei es entscheidend auf den Zeitpunkt des

---

112 Diese rechtliche Gleichbehandlung von einer Schenkung unter Auflage und der Errichtung von Todes wegen unter einer Auflage sieht Reuter, in: Stiftungen, S. 203, 219 u. a. als Argument für die Einordnung des Stiftungsgeschäfts als Schenkung unter Auflage, sog. „einheitliche Auflagenlösung"; MünchKomm/*Reuter*, BGB, Vor § 80 Rn. 104.

113 OFD Frankfurt, DB 2004, (1016); Schauhoff/*ders.*, Handbuch, § 6 Rn. 1, § 3 Rn. 181; Schwarz/*Krüger*, AO, § 51 Rn. 9, Tipke/Lang/*Hey*, Steuerrecht, § 20 Rn. 4; Seifert/Campenhausen/*Pöllath/Richter*, Stiftungsrecht, § 39 Rn. 5; Buchna/Seeger/Brox, Gemeinnützigkeit, S. 47; bereits Ballerstedt/Salzwedel, in: Verhandlungen, S. 1, 19.

114 RStBl. 1936, 442, 443; BStBl. II 1993, 388, 389; OFD Frankfurt, DB 2012, (204); Hüttemann/Herzog, DB 2004, 1001, 1003; Augsten/Wolf, ZErb 2006, 155, 160.

115 Kritisch hierzu Geibel, in: Law Yearbook, S. 29, 42 weil eine Schenkung eine Bereicherung des Stiftungsträgers voraussetzt und fraglich ist, ob diese als Konstruktionsbaustein für ein steuerrechtssubjektfähiges Zweckvermögen taugen kann.

116 BFH, NVwZ 2003, 1020, 1021; Hüttemann/Herzog, DB 2004, 1001, 1003 f. Bei Vermischung mit dem Eigenvermögen des Stiftungsträgers geht auch die wirtschaftliche Selbständigkeit des Zweckvermögens verloren.

117 OFD Frankfurt, Verfügung v. 30.8.2011 – Az. S 0170 A-41-S. 53; eingehend A. Werner, ZStV 2012, 129 ff.

118 OFD München, ZEV 2003, 239 f.; vgl. Schlüter/Stolte, Stiftungsrecht, Kap. 4 Rn. 15 f. Ausführlich hierzu Hüttemann/Herzog, DB 2004, 1001, 1003 f.

Verlustes der Einflussmöglichkeit des Stifters auf die Stiftung ankommt,[119] sodass dies dann anzunehmen ist, wenn das Vermögen zur Verfolgung der Stiftungszwecke auf den Stiftungsträger übertragen worden ist. Bei der Stiftung von Todes wegen entsteht die unselbständige Stiftung bereits mit dem Erbfall.[120]

Durch die Anerkennung als Steuersubjekt i.S.d. KStG ist die unselbständige Stiftung gemeinnützigkeitsfähig i.S.d. §§ 51 ff. AO in Folge dessen sie bei Verfolgung gemeinnütziger Zwecke von der Besteuerung befreit sein kann, vgl. § 5 Abs. 1 Nr. 9 KStG.[121] Auf die Gemeinnützigkeit des Stiftungsträgers kommt es nicht an.

1. *Anforderungen der Gemeinnützigkeit*

Gemeinnützige Zwecke werden verfolgt, soweit die Tätigkeit der Stiftung darauf gerichtet ist, die Allgemeinheit auf materiellem, geistigem oder sittlichem Gebiet selbstlos zu fördern, vgl. § 52 AO,[122] oder wenn ihre Tätigkeit darauf gerichtet ist, mildtätige und kirchliche Zwecke zu verfolgen, vgl. §§ 53, 54 AO.[123] Der Stiftungszweck muss sich aus der Satzung bzw. dem Stiftungsgeschäft ergeben, den Anforderungen der §§ 52 bis 55 AO entsprechen sowie ausschließlich und unmittelbar verfolgt werden, vgl. §§ 59, 56 f. AO.[124] Dabei ist die tatsächliche Geschäftsführung der Stiftung auf die ausschließliche und unmittelbare Erfüllung der steuerbegünstigten Zwecke und der Satzungsbestimmungen gerichtet, § 63 Abs. 1 AO. Es muss bereits anhand der Satzung geprüft werden können, ob die Voraussetzungen für die Steuervergünstigungen vorliegen, vgl. § 60 AO.[125]

Grdsl. ist die gemeinnützige Stiftung an die Bestimmungen zur Gemeinnützigkeit ihrer Satzung gebunden, sodass bei Verfolgung anderer gemeinnütziger Zwecke ein Verstoß gegen das Gemeinnützigkeitsrecht vorliegt und dies zu einem Verlust der

---

119 BFH, BFH/NV 2012, 786 Nr. 5.

120 BFH, BFH/NV 2012, 786 Nr. 5.

121 OFD München, ZEV 2003, 239 f.; Buchna/Seeger/Brox, Gemeinnützigkeit, S. 47. Zu weiteren Steuerbegünstigungen der unselbständigen Stiftung Augsten/Wolf, ZErb 2006, 155, 160; ausführlich Hof/Bianchini-Hartmann/Richter, Stiftungen, S. 288.

122 Ausführlich mit Abgrenzungen der verschiedenen Förderungsmöglichkeiten und Erläuterung zu den Regelbeispielen Schauhoff/*ders.*, Handbuch, § 6 Rn. 20 f., 25 ff.; ebenso Hof/Bianchini-Hartmann/Richter, Stiftungen, S. 315 ff.

123 Schauhoff/*ders.*, Handbuch, § 6 Rn. 20 f.; zur Erläuterung der Mildtätigkeit und der kirchlichen Zwecke Schauhoff/*ders*, Handbuch, § 6 Rn. 81 ff., 87 ff.; Hof/Bianchini-Hartmann/Richter, Stiftungen, S. 319 ff.

124 Schauhoff/*ders.*, Handbuch, Einl. Rn. 42, § 9 Rn. 1 f. Das Gebot der Ausschließlichkeit verlangt insoweit, dass das Einkommen der gemeinnützigen Körperschaft zwar nicht ausschließlich für die gemeinnützigen Zwecke verwendet werden muss, jedoch lediglich bis zu 1/3 zur Versorgung des Stifters und seiner Angehörigen verwendet werden darf, vgl. § 58 Nr. 5 AO.

125 Erforderlich ist, dass die Stiftungszwecke und die Art ihrer Verwirklichung hinreichend genau bestimmt sind.

Steuerbefreiung führt.[126] Steuervergünstigungen werden daher nur gewährt, solange die dafür vorgesehenen Bindungen beachtet werden.

2. Auswirkungen der Gemeinnützigkeit

Die Anerkennung der Gemeinnützigkeit der unselbständigen Stiftung hat sowohl auf die unselbständige Stiftung selbst als auch auf die Vermögensübertragungen des Zuwendenden Auswirkungen. Der Gesetzgeber hat zuletzt durch das Gesetz zur weiteren Stärkung des bürgerlichen Engagements vom 10.10.2007[127] sowie durch das Gesetz zur Stärkung des Ehrenamtes aus 2013[128] zahlreiche gemeinnützigkeitsrechtliche Vergünstigungen neu gefasst.

a) Folgen für die unselbständige Stiftung

Die Befreiung von der Körperschaftssteuer ergibt sich in Folge der Anerkennung als gemeinnützige Stiftung aus § 5 Abs. 1 Nr. 9 S. 1 KStG.[129] Ebenso findet in diesem Fall eine Befreiung von der Gewerbesteuer, § 3 Nr. 6 S. 1 GewStG, sowie der Grundsteuer, § 3 Abs. 1 Nr. 3 lit. b) GrStG, statt. Zudem kommt lediglich der ermäßigte Umsatzsteuersatz des § 12 Abs. 2 Nr. 8 lit. a) UStG zur Anwendung.[130]

Auch die Vermögensübertragung auf die unselbständige Stiftung als ein anderes Steuersubjekt unterliegt dem Steuerrecht. Betroffen ist die Stiftung vor allem von der Erbschafts- und Schenkungssteuer. Denn diese umfasst Erwerbe von Todes wegen, namentlich Erbeinsetzungen oder Vermächtnisse, als auch Schenkungen unter Lebenden in Form von Spenden.[131] Da sich die unselbständige Stiftung in der Regel durch diese Vermögensmehrungen finanziert, ist diese Steuerpflicht von besonderer Bedeutung. Unter Berücksichtigung des hinter den Zuwendungen stehenden Sinn und Zwecks enthält das ErbStG eine Reihe von Steuerbefreiungen, durch die Zuwendungen an gemeinnützige Einrichtungen privilegiert werden.[132] So sind nach § 13 Abs. 1 Nr. 16 lit. b) ErbStG Zuwendungen, die den gemeinnützigen Zwecken dienen, von der Erbschafts- und Schenkungssteuer befreit. Dies gilt auch für die Zuwendung des Stifters im Rahmen der Errichtung der Stiftung. Voraussetzung im Rahmen der Übertragung des Stiftungsvermögens ist eine entsprechende Widmung, letztlich die Sicherung der Verwendung des Stiftungsvermögens zu dem

---

126 Schauhoff/*ders.*, Handbuch, § 6 Rn. 95 f.

127 BGBl. I 2007, S. 2332. Ausführlich zu den Änderungen Hüttemann, DB 2007, 2053 ff.; Schauhoff/Kirchhain, DStR 2007, 1985 f.

128 BGBl. I 2013, S. 556. Ausführlich zu den Änderungen Hüttemann, DB 2013, 774 ff.

129 Eingehend Liebl, Gemeinnützigkeit, S. 131 f.

130 Augsten/Wolf, ZErb 2006, 155, 160; ausführlich Schlüter/Stolte, Stiftungsrecht, Kap. 7 Rn. 112 ff.; Hof/Bianchini-Hartmann/Richter, Stiftungen, S. 390.

131 Hüttemann, Gemeinnützigkeits- und Spendenrecht, § 9 Rn. 1.

132 Vgl. Hüttemann, Gemeinnützigkeits- und Spendenrecht, § 9 Rn. 1, § 1 Rn. 33 mit dem Hinweis, dass Vermögensmehrungen andernfalls in Steuerklasse III (Steuersatz bis zu 50 v.H.) steuerpflichtig wären.

gemeinnützigen Zweck. Die Steuerbefreiung setzt hingegen nicht voraus, dass das zugewendete Vermögen zu begünstigten Zwecken verwendet wird. Ausreichend ist eine entsprechende Verwendung der Erträge zu diesen Zwecken.[133]

b) Folgen für den Stifter

Darüber hinaus bietet die Anerkennung der Gemeinnützigkeit auch für Zuwendungen an die unselbständige Stiftung durch den Stifter bzw. der Spender Vorteile.[134] Zunächst gelten die Abzugsmöglichkeiten nach § 10b Abs. 1 S. 1 EStG, § 9 Abs. 1 Nr. 2 S. 3 KStG sowie für die Gewerbesteuer aus § 9 Nr. 5 GewStG für alle Arten von Zuwendungen an gemeinnützige Körperschaften. Erfasst ist hiervon wegen § 1 Abs. 1 Nr. 5 KStG iVm § 5 Abs. 1 Nr. 9 KStG auch die gemeinnützige unselbständige Stiftung. Dabei kommt es nicht darauf an, ob die Zuwendung dem Vermögen der Stiftung zugeführt wird oder zeitnah für satzungsmäßige Zwecke verwendet werden soll.

Darüber hinaus wird für Zuwendungen an steuerbegünstigte Stiftungen ein zusätzlicher Höchstbetrag gewährt.[135] Hierfür können im Rahmen des Spendenabzugs über die allgemeinen Höchstgrenzen hinaus zusätzliche Abzugsbeträge gem. § 10b Abs. 1a EStG in Anspruch genommen werden. Die Regelung des § 10b Abs. 1, Abs. 1a S. 1 EStG findet auch auf unselbständige Stiftungen Anwendung.[136] Danach können Zuwendungen in den Vermögensstock der Stiftung über die allgemeinen Höchstgrenzen hinaus bis zu 1 Million Euro über zehn Jahre als Sonderausgaben abgezogen werden.[137] Bei der Gewerbesteuer findet sich eine entsprechende Regelung in § 9 Nr. 5 S. 9 GewStG. Zuwendungen, die nicht für den Vermögensstock, mithin für das Stiftungsvermögen i.S.d. Grundstockvermögen, bestimmt sind, sondern zeitnah verbraucht werden sollen, sind nicht vom erhöhten Spendenabzug des § 10b Abs. 1a EStG erfasst, vgl. § 10b Abs. 1a S. 2 EStG.[138] Entscheidend ist, ob die Spende auf Dauer im Stiftungsvermögen verbleiben soll.[139] Danach stellt jedenfalls die Errichtung der unselbständigen Stiftung durch Übertragung des Stiftungsvermögens

---

133 Seifert/Campenhausen/*Pöllath/Richter,* Stiftungsrecht, § 40 Rn. 20.

134 Eingehend zum Spendenrecht und den Voraussetzungen des Spendenabzugs Liebl, Gemeinnützigkeit, S. 153 f.; Schlüter/Stolte, Stiftungsrecht, Kap. 7 Rn. 195 f.; Staudinger/*Hüttemann/Rawert,* BGB, Vorbem zu §§ 80 ff Rn. 332 f.

135 Stellvertretend für die h.M. Hüttemann/Herzog, DB 2004, 1001, 1006 m.w.N.; Augsten/Wolf, ZErb 2006, 155, 160 m.w.N.; Schlüter/Stolte, Stiftungsrecht, Kap. 7 Rn. 201 f.

136 Hüttemann, Gemeinnützigkeits- und Spendenrecht, § 2 Rn. 61, ausführlich § 8 Rn. 162 f.; Hüttemann, DB 2004, 1001, 1006; eingehend Lex, DStR 2000, 1939, 1941.

137 Hüttemann, DB 2013,774, 777; Hüttemann, DB 2007, 2053, 2056 f.

138 Hüttemann, Gemeinnützigkeits- und Spendenrecht, § 8 Rn. 165 f.; Hüttemann, DB 2007, 2053, 2056 f.

139 Hüttemann, Gemeinnützigkeits- und Spendenrecht, § 8 Rn. 166; Schlüter/Stolte, Stiftungsrecht, Kap. 7 Rn. 202; vgl. Schauhoff/Kirchhain, DStR 2007, 1985, 1987.

in das Vermögen des Stiftungsträgers für den Stifter eine Zuwendung dar, die dem erhöhten Spendenabzug unterliegt.[140]

Daneben enthält das ErbStG eine Reihe von Privilegierungen, wonach Zuwendungen an gemeinnützige Einrichtungen steuerbefreit sind. Bei einer Zuwendung an die Stiftung entfällt nach § 29 Abs. 1 Nr. 4 ErbStG die Erbschafts- und Schenkungssteuer rückwirkend. Die Erbschaftssteuerentlastung tritt bei Weitergabe des Geerbten oder des durch Schenkung erworbenes Gutes innerhalb eines Zweijahreszeitraumes nach dem Erwerb durch Weitergabe an eine steuerbegünstigte Stiftung i.S.d. §§ 52 ff. AO ein.[141] Hierdurch werden ebenfalls steuerliche Anreize für die Errichtung von Stiftungen und damit verbundene Vermögensübertragungen geschaffen. Die Zuwendung kann sowohl an eine bestehende Stiftung als auch in das Vermögen einer neu errichteten Stiftung erfolgen.[142]

3. *Erhaltung des Stiftungsvermögens*

Auch, wenn sich das Anliegen des Stifters, mithin die Ausgestaltung des Stiftungszwecks, vordergründig auf die Förderung der Allgemeinheit erstreckt und die gemeinnützigkeitsrechtlichen Anforderungen damit grundlegend erfüllt sind, so ist der Stiftungszweck daneben auch entsprechend der Absicht des Stifters auf die Erhaltung des Stiftungsvermögens in seinem Bestand gerichtet, um eine dauerhafte Stiftungstätigkeit gewährleisten zu können. Neben der Ertragsverwendung für die Erfüllung des Stiftungszwecks ist daher auch die Vermögenserhaltung erforderlich.[143] Der Erhalt des Stiftungsvermögens widerspricht dabei nicht dem Gebot der gemeinnützigen Mittelverwendung i.S.d. § 55 Abs. 1 Nr. 5 AO, wonach sämtliche Mittel der gemeinnützigen Körperschaft grdsl. zeitnah für die gemeinnützigen Zwecke zu verwenden sind. Von diesem Gebot sind eine Reihe von Ausnahmen zugelassen. So vor allem bei denjenigen Mitteln, die als Vermögensgrundlage, mithin als Ausstattungskapital, dienen sollen, vgl. § 58 Nr. 11 AO, zudem bei Mitteln, die als freie Rücklage i.S.d. § 58 Nr. 7 AO gelten. Durch die gemeinnützigkeitsrechtliche Zulässigkeit der Bildung von Rücklagen, dem zulässigen Ansparen von Mitteln in den Grenzen des § 58 Nr. 7 AO, kann die Existenzgrundlage erhalten bleiben und für die Zukunft gesichert werden,[144] sodass der dauerhafte Bestand der Stiftung jedenfalls nicht durch die Anforderungen der zeitnahen Mittelverwendung gefährdet wird. Da das Grundkapital der Stiftung damit nicht zur Verfolgung der gemeinnützigen Stiftungszwecke eingesetzt werden muss, entstehen zwischen dem stiftungsrechtlichen Grundsatz der Vermögenserhaltung und dem steuerrechtlichen Gebot der zeitnahen Mittelverwendung damit keine Wertungswidersprüche.

---

140 Seifert/Campenhausen/*Pöllath/Richter*, Stiftungsrecht, § 40 Rn. 57; Hüttemann, Gemeinnützigkeits- und Spendenrecht, § 8 Rn. 166.

141 Lex, DStR 2000, 1939, 1943.

142 Hüttemann, DB 2004, 1001, 1007.

143 Schauhoff/*ders.*, Handbuch, § 3 Rn. 126 f.

144 Schauhoff/*ders.*, Handbuch, § 9 Rn. 75 f.

4. Grundsatz der gemeinnützigkeitsrechtlichen Vermögensbindung

Um den Anforderungen des Gemeinnützigkeitsrechts zu entsprechen, muss vor allem der Grundsatz der Vermögensbindung gewahrt werden, vgl. §§ 59, 61 AO. Aus diesem ergibt sich, dass eine satzungsmäßige Vermögensbindung bereits bei Anerkennung der Steuerbefreiung für den Fall der Auflösung oder Zweckänderung vorzusehen ist. Danach ist die Verwendung des Vermögens im Fall der Auflösung, Aufhebung oder des Zweckwegfalls verbindlich zu bestimmen, letztlich weiterhin für steuerbegünstigte Zwecke vorzusehen.[145]

Dabei stellt sich aus stiftungsrechtlicher Sicht zunächst die Frage nach der Vereinbarkeit des Stiftungsgeschäfts als Schenkung unter Auflage bzw. als Treuhandvertrag mit dem Grundsatz der gemeinnützigkeitsrechtlichen Vermögensbindung i.S.d. §§ 55 Abs. 1 Nr. 4, 61 AO. Denn bei einer Qualifizierung des Stiftungsgeschäfts anhand dieser Rechtsgeschäfte sind die schenkungsrechtlichen Rückforderungsansprüche bzw. die Möglichkeit zur Beendigung des Auftrags zu berücksichtigen.

Aus dem Wortlaut des § 55 Abs. 1 Nr. 4 AO folgt, dass das Vermögen, welches den Wert der geleisteten Einlagen übersteigt, für steuerbegünstige Zwecke verwendet werden muss. Aus dem Wortlaut geht hingegen nicht hervor, dass das gesamte Stiftungsvermögen bei Beendigung der Stiftung für einen gemeinnützigen Zweck zu verwenden ist.[146] Der Grundsatz der Vermögensbindung erfasst gem. §§ 55 Abs. 1 Nr. 4, Abs. 3, 61 AO insofern nur das Vermögen der gemeinnützigen Körperschaft, welches in der Zeit der Steuerbegünstigungen gebildet wird.[147] Dies ergibt sich auch aus dem Sinn und Zweck der Norm. Denn der Grundsatz der Vermögensbindung soll sicherstellen, dass Vermögen, das die Körperschaft aufgrund der steuerbegünstigten Tätigkeit erworben hat, auch für steuerbegünstigte Zwecke verwendet wird.[148] Das Stammkapital ist folglich von der Vermögensbindung nach §§ 55 Abs. 1 Nr. 4, 61 AO ausgenommen, sodass die Rechtsfolgen des Schenkungs- als auch des Auftragsrechts zunächst nicht gegen die Anerkennung als gemeinnützige Stiftung sprechen.[149] Aus dem Grundsatz der Vermögensbindung kann damit weder auf das Erfordernis einer

145 Schauhoff/*ders.*, Handbuch, § 6 Rn. 102; Hüttemann, Gemeinnützigkeits- und Spendenrecht, § 4 Rn. 137. Ein Verstoß würde die Anerkennung der Steuerbefreiung verhindern.

146 Zudem würde andernfalls der eingeschobene Nebensatz *„soweit es die eingezahlten Kapitalanteile der Mitglieder und den gemeinen Wert der von den Mitgliedern geleisteten Sacheinlagen übersteigt"* keinen Sinn machen. Sollte das ganze Vermögen für einen gemeinnützigen Zweck verwendet werden, wäre dieser Nebensatz unterblieben.

147 Schwarz/*Krüger*, AO, § 55 Rn. 30, 37; Koos, Fiduziarische Person, S. 113; Wochner, ZEV 1999, 125, 127; a.A. Westebbe, Stiftungstreuhand, S. 142.

148 Hüttemann, Gemeinnützigkeits- und Spendenrecht, § 5 Rn. 176; Buchna/Seeger/Brox, Gemeinnützigkeit, S. 261; Ritter, SB 2011, 43, 45.

149 Schauhoff/*ders.*, Handbuch, § 6 Rn. 102, 103; Augsten/Wolf, ZErb 2006, 155, 159; Seyfarth, Unselbstständige Stiftung, S. 39; Seifert/Campenhausen/*Pöllath/Richter*, Stiftungsrecht, § 43 Rn. 51; Schwarz/*Krüger*, AO, § 55 Rn. 37.

endgültigen Übertragung des Stiftungsvermögens geschlossen werden,[150] noch dass sich aus besagtem Grundsatz eine dauerhafte Übertragung des Stiftungsvermögen auf Grundlage eines Treuhandvertrages ableiten lässt.[151] Ausgehend von seinem Wortlaut ist der Grundsatz der Vermögensbindung damit grdsl. mit den genannten Möglichkeiten zur Qualifizierung des Stiftungsgeschäfts vereinbar.

5. Verstoß gegen die Vermögensbindung

Die Steuerbefreiung entfällt rückwirkend von Anfang an, sollte ein Verstoß gegen die Vermögensbindung i.S.d. §§ 55 Abs. 1 Nr. 4, 61 Abs. 1 AO vorliegen.[152] Relevant wird die Wahrung der Vermögensbindung vor allem im Fall der Auflösung der Stiftung oder bei Wegfall des zugrunde liegenden Zwecks. Ohne die satzungsmäßige Vermögensbindung könnte das steuerbegünstigt gebildete Vermögen ohne weiteres bei einer nachträglichen Aufhebung der Vermögensbindung für nicht gemeinnützige Zwecke verwendet werden.[153] Hierdurch würden missbräuchliche Inanspruchnahmen von Steuervergünstigungen hervorgerufen. Der Grundsatz der Vermögensbindung wird gewahrt, sollte das Vermögen einer anderen steuerbegünstigten Körperschaft bzw. auf einen anderen Stiftungsträger für steuerbegünstigte Zwecke übertragen werden. Danach kann auch der Spender grdsl. davon ausgehen, dass die Zuwendung auch im Fall der Auflösung der Körperschaft zu einem gemeinnützigen Zweck verwendet wird.[154] Hierfür ist bereits bei Errichtung der unselbständigen Stiftung eine satzungsmäßige Bestimmung erforderlich, aus der die Benennung eines begünstigten Anfallberechtigten für den Fall ihrer Auflösung folgt, vgl. §§ 59, 61 AO.[155]

Entspricht die satzungsmäßige Vermögensbindung nicht den Anforderungen des § 55 Abs. 1 Nr. 4 AO, so gilt die unselbständige Stiftung aufgrund der Verletzung der Vermögensbindung gem. § 61 Abs. 3 S. 1 AO von Anfang an als steuerlich nicht ausreichend mit der Folge des rückwirkenden Entfalls der Steuerbefreiung.[156] Nach § 61 Abs. 3 S. 2 AO ist in diesem Fall § 175 Abs. 1 S. 1 Nr. 2 AO mit der Maßgabe

---

150 Seyfarth, Unselbstständige Stiftung, S. 39; Schauhoff/*ders.*, Handbuch, § 6 Rn. 103; a.A. Schlüter, Stiftungsrecht, S. 60; Herzog, Die unselbständige Stiftung, S. 45; Reuter, in: Stiftungen, S. 203, 211; Rawert, in: FS Hopt, S. 177, 184.

151 So jedoch Westebbe, Stiftungstreuhand, S. 142; zu Recht hiergegen Reuter, in: Stiftungen, S. 203, 211; MünchKomm/*Reuter*, BGB, Vor § 80 Rn. 98.

152 Seifert/Campenhausen/*Pöllath/Richter*, Stiftungsrecht, § 42 Rn. 23 f.; Ritter, SB 2011, 43, 45.

153 Hüttemann, Gemeinnützigkeits- und Spendenrecht, § 4 Rn. 146.

154 Roth, Insolvenz Steuerrecht, Rn. 3.74.

155 Wallenhorst/Halaczinsky/*Wallenhorst*, Besteuerung, Kap. C Rz. 196; Buchna/Seeger/Brox, Gemeinnützigkeit, S. 261.

156 Tipke/Kruse/*Seer*, AO, § 61 Rn. 4; Schwarz/*Krüger*, AO, § 61 Rn. 3.

anzuwenden, dass eine Nachversteuerung für die letzten 10 Jahre möglich ist.[157] Im Fall der rückwirkenden Besteuerung ist letztlich so zu verfahren, als sei die unselbständige Stiftung von Anfang an uneingeschränkt steuerpflichtig gewesen.

6. *Zwischenergebnis*

Die Ausführungen zeigen, dass sowohl die unselbständige Stiftung bei Verfolgung gemeinnütziger Stiftungszwecke als auch der Stifter durch zahlreiche Steuervergünstigungen privilegiert wird. Dabei sind auch nach Anerkennung der Gemeinnützigkeit die gemeinnützigkeitsrechtlichen Anforderungen einzuhalten. Etwaige Verstöße können zum Verlust der Steuerbegünstigungen bzw. sogar zum rückwirkenden Entfall der Steuerbegünstigung mit der Folge der Nachversteuerung führen.

VIII. Praktische Bedeutung der unselbständigen Stiftung

Mangels staatlicher Anerkennung und Eintragung bestehen keine verbindlichen Zahlen über den tatsächlichen Bestand der unselbständigen Stiftungen. Indes können die Vorteile der Errichtung einer unselbständigen Stiftung ihre praktische Bedeutung verdeutlichen.

1. *Vorteile der Errichtung einer unselbständigen Stiftung*

Da die selbständige Stiftung in den §§ 80 ff. BGB samt ihrer Voraussetzungen geregelt ist, könnte der Eindruck entstehen, für den potentiellen Stifter sei es einfacher, sich an die gesetzlichen Vorgaben bei der Stiftungserrichtung zu halten und so etwaige Schwierigkeiten und Rechtsunsicherheiten bei der Stiftungserrichtung zu vermeiden. Tatsächlich jedoch bestehen gegenüber der Stiftungsaufsicht einige Vorbehalte, sodass auch bei großen Stiftungsvermögen teilweise die nicht normierte Stiftung der Stiftung i.S.d. §§ 80 ff. BGB vorgezogen wird.[158] Die Vorteile der unselbständigen Stiftung folgen vor allem aus der Abgrenzung gegenüber der selbständigen Stiftung und aus ihren Entstehungsvoraussetzungen.

Liegen die Voraussetzungen zur Anerkennung der selbständigen Stiftung nicht vor, so kann der Stifter gleichwohl eine unselbständige Stiftung errichten.[159] Zudem ist aus zeitlicher Sicht zu berücksichtigen, dass die unselbständige Stiftung mangels Anerkennungsverfahren bereits mit Abschluss des Stiftungsgeschäfts entsteht und

---

157 Tipke/Kruse/*Seer*, AO, § 61 Rn. 4 f.; Schwarz/*Krüger*, AO, § 61 Rn. 3; Wallenhorst/Halaczinsky/*Wallenhorst*, Besteuerung, Kap. C Rz. 236; Buchna/Seeger/Brox, Gemeinnützigkeit, S. 263.

158 Reuter, in: FS Hadding, S. 231, 246; Muscheler, ZRP 2000, 390, 392 spricht von Flucht in die Ersatzformen der Stiftung i.S.d. §§ 80 ff. BGB, namentlich die unselbständige Stiftung.

159 Hier sind grdsl. die Grenzen der §§ 134, 138 BGB zu berücksichtigen, vgl. Liermann, in: Stiftungswesen, S. 234 f. Im Umkehrschluss bedeutet dies, dass jede nicht genehmigte Stiftung eine unselbständige Stiftung ist.

die Stiftungstätigkeit aufgenommen werden kann. Die Errichtung kann damit nicht nur kurzfristig und unabhängig von vorgegebenen Errichtungsvoraussetzungen erfolgen, sondern ist mangels staatlicher Mitwirkung auch entsprechend einfacher möglich.

Ein weiterer, erheblicher Vorteil besteht darin, dass die unselbständige Stiftung als sog. Kleinstiftung[160] oftmals den Interessen des Stifters besser gerecht wird. In Fällen, in denen nur ein geringer Betrag als Stiftungsvermögen eingesetzt werden soll, wäre die selbständige Stiftung samt ihren Voraussetzungen zur Entstehung als juristische Person zu komplex und würde den Voraussetzungen an die Höhe des Stiftungsvermögens nicht entsprechen.[161] Auch die Bildung eines Vorstandes nach § 81 Abs. 1 S. 3 Nr. 5 BGB ist mit weiteren Kosten für den Personaleinsatz und einer evtl. dazukommenden Überwachung des Vorstandes durch weitere Organe verbunden. Die Vermögensausstattung der unselbständigen Stiftung beruht allein auf der Vereinbarung zwischen Stifter und Stiftungsträger. In Fällen, in denen nur ein geringes Stiftungskapital zur Verfügung steht, ist die unselbständige Stiftung daher die geeignete Alternative. Zudem bieten Stiftungsgeschäft und -satzung ein hohes Maß an Gestaltungsfreiheit für den Stifter und den Stiftungsträger. Durch jederzeitige Änderungsmöglichkeiten weist die unselbständige Stiftung gegenüber der selbständigen Stiftung eine hohe Flexibilität auf und bietet den Vorteil, dass auch hier lange Verwaltungsprozesse vermieden werden.[162] Die unselbständige Stiftung ist vor allem zu Lebzeiten des Stifters attraktiv, wenn er auf die Stiftungsarbeit Einfluss nehmen oder aber, wenn er sich nachträgliche Anpassungsmöglichkeiten erhalten möchte.[163] Dabei kann die Stiftungssatzung insbesondere an laufende Entwicklungen angepasst werden.

Die unselbständige Stiftung erlangt auch als sog. Vor-Stiftung zur Errichtung einer selbständigen Stiftung an Bedeutung.[164] Will der Stifter eine Stiftung mit

---

160 Soergel/*Neuhoff*, BGB, Vor § 80 Rn. 32; Wochner, ZEV 1999, 125, 126; Seifert/Campenhausen/*ders.*, Stiftungsrecht, § 2 Rn. 5; Liermann, in: Stiftungswesen, S. 229, 235.

161 Vgl. Rawert, in: Jahreshefte, S. 27, 29 wonach Stiftungen kaum Aussicht auf Anerkennung haben, wenn ihr Grundstockvermögen einen Betrag von 50.000 Euro bis 100.000 Euro unterschreitet, wobei diese Grenze eher zu niedrig als zu hoch bemessen ist; ausführlich zum Mindestkapital Schwake, NZG 2008, 248 ff.

162 Bei der selbständigen Stiftung sind Satzungsänderungen nur unter bestimmten Voraussetzungen zulässig und bedürfen zumeist der Genehmigung durch die Aufsichtsbehörde, vgl. z.B. § 5 II StiftG-SH; § 6 StiftG-BW; Werner/Saenger/*Nissel*, Stiftung, Rn. 235 f.; MünchKomm/*Reuter*, BGB, § 85 Rn. 2 ff., § 87 Rn. 13; Pues/Scheerbarth, Stiftungen, S. 85 f., 92. Grdsl. gilt es zwischen einvernehmlichen und einseitigen Änderungen zu unterscheiden, ausführlich hierzu Happ, Stifterwille, S. 174 ff., 201 ff.

163 Heuel, Stiftung & Sponsoring, Rote Seiten 4/2012, 1, 4.

164 Eingehend Möller, ZEV 2007, 565 ff.; O. Werner, ZSt 2008, 58, 59 f.; Küstermann, ZSt 2008, 161, 167.

Rechtspersönlichkeit errichten, fehlt jedoch noch das notwendige Stiftungskapital, kann er zunächst eine unselbständige Stiftung errichten, sodass die Stiftungstätigkeit vorzeitig aufgenommen werden kann.[165] Die unselbständige Stiftung wird in diesem Fall „auf Zeit" gegründet.[166] Liegen die Voraussetzungen zur Errichtung einer selbständigen Stiftung zu einem späteren Zeitpunkt vor, kann er die unselbständige Stiftung in eine selbständige Stiftung umwandeln. Dies bietet den Vorteil, dass in dieser Zeit Zustiftungen und Spenden angenommen werden können, um Kapital für die selbständige Stiftung aufzubauen.[167] Darüber hinaus sei angemerkt, dass die Errichtung einer unselbständigen Stiftung für den Stifter in steuerrechtlicher Hinsicht aufgrund ihrer Anerkennung als eigenständiges Steuerrechtssubjekt genauso viele Vorteile bietet wie die Stiftung i.S.d. §§ 80 ff. BGB.[168]

2. *Tatsächlicher Bestand unselbständiger Stiftungen*

Um Aussagen über den tatsächlichen Bestand der unselbständigen Stiftungen treffen zu können, ist mangels eines Stiftungsverzeichnisses der unselbständigen Stiftungen einzig eine Orientierung an den Bestandszahlen der selbständigen Stiftung möglich. Lediglich die unselbständigen Stiftungen in öffentlicher Trägerschaft werden im jeweiligen Haushalt ausgewiesen. Auch über die unselbständigen Stiftungen, die als gemeinnützige Steuersubjekte qualifiziert und bei der Finanzverwaltung erfasst sind, bestehen aufgrund des Steuergeheimnisses keine Bestandszahlen.[169]

Grdsl. kann eine unselbständige Stiftung aufgrund der genannten Vorteile[170] schneller und unkomplizierter errichtet werden als die Stiftung i.S.d. §§ 80 ff. BGB, sodass demgemäß auch die Anzahl der unselbständigen Stiftungen die der Selbständigen überschreiten dürfte.[171] Zum 31.12.2012 gab es 19.551 rechtsfähige Stiftungen

---

165 Strickrodt, Stiftungsrecht, S. 118; Werner/Saenger/*A. Werner,* Stiftung, Rn. 949; Seifert/Campenhausen/*Hof,* Stiftungsrecht, § 36 Rn. 68; Vertragshandbuch/*Hof,* Bd. 1, VIII. 6 Anm. 2.

166 Werner/Saenger/*A. Werner,* Stiftung, Rn. 949.

167 Seyfarth, Unselbstständige Stiftung, S. 19.

168 Dies betrifft vor allem die Gewährung des Spendenabzugs für den Stifter i.S.d. § 10b EStG. Vgl. Heuel, in: Jahreshefte, S. 127, 130; zu den Einzelheiten vgl. bereits 1. Teil, C. VII. 2. b).

169 Werner/Saenger/*Mecking,* Stiftung, Rn. 115.

170 Indes sei auch auf die Bedenken gegen die Errichtung einer unselbständigen Stiftung hingewiesen. So kann die Vertragsfreiheit auch Nachteile, insbes. Unsicherheiten beim zugrunde liegenden Vertragsverhältnis nach sich ziehen, weil grdsl. die Gefahr besteht, dass streitige Punkte nicht abschließend geklärt werden und die effektive Stiftungsarbeit beeinträchtigt wird. Darüber hinaus bedarf es für die Ausgestaltung der Stiftungsorganisation und der Überwachung des Stiftungsträgers detaillierter Regelungen. Unsicherheiten ergeben sich zudem beim Wegfall des Stiftungsträgers.

171 Vgl. bereits Muscheler, in: Jahreshefte, S. 59, 61 wonach 2007 ca. 14.000 selbständige Stiftungen bestanden und von einer vielfach höheren Zahl unselbständiger

in Deutschland.[172] Im Jahr 2012 wurden 645 rechtsfähige Stiftungen errichtet. In den Jahren zuvor wurden jährlich zwischen 800 und 1100 neue rechtsfähige Stiftungen errichtet.[173] Diese Zahlen können eine Indizwirkung auch für die Bestandszahlen der unselbständigen Stiftungen haben. Augenmerk ist darauf zu richten, dass die Neuerrichtung der rechtsfähigen Stiftungen seit 2007 stets rückläufig ist. Dies könnte vor allem damit zu begründen sein, dass die unselbständige Stiftung bei potentiellen Stiftern aufgrund genannter Vorteile deutlich an Attraktivität gewonnen hat. Dennoch besteht bei den unselbständigen Stiftungen in privatrechtlicher Trägerschaft eine große Dunkelziffer, die mangels eines bestehenden Verzeichnisses nicht näher eingegrenzt werden kann. Daher kann lediglich eine Orientierung an den Bestandszahlen der selbständigen Stiftung erfolgen und als taugliche Größenordnung herangezogen werden.

De lege ferenda wäre jedoch ein Stiftungsverzeichnis auch für unselbständige Stiftungen durchaus sinnvoll und wünschenswert. Hierdurch wäre es möglich, verlässliche Bestandszahlen über die unselbständigen Stiftungen zu erhalten, um deren Entwicklungen dokumentieren zu können. Wesentliches Argument ist jedoch, dass dem Schutz des Rechtsverkehrs aufgrund der sich durch das Stiftungsverzeichnis ergebenden Publizität hinreichend Rechnung getragen würde. Bisher fehlt es an einer entsprechenden Transparenz hinsichtlich der Tätigkeiten der unselbständigen Stiftung und ihrer Verwaltung durch die Treuhänder.[174] Für potentielle Spender dient ein Stiftungsverzeichnis zur Information über die vorhandenen unselbständigen Stiftungen, die zugrunde liegenden Stiftungszwecke und Förderungsmöglichkeiten. Auch potentielle Stifter könnten sich durch eine entsprechende Auflistung vorhandener Stiftungsträger über die von ihnen verwalteten unselbständigen Stiftungen informieren in Folge dessen die Suche nach einen geeigneten und qualifizierten Stiftungsträger für geneigte Stifter erheblich erleichtert würde. Damit einhergehend könnte ein Beitrag zur Bekämpfung unseriöser Geschäftspraktiken[175] geleistet und der Schutz der Stifter durch entsprechende Transparenz verstärkt werden. Ein

---

Stiftungen ausgegangen wird; Küstermann, ZSt 2008, (161); Wigand/Heuel/Stolte/Haase-Theobald, Stiftungen, S. 23 sprechen davon, dass die Zahl der unselbständigen Stiftungen gegenüber den selbständigen Stiftungen bei weitem größer sein dürfte; ebenso Wigand/Heuel/Stolte/Haase-Theobald, Stiftungen, S. 5 (Vorwort) wonach neben jeder neu errichteten selbständigen Stiftung mindestens zwei bis drei Treuhandstiftungen errichtet werden; Neuhoff, ZSt 2005, 277, 278 f. m.w.N. spricht von ca. 10.000 unselbständigen Stiftungen im Jahre 2005; Fritsche, ZSt 2008, (3).

172 Statistiken abrufbar beim Bundesverband Deutscher Stiftungen: www.stiftungen.org.

173 Statistiken abrufbar unter www.stiftungen.org; s. Tabelle bei Werner/Saenger/*Mecking*, Stiftung, Rn. 119.

174 Vgl. auch Heuel, Stiftung & Sponsoring, Rote Seiten 4/2012, 1, 2 f.

175 Vgl. Winheller, Stiftung & Sponsoring 4/2012, 16 f. über schmutzige Geschäfte mit Treuhandstiftungen.

Stiftungsverzeichnis würde damit insgesamt eine nicht unerhebliche Informationsfunktion einnehmen und dazu beitragen, dass die unselbständige Stiftung in der Öffentlichkeit auch weiterhin verstärkt an Zuspruch und Vertrauen gewinnt.

3. Zwischenergebnis

Die genannten Vorteile der unselbständigen Stiftung zeigen, dass sie, ähnlich wie die selbständige Stiftung, große praktische Bedeutung hat. Vor- und Nachteile gibt es letztendlich sowohl bei der selbständigen als auch bei der unselbständigen Stiftung, sodass keine generelle Aussage zu der vorzugswürdigen Art der Stiftungserrichtung getroffen werden kann. Abhängig von den Interessen des Stifters kann die unselbständige Stiftung gegenüber der selbständigen Stiftung erhebliche Vorteile besitzen und durchaus eine Alternative zur selbständigen Stiftung darstellen. Die Entscheidung des Stifters zur Wahl der Stiftungsform dürfte keine bewusste Entscheidung gegen die Rechtsfähigkeit sein, sondern basiert auf praktischen Erwägungen, insbesondere darauf, ob dieser die größere Gestaltungsfreiheit einhergehend mit einer fehlenden staatlichen Aufsicht bevorzugt.[176] Die Entwicklung der Stiftungslandschaft sowie die Vorteile der unselbständigen Stiftung verdeutlichen die Aktualität und die praktische Bedeutung der unselbständigen Stiftung.

D. Konkretisierung des Stiftungsgeschäfts

Das Stiftungsgeschäft der unselbständigen Stiftung lässt sich weder bedenkenlos als Schenkung unter Auflage noch als Treuhandvertrag qualifizieren. Beide Ansätze bergen mehr oder weniger erhebliche Kritikpunkte, die in der Literatur Gegenstand langanhaltender und zahlreicher Diskussionen sind. Teilweise wird auch vertreten, das Stiftungsgeschäft könne je nach Ausgestaltung sowohl als Schenkung unter Auflage als auch als Treuhandvertrag qualifiziert werden.[177] Im Folgenden sind diese grundlegenden Ansätze unter Berücksichtigung der konstitutiven Merkmale der unselbständigen Stiftung auf ihre Konformität hin zu untersuchen.

---

176 Vgl. Soergel/*Neuhoff*, BGB, Vor § 80 Rn. 31; Vertragshandbuch/*Neuhoff*, Bd. 6, XVII. 1 Anm. 7 (1) unter Berufung auf BadWürttVGH (Karlsruhe), VerwRspr. 8, 553; vgl. Seifert/Campenhausen/*ders.*, Stiftungsrecht, § 2 Rn. 5.

177 OLG Oldenburg, Urt. v. 18.11.2003 mit Anm. Plodeck, ZSt 2007, 38, 40 f.; Ebersbach, Stiftungsrecht, S. 172; Seifert/Campenhausen/*Hof*, Stiftungsrecht, § 36 Rn. 30; Wochner, ZEV 1999, 125, 126; Liermann, in: Stiftungswesen, S. 229, 236 ff.; dahingehend auch Schlüter/Stolte, Stiftungsrecht, Kap. 4 Rn. 26 f.; ebenfalls noch Staudinger/*Rawert*, BGB, 1995, Vorbem zu §§ 80 ff Rn. 158 ff., der diese Ansicht zugunsten der Auflagenschenkung aufgegeben hat; nunmehr Staudinger/*Hüttemann/Rawert*, BGB, Vorbem zu §§ 80 ff Rn. 242 f., 248; Werner/Saenger/*Werner*, Stiftung, Rn. 953, wonach der Parteiwille entscheidend sei.

I. Schenkung unter Auflage

Die dogmatische Einordnung des Stiftungsgeschäfts als Schenkung unter Auflage kann nur erfolgen, soweit die Anforderungen an das Stiftungsgeschäft denen der §§ 516, 525 BGB entsprechen.[178] Dabei ergeben sich vor allem im Hinblick auf das Erfordernis einer unentgeltlichen Zuwendung, dem Vorliegen einer Bereicherung auf Seiten des Stiftungsträgers sowie aufgrund der schenkungsrechtlichen Rückforderungsansprüche seitens des Stifters Schwierigkeiten.

1. Unentgeltlichkeit der Zuwendung

Die Einigung der Parteien über die Unentgeltlichkeit der Zuwendung verlangt, dass die Zuwendung nach dem Inhalt des Rechtsgeschäfts weder von einer Gegenleistung rechtlich abhängt noch sonst zur Tilgung einer Verbindlichkeit bestimmt ist.[179] An der Unentgeltlichkeit ist aufgrund der Leistung des Stiftungsträgers, dem Tätigwerden für die unselbständige Stiftung, zu zweifeln. Indes besteht das Wesen der mit der Schenkung verbundenen Auflage darin, dass auch der Beschenkte zu einer Leistung verpflichtet wird, will er den Schenkungsgegenstand erhalten.[180] Die Auflage stellt jedoch keine Gegenleistung für den Erhalt des Schenkungsgegenstandes dar, sondern ist lediglich als Beschränkung der Zuwendung im Sinne einer Nebenbestimmung einzuordnen.[181] Auch im Rahmen des Stiftungsgeschäfts handelt es sich nicht um eine Gegenleistung *für die Zuwendung,* sondern um eine Leistung -in Form der Tätigkeit des Stiftungsträgers- die *aus der Zuwendung* erbracht werden soll. Die Auflage soll auf der Grundlage und aus dem Wert des Zuwendungsgegenstandes erfolgen.[182] Der Stifter überträgt das Stiftungsvermögen auf den Stiftungsträger, damit dieser es gemäß der vertraglichen Abrede zur Verfolgung des Stiftungszwecks einsetzt. Die Auflage des Stiftungsträgers soll aus der Zuwendung erbracht werden und stellt damit keine Gegenleistung für die Zuwendung dar. Dieses Ergebnis ergibt sich zudem bereits aus der systemtischen Stellung der Auflage im Recht der Schenkung. Bei einem anderen Ergebnis könnte eine Schenkung unter

178 Zu beachten ist die notarielle Beurkundung des Schenkungsversprechen, § 518 BGB, sollte der Schenkungsvertrag nicht sofort vollzogen werden.

179 RGZ 105, 246, 248; BGH, WM 1967, 1131, 1133; NJW 1982, (436); NJW 1992, 2566, 2567; MünchKomm/*J. Koch,* BGB, § 516 Rn. 24; Soergel/*Mühl/Teichmann,* BGB, § 516 Rn. 11; Jacob, Schenkung unter Auflage, S. 18.

180 MünchKomm/*J. Koch,* BGB, § 525 Rn. 1; Oetker/Maultzsch, Schuldverhältnisse, § 4 Rn. 12.

181 Oetker/Maultzsch, Schuldverhältnisse, § 4 Rn. 12; Staudinger/*Chiusi,* BGB, § 525 Rn. 1, 4.

182 BGH, NJW 1982, 818, 819; RGRK/*Mezger,* BGB, § 525 Rn. 6; MünchKomm/*J. Koch,* BGB, § 525 Rn. 2; Soergel/*Mühl/Teichmann,* BGB, § 525 Rn. 1; Staudinger/*Chiusi,* BGB, § 525 Rn 4; Erman/*Herrmann,* BGB, § 525 Rn. 6.

Auflage niemals als Schenkung eingeordnet werden.[183] Aus dem Willen der Parteien folgt, dass eine Schenkung unter Auflage und nicht ein (teil-)entgeltliches Geschäft gewollt ist. Die Leistung des Zuwendungsempfängers ist als bloße Einschränkung der Gabe gedacht, die aus deren Wert erbracht werden soll.[184] Hieraus folgt bereits, dass eine Auflage keine Gegenleistung *für die Zuwendung* darstellt. Die Schenkung erfolgt unentgeltlich.

2. *Bereicherung des Zuwendungsempfängers*

Dem Stiftungsträger wird das Stiftungsvermögen zwar übertragen, jedoch wird er durch die Auflage dazu verpflichtet, die Vermögenswerte insgesamt für die Verfolgung des Stiftungszwecks einzusetzen. Fraglich und umstritten ist daher, ob diese geschuldete Erfüllung der Auflage einer Bereicherung entgegensteht.[185]

a) Meinungsstand

Denn nach der ganz herrschenden Meinung setzt eine Bereicherung i.S.d. § 516 BGB bei wirtschaftlicher Betrachtung vor und nach der Zuwendung eine objektive und materielle Vermögensmehrung auf Seiten des Zuwendungsempfängers voraus.[186] Eine bloß formale Bereicherung sei für die Annahme einer Bereicherung i.S.d. § 516 BGB hingegen nicht ausreichend.[187]

Ansichten, die eine endgültige Zuwendung mit dem Argument, der Stiftungsträger sei lediglich Durchgangsposition[188] und das übertragene Stiftungsvermögen solle letztlich allein den Destinatären der unselbständigen Stiftung zu Gute kommen, ablehnen,[189] sind bereits deshalb abzulehnen, weil dabei unberücksichtigt bleibt,

183 Ebenfalls Seyfarth, Unselbstständige Stiftung, S. 41; andernfalls läge ein Synallagma vor.

184 RGZ 60, 238, 241 f.; 81, 364, 365 f.; 105, 305, 308; Soergel/*Mühl/Teichmann,* BGB, § 525 Rn. 2, 9; kritisch zur Abgrenzung nach dem Parteiwillen Jacob, Schenkung unter Auflage, S. 88 f.

185 Vgl. Hauger, Unselbständige Stiftung, S. 77; Danckwerth, Unselbständige Stiftungen, S. 51 ff.; Herzog, Die unselbständige Stiftung, S. 47 ff.; Werner/Saenger/*A. Werner,* Stiftung, Rn. 960 f.; Reuter, in: Stiftungen, S. 203, 219 f.; Seyfarth, Unselbstständige Stiftung, S. 42 ff.; Liermann, in: Stiftungswesen, S. 229, 236 f.

186 RGZ 62, 386, 390; 105, 305, 308 f.; Erman/*Herrmann,* BGB, § 516 Rn. 6; Staudinger/*Chiusi,* BGB, § 516 Rn. 26; MünchKomm/*J. Koch,* BGB, § 516 Rn. 11.

187 MünchKomm/*J. Koch,* BGB § 516 Rn. 12; Staudinger/*Chiusi,* BGB, § 516 Rn. 26.

188 Zum Ausscheiden einer Bereicherung, sollte der Beschenkte lediglich eine Durchgangsposition innehaben und das Erhaltene ohne eigenen Nutzen weitergeben, vgl. RGZ 70, 15, 15 f.; 105, 305, 308; BGH, NJW 2004, 1382, 1383; Staudinger/*Chiusi,* BGB, § 525 Rn 49; Erman/*Herrmann,* BGB, § 516 Rn. 6; Bamberger/Roth/*Gehrlein,* BGB, § 516 Rn. 5; Soergel/*Mühl/Teichmann,* BGB, § 516 Rn. 8; MünchKomm/*J. Koch,* BGB, § 516 Rn. 12; Knobbe-Keuk, in: FS Flume, S. 149, 156.

189 So Westebbe, Stiftungstreuhand, S. 68; Schmid, Zuwendungen, S. 109 f.; Danckwerth, Unselbständige Stiftungen, S. 68 f.

dass das Grundstockvermögen grdsl. endgültig beim Stiftungsträger verbleibt und lediglich die Erträge des Stiftungsvermögens Dritten zu Gute kommen.[190] Eine gänzliche Weiterleitung widerspräche bereits den Voraussetzungen zur Errichtung der unselbständigen Stiftung. Gleichfalls werden die Destinatäre i.d.R. vor Errichtung der Stiftung nicht konkret bestimmt,[191] sodass eine reine Durchgangsstation auch aus diesem Grund ausscheidet.

Nach weitergehenden Ansichten muss die Bereicherung im Rahmen der Schenkung unter Auflage abweichend von der Bereicherung i.S.d. § 516 BGB nicht objektiv feststellbar sein.[192] Dem Beschenkten müsse lediglich per Saldo nach dem subjektiven Parteiwillen ein irgendwie gearteter, immaterieller Vorteil verbleiben. Dieser liege bereits dann vor, wenn die Auflagenleistung z.B. den eigenen Interessen und Wertvorstellungen dient. Begründet wird dies mit dem Gehalt des § 526 BGB, wonach eine Gleichwertigkeit von Schenkung und Auflagenleistung eine Bereicherung nicht ausschließe.[193] Innerhalb dieser Ansicht wird wiederum teilweise danach differenziert, ob der Zuwendungsempfänger eine natürliche oder juristische Person ist.[194] Bei einer natürlichen Person als Stiftungsträger wird ein immaterieller Vorteil teilweise gänzlich mit der Begründung, eine natürliche Person identifiziere sich nicht in gleichem Maße mit dem Stiftungszweck wie eine juristische Person, abgelehnt.[195] Bei der Zuwendung an eine juristische Person wird ein immaterieller Vorteil weitgehend bejaht, soweit deren Zwecke zumindest teilweise auch den Stiftungszweck umfassen.[196] Andere nehmen hingegen bei einer juristischen

---

190 Vgl. zum Einsatz des Stiftungsvermögens bereits 1. Teil, C. V. 2. c).

191 Dies ergibt sich bereits aus den Anforderungen an die Gemeinnützigkeit der unselbständigen Stiftung, wonach die Allgemeinheit, nicht hingegen bereits bestimmte Personen gefördert werden.

192 RGZ 60, 238, 240 f.; 62, 386, 390 f.; 105, 305, 308; Larenz, Schuldrecht, S. 209; Staudinger/*Chiusi*, BGB, § 525 Rn. 10; MünchKomm/*J. Koch*, BGB, § 525 Rn. 4; Soergel/*Mühl/Teichmann*, BGB, § 525 Rn. 2; Bamberger/Roth/*Gehrlein*, BGB, § 525 Rn. 3; Staudinger/*Hüttemann/Rawert*, BGB, Vorbem zu §§ 80 ff Rn. 250; a.A. Herzog, Die unselbständige Stiftung, S. 49 ff. wonach sich die Bereicherung bei einer Schenkung unter Auflage allein nach § 516 BGB beurteilt. Herzog folgend Seyfarth, Unselbstständige Stiftung, S. 46.

193 RGZ 60, 238, 240 f.; 105, 305, 308; MünchKomm/*J. Koch*, BGB, § 525 Rn. 5; Erman/*Herrmann*, BGB, § 525 Rn. 3; Seifert/Campenhausen/*Hof*, Stiftungsrecht, § 36 Rn. 34; Staudinger/*Hüttemann/Rawert*, BGB, Vorbem zu §§ 80 ff Rn. 250; Muscheler, in: Jahreshefte, S. 59, 81; MünchKomm/*Reuter*, BGB, Vor § 80 Rn. 106.

194 OLG Karlsruhe, DStR 1993, (177); Erman/*Herrmann*, BGB, § 516 Rn. 6.

195 Hauger, Unselbständige Stiftung, S. 79 ff.; Ebersbach, Stiftungsrecht, S. 175 f.; Westebbe, Stiftungstreuhand, S. 68; Pues/Scheerbarth, Stiftungen, S. 83.

196 Ebersbach, Stiftungsrecht, S. 176; Andrick, Stiftungsrecht, S. 45; Pues/Scheerbarth, Stiftungen, S. 83; RGRK/*Mezger*, BGB, § 525 Rn. 4; Wochner, ZEV 1999, 125, 128; Ebersbach, Stiftungsrecht, S. 175 f.; OLG Karlsruhe, DStR 1993, (177). Dies vor allem, weil die juristische Person nicht von ihrem Zweck isoliert betrachtet werden könne.

Person stets eine materielle Bereicherung an.[197] Durch die Zuwendung könne sie ihrem Daseinszweck besser und umfassender dienen als vor der Zuwendung. Eine Verwendung des Zugewendeten stelle immer auch eine Verwendung für sich selbst, also für den Zweck der juristischen Person dar, sodass sie nicht nur formal, sondern auch materiell und endgültig bereichert sei.

Andere Stimmen lehnen die Bereicherung beim Stiftungsträger hingegen gänzlich mit der Begründung ab, er habe das Stiftungsvermögen fremdnützig zu verwalten und ein eigennütziger Zugriff sei ihm verwehrt, sodass es sich bei der unselbständigen Stiftung um einen Auftrag handeln müsse.[198]

b) Stellungnahme

aa) Anforderungen an die Bereicherung i.S.d. §§ 516, 525 BGB

Systematisch besteht die Schenkung unter Auflage i.S.d. §§ 516, 525 BGB aus einer Zuwendung i.S.d. § 516 BGB und einer vom Schenker zugefügten Auflagenverpflichtung. Zwar wird für die Schenkung i.S.d. § 516 BGB eine in objektiver Hinsicht vorliegende materielle Vermögensmehrung beim Zuwendungsempfänger verlangt,[199] doch kann bei Vorliegen einer Schenkung unter Auflage der Gegenstand der Auflage nicht unberücksichtigt bleiben. Die Schenkung unter Auflage befindet sich im Kontext des Schenkungsrechts und stellt kein von der Schenkung i.S.d. § 516 BGB verschiedenes Rechtsinstitut dar, sodass auf sie auch die allgemeinen Vorschriften über Schenkungen Anwendung finden.[200] Hieraus folgt, dass für die Annahme einer Schenkung unter Auflage sämtliche Begriffsmerkmale der Schenkung gleichwohl vorliegen müssen.[201] So auch das Vorliegen einer Bereicherung. Hieraus kann gleichwohl nicht geschlossen werden, eine Schenkung unter Auflage gem. §§ 516, 525 BGB erfordere wie eine Schenkung gem. § 516 BGB eine materielle Bereicherung auf Seiten des Schenkungsempfängers.

Dabei folgt aus dem Sinn und Zweck der Normen, dass eine Bereicherung i.S.d. §§ 516, 525 BGB nur angenommen werden kann, soweit trotz der Auflage eine

---

197 RGZ 62, 386, 388 f.; 70, 15, 17; 71, 140, 142 f.; 105, 305, 308; MünchKomm/*J. Koch*, BGB, § 516 Rn. 12; Wochner, ZEV 1999, 125, 128; Ebersbach, Stiftungsrecht, S. 176; Hauger, Unselbständige Stiftung, S. 77 ff.; Liermann, in: Stiftungswesen, S. 229, 236 f.; Palandt/*Weidenkaff*, BGB, § 516 Rn. 6; Erman/*Herrmann*, BGB, § 516 Rn. 6; Muscheler, in: Jahreshefte, S. 59, 80; MünchKomm/*Reuter*, BGB, Vor § 80 Rn. 105 f.; Rawert, NJW 2002, 3151, 3152.

198 So Westebbe, Stiftungstreuhand, S. 68 f.; offenlassend BGH, NJW 2004, 1382, 1384 der aufgrund einer Zuwendung „für eigene ihr Vermögen mehrende Zwecke" eine Schenkung annimmt; auf eine fremdnützige Zuwendung geht er indes nicht ein.

199 RGZ 62, 386, 390; 105, 305, 308; Erman/*Herrmann*, BGB, § 516 Rn. 6; Staudinger/*Chiusi*, BGB, § 516 Rn. 26; MünchKomm/*J. Koch*, BGB, § 516 Rn. 11.

200 RGZ 60, 238, 242; Thomann, Schenkung, S. 21 ff.; MünchKomm/*J. Koch*, BGB, § 525 Rn. 1; Staudinger/*Chiusi*, BGB, § 525 Rn. 2; Erman/*Herrmann*, BGB, § 525 Rn. 2.

201 MünchKomm/*J. Koch*, BGB, § 525 Rn. 4.

Bereicherung beim Zuwendungsempfänger verbleibt. Andernfalls müssten die Normen über einen synallagmatischen Vertrag Anwendung finden. Dies wird umso deutlicher, wird bedacht, dass die Auflage nicht lediglich Nebenzweck sein braucht, sondern auch den Hauptzweck der Vermögensübertragung darstellen kann.[202] Ohne Berücksichtigung der Auflagenverpflichtung wäre eine Abgrenzung zu gegenseitigen Verträgen kaum möglich. Die Ablehnung des historischen Gesetzgebers, eine Bestimmung zum Vorliegen einer Bereicherung im Rahmen der §§ 516, 525 BGB aufzunehmen, lässt sich mit der Selbstverständlichkeit begründen, dass sich die Schenkung um den Wert der Auflage mindert.[203] Der Schluss, die Auflage sei bei der Bereicherung nicht zu berücksichtigen, geht daher fehl. [204] Auch verliert § 526 BGB in diesem Fall entgegen Herzogs Begründung[205] nicht seinen Anwendungsbereich, weil § 526 BGB gerade dann Anwendung findet, wenn sich im Nachhinein herausstellt, dass die Auflagenverpflichtung den Wert der Zuwendung übersteigt.[206] Diese Billigkeitsregelung[207] erkennt ein Leistungsverweigerungsrecht an, um den Zuwendungsempfänger davor zu schützen, dass ihm durch die Auflagenverpflichtung kein Nachteil entsteht. Nach dem Grundgedanken soll dem Zuwendungsempfänger daher auch bei einer Schenkung unter Auflage ein positiver Saldo verbleiben.

Der Regelungsgehalt des § 526 BGB spricht für das Ausreichen einer immateriellen Bereicherung. Denn auf die Einrede des § 526 BGB kann sich der Zuwendungsempfänger nach dem Wortlaut der Norm berufen, soweit bei der Auflagenschenkung der Wert der Schenkung objektiv hinter der vom Beschenkten zu erbringenden Auflagenleistung zurückbleibt, mithin wenn der Wert der Auflagenleistung den Wert des Schenkungsgegenstandes übersteigt.[208] § 526 BGB bezweckt den Schutz des Beschenkten, nicht mehr leisten zu müssen, als er durch die Zuwendung an Vermögenswerten erhält.[209] Nach dem Wortlaut ist eine materielle Bereicherung nicht erforderlich, sodass aus dem Umkehrschluss das Ausreichen einer immateriellen Bereicherung für das tatbestandliche Vorliegen einer Schenkung unter

---

202 RGZ 60, 238, 240; MünchKomm/*J. Koch,* BGB, § 525 Rn. 1; Staudinger/*Chiusi,* BGB, § 525 Rn. 8; Palandt/*Weidenkaff,* BGB, § 525 Rn. 1; Bamberger/Roth/*Gehrlein,* BGB, § 525 Rn. 2. Hieraus folgt, dass die unselbständige Stiftung nicht gegen den Begriff der Auflagenschenkung verstößt.

203 Mugdan, Materialien, Bd. II, S. 166.

204 A.A. Herzog, Die unselbständige Stiftung, S. 49 f.

205 Herzog, Die unselbständige Stiftung, S. 59.

206 Ebenso Werner/Saenger/*A. Werner,* Stiftung, Rn. 962; MünchKomm/*J. Koch,* BGB, § 526 Rn. 1; Jacob, Schenkung unter Auflage, S. 111; Staudinger/*Chiusi,* BGB, § 526 Rn. 1.

207 MünchKomm/*J. Koch,* BGB, § 526 Rn. 1; Jacob, Schenkung unter Auflage, S. 110 f.; Bamberger/Roth/*Gehrlein,* BGB, § 526 Rn. 1; Staudinger/*Chiusi,* BGB, § 526 Rn. 1.

208 RGZ 60, 238, 240 f.; Jacob, Schenkung unter Auflage, S. 110; MünchKomm/*J. Koch,* BGB, § 526 Rn. 2.

209 Mugdan, Materialien, Bd. II, S. 166 f.; Erman/*Herrmann,* BGB, § 526 Rn. 1; Staudinger/*Chiusi,* BGB, § 526 Rn. 3.

Auflage folgt. Liegt danach eine materielle Bereicherung nicht vor, obliegt es dem Zuwendungsempfänger, sich auf die Einrede des Leistungsverweigerungsrechts gem. § 526 BGB zu berufen. Grdsl. ist damit eine immaterielle Bereicherung für das Vorliegen einer Schenkung unter Auflage ausreichend. Dieses Ergebnis steht auch systematisch nicht zu dem Erfordernis einer materiellen Bereicherung bei der Schenkung i.S.d. § 516 BGB im Widerspruch. Denn es ist anerkannt, dass sich bei der Schenkung i.S.d. §§ 516, 525 BGB der Schenkungsgegenstand durch den Wert der Auflage vermindert,[210] sodass diese Minderung bereits im Rahmen der tatbestandlichen Bejahung einer Schenkung unter Auflage zu berücksichtigen ist.

Gleichfalls steht dem nicht entgegen, dass immaterielle Güter als Schenkungsgegenstand nach einhelliger Ansicht grdsl. ausscheiden,[211] der Schenkungsgegenstand vielmehr stets materielle Güter umfassen muss. Denn auch aus der Gleichwertigkeit von materiellem Schenkungsgegenstand und Auflagenverpflichtung kann sich eine immaterielle Bereicherung auf Seiten des Schenkungsempfängers ergeben. So ist eine immaterielle Bereicherung anzunehmen, wenn die Auflage den Interessen des Stiftungsträgers dient, er also die Tätigkeit als Stiftungsverwalter übernimmt. Darüber hinaus ist eine immaterielle Bereicherung auch darin zu sehen, dass sich der Stiftungsträger mit dem Stiftungszweck identifiziert oder er durch die Übernahme der Stiftungsträgerschaft eine Steigerung seines persönlichen Ansehens erfährt.

Gänzlich gegen das Vorliegen einer Bereicherung könnte die Annahme sprechen, dass derjenige, der ein Vermögen erhält, um es zugunsten anderer zu verwalten, grdsl. nicht beschenkt, sondern beauftragt wird.[212] Dabei ist jedoch zu berücksichtigen, dass die Auflage grdsl. frei bestimmbar ist, mithin jede Leistungspflicht sein kann.[213] Insoweit stellt auch die Bestimmung zur Verwaltung als Sondervermögen eine taugliche Auflage dar, sodass sich aus der Fremdverwaltung nicht automatisch ein Auftragsverhältnis ergibt und eine Bereicherung ausscheidet. Durch die Vermögensübertragung kann der Stiftungsträger frei über das Vermögen verfügen,[214] insbesondere kann eine vertragliche Verfügungsbeschränkung nicht zum Ausschluss der Bereicherung führen, sodass auch eine fremdnützige Vermögenszuwendung eine Schenkung darstellen kann. Vielmehr ist im Rahmen der Abgrenzung zum

---

210 Staudinger/*Chiusi*, BGB, § 525 Rn. 4.

211 Bamberger/Roth/*Gehrlein*, BGB, § 516 Rn. 3; MünchKomm/*J. Koch*, BGB, § 516 Rn. 5; Erman/*Herrmann*, BGB, § 516 Rn. 4; Staudinger/*Chiusi*, BGB, § 516 Rn. 26.

212 Vgl. BGH, NJW 2004, 1382, 1383; Reuter, in: Stiftungen, S. 203, 220; MünchKomm/*Reuter*, BGB, Vor § 80 Rn. 106.

213 MünchKomm/*J. Koch*, BGB, § 525 Rn. 1; RGRK/*Mezger*, BGB, § 525 Rn. 2; Staudinger/*Chiusi*, BGB, § 525 Rn. 4; Erman/*Herrmann*, BGB, § 525 Rn. 2; Bamberger/Roth/*Gehrlein*, BGB, § 525 Rn. 2.

214 Hof/Bianchini-Hartmann/Richter, Stiftungen, S. 280; Richter, Stiftung & Sponsoring, Rote Seiten 3/2006, 1, 18; a.A. Schmid, Zuwendungen, S. 111, verkennt die Möglichkeit der freien Verfügungsmöglichkeit und schließt aufgrund der tatsächlich nicht gegebenen freien Verfügungsbefugnis darauf, dass eine Bereicherung ausscheidet.

Auftragsverhältnis, mithin ob eine fremdnützige Verwaltung des Stiftungsvermögens eine Bereicherung darstellt, nicht die eigen- oder fremdnützige Verwaltung des Vermögens, sondern bereits die Entreicherung auf Seitens des Stifters entscheidend. Sie liegt vor, wenn die gegenwärtige Vermögenssubstanz des Schenkers dauerhaft vermindert ist.[215] Auch bei unverschuldeter Unmöglichkeit der Auflagenerfüllung soll die Übertragung Bestand haben.[216] Der Schenker will sich endgültig seiner Zugriffsmöglichkeit auf das Zugewendete entäußern. Daher kann es keinen Unterschied machen, ob der Zuwendungsgegenstand beim Stiftungsträger zu eigenen oder zu fremden Zwecken zu verwenden ist.[217]

bb) Differenzierung zwischen natürlichen und juristischen Person

Die Vermögensmehrung auf Seiten des Zuwendungsempfängers beurteilt sich richtigerweise unabhängig davon, ob der Empfänger eine natürliche oder juristische Person ist.[218] Die Differenzierung nach dem Rechtssubjekt ist keine tragfähige dogmatische Grundlage, um eine Bereicherung auf Seiten des Zuwendungsempfängers festzustellen. Zudem findet eine derartige Differenzierung auch bei der erbrechtlichen Stiftungsgründung durch Vermächtnis mit Auflage nicht statt.[219] Eine natürliche Person kann sich wie eine juristische Person mit dem Zweck der Stiftung identifizieren. Zudem erscheint es zweifelhaft, ob eine juristische Person das Stiftungsvermögen eigennützig verwaltet.[220] Denn durch die konkreten Vorgaben des Stifters folgt auch, dass sich die Stiftung der Identität des Stiftungsträgers

---

215 BGH, NJW 1982, (820); NJW 1987, 2816, 2817; MünchKomm/*J. Koch,* BGB, § 516 Rn. 6; Soergel/*Mühl/Teichmann,* BGB, § 516 Rn. 6; Staudinger/*Chiusi,* BGB, § 516 Rn. 15.

216 Eine Bereicherung scheidet nur dann aus, wenn die Parteien für den Fall der Beendigung der Stiftung über die schenkungsimmanenten Fälle der §§ 527, 528, 530 BGB hinaus den Rückfall des Stiftungsvermögens an den Stifter oder einen von ihm bestimmten Dritten vereinbaren, vgl. Reuter, in: Stiftungen, S. 203, 220; MünchKomm/*Reuter,* BGB, Vor § 80 Rn. 106, 108; Lieder, ZSt 2004, 74, 77; Richter, Stiftung & Sponsoring, Rote Seiten 3/2006, 1, 18; Schmid, Zuwendungen, S. 61.

217 Vgl. BGH, NJW 2004, 1382, 1384 qualifiziert nur solche Zuwendungen als Schenkung, die für eigene Zwecke verwendet werden. Hierbei schlussfolgert er jedoch nicht, obwohl selbst festgestellt, dass bereits die Endgültigkeit der Vermögensdisposition maßgeblich ist und es daher nicht mehr auf die Differenzierung zwischen fremd- und eigennützig ankommt; Lieder, ZSt 2004, 74, 77; K. Schmidt, in: Stiftungsrecht, S. 175, 182; Rawert, NJW 2002, 3151, 3152; Wochner, ZEV 1999, 125, 128 bejaht Bereicherung, obwohl keine beliebige Nutzung oder Nutzung zu eigenen Zwecken erfolgt.

218 OLG Dresden, NJW 2002, 3181, 3182; BGH, NJW 2004, 1382, 1384; Soergel/*Mühl/Teichmann,* BGB, § 516 Rn. 8; Lieder, ZSt 2004, 74, 78; a.A. OLG Karlsruhe, DStR 1993, (177); Erman/*Herrmann,* BGB, § 516 Rn. 6 a.E.

219 Muscheler, in: Jahreshefte, S. 69, 81.

220 Kritisch hierzu ebenfalls Soergel/*Neuhoff,* BGB, Vor § 80 Rn. 23 b; Neuhoff, ZSt 2004, 90, 91; Westebbe, Stiftungstreuhand, S. 68 f.

nicht vollkommen anpassen will.[221] Deshalb weisen Kritiker dieser Differenzierung zu Recht darauf hin, dass die unterschiedliche Behandlung von natürlichen und juristischen Personen nicht angebracht und künstlich sei.[222] Die Frage, ob eine Bereicherung vorliegt, entscheidet sich vielmehr am Gegenstand der Zuwendung.

c) Zwischenergebnis

Dass der Stiftungsträger das ihm zugewendete Stiftungsvermögen vollständig zur Verfolgung des Stiftungszwecks zu verwenden hat und damit eine Gleichwertigkeit von Zuwendungsgegenstand und Auflagenverpflichtung vorliegt, lässt eine Bereicherung i.S.d. §§ 516, 525 BGB nicht entfallen. Die tatbestandlich erforderliche Bereicherung bei einer Schenkung unter Auflage kann auch in einer immateriellen Bereicherung liegen. Diese ist vorliegend darin zu sehen, dass die Übernahme der Stiftungsträgerschaft den Interessen des Stiftungsträgers entspricht. Dabei ist es gleichgültig, ob es sich bei dem Stiftungsträger um eine natürliche oder juristische Person handelt. Auch eine natürliche Person übernimmt die Stiftungsträgerschaft allein dann, wenn dies ihren Interessen entspricht.

3. Schenkungsrechtliche Rückforderungsrechte des Stifters

Dem Schenker stehen unter den Voraussetzungen der §§ 519, 527, 528, 530 BGB Widerrufs- und Rückforderungsrechte zu. Nach § 519 BGB kann er die Vertragserfüllung verweigern, soweit er nach Vertragsschluss, aber noch vor der Vermögensübertragung verarmt. Nach § 527 BGB kann der Stifter die Herausgabe des Stiftungsvermögens im Fall der Nichtvollziehung der Auflage seitens des Stiftungsträgers verlangen. § 528 BGB gibt dem Stifter ein Rückforderungsrecht im Fall der Verarmung nach der Vermögensübertragung, wobei jedoch die Ausschlusstatbestände des § 529 BGB zu berücksichtigen sind. Nach § 530 BGB steht ihm ein Widerrufsrecht wegen groben Undanks des Stiftungsträgers zu.[223] In diesen Fällen würde die Stiftung dadurch beendet, dass das Stiftungsvermögen an den Stifter zurückfällt und wieder seiner privatnützigen Disposition unterworfen ist.

Aufgrund des Merkmals der Dauerhaftigkeit des Stiftungszwecks erscheint fraglich, ob diese Rechte der Qualifizierung des Stiftungsgeschäfts als Schenkung unter

---

221 Zudem hat auch die juristische Person als Stiftungsträger ein Eigenleben vgl. Bächstädt, Unselbständige Stiftung, S. 31; Westebbe, Stiftungstreuhand, S. 69.

222 Staudinger/*Hüttemann/Rawert,* BGB, Vorbem zu §§ 80 ff Rn. 249 f.; ihm folgend Koos, Fiduziarische Person, S. 98; Lieder, ZSt 2004, 74, 78; Herzog, Die unselbständige Stiftung, S. 54 kommt zum gleichen Ergebnis, jedoch bleibt bei ihm die Auflagenverpflichtung außer Betracht, sodass es nicht auf eine Übereinstimmung von Auflagenverpflichtung und der vom Empfänger verfolgten Zwecke ankommt.

223 Das Verhalten der Organe wird der juristischen Person als eigenes zugerechnet, vgl. MünchKomm/*J. Koch,* BGB, § 530 Rn. 14; Staudinger/*Chiusi,* BGB, § 530 Rn. 18; Erman/*Herrmann,* BGB, § 530 Rn. 3; Küstermann, ZSt 2008, 161, 164; Herzog, Die unselbständige Stiftung, S. 125 f.

Auflage entgegenstehen. Das Merkmal der Dauerhaftigkeit ist jedoch nicht mit dem ewigen Bestand gleichzusetzen.[224] Soweit die Stiftung über einen gewissen Zeitraum bestand hat und sich nicht im bloßen Verbrauch erschöpft, ist eine Beendigung der Stiftung in genannten Fällen möglich.[225] Aufgrund der engen Voraussetzungen der §§ 519, 527, 528, 530 BGB steht eine Beendigung auch nicht im Belieben des Stifters und ist daher mit den Anforderungen einer unselbständigen Stiftung vereinbar.[226] Darüber hinaus scheidet eine Rückforderung i.S.d. § 527 BGB dann aus, wenn der Stifter den Vollziehungsanspruch auf einen Dritten überträgt, vgl. § 527 Abs. 2 BGB. In Betracht kommt hierfür vor allem die Übertragung auf die zuständige Behörde i.S.d. § 525 Abs. 2 BGB oder das eingesetzte Stiftungsgremium.

II. Treuhandvertrag

Im Folgenden sind die Merkmale eines Treuhandvertrages in Form eines Auftrages oder Geschäftsbesorgungsvertrages hinsichtlich der Qualifizierung als Stiftungsgeschäft zu untersuchen.

1. Jederzeitiges Widerrufs- und Kündigungsrecht der Vertragsparteien

Fraglich ist dabei zunächst, ob die Anforderungen an die Dauerhaftigkeit des Stiftungszweckes mit den Möglichkeiten zur Ausübung des Widerrufs, § 671 Abs. 1 Hs. 1 BGB, bzw. der Kündigung, § 671 Abs. 1 Hs. 2, Abs. 3 BGB, durch Stifter und Stiftungsträger vereinbar sind. Mit Ausübung der Gestaltungsrechte erhielte der Stifter einen Anspruch auf Herausgabe des Stiftungsvermögens, § 667 BGB, sodass die unselbständige Stiftung jederzeit beendet werden könnte. Selbst, wenn kein ewiger Bestand der unselbständigen Stiftung zu fordern ist, sie vielmehr lediglich über einen gewissen Zeitraum Bestand haben soll, wäre dieses Bestehen bei einer jederzeitigen Beendigungsmöglichkeit nicht gewährleistet.

Ohne eine abweichende Vereinbarung von diesen Regelungen würden die Normen des Auftragsrechts den stiftungsrechtlichen Anforderungen an eine dauerhafte Zweckerfüllung nicht genügen. Die Existenz der unselbständigen Stiftung würde vom wechselhaften Willen des Stifters abhängen. Dies soll jedoch gerade durch den in der Satzung festgelegten Zweck vermieden werden.[227] Insoweit ist zu fordern, dass die unselbständige Stiftung ex ante betrachtet auf Dauer angelegt ist, mithin ihre konstitutiven Voraussetzungen bei Errichtung erfüllt sind.[228]

Die Erfüllung dieser Anforderung setzt voraus, dass sowohl Stifter als auch Stiftungsträger jedenfalls auf das jederzeitige Widerrufs- bzw. Kündigungsrecht nach

---

224 Vgl. zum Merkmal der Dauerhaftigkeit 1. Teil, C. V. 1. b).
225 A.A. Koos, Fiduziarische Person, S. 101.
226 Kritisch hierzu Koos, Fiduziarische Person, S. 99 ff.
227 MünchKomm/*Reuter*, BGB, Vor § 80 Rn. 98, der daher eine Qualifizierung als Treuhandvertrag ablehnt.
228 A.A. Seyfarth, Unselbstständige Stiftung, S. 30 f.

§ 671 Abs. 1 BGB verzichten können. Für den Stiftungsträger ergibt sich diese Verzichtsmöglichkeit aus § 671 Abs. 3 BGB. Eine entsprechende Regelung ist für den Treugeber indes nicht vorgesehen. Hieraus könnte geschlossen werden, dass ein Verzicht auf sein jederzeitiges Widerrufsrecht nicht möglich ist. Andererseits ist fraglich, weshalb für den Auftraggeber etwas anderes gelten sollte als für den Auftragnehmer.

a) Meinungsstand

Nach der herrschenden Meinung kann der Treugeber auf das jederzeitige Widerrufsrecht verzichten, soweit das Geschäft gleichermaßen im Interesse von Aufraggeber und Auftragnehmer liegt.[229] Nach weitergehenden Ansichten wird ein gleichwertiges Interesse eines Dritten statt des Beauftragten als ausreichend angesehen.[230] Dient das Geschäft hingegen nur den Interessen des Treugebers, sei eine Beschränkung des Widerrufsrechts ausgeschlossen.[231] Andernfalls würde er sich ganz dem Beauftragten ausliefern, was eine übermäßige Bindung an den Vertrag bedeuten und eine Gefahr für die privatautonome Selbstbestimmung darstellen würde. Der zuvor geltende § 597 Abs. 2, wonach auf die Widerruflichkeit nicht verzichtet werden konnte, wurde von der 2. Kommission gestrichen, weil erkannt wurde, dass sich der Auftraggeber zwar in allein seinen Interessen dienenden Angelegenheiten nicht ohne Befreiungsmöglichkeit unter die Vormundschaft des Beauftragten stellen dürfe, dass aber eine nicht frei widerrufliche Beauftragung möglich sein müsse, wenn die Geschäftsbesorgung auch im Interesse des Beauftragten erfolge.[232]

Liegt das Stiftungsgeschäft damit im Interesse von Stifter und Stiftungsträger bzw. Dritten, wäre nach der herrschenden Meinung ein Verzicht auf das Widerrufsrecht seitens des Stifters zulässig. Damit stünde das Merkmal der Dauerhaftigkeit einer Qualifikation des Stiftungsgeschäfts als Treuhandvertrag nicht entgegen. Da ein wichtiger Grund an enge Voraussetzungen geknüpft ist und grdsl. nur als ultima ratio in Betracht kommt, soweit die Fortführung des Vertrages unzumutbar wäre,[233] entspricht dies den Anforderungen an die Dauerhaftigkeit. Ein wichtiger Grund läge nur dann vor, wenn eine Beendigung des Treuhandverhältnisses für den

---

229 Ganz h.M. vgl. nur BGH, WM 1971, 956, 957; Bamberger/Roth/*Fischer*, BGB, § 671 Rn. 5; Westebbe, Stiftungstreuhand, S. 155; MünchKomm/*Seiler*, BGB, § 671 Rn. 7; Muscheler, in: Jahreshefte, S. 59, 76; Staudinger/*Martinek*, BGB, § 671 Rn. 10; a.A. RGZ 160, 122, 127; MünchKomm/*Reuter*, BGB, Vor § 80 Rn. 98.

230 MünchKomm/*Seiler*, BGB, § 671 Rn. 7; Seyfarth, Unselbstständige Stiftung, S. 27 f.; Soergel/*Beuthien*, BGB, § 671 Rn. 3; Löhnig, Treuhand, S. 325.

231 RGZ 160, 122, 127; Staudinger/*Martinek*, BGB, § 671 Rn. 8; MünchKomm/*Seiler*, BGB, § 671 Rn. 7; Bamberger/Roth/*Fischer*, BGB, § 671 Rn. 5; Soergel/*Beuthien*, BGB, § 671 Rn. 3.

232 Mugdan, Materialien, Bd. II, S. 954; Erman/*Ehmann*, BGB, 2008, § 671 Rn. 4.

233 Der wichtige Grund orientiert sich an § 314 I 2 BGB, vgl. Staudinger/*Martinek*, BGB, § 671 Rn. 15; Soergel/*Beuthien*, BGB, § 671 Rn. 3; MünchKomm/*Seiler*, BGB, § 671 Rn. 14.

Stiftungszweck dienlicher wäre als dessen Fortsetzung.[234] Auf das Widerrufsrecht aus wichtigem Grund kann hingegen weder der Treugeber noch der Treunehmer verzichten.[235]

b) Stellungnahme

Nach teilweise vertretener Ansicht dient die unselbständige Stiftung als uneigennützige Treuhand allein den Interessen des Stifters, sodass das jederzeitige Widerrufsrecht nicht abdingbar sei.[236] Dem ist zwar insoweit zuzustimmen, als sich das Vorliegen einer eigen- oder fremdnützigen Treuhand danach beurteilt, in wessen Interesse der Treuhänder von dem ihm überlassenen Eigentum Gebrauch macht.[237] Ansatzpunkt ist dabei jedoch allein der unmittelbare Zweck, der mittelbare Zweck wird außer Acht gelassen.[238] Dies schließt es nicht aus, dass bei der hier vorliegenden fremdnützigen Treuhand auch gewichtige mittelbare Interessen und Zwecke des Treuhänders und Dritter vorliegen und verfolgt werden.[239] Im Rahmen der Abdingbarkeit des Widerrufsrechts sind die Interessen des Treuhänders ebenfalls mit zu berücksichtigen und nicht lediglich als Begleiterscheinung anzusehen.[240]

So werden neben den Interessen des Stifters, der Verfolgung des Stiftungszwecks und der ordnungsgemäßen Stiftungsverwaltung durch den Stiftungsträger, durch die Übernahme der Stiftungsträgerschaft auch Interessen des Stiftungsträgers berührt. Diese können sowohl in immateriellen Vorteilen wie der Steigerung des persönlichen Ansehens, welches er als Stiftungsträger erlangt, ebenso aber auch im finanziellen Interesse an der vereinbarten Vergütung bestehen. Teilweise erfolgt die Stiftungstätigkeit jedoch unentgeltlich. Kaper sieht dies als Indiz für ein minderes Interesse des Stiftungsträgers an der Auftragserfüllung.[241] Dem ist jedoch entgegenzuhalten, dass der Stiftungsträger im Fall der Unentgeltlichkeit gerade ein dahinterstehendes höherwertiges Interesse an der Stiftungsträgerschaft haben muss. Denn ansonsten würde er den unentgeltlichen Auftrag gar nicht annehmen. An das Interesse werden keine Anforderungen gestellt, sodass ein immaterielles

---

234 Westebbe, Stiftungstreuhand, S. 155. Daneben können wichtige stiftungsspezifische Gründe durch die Vertragsparteien in der Satzung festgelegt werden.

235 Ebersbach, Stiftungsrecht, S. 179; Soergel/*Beuthien*, BGB, § 671 Rn. 3, 7; Staudinger/*Martinek*, BGB, § 671 Rn. 10; Erman/*Berger*, BGB, § 671 Rn. 5; a.A. Löhnig, Treuhand, S. 325, der Treuhandbegründer kann auch insgesamt auf das Beendigungsrecht verzichten.

236 Herzog, Die unselbständige Stiftung, S. 41 f.; MünchKomm/*Reuter*, BGB, Vor § 80 Rn. 98.

237 Staudinger/*Martinek*, BGB, Vorbem zu §§ 662 ff Rn. 42; Coing, Treuhand, S. 89, 92 f.; Muscheler, in: Jahreshefte, S. 59, 73 f.

238 Gernhuber, JuS 1998, 355, 357.

239 Vgl. Gernhuber, JuS 1998, 355, 357.

240 So jedoch Herzog, Die unselbständige Stiftung, S. 42; ähnlich Kaper, Bürgerstiftungen, S. 171 f.

241 Kaper, Bürgerstiftungen, S. 172.

Interesse des Stiftungsträgers nicht minderwertiger beurteilt werden kann.[242] Dennoch lässt sich sagen, dass ein angestrebter Prestigegewinn des Stiftungsträgers deutlich weniger wiegt als das Interesse des Stifters an der ordnungsgemäßen Stiftungstätigkeit. Letztlich hängen die Interessen von Stifter und Stiftungsträger sowie ihre Gewichtung vom jeweiligen Einzelfall ab, sodass keine pauschalen Aussagen getroffen werden können.

Schlussendlich geht es doch bei der Frage der Auftragserfüllung respektive Stiftungstätigkeit um eine Verfolgung gemeinsamer Interessen von Stifter und Stiftungsträger,[243] die durch das Stiftungsgeschäft festgelegt werden. Gemeinsames Ziel der Stiftungserrichtung ist es, durch eine ordnungsgemäße Stiftungsverwaltung eine dauerhafte Verfolgung des Stiftungszwecks gewährleisten zu können, um die Destinatäre zu fördern, mithin zum Wohle der Allgemeinheit tätig zu werden. Unabhängig von verschiedenartigen Individualinteressen besteht dieses Ziel als gemeinsames Interesse von Stifter und Stiftungsträger. Entgegen einigen Vertretern liegt keine Eigennützigkeit des Stifters vor, die eine Beschränkung des Widerrufsrechts versagen würde.[244] Da die Leistungen gerade Dritten zu Gute kommen sollen, wird das Stiftungsvermögen nicht lediglich im Interesse des Stifters verwaltet. Zudem hat das Vermögen der unselbständigen Stiftung keinen Bezug mehr zum Vermögen des Stifters, sodass die unselbständige Stiftung nicht allein seinen wirtschaftlichen Interessen dient.[245]

Mit der Übernahme der Stiftungsträgerschaft verfolgt auch der Stiftungsträger die vom Stifter vorgegebenen Stiftungszwecke, sodass das Interesse des Stiftungsträgers denen des Stifters entspricht. Hierfür spricht vor allem auch die oftmals vorliegende unentgeltliche Tätigkeit bzw. die Zahlung einer nur geringen Aufwandsentschädigung.

Da das Stiftungsgeschäft nicht lediglich im Eigeninteresse des Stifters erfolgt, ist der Verzicht auf die jederzeitige Widerrufsmöglichkeit des § 671 Abs. 1 BGB gerechtfertigt und zulässig.[246] Der Stifter wird nicht übermäßig an den Vertrag gebunden, seine privatautonome Selbstbestimmung ist nicht gefährdet. In Folge des Ausschlusses kann der Stifter das Treuhandverhältnis damit nur aus wichtigem Grund widerrufen, sodass die Anforderungen an die dauerhafte Stiftungszweckverfolgung bei Ausgestaltung des Stiftungsgeschäfts als Treuhandvertrag gewahrt sind.

---

242 Muscheler, in: Jahreshefte, S. 59, 76.

243 Vgl. Werner/Saenger/*A. Werner*, Stiftung, Rn. 956.

244 Reuter, in: Stiftungen, S. 203, 210; Herzog, Die unselbständige Stiftung, S. 41; nach Koos, Fiduziarische Person, S. 75 korrespondiert mit der Eigennützigkeit des Stifters eine Drittnützigkeit im Sinne eines über den eigenen Interessen des Treuhänders stehenden Stiftungszwecks bzw. eine Drittnützigkeit zugunsten der Destinatäre oder der Allgemeinheit.

245 Westebbe, Stiftungstreuhand, S. 145.

246 So im Ergebnis auch Koos, Fiduziarische Person, S. 76, der jedoch auf einen verobjektivierten Stiftungszweck abstellt und die Stiftung damit zu einer fremdnützigen Konstruktion macht.

2. *Weisungsrecht des Treugebers, § 665 BGB*

Bei Einordnung des Stiftungsgeschäfts als Treuhandvertrag unter das Recht des Auftrags könnte der Stifter als Auftraggeber jederzeit dem Stiftungsträger Weisungen i.S.d. § 665 BGB, also verbindliche Anordnungen nach denen er in einer bestimmten Art und Weise die Interessen des Auftraggebers zu verfolgen hat,[247] erteilen. Der Auftragnehmer ist grdsl. an die Weisungen des Auftraggebers, der als Inhaber der wahrgenommenen Interessen der Herr des Geschäfts ist,[248] gebunden. Hierdurch könnte jedoch der in Stiftungsgeschäft und -satzung ursprünglich festgelegte Stifterwille jederzeit durch den Stifter verändert werden, was im Hinblick auf die Dauerhaftigkeit des Stiftungszwecks problematisch erscheint.

Der Stiftungsträger hat zunächst diejenigen Vorgaben zu beachten, die sich unmittelbar aus dem Treuhandvertrag bzw. Stiftungsgeschäft ergeben.[249] Offensichtlich können nicht alle Einzelheiten im Stiftungsgeschäft geregelt werden in Folge dessen Weisungen zur Konkretisierung des Stifterwillens bzw. zur Präzisierung der Stiftungstätigkeit geradezu notwendig sind.[250] Gleichfalls erforderlich ist eine Anpassung des Stifterwillens an veränderte Umstände, sodass auch weiterhin die ordnungsgemäße Aufgabenerfüllung im Sinne des Stifterwillens erfolgen kann.[251]

Davon zu unterscheiden ist ein umfangreiches Weisungsrecht des Stifters, das sich nicht lediglich auf konkretisierungsbedürftige Punkte des Stiftungsgeschäfts bezieht. Durch eine jederzeitige Einflussmöglichkeit auf die Tätigkeit der unselbständigen Stiftung wäre auch der zu verfolgende Stiftungszweck vom wandelbaren Willen des Stifters abhängig. Ein generelles Weisungsrecht könnte zu einem völlig anderen Auftrag führen, sodass es gar der Erteilung eines neuen Auftrages gleichkäme.[252] Das Weisungsrecht i.S.d. § 665 BGB kann daher bereits nach seinem Wesen nicht unbeschränkt bestehen, sondern beschränkt sich auf den durch den Vertrag

---

247 MünchKomm/*Seiler,* BGB, § 665 Rn. 3; Bamberger/Roth/*Fischer,* BGB, § 665 Rn. 4; Erman/*Berger,* BGB, § 665 Rn. 2.

248 Löhnig, Treuhand, S. 213; Palandt/*Sprau,* BGB, § 665 Rn. 1; Soergel/*Beuthien,* BGB, § 665 Rn.1.

249 Ob es sich hierbei um Weisungen i.S.d. § 665 BGB handelt, wird unterschiedlich beurteilt. Bejahend Coing, Treuhand, S. 146 f.; Larenz, Schuldrecht, S. 415 f., Staudinger/*Martinek,* BGB, § 665 Rn. 6 f.; differenzierend BGH, NJW 1953, 1911, 1912; Soergel/*Beuthien,* BGB, § 665 Rn. 2, 3; MünchKomm/*Seiler,* BGB, § 665 Rn. 9 ff. wonach es sich um Vereinbarungen im Rahmen des Vertrages handelt, weil der Auftragnehmer bei Vertragsschluss frei war, ob diese Vereinbarungen Gegenstand werden und sie nicht einseitig gestellt wurden. Im Ergebnis kann dies jedoch dahinstehen, da der Auftragnehmer sowohl an Weisungen als auch an Vereinbarungen des Vertrages gebunden ist.

250 Kaper, Bürgerstiftungen, S. 223; Seyfarth, Unselbstständige Stiftung, S. 33.

251 Offenbar gänzlich ablehnend Schlüter, Stiftungsrecht, S. 59.

252 Happ, Stifterwille, S. 205; Erman/*Ehmann,* BGB, 2008, § 665 Rn. 6; Soergel/*Beuthien,* BGB, § 665 Rn. 6.

vorgegebenen Rahmen.[253] Damit sind durch das Weisungsrecht des Stifters auch die Rahmenpflichten des Treuhänders nicht veränderbar,[254] mithin auch eine gänzlich andere Zwecksetzung der unselbständigen Stiftung nicht möglich. Dies entspräche zudem nicht mehr dem ursprünglich gefassten Stifterwillen und den zugrunde liegenden wesentlichen Vertragsinhalten. Stifter und Stiftungsträger sind durch den Abschluss des Stiftungsgeschäfts an dieses gebunden, sodass eine Änderung der wesentlichen Vertragspunkte durch die Erteilung von Weisungen nicht möglich ist.[255] Dieses Ergebnis ergibt sich auch unter Berücksichtigung der Interessen der Beteiligten, weil das Stiftungsgeschäft gerade nicht allein den Interessen des Stifters, sondern auch denen des Stiftungsträgers dient. Ein generelles Weisungsrecht des Stifters, mit der Folge der einseitigen Änderung des Stiftungszwecks, wäre hingegen nicht interessengerecht.[256] Das Weisungsrecht i.S.d. § 665 BGB steht der Qualifizierung des Stiftungsgeschäfts als Treuhandvertrag nicht entgegen.

3. Beendigung durch die Erben des Stifters, § 672 BGB

Nach § 672 BGB besteht der Auftrag im Zweifel auch über den Tod des Auftraggebers hinaus in Folge dessen die Erben in die Position des Auftraggebers eintreten, vgl. §§ 1922 Abs. 1, 1967 Abs. 1 BGB.[257] Der Tod des Stifters führt demnach zunächst grdsl. nicht zum Erlöschen des Auftrags und zur Beendigung der unselbständigen Stiftung. Jedoch könnten die Erben nun von ihrem Widerrufsrecht nach § 671 BGB Gebrauch machen und das Stiftungsgeschäft jederzeit beenden.

Um dies zu verhindern käme in Betracht, dass der Stifter das Widerrufsrecht sowohl für sich selbst als auch für seine Erben zu einem Widerruf nur aus wichtigem Grund abbedingt.[258] Die Erben wären in ihren persönlichen Interessen und ihrem eigenen Willen beschränkt. Da die unselbständige Stiftung bereits nach ihrer Errichtung unabhängig vom wandelbaren Willen des Stifters besteht,[259] wäre dies

253 Löhnig, Treuhand, S. 207; MünchKomm/*Seiler*, BGB, § 665 Rn. 12.

254 Löhnig, Treuhand, S. 207; Soergel/*Beuthien*, BGB, § 665 Rn. 6; MünchKomm/*Seiler*, BGB, § 665 Rn. 12; Bamberger/Roth/*Fischer*, BGB, § 665 Rn. 5; Happ, Stifterwille, S. 205 merkt zudem an, man könne nicht unterstellen, dass sich der Stiftungsträger zur Durchführung jedweden Zwecks zur Verfügung stellt.

255 Vgl. Kaper, Bürgerstiftungen, S. 224; MünchKomm/*Seiler*, BGB, § 665 Rn. 12.

256 Coing, Treuhand, S. 147; Westebbe, Stiftungstreuhand. S. 100 f., 209; Kaper, Bürgerstiftungen, S. 223 f.

257 Vgl. den Hinweis von Reuter, in: Stiftungen, S. 203, 209; MünchKomm/*Reuter*, BGB, Vor § 80 Rn. 97, dass der Auftraggeber für den Fortbestand des Auftragsverhältnisses notwendig vorhanden sein muss.

258 A.A. BGH, NJW 1975, 382, 383 f.; Seifert/Campenhausen/*Hof*, Stiftungsrecht, § 36 Rn. 43.

259 Insoweit ist Koos, Fiduziarische Person, S. 78 f. zuzustimmen, dass es bei der Stiftung nicht mehr vorrangig um die Verwirklichung des rein persönlichen Erblasserwillens, sondern um die Verfolgung des vom Stifterwillen emanzipierten Stiftungszwecks geht.

auch hinsichtlich der Erben gerechtfertigt. Der Stifterwille wird in Stiftungsgeschäft und Stiftungssatzung festgeschrieben und durch die Stiftungstätigkeit des Trägers verwirklicht. Zwar kann der Stifter Weisungen zur Konkretisierung des Stiftungszwecks erlassen, er kann den Stiftungszweck jedoch nicht jederzeit ändern.[260] Für die Erben des Stifters kann nichts anderes gelten. Dem Stifter muss daher das Recht zustehen, auch die Erben von der Möglichkeit eines jederzeitigen Widerrufsrechts auszuschließen.[261] Aus den Normen der §§ 671, 672 BGB ist ein gegenteiliger Wille des Gesetzgebers nicht zu entnehmen. Gleichfalls ist die Beschränkung gerechtfertigt, weil eine übermäßige Bindung der Erben durch das weiterhin bestehende Widerrufsrecht aus wichtigem Grund nicht besteht.[262] Damit können die Erben lediglich in den Grenzen der dem Stifter verbliebenen Widerrufsmöglichkeiten vorgehen und damit eine Beendigung der unselbständigen Stiftung nur aus wichtigem Grund herbeiführen.[263]

III. Stiftungserrichtung durch Verfügung von Todes wegen

Ist der Stiftungsträger bei der von Todes wegen errichteten unselbständigen Stiftung eine natürliche Person, so ist umstritten, ob bei seinem Tod die Haftung bzgl. der Erfüllung der Auflage auf dessen Erben übergeht. Aufgrund der §§ 2192, 2181 BGB, wonach die Erfüllung der Auflage im Zweifel mit dem Tod des Beschwerten fällig wird, wird gefolgert, die Auflage selbst werde auf die Erben des Beschwerten übertragen.[264] Die Verpflichtungen aus der Auflage würden somit auch für die Erben des Beschwerten, des Stiftungsträgers, bestehen. Nach anderer Ansicht hingegen ist die Auflage als Verfügung von Todes wegen nicht vererblich, sodass sie nicht

---

260 Schlüter, Stiftungsrecht, S. 59. Eine Änderung ist nur einvernehmlich mit dem Stiftungsträger möglich. Hierzu ausführlich Happ, Stifterwille, S. 176 ff.

261 Vgl. Lange/Kuchinke, Erbrecht, S. 764 f., die sich dafür Aussprechen, dass dem Auftragnehmer eine Einrede gewährt wird, durch die der Widerruf der Erben zurückgewiesen werden kann m.w.N.

262 Soergel/*Beuthien*, BGB, § 672 Rn. 8; a.A. MünchKomm/*Reuter*, BGB, Vor § 80 Rn. 98; Staudinger/*Martinek*, BGB, § 672 Rn. 10.

263 Hingegen kann der Stifter nicht anordnen, dass der Verzicht auf das jederzeitige Widerrufsrecht nur für die Erben, nicht hingegen für sich selbst gelten soll. Vgl. Muscheler, in: Jahreshefte, S. 59, 75; Soergel/*Beuthien*, BGB, § 672 Rn. 8. In diesem Fall läge ein Verstoß gegen den erbrechtlichen Grundsatz der Universalsukzession vor, vgl. § 1922 I BGB. Zudem würde dieser Ausschluss der Anordnung einer Testamentsvollstreckung gleichkommen, vgl. § 2197 BGB.

264 Ebersbach, Stiftungsrecht, S. 181 f.; Seifert/Campenhausen/*Hof*, Stiftungsrecht, § 36 Rn. 113; Staudinger/*Hüttemann/Rawert*, BGB, Vorbem zu §§ 80 ff Rn. 253; Westebbe, Stiftungstreuhand, S. 80; Herzog, Die unselbständige Stiftung, S. 64; Muscheler, in: Jahreshefte, S. 59, 63; O. Schmidt, ZEV 2003, 316, 318; Wochner, MittRhNotK 1994, 89, 106.

auf die Erben des Stiftungsträgers übergeht.[265] Dies wird damit begründet, dass die Leistungspflicht des Auflagenbeschwerten mit jeder Ertragsausschüttung neu entsteht; die Stiftungsleistungen daher keine wiederkehrenden Leistungen darstellen. Nach dem Tod des Auflagenverpflichteten, des Stiftungsträgers, würde damit die Pflicht zur Erbringung der Stiftungsleistungen erlöschen. Hiergegen spricht jedoch, dass es sich bei der Stiftungstätigkeit nicht um wiederkehrende Leistungen handelt, sondern die Tätigkeit dauerhaft zu erfüllen ist. Die Leistungspflicht entsteht indes nicht mit jeder Ertragsausschüttung neu. Dies ergibt sich bereits aus dem Wesen der unselbständigen Stiftung. Für erstgenannte Ansicht spricht zudem, dass sich aus dem Verweis des § 2192 BGB auf § 2181 BGB nichts anderes ergeben kann und § 2181 BGB somit auch für die Auflage entsprechend gilt.[266] Die Auflage geht grdsl. mit dem Tod des Stiftungsträges als Nachlassverbindlichkeit auf dessen Erben über, die sodann zur Erfüllung der Auflage verpflichtet sind.[267] Erstgenannter Ansicht ist demnach zu folgen. Wird als Stiftungsträger indes eine juristische Person gewählt, entstehen derartige Probleme nicht, da sich das Problem des Wegfalls des Stiftungsträgers hier nicht stellt.

IV. Stellungnahme

Sowohl die Einordnung des Stiftungsgeschäfts unter die §§ 516, 525 BGB als auch unter die §§ 662 ff., 675 BGB ist einigen Bedenken ausgesetzt, sodass die Qualifizierung des Stiftungsgeschäfts nicht problemlos möglich ist. Bei der Schenkung unter Auflage wurzeln die Schwierigkeiten hauptsächlich im Bestehen einer Bereicherung, die nach richtiger Ansicht jedoch zu bejahen ist. Bei der Einordnung des Stiftungsgeschäfts als Auftrag in Form eines Treuhandvertrages ergeben sich Wertungswidersprüche aus den Regelungen über den jederzeitigen Widerruf bzw. der Kündigung gem. § 671 BGB und dem nach § 665 BGB bestehenden Weisungsrecht des Treugebers.

Anders als im Auftragsrecht wären bei Qualifizierung des Stiftungsgeschäfts als Schenkung unter Auflage aufgrund des endgültigen Vermögensübergangs keine weiteren Regelungen zum Ausschluss dieser Gestaltungsrechte notwendig. Andererseits ist das Auftragsrecht grdsl. dispositiv, sodass auch hier der Ausschluss des jederzeitigen Widerrufs- bzw. Kündigungsrechts möglich ist und das Erfordernis einer zusätzlichen Vereinbarung bzgl. der Abbedingung dieser Rechte nicht als Gegenargument angeführt werden kann. Indes entstehen bei der treuhänderischen Ausgestaltung auch unter Berücksichtigung von Sinn und Zweck der Treuhand Zweifel, weil dieser gerade eine vorübergehende Vermögensübertragung immanent ist. Wird jedoch die jederzeitige Widerrufsmöglichkeit ausgeschlossen, lässt dies

---

265 Wochner, ZEV 1999, 125, 129; offenlassend MünchKomm/*Reuter*, BGB, Vor § 80 Rn. 107.

266 Staudinger/*Otte*, BGB, § 2181 Rn. 5; O. Schmidt, ZEV 2003, 316, 318; MünchKomm/*Rudy*, BGB, § 2192 Rn. 3.

267 O. Schmidt, ZEV 2003, 316, 318; Wochner, MittRhNotK 1994, 89, 106.

am ursprünglichen Wesen der Treuhand zweifeln. Die Treuhand würde zu einer dauerhaften Treuhand fortentwickelt, was zwar angesichts des dispositiven Rechts möglich ist, aber dem hinter der Treuhand stehenden vorübergehenden Gedanken widersprechen würde. Ihrem ursprünglichen Wesen entsprechend ist die Treuhand vielmehr auf eine vorübergehende Übertragung des Treuguts angelegt, sodass bei Beendigung der Treuhand auch das Treugut an den Treugeber zurückfallen soll. Vorliegend will sich der Stifter indes dauerhaft und endgültig des Stiftungsvermögens entledigen. Die dauerhafte und endgültige Vermögensweggabe sieht das Treuhandrecht indes nicht vor. Daher wird teilweise angenommen, ein Verzicht auf das Recht des jederzeitigen Widerrufs durch den Stifter begründe ein neues Kausalverhältnis, namentlich eine Schenkung.[268] Dem ist bereits deshalb zuzustimmen, weil bei Annahme dessen eine Differenzierung von Treuhand und Schenkung nur noch schwer möglich wäre und die Rechtssicherheit beeinträchtigt würde. Eine Qualifizierung des Stiftungsgeschäfts als Treuhand würde das Wesen der Treuhand wesentlich abändern, sodass dies als wesentlicher Kritikpunkt gegen die Qualifizierung des Stiftungsgeschäfts als Treuhandvertrag spricht.

Unabhängig davon unterscheiden sich Schenkung unter Auflage und Treuhandvertrag vom Wesen her deutlich voneinander. Es erscheint daher bedenklich, dass beide Rechtsgeschäfte als Grundlage für das Stiftungsgeschäft geeignet sein können, die Wahl letztlich im Belieben des Stifters stehen soll. Unter Berücksichtigung des hinter der unselbständigen Stiftung stehenden Zwecks, eine dauerhafte Förderung der Allgemeinheit zu verwirklichen, erscheint die Schenkung unter Auflage vorzugswürdig. Unberücksichtigt dessen sind im weiteren Verlauf beide Qualifizierungen hinsichtlich der insolvenzrechtlichen Auswirkungen zu berücksichtigen.

E. Insolvenzeröffnung über das Vermögen der Stiftungsbeteiligten

Die dingliche Zuordnung des Stiftungsvermögens zum Vermögen der Stiftungsbeteiligten ist abhängig von der rechtlichen Einordnung des Stiftungsgeschäfts. Anhand der Qualifizierung des Stiftungsgeschäfts als Schenkung unter Auflage bzw. als Treuhandvertrag sind die verschiedenen Auswirkungen einer Insolvenzeröffnung über das Vermögen der Stiftungsbeteiligten zu untersuchen. Im Mittelpunkt steht dabei die Frage, inwieweit die Privatgläubiger des Stifters bzw. seiner Erben und die des Stiftungsträgers auf das Stiftungsvermögen zugreifen können, mithin ob die privaten Gläubiger von Stifter und Stiftungsträger, deren Forderungen in keinem Zusammenhang mit der Stiftungstätigkeit stehen, einen Anspruch auf Befriedigung aus dem Stiftungsvermögen haben. Hiervon abhängig sind der Fortbestand der unselbständigen Stiftung und der Erhalt des Stiftungsvermögens.

---

268 Wochner, ZEV 1999, 125, 126; Palandt/*Sprau*, BGB, § 671 Rn. 2; MünchKomm/*Reuter*, BGB, Vor § 80 Rn. 103; Reuter, in: Stiftungen, S. 203, 217.

I. Umfang der Insolvenzmasse

Dabei stellt sich vorab die Frage nach dem Umfang der Insolvenzmasse und der Beurteilung der Zugehörigkeit der Vermögensgegenstände zur Insolvenzmasse. Zur Insolvenzmasse zählt das gesamte der Zwangsvollstreckung unterliegende Vermögen des Schuldners, welches ihm zur Zeit der Eröffnung des Verfahrens gehört oder von ihm während des Verfahrens erworben wird, vgl. §§ 35 Abs. 1, 36 Abs. 1 InsO. Die Insolvenzmasse dient der gemeinschaftlichen, grundsätzlich gleichmäßigen Befriedigung aller Insolvenzgläubiger.[269] Hierbei kommt es grdsl. auf das materiell-rechtliche Eigentum an. Schuldnerfremdes Vermögen gehört nicht in die Insolvenzmasse.[270] Die Masse, die der Insolvenzverwalter bei Eröffnung vorfindet und in seinen Besitz nimmt, sog. Ist-Masse,[271] ist von der Soll-Masse, die letztlich der Gläubigerbefriedigung dienen soll, vgl. §§ 35, 36, 38 InsO, zu unterscheiden. Es ist Aufgabe des Insolvenzverwalters die Soll-Masse durch Bereinigung der Ist-Masse herzustellen,[272] indem er Gegenstände, die nicht zur Soll-Masse gehören, aus der Ist-Masse freigibt oder entgegengesetzt, im Fall dessen, dass die Ist-Masse unvollständig ist, diese ergänzt. Hierzu gehört, dass er die Aussonderungsrechte der Gläubiger bedient und die Gegenstände, die der Absonderung unterliegen, soweit zulässig, verwertet und Vermögensstücke, die der Masse in anfechtbarer Weise entzogen wurden, wieder zuführt. Nicht zur Insolvenzmasse gehören insbesondere Gegenstände, die nicht der Zwangsvollstreckung unterliegen, vgl. § 36 InsO. Der Verwalter hat die Pflicht, die Soll-Masse für die Gläubiger zu verwerten, § 159 InsO. Durch das Insolvenzverfahren soll die Haftung der Masse damit für die Verbindlichkeiten des Schuldners realisiert werden. Aufgrund dessen wird die Masse mit der Verfahrenseröffnung haftungsrechtlich den Insolvenzgläubigern zugewiesen.[273]

II. Insolvenzeröffnung über das Vermögen des Stifters

1. Schenkung unter Auflage

Bei Qualifizierung des Stiftungsgeschäfts als Schenkung unter Auflage verliert der Stifter in Folge der Übertragung des Stiftungsvermögens auf den Stiftungsträger das materiell-rechtliche Eigentum am Stiftungsvermögen. Die Eröffnung des Insolvenzverfahrens über das Vermögen des Stifters lässt das Stiftungsvermögen daher zunächst unberührt.[274]

---

269 Jaeger/*Henckel,* InsO, § 35 Rn. 2; Uhlenbruck/*Hirte,* InsO, § 35 Rn. 5.

270 Eine Ausnahme bildet lediglich § 37 InsO im Rahmen der Gütergemeinschaft.

271 Uhlenbruck/*Hirte,* InsO, § 35 Rn. 46; MünchKomm/*Peters,* InsO, § 35 Rn. 20.

272 Uhlenbruck/*Hirte,* InsO, § 35 Rn. 47.

273 Jaeger/*Henckel,* InsO, § 35 Rn. 2.

274 Hat der Stifter das Stiftungsvermögen vor der Eröffnung des Insolvenzverfahrens auf den Stiftungsträger übertragen, so ist die Übertragung vor allem nicht nach § 81 InsO unwirksam. Vgl. allgemein Uhlenbruck/*ders.,* InsO, § 81 Rn. 7; HK/*Kayser,* InsO, § 81 Rn. 11.

a) Insolvenzanfechtung, §§ 129 ff. InsO

Überträgt der spätere Schuldner angesichts der drohenden Insolvenz das Vermögen auf Dritte, um es einem Gläubigerzugriff zu entziehen, so eröffnen die InsO und das AnfG Anfechtungsmöglichkeiten, um die Privatautonomie des Insolvenzschuldners zum Schutz der Gläubiger zu begrenzen und sachlich ungerechtfertigte Vermögensverschiebungen, welche die spätere Masse verkürzt haben, rückgängig zu machen.[275] Nach § 2 AnfG steht den Gläubigern das Anfechtungsrecht zu. Die InsO bestimmt hingegen ein Anfechtungsrecht des Insolvenzverwalters, § 129 InsO. Die Vorschriften über die Anfechtung nach der InsO stimmen sachlich im Wesentlichen mit denen des AnfG überein. Die Anwendbarkeit hängt entscheidend vom aktuellen Stand des Insolvenzverfahrens ab. Das Anfechtungsrecht des Insolvenzverwalters entsteht mit der Eröffnung des Insolvenzverfahrens in Folge dessen es ab diesem Zeitpunkt nicht mehr von den Insolvenzgläubigern ausgeübt werden kann, vgl. § 16 Abs. 1 S. 1 AnfG, und sämtliche im Zusammenhang mit der Anfechtung stehenden Rechte dem Insolvenzverwalter zustehen.[276] Der Anfechtungsanspruch wird Bestandteil der Insolvenzmasse, sodass der Anspruch entsprechend § 143 Abs. 1 S. 1 InsO auf Rückgewähr zur Insolvenzmasse gerichtet ist.[277] Die Insolvenzanfechtung dient im Gegensatz zur Gläubigeranfechtung der gleichmäßigen Befriedigung aller Insolvenzgläubiger und nicht dem einzelnen Gläubiger wegen eines bestimmten titulierten Anspruchs.[278] Entsprechend der Thematik der vorliegenden Arbeit ist die Gläubigeranfechtung nach dem AnfG im Folgenden nicht weiter zu berücksichtigen.

aa) Voraussetzungen der Insolvenzanfechtung

(1) Allgemeine Voraussetzungen der Insolvenzanfechtung

Die Insolvenzanfechtung kann sich gem. § 129 Abs. 1 InsO grdsl. nur gegen Rechtshandlungen richten, die vor Verfahrenseröffnung vorgenommen wurden und zu einer Gläubigerbenachteiligung geführt haben. Unter Gläubigerbenachteiligung ist eine Verkürzung der Insolvenzmasse zu verstehen.[279] Die Beurteilung erfolgt

---

275 Gottwald/*Huber,* Insolvenzrecht, § 46 Rn. 2 f.; Häsemeyer, Insolvenzrecht, Rn. 21.03; MünchKomm/*Kirchhof,* InsO, Vor §§ 129 bis 147 Rn. 2.

276 Das Anfechtungsrecht der InsO ist eigens für die Insolvenzzwecke geschaffen worden und deshalb untrennbar mit dem Amt des Insolvenzverwalters verbunden, BGH, NJW 1983, 887, 888; 1992, 2483, 2483 f. Ausführlich hierzu Smid, Insolvenzrecht, § 17 Rn. 10; Gottwald/*Huber,* Insolvenzrecht, § 51 Rn. 14 f.; Jaeger/*Henckel,* InsO, § 129 Rn. 295 f.; MünchKomm/*Kirchhof,* InsO, § 143 Rn. 4.

277 Uhlenbruck/*Sinz,* InsO, § 38 Rn. 25; Jaeger/*Henckel,* InsO, § 143 Rn. 97.

278 Gottwald/*Huber,* Insolvenzrecht, § 46 Rn. 7; Smid, Insolvenzrecht, § 17 Rn. 1; Uhlenbruck/*Hirte,* InsO, § 129 Rn. 1.

279 St. Rspr. BGH, NJW 1999, 1549, 1552; 2008, 655, 656; NZI 2009, (105); Uhlenbruck/*Hirte,* InsO, § 129 Rn. 91; Smid, Insolvenzrecht, § 17 Rn. 22; Gottwald/*Huber,* Insolvenzrecht, § 46 Rn. 51; Jaeger/*Henckel,* InsO, § 129 Rn. 77.

im Einzelfall nach *wirtschaftlichen Gesichtspunkten.*[280] Unter Rechtshandlung ist jedes Handeln, das eine rechtliche Wirkung auslöst, zu verstehen.[281] Anfechtungsgegenstand ist vorliegend die Übertragung des Stiftungsvermögens auf den Stiftungsträger, die zu einer Verkürzung der Insolvenzmasse und einer unmittelbaren Benachteiligung seiner Gläubiger führt. Der erforderliche ursächliche Zusammenhang zwischen der anfechtbaren Rechtshandlung und der Verkürzung der Insolvenzmasse, vgl. § 129 Abs. 1 InsO,[282] liegt unproblematisch vor.

(2) Anfechtungsgegner

Anfechtungsgegner ist grdsl. derjenige, zu dessen Gunsten der Erfolg der anfechtbaren Handlung eingetreten ist, nicht hingegen der Verfahrensschuldner.[283] Maßgeblich ist danach, wer durch eine anfechtbare Handlung etwas aus dem Vermögen des Schuldners erlangt hat.[284]

Auch hier gilt die Einordnung der unselbständigen Stiftung als ein Vertragsverhältnis zu bedenken. Denn nach deren Errichtung handelt es sich bei der unselbständigen Stiftung nicht um ein eigenständiges Rechtssubjekt. Mangels Rechtsfähigkeit kann die unselbständige Stiftung daher nicht Eigentümerin des Stiftungsvermögens und damit nicht Anfechtungsgegner sein.

Richtigerweise wird der Stiftungsträger in Folge der Übertragung des Stiftungsvermögens durch den Stifter dessen Eigentümer. Auch nimmt der Stiftungsträger vorliegend keine Stellung als Mittelsmann des Stiftungsvermögens ein in Folge dessen es auf den endgültigen Leistungsempfänger, letztlich die Destinatäre der unselbständigen Stiftung, ankäme.[285] Denn der Stifter überträgt das Stiftungsvermögen als Grundstockvermögen, welches die Grundlage der unselbständigen Stiftung ausmacht. Dieses ist dazu bestimmt, im Vermögen des Stiftungsträgers zu verbleiben, um die Verfolgung des Stiftungszwecks dauerhaft gewährleisten zu können. Daher handelt es sich bei der Übertragung des Stiftungsvermögens nicht lediglich um eine mittelbare Zuwendung.[286] Die Erfüllung des Stiftungszwecks, letztlich die Zuwendungen an die Destinatäre, erfolgt durch die Erträge des Grundstockvermögens und durch Spenden von Seiten Dritter. Tatsächlicher Empfänger des vom Stifter übertragenen Stiftungsvermögens ist daher der Stiftungsträger.

---

280 NR/*Nerlich,* InsO, § 129 Rn. 63; Uhlenbruck/*Hirte,* InsO, § 129 Rn. 91; HK/*Kreft,* InsO, § 129 Rn. 37.

281 Smid, Insolvenzrecht, § 17 Rn. 19; HK/*Kreft,* InsO, § 129 Rn. 11; Häsemeyer, Insolvenzrecht, Rn. 21.29; Uhlenbruck/*Hirte,* InsO, § 129 Rn. 62.

282 BGH, ZIP 2005, 1243, 1244; Gottwald/*Huber,* Insolvenzrecht, § 46 Rn. 67; Uhlenbruck/*Hirte,* InsO, § 129 Rn. 123.

283 Jaeger/*Henckel,* InsO, § 129 Rn. 287.

284 NR/*Nerlich,* InsO, § 143 Rn. 52; Smid, Insolvenzrecht, § 17 Rn. 5.

285 Vgl. hierzu NR/*Nerlich,* InsO, § 143 Rn. 53.

286 Vgl. hierzu bereits im Rahmen der Voraussetzungen der unselbständigen Stiftung, 1. Teil, C. V. 2. b) sowie im Rahmen der Bereicherung des Stiftungsträgers, 1. Teil, D. I. 2.

Eine Anfechtung gegenüber dem -in Folge etwaiger Bestimmungen in der Stiftungssatzung- eingesetzten Stiftungsgremium scheidet gleichfalls aus. Für die Bestimmung des Anfechtungsgegners kommt es auf denjenigen an, der etwas durch den Insolvenzschuldner erlangt hat. Vorliegend ist das Stiftungsvermögen schuld- und sachenrechtlich wirksam in das Eigentum des Stiftungsträgers übergegangen. Das Stiftungsgremium hat hingegen allein die Funktion eines Kontrollorgans. Unberücksichtigt etwaiger durch die Stiftungssatzung eingeräumter Rechte steht diesem jedoch kein Eigentum am Stiftungsvermögen zu. Dinglich Berechtigter und Anfechtungsgegner ist daher allein der Stiftungsträger.

(3) Anfechtung wegen unentgeltlicher Leistung, § 134 Abs. 1 InsO

Unter den vorhandenen Anfechtungstatbeständen der § 129 ff. InsO erlangt vor allem die Anfechtung wegen unentgeltlicher Leistung i.S.d. § 134 Abs. 1 InsO an Bedeutung.

(a) Unentgeltliche Leistung i.S.d. § 134 Abs. 1 InsO

Der Begriff der Leistung ist grdsl. weit zu verstehen, sodass es ausreichend ist, wenn der Begünstigte in die Lage versetzt wird, das Zugewendete tatsächlich zu nutzen und weiter zu übertragen.[287] Unentgeltlichkeit liegt vor, soweit der Anfechtungsgegner weder an den Schuldner noch an einen Dritten eine ausgleichende Gegenleistung zu erbringen hat.[288] Eine unentgeltliche Leistung wird daher im Allgemeinen angenommen, wenn ein Vermögenswert des Schuldners zugunsten einer anderen Person aufgegeben wird, ohne dass dem Schuldner ein entsprechender Gegenwert zufließen soll.[289] Der Stiftungsträger kann das Stiftungsvermögen tatsächlich nutzen und leistet jedenfalls objektiv keine entgeltliche Gegenleistung in das Schuldnervermögen. Lediglich die Pflicht des Stiftungsträgers zur Stiftungsverwaltung könnte eine Gegenleistung darstellen. Hierbei handelt es sich jedoch gerade um keine synallagmatische Verknüpfung von Leistung und Gegenleistung,[290] sodass die gegenseitig versprochenen Leistungen nicht als entgeltliche anzusehen sind. Dadurch, dass der Stifter aus der Leistung einen irgendwie gearteten Vorteil erlangt, wird die Leistung nicht zu einer entgeltlichen.[291] Zudem ist der Begriff der unentgeltlichen Leistung

287 BGH, ZIP 2001, 889, 890; HK/*Kreft*, InsO, § 134 Rn. 3; Jaeger/*Henckel*, InsO, § 134 Rn. 33 ff.

288 BGH, ZIP 1992, 1089, 1091 f.; 1993, 1170, 1173; NJW-RR 2006, 1281, 1282; NJW, 2008, (2506), Gottwald/*Huber*, Insolvenzrecht, § 49 Rn. 11; HK/*Kreft*, InsO, § 134 Rn. 7.

289 BGHZ 113, 98, 101; 113, 393, 395; Jaeger/*Henckel*, InsO, § 134 Rn. 9; Smid, Insolvenzrecht, § 21 Rn. 5.

290 Siehe zur Unentgeltlichkeit im Rahmen der Schenkung unter Auflage bereits 1. Teil, D. I. 1.

291 BGH, ZIP 1991, 35, 37; NJW-RR 2006, 1136, 1137; OLG Celle, NJW 1990, (720); vgl. Uhlenbruck/*Hirte*, InsO, § 134 Rn. 35; Jaeger/*Henckel*, InsO, § 134 Rn. 9; HK/*Kreft*, InsO, § 134 Rn. 9.

i.S.d. § 134 InsO jedenfalls weiter als der Anwendungsbereich der -hier angenommenen- Schenkung i.S.d. § 516 BGB,[292] sodass es sich vorliegend unstreitig um eine unentgeltliche Leistung handelt.

(b) Anfechtungsfreie Leistungen i.S.d. § 134 Abs. 2 InsO

Nach der Regelung des § 134 Abs. 2 InsO ist die Leistung nicht anfechtbar, wenn sie sich auf ein gebräuchliches Gelegenheitsgeschenk geringen Wertes richtet. Hierunter sind unentgeltliche Zuwendungen zu verstehen, die der Verkehrssitte gemäß zu bestimmten Anlässen üblich sind, zu wohltätigen oder zu gemeinnützigen Zwecken erbracht werden.[293] Zur Zeit der Geltung der Konkursordnung, § 32 KO, führte eine weite Auslegung dieser Begrifflichkeit dazu, dass auch Spenden an Parteien oder unentgeltliche Zuwendungen aufgrund sittlicher Pflicht teilweise von der Anfechtbarkeit ausgenommen wurden.[294] Mit der Aufnahme des Merkmales „geringen Wert" hat der Gesetzgeber der weiten Auslegung entgegengewirkt.[295] Nunmehr bestehen keine Zweifel daran, dass die vorliegende Vermögensübertragung eine anfechtbare Handlung i.S.d. § 134 Abs. 1 InsO darstellt.

(c) Anfechtungsfrist, § 134 Abs. 1 InsO

Die Anfechtungsfrist ist gewahrt, soweit die unentgeltliche Leistung nicht früher als vier Jahre vor dem Antrag auf Eröffnung des Insolvenzverfahrens erfolgte, § 134 Abs. 1 InsO. Die Berechnung der Anfechtungsfristen bestimmt § 139 Abs. 1 InsO, wonach die Frist mit dem Anfang des Tages beginnt, der durch seine Zahl dem Tag entspricht, an dem der Antrag auf Eröffnung des Insolvenzverfahrens beim Insolvenzgericht eingegangen ist.[296] Liegt die Schenkung unter Auflage daher ausgehend von dem Antrag auf Eröffnung des Insolvenzverfahrens noch keine vier Jahre zurück, so sind die Voraussetzungen der Insolvenzanfechtung wegen einer unentgeltlichen Leistung i.S.d. § 134 BGB erfüllt.

(4) Anfechtung wegen vorsätzlicher Benachteiligung, § 133 Abs. 1 InsO

Daneben kommt eine Anfechtung wegen vorsätzlicher Benachteiligung gem. § 133 Abs. 1 InsO in Betracht. Dies vor allem, wenn die Anfechtungsfrist des § 134 Abs. 1

---

292 RegEInsO BT-Drs. 12/2442, S. 160 f.; NR/*Nerlich,* InsO, § 134 Rn. 4; Häsemeyer, Insolvenzrecht, Rn. 21.89; Hinz, Haftung der Stiftung, S. 60 f., 97; speziell für die Errichtung der Stiftung und zur Schenkung unter Auflage Uhlenbruck/*Hirte,* InsO, § 134 Rn. 38, 40. Zum (historischen) Verständnis der „unentgeltlichen" Verfügung Uhlenbruck/*Hirte,* InsO, § 134 Rn. 5; Hinz, Haftung der Stiftung, S. 44 f.

293 Uhlenbruck/*Hirte,* InsO, § 134 Rn. 47; Gottwald/*Huber,* Insolvenzrecht, § 49 Rn. 5; Jaeger/*Henckel,* InsO, § 134 Rn. 69.

294 RGZ 125, 380, 384; BFH, ZIP 1983, 1122 f.; vgl. Jaeger/*Henckel,* InsO, § 134 Rn. 43; HK/*Kreft,* InsO, § 134 Rn. 16.

295 RegEInsO, BT-Drs. 12/2442, S. 161; vgl. HK/*Kreft,* InsO, § 134 Rn. 18, 5.

296 Hierzu Smid, Insolvenzrecht, § 17 Rn. 49 f.

InsO verstrichen ist.[297] Neben der erforderlichen Gläubigerbenachteiligung kommt es im Rahmen des § 133 Abs. 1 InsO entscheidend auf den subjektiven Tatbestand an.[298] Erforderlich sind ein Benachteiligungsvorsatz des Schuldners und die Kenntnis des Anfechtungsgegners hiervon. Maßgeblicher Zeitpunkt ist die Vornahme des Rechtsgeschäfts, hier die Erfüllung des Stiftungsgeschäfts, vgl. § 140 InsO. Die Frist des § 133 Abs. 1 InsO ist gewahrt, wenn die zur Anfechtung führende Rechtshandlung des Schuldners zehn Jahre vor dem Antrag auf Eröffnung des Insolvenzverfahrens erfolgte. Grdsl. obliegt es dem Insolvenzverwalter die anspruchsbegründenden Tatsachen zu beweisen.[299]

(a) Vorsätzliche Benachteiligung

Der Schuldner handelt mit Vorsatz, wenn er die Gläubigerbenachteiligung als Erfolg seiner Rechtshandlung will oder als mutmaßliche Folge erkannt und gebilligt hat.[300] Kennt der Schuldner seine Zahlungsunfähigkeit, kann daraus auf einen Benachteiligungsvorsatz geschlossen werden, weil er in diesem Fall weiß, dass sein Vermögen nicht ausreicht, um sämtliche Gläubiger zu befriedigen. Auch die nur drohende Zahlungsunfähigkeit stellt ein starkes Beweisanzeichen für den Benachteiligungsvorsatz des Schuldners dar, wenn sie ihm bei Vornahme der Rechtshandlung bekannt war.[301] Dabei ist anerkannt, dass Rechtshandlungen, die schon für sich genommen nachteilig für das Vermögen des Schuldners sind, ein Indiz dafür bilden können, dass der Schuldner die Benachteiligung seiner Gläubiger billigt und der Geschäftspartner davon weiß.[302]

Einen solchen Fall kann grdsl. die Schenkung unter Auflage einhergehend mit der Vermögensübertragung auf den Stiftungsträger darstellen. Der Stifter erhält keinen Ausgleich für seine Vermögensminderung, sodass dies als Indiz für einen entsprechenden Vorsatz zu werten sein kann. Weiter müsste dargelegt werden,

---

297 Die Anfechtungstatbestände der § 134 und § 133 InsO stehen grdsl. selbständig nebeneinander. Gottwald/*Huber*, Insolvenzrecht, § 46 Rn. 6, § 49 Rn. 4; Uhlenbruck/*Hirte*, InsO, § 129 Rn. 90; Jaeger/*Henckel*, InsO, § 129 Rn. 250.

298 BGH, DZWiR 2009, (330); Smid, Insolvenzrecht, § 20 Rn. 2; ausführlich LSZ/*Zeuner*, InsO, § 133 Rn. 17.

299 Smid, Insolvenzrecht, § 20 Rn. 2; HK/*Kreft*, InsO, § 133 Rn. 12, 22.

300 BGH, NJW 1993, (1640); Gottwald/*Huber*, Insolvenzrecht, § 48 Rn. 14; Uhlenbruck/*Hirte*, InsO, § 133 Rn. 12 f.; Häsemeyer, Insolvenzrecht, Rn. 21.79; Jaeger/*Henckel*, InsO, § 133 Rn. 24; MünchKomm/*Kayser*, InsO, § 133 Rn. 13 f.

301 BGHZ 167, 190, 194 f.; 174, 314, 321; 180, 98, 102 f. Ein Benachteiligungsvorsatz kann indes ausnahmsweise ausgeschlossen sein, wenn der Schuldner aufgrund konkreter Vorstellungen davon überzeugt war, in absehbarer Zeit alle seine Gläubiger befriedigen zu können, letztlich aus seiner Sicht seine Insolvenz so gut wie ausgeschlossen war, vgl. BGH, NZI 2004, 376, 378; MünchKomm/*Kayser*, InsO, § 133 Rn. 15; HK/*Kreft*, InsO, § 133 Rn. 15 m.w.N.

302 Häsemeyer, Insolvenzrecht, Rn. 21.82 hierzu zählen z.B. Käufe zu überhöhtem Preis bzw. Verkäufe unter Wert.

dass der Stifter nicht nur ausschließlich den Gedanken hatte, die fällige Leistung aus dem Stiftungsgeschäft zu bewirken, sondern darüber hinaus als weiteres Motiv eine Gläubigerbenachteiligung bezweckte.

Unter Berücksichtigung dieser Beweisanforderungen dürfte der Beweis des Benachteiligungsvorsatzes i.d.R. nur schwerlich zu erbringen sein. Insofern ist die Anfechtung nach § 134 InsO erheblich einfacher durchzusetzen. Ist die vierjährige Anfechtungsfrist des § 134 Abs. 1 InsO indes bereits verstrichen, ist äußerst fraglich, ob der erforderliche Benachteiligungsvorsatz zum Zeitpunkt des Abschlusses des Stiftungsgeschäfts bewiesen werden kann. Dem Insolvenzverwalter obliegt damit eine schwierige Beweisführung, sodass eine praktische Durchsetzung des Anfechtungsanspruchs nach § 133 Abs. 1 InsO i.d.R. ausscheidet.

(b) Kenntnis vom Benachteiligungsvorsatz

Hinsichtlich der Kenntnis des Anfechtungsgegners, des Stiftungsträgers, vom Benachteiligungsvorsatz des Schuldners wird die Beweisführung des Insolvenzverwalters durch § 133 Abs. 1 S. 2 InsO erleichtert. Danach wird seine Kenntnis vermutet, wenn er wusste, dass die Zahlungsunfähigkeit des Schuldners drohte und, dass die Handlung die Gläubiger benachteiligte. Ausreichend ist, dass dem Anfechtungsgegner Tatsachen bekannt sind, die bei objektiver Würdigung den Benachteiligungsvorsatz des Schuldners erkennen lassen.[303] Selbst bei Bejahung eines entsprechenden Vorsatzes auf Seiten des Stifters, wäre es jedenfalls weit hergeholt, bei Errichtung einer unselbständigen Stiftung, die typischerweise keine Gegenleistung in das Vermögen des Stifters voraussetzt, auf die Kenntnis des Anfechtungsgegners vom Gläubigerbenachteiligungsvorsatz des Schuldners zu schließen.

Darüber hinaus ist zu berücksichtigen, dass es sich bei dem Stiftungsgeschäft und der Vermögensübertragung um ein einmaliges Rechtsgeschäft zwischen Stifter und Stiftungsträger handelt. Der Stiftungsträger hat daher i.d.R. keine Kenntnis von Umständen, die auf eine etwaige Zahlungsunfähigkeit des Schuldners hindeuten. Im Übrigen hat er auch keinen Anlass, an der Liquidität des Schuldners zu zweifeln. Dies dürfte erst Recht unter Berücksichtigung dessen gelten, dass eine Stiftungserrichtung i.d.R. den Anschein dafür setzt, dass der Stifter gerade keine Zahlungsschwierigkeiten hat. Im Übrigen kann der Stiftungsträger in seiner Funktion als Treuhänder auch nicht mit den klassischen Treuhandfällen, bei denen dieser regelmäßige Zahlungen des Schuldners erhält und als Leistungsmittler auftritt, gleichgesetzt werden. Für den Stiftungsträger besteht bei Abschluss des Stiftungsgeschäfts daher i.d.R. kein Anlass an der Liquidität des Schuldners zu zweifeln.

Anders wäre der Fall gewiss dann zu beurteilen, sollte der Stifter den Stiftungsträger von seinen Liquiditätsschwierigkeiten in Kenntnis gesetzt haben.[304] Gleiches wäre anzunehmen, wenn der Stifter das Stiftungsvermögen über einen längeren

---

303 Häsemeyer, Insolvenzrecht, Rn. 21.79; MünchKomm/*Kayser*, InsO, § 133 Rn. 19; ausführlich LSZ/*Zeuner*, InsO, § 133 Rn. 31 f.

304 Vgl. BGH, ZInsO 2010, 1598 f.

Zeitraum hinweg nicht geleistet, sondern nur etwa Teilleistungen erbracht hat und diese auf Zahlungsprobleme schließen lassen. Denn die Kenntnis von der Zahlungsunfähigkeit steht auch im Rahmen des § 133 Abs. 1 InsO der Kenntnis von Umständen gleich, die zwingend auf eine drohende oder bereits eingetretene Zahlungsunfähigkeit hinweisen.[305]

Insgesamt lässt sich jedoch feststellen, dass der Anfechtungsgrund wegen vorsätzlicher Benachteiligung i.S.d. § 133 Abs. 1 InsO i.d.R. an der Beweisführung scheitern wird.

bb) Rechtsfolgen

Liegen die anfechtungsrechtlichen Voraussetzungen vor, was im Rahmen der Anfechtungsfrist des § 134 Abs. 1 InsO regelmäßig der Fall ist, so muss in Folge der Anfechtung durch den Insolvenzverwalter dasjenige, was durch die anfechtbare Handlung dem Zugriff der Insolvenzgläubiger entzogen wurde, zur Insolvenzmasse zurück gewährt werden, vgl. § 143 Abs. 1 InsO.[306] Nach überwiegender Meinung handelt es sich hierbei um einen schuldrechtlichen Rückgewähranspruch zur Insolvenzmasse.[307] Zum Ausgleich der Gläubigerbenachteiligung muss die Insolvenzmasse in die Lage versetzt werden, die bestünde, wenn die anfechtbare Rechtshandlung unterblieben wäre.[308] Einschränkend muss der Stiftungsträger als Empfänger einer unentgeltlichen Leistung diese nur insoweit zurückgewähren, als er durch sie noch bereichert ist, § 143 Abs. 2 S. 1 InsO. Der Entreicherungseinwand, § 818 Abs. 3 BGB, ist i.d.R. jedoch vor allem deshalb nicht relevant, weil das Stiftungsvermögen als Grundstockvermögen grdsl. erhalten bleiben soll. Durch die Rückgewähr des Stiftungsvermögens wird die unselbständige Stiftung beendet. Das Stiftungsvermögen fällt somit in die Insolvenzmasse des Stifters und dient der gemeinschaftlichen Befriedigung der Insolvenzgläubiger.

b) Rückforderungsanspruch wegen Verarmung des Stifters, § 528 BGB

Sollte die Anfechtungsfrist nach § 134 Abs. 1 InsO indes verstrichen sein, erlangt der Rückforderungsanspruch wegen Verarmung des Schenkers nach § 528 BGB an Relevanz. Mit der Eröffnung eines Insolvenzverfahrens über das Vermögen des Stifters könnte sogleich Verarmung i.S.d. § 528 BGB vorliegen, mithin ein Anspruch auf Herausgabe des Stiftungsvermögens geltend gemacht werden.

---

305 BGH, ZInsO 2010, 1598 f.; NZI 2007, 512, 514; 2009, 168, 169.

306 MünchKomm/*Kirchhof*, InsO, § 143 Rn. 1; Uhlenbruck/*Hirte*, InsO, § 134 Rn. 5.

307 Sog. schuldrechtliche Theorie, vgl. BGH, NJW 1995, 659, 662; HK/*Kreft*, InsO, § 129 Rn. 69; NR/*Nerlich*, InsO, § 143 Rn. 3; Uhlenbruck/*Hirte*, InsO, § 143 Rn. 1; Jaeger/*Henckel*, InsO, § 143 Rn. 7.

308 Vgl. hierzu Uhlenbruck/*Hirte*, InsO, § 134 Rn. 47; Gottwald/*Huber*, Insolvenzrecht, § 52 Rn. 8.

aa) Voraussetzungen des § 528 BGB

Nach dem Sinn und Zweck des § 528 BGB, den Schenker wieder in die Lage zu versetzen, seinen Unterhalt bzw. den Unterhalt der ihm nahe stehenden Personen zu sichern, würde die Vorschrift ins Leere gehen, müsste sowohl im Hinblick auf seinen angemessenen Lebensunterhalt als auch hinsichtlich der ihm obliegenden gesetzlichen Unterhaltsansprüche eine Unterhaltsbeeinträchtigung vorliegen. Es handelt sich damit offensichtlich um ein Redaktionsversehen des Gesetzgebers, sodass das Vorliegen einer Alternative ausreichend ist.[309] Eine Rückforderung ist jedoch nach § 529 BGB ausgeschlossen, soweit der Schenker die Bedürftigkeit vorsätzlich oder grob fahrlässig herbeigeführt hat oder wenn zur Zeit des Eintritts seiner Bedürftigkeit seit der Leistung des geschenkten Gegenstandes zehn Jahre verstrichen sind. Die Frist von zehn Jahren reicht somit weiter als die Anfechtungsfrist wegen unentgeltlicher Leistung nach § 134 Abs. 1 InsO.

Damit kann der Stifter die Rückforderung des Stiftungsvermögens wegen Verarmung gegenüber dem Stiftungsträger geltend machen, sodass der Stiftungsträger zur Herausgabe des Stiftungsvermögens nach den Vorschriften über die ungerechtfertigte Bereicherung verpflichtet ist. Die Rückforderung steht nach § 528 BGB allerdings im Ermessen des Schenkers. Eine Pflicht zur Geltendmachung des Anspruchs besteht nicht.[310]

bb) Einordnung des Rückforderungsanspruchs zur Insolvenzmasse

Fraglich ist, ob der Rückforderungsanspruch des Stifters nach Verfahrenseröffnung vom Übergang der Verwaltungs- und Verfügungsbefugnis auf den Insolvenzverwalter umfasst ist, vgl. § 80 InsO, mithin, ob sich der Anspruch nach § 528 BGB als ein zur Insolvenzmasse gehöriges Vermögen darstellt, § 35 InsO. In diesem Fall könnte der Insolvenzverwalter den Rückforderungsanspruch möglicherweise auch gegen den Willen des Stifters geltend machen.

Bei der Prüfung, ob Forderungen des Schuldners zur Insolvenzmasse gehören, enthält § 36 Abs. 1 InsO im Verhältnis zu § 35 InsO Ausnahmetatbestände, die den Begriff der Insolvenzmasse einschränken. Danach gehören Gegenstände, die nicht der Zwangsvollstreckung unterliegen, auch nicht zur Insolvenzmasse und dienen in Folge dessen nicht der Gläubigerbefriedigung. Vorliegend bestimmt sich dies nach § 852 Abs. 2 Alt. 1 ZPO, der den Rückforderungsanspruch des Schenkers wegen Verarmung i.S.d. § 528 BGB nur insoweit der Pfändung unterwirft, als er durch Vertrag anerkannt oder rechtshängig geworden ist. Hierdurch soll verhindert werden, dass ein anderer (der Vollstreckungsgläubiger) die Forderung pfändet, die der Schuldner bisher nicht geltend gemacht hat, und es damit dem Schuldner überlassen bleiben,

---

309 Staudinger/*Chiusi*, BGB, § 528 Rn. 13; MünchKomm/*J. Koch*, BGB, § 528 Rn. 3.

310 So auch der Wortlaut des § 528 „kann", der lediglich auf das Recht, nicht die Pflicht des Schenkers deutet. Staudinger/*Chiusi*, BGB, § 528 Rn. 62; MünchKomm/*J. Koch*, BGB, § 528 Rn. 9; Erman/*Herrmann*, BGB, § 528 Rn. 1.

ob er die Forderung geltend macht.[311] Das Recht des § 528 BGB wird daher nach § 852 ZPO erst pfändbar, wenn der Berechtigte selbst den Willen dazu bekundet, indem er eine Anerkennung entgegennimmt oder Feststellungs- oder Leistungsklage erhebt.[312] Einer Klageerhebung steht insoweit eine Anmeldung zur Insolvenztabelle gleich. Aufgrund der Entscheidungsfreiheit des Schuldners, des Schenkers, die den höchstpersönlichen Belangen Rechnung trägt, gehört das Widerrufsrecht wegen Verarmung i.S.d. § 528 BGB damit nur zur Insolvenzmasse, soweit es vor oder nach Verfahrenseröffnung anerkannt oder rechtshängig geworden ist.[313] Andernfalls kann der Insolvenzverwalter nicht nach § 528 BGB die Rückforderung des Stiftungsvermögens verlangen. Die unselbständige Stiftung bestünde fort.

c) Berücksichtigung weiterer schenkungsrechtlicher Vorschriften

Der Stifter kann die Herausgabe des Stiftungsvermögens nach § 527 BGB nicht geltend machen, solange der Stiftungsträger die Auflagenverpflichtung erfüllt. Gleiches gilt im Fall der Insolvenz, bei der es unter Interessengesichtspunkten ebenfalls nicht gerechtfertigt wäre, könnten die Gläubiger des Stifters auf das Stiftungsvermögen zugreifen.[314]

d) Zwischenergebnis

Wird über das Vermögen des Stifters das Insolvenzverfahren eröffnet, so bleibt die unselbständige Stiftung zunächst bestehen. Allerdings kann der Insolvenzverwalter im Rahmen der Anfechtungsfrist des § 134 Abs. 1 InsO die Übertragung des Stiftungsvermögens auf den Stiftungsträger anfechten in Folge dessen die unselbständige Stiftung erlischt und das Stiftungsvermögen der Befriedigung der Gläubiger des Stifters dient.

2. Treuhandvertrag

Auch bei Ausgestaltung des Stiftungsgeschäfts als Treuhandvertrag wird das Stiftungsvermögen auf den Stiftungsträger übertragen, sodass gleichfalls fraglich ist,

---

311 BGHZ 127, 354, 356; MünchKomm/*Smid*, ZPO, § 852 Rn. 1; vgl. Staudinger/*Chiusi*, BGB, § 528 Rn. 35, 62. Der Anspruch kann nur an die Unterhaltsgläubiger des Schenkers verpfändet werden.

312 BGH, WM 2007, 179, 181 f.; Jaeger/*Henckel*, InsO, § 36 Rn. 37; MünchKomm/*Smid*, ZPO, § 852 Rn. 4.

313 Jaeger/*Henckel*, InsO, § 36 Rn. 37; Gottwald/*Klopp/Kluth*, Insolvenzrecht, § 25 Rn. 38; Rosenberg/Gaul/ Schilken/Becker-Eberhard/*Gaul*, Zwangsvollstreckungsrecht, § 34 Rn. 19; Rosenberg/Gaul/Schilken/Becker-Eberhard/*Schilken*, Zwangsvollstreckungsrecht, § 54 Rn. 23; Richter, Stiftung & Sponsoring, Rote Seiten 3/2006, 1, 22.

314 Herzog, Die unselbständige Stiftung, S. 109 f.

welche Auswirkungen sich bei einer Insolvenzeröffnung auf Seiten des Stifters für den Bestand der unselbständigen Stiftung ergeben.

a) Erlöschen des Treuhandvertrages, §§ 115, 116 InsO

Der Insolvenzverwalter kann nach §§ 115, 116 InsO die Rückübertragung des Stiftungsvermögens auf den Stifter verlangen. §§ 115, 116 InsO erfassen alle Auftragsverhältnisse, die sich auf das zur Insolvenzmasse gehörende Vermögen beziehen. Maßgeblich für die Einordnung des Rechtsgeschäfts sind die geltenden Grundsätze der §§ 662, 675 BGB,[315] sodass ein Stiftungsgeschäft, das als Treuhandvertrag eingeordnet wird, hiervon erfasst ist. Auch bezieht sich der Treuhandvertrag auf das dem Stiftungsträger übertragene Stiftungsvermögen. Mit Eröffnung des Insolvenzverfahrens erlischt daher der dem Treuhandvertrag zugrunde liegende Auftrag nach §§ 115, 116 InsO,[316] sodass der Insolvenzverwalter das Treugut vom Stiftungsträger herausverlangen kann.[317] Die Einordnung des Treuhandvertrages unter die §§ 115, 116 InsO ergibt sich daraus, dass bei der Treuhand eine vollständige Vermögensübertragung nicht stattfindet, sie aufgrund ihrer Wurzeln im Auftragsrecht lediglich einen vorrübergehenden Charakter hat.[318] In Folge des Herausgabeanspruchs fällt das Stiftungsvermögen daher in die Insolvenzmasse des Stifters. Der Stiftungsträger kann diesem Anspruch kein Aussonderungsrecht entgegenhalten.[319] Ebenfalls können die §§ 115, 116 InsO aufgrund des drittschützenden Charakters nicht abbedungen werden, § 119 InsO.[320] Die unselbständige Stiftung endet damit bei Qualifizierung des Stiftungsgeschäfts als Treuhandvertrag im Fall der Insolvenz auf Seiten des Stifters.

Anzumerken sei, dass der Anspruch des Stiftungsträgers auf die ggf. vereinbarte Vergütung, §§ 675 Abs. 1, 612, 632 BGB, bzw. auf Aufwendungsersatz, §§ 670, 675 Abs. 1 BGB, eine Insolvenzforderung nach § 38 InsO darstellt.[321]

---

315 Gottwald/*Huber*, Insolvenzrecht, § 36 Rn. 43; Uhlenbruck/*Sinz*, InsO, §§ 115, 116 Rn. 2; HK/*Marotzke*, InsO, § 115 Rn. 10.

316 BGH, NJW 1962, 1200, 1201; OLG Hamm, NJW-RR 1988, 1463, 1464; Wochner, ZEV 1999, 125, 127; Werner/Saenger/*A. Werner*, Stiftung, Rn. 959; Seifert/Campenhausen/*Hof*, Stiftungsrecht, § 36 Rn. 79; MünchKomm/*Reuter*, BGB, Vor § 80 Rn. 99; Muscheler, in: Jahreshefte, S. 59, 85; Fritsche, ZSt 2008, 3, 13; MünchKomm/*Ganter*, InsO, § 47 Rn. 371; Uhlenbruck/*Sinz*, InsO, §§ 115, 116 Rn. 8, 24; Jaeger/*Henckel*, InsO, § 47 Rn. 83; a.A. Küstermann, ZSt 2008, 161, 165.

317 BGH, NJW 1962, 1200, 1201; Gernhuber, JuS 1988, 355, 359; Gottwald/*Huber*, Insolvenzrecht, § 36 Rn. 45, 47; Reinhardt/Erlinghagen, JuS 1962, 41, 44.

318 Siehe bereits, 1. Teil, C. VI. 1. b) sowie 1. Teil, D. II., IV.

319 So die h.M. vgl. Seifert/Campenhausen/*Hof*, Stiftungsrecht, § 36 Rn. 166; MünchKomm/*Ganter*, InsO, § 47 Rn. 371; Uhlenbruck/*Brinkmann*, InsO, § 47 Rn. 34; Uhlenbruck/*Sinz*, InsO, §§ 115, 116 Rn. 9; Jaeger/*Henckel*, InsO, § 47 Rn. 61, 69; Richter, Stiftung & Sponsoring, Rote Seiten 3/2006, 1, 21.

320 HK/*Marotzke*, InsO, § 115 Rn. 3; MünchKomm/*Ott/Vuia*, InsO, § 115 Rn. 1.

321 LSZ/*Zeuner*, InsO, § 115 Rn. 6; Gottwald/*Huber*, Insolvenzrecht, § 36 Rn. 48.

aa) Weiterführende Ansicht von Westebbe

Teilweise wird hingegen die Anwendbarkeit der §§ 115, 116 InsO auf die treuhänderische Stiftung verneint. Dies wird damit begründet, dass die §§ 115, 116 InsO nur bei einem Auftrag Anwendung finden, der sich auf das zur Insolvenzmasse gehörende Vermögen bezieht. Vorliegend sei das Stiftungsvermögen jedoch aus dem Vermögen des Stifters auch wirtschaftlich endgültig ausgeschieden.[322] Westebbe vertritt dies unter Berücksichtigung der gemeinnützigkeitsrechtlichen Vermögensbindung i.S.d. §§ 55 Abs. 1 Nr. 4, 61 AO. Seiner Ansicht nach sei auch nach Beendigung der unselbständigen Stiftung das Vermögen ausschließlich für gemeinnützige Zwecke zu verwenden, sodass das Stiftungsvermögen anders als bei der Verwaltungstreuhand wirtschaftlich nicht dem Stifter und damit seinen Gläubigern, sondern allein seinen ideellen Interessen zurechenbar sei.[323] Daher stehe dem Stifter ein Recht auf Rückgabe des Treuguts nicht zu, sodass auch das Stiftungsgeschäft bei der Insolvenz des Stifters nicht erlischt.[324]

bb) Stellungnahme

Nach der Ansicht von Westebbe würde der Bestand der unselbständigen Stiftung bei einer Insolvenzeröffnung über das Vermögen des Stifters nicht berührt. Westebbe geht davon aus, dass die Treuhand allein dann als uneigennützige Treuhand zu qualifizieren ist, soweit sie den wirtschaftlichen Interessen des Treugebers dient. Im Fall der Verfolgung ideeller bzw. gemeinnütziger Interessen, mithin bei einer gemeinnützigen unselbständigen Stiftung, könne eine wirtschaftliche Zuordnung des Treuguts daher nicht mehr zum Vermögen des Treugebers erfolgen.[325] Dabei bleibt allerdings unberücksichtigt, dass die Einordnung als uneigennützige Treuhand nicht allein aufgrund wirtschaftlicher Interessen erfolgt, sondern sie sich vielmehr auch nach dem mit ihr verfolgten Zweck bzw. Interesse richtet.[326] Entscheidend ist, in wessen Interesse der Treuhänder von dem ihm überlassenen Eigentum Gebrauch macht. Uneigennützigkeit ist allgemein aufzufassen, sodass für eine Einordnung sämtliche Interessen des Treugebers zu berücksichtigen sind, auch ideelle. Letztlich sind keine Gründe ersichtlich, das Vorliegen einer uneigennützigen Treuhand bei einer unselbständigen Stiftung zu verneinen, mithin ein wirtschaftliches Eigentum des Stifters abzulehnen.

Zwar können im Rahmen der Privatautonomie, auch und gerade bei einem Treuhandvertrag, abweichende Reglungen getroffen werden. Dabei kann jedoch

---

322 Westebbe, Stiftungstreuhand, 141 f.; dahingehend auch Soergel/*Neuhoff*, BGB, Vor § 80 Rn. 26; Löhnig, Treuhand, S. 328.

323 Westebbe, Stiftungstreuhand, S. 141 f.

324 Westebbe, Stiftungstreuhand, S. 142; dahingehend ebenfalls Meyn/Richter/Koss/*Meyn*, Stiftung, Rn. 707.

325 Westebbe, Stiftungstreuhand, S. 141 f.

326 Gernhuber, JuS 1988, 355, 357; Ganter, in: FS Kreft, S. 251 differenziert nach dem Interesse an der Treuhand.

hinsichtlich des steuerrechtlichen Grundsatzes der gemeinnützigkeitsrechtlichen Vermögensbindung das Wesen des Treuhandvertrages nicht derart abgeändert werden, dass steuerrechtliche Normen als Grundlage zivilrechtlicher und insolvenzrechtlicher Rechte des Treugebers anzusehen sind. Vor allem sind auch die treuhand- und stiftungstypischen Strukturen zu berücksichtigen. Dem Wesen der Treuhand ist die vorübergehende Vermögensübertragung immanent. Daher muss, wenn nach Westebbe den steuerrechtlichen Vorschriften genüge getan werden und ein Rückfall des Treuguts bei Insolvenz des Stifters ausscheiden soll, die unselbständige Stiftung auf einem endgültigen Vermögensübergang basieren.[327] Entgegen der Ansicht Westebbes ist die Treuhand hierfür nicht geeignet.

Vom Grundsatz der Vermögensbindung i.S.d. § 55 Abs. 1 Nr. 4 AO sind zudem nur die erzielten Erträge betroffen, nicht auch das gesamte Stiftungsvermögen.[328] Darüber hinaus kann die steuerrechtliche Vermögensbindung keinen Rechtsgrund dafür schaffen, das Stiftungsvermögen dauerhaft entgegen den Vorschriften des Auftragsrechts aus dem Vermögen des Stifters ausscheiden zu lassen.[329] Die Ansicht Westebbes ist aufgrund zahlreicher Kritikpunkte abzulehnen.

b) Zwischenergebnis

Der Treuhandvertrag wird gemeinhin als Auftrag i.S.d. § 670 bzw. §§ 675, 670 BGB qualifiziert und ist von einer vorübergehenden Vermögensübertragung geprägt. Daher bleibt die unselbständige Stiftung auf Dauer mit dem vermögensrechtlichen Schicksal des Stifters verbunden. Gerät der Stifter in die Insolvenz, erlischt auch das Rechtsverhältnis zum Stiftungsträger gem. §§ 115, 116 InsO, sodass die unselbständige Stiftung endet und das Stiftungsvermögen als Teil der Insolvenzmasse zur Befriedigung der Insolvenzgläubiger des Stifters dient. Im Übrigen finden die Regelungen der §§ 133 Abs. 1, Abs. 2, 134 InsO wegen den vorrangigen Regelungen der §§ 115, 116 InsO keine Anwendung.[330] Darüber hinaus fehlt es an einer für die Anfechtung nach §§ 133 Abs. 1, Abs. 2, 134 InsO erforderlichen objektiven Gläubigerbenachteiligung.[331]

---

327 Reuter, in: Stiftungen, S. 203, 210 f.; MünchKomm/*Reuter*, BGB, Vor § 80 Rn. 103; Rawert, NJW 2002, 3151, 3152 f.; Herzog, Die unselbständige Stiftung, S. 45.

328 Vgl. bereits 1. Teil, C. VII. 4.

329 Reuter, in: Stiftungen, S. 203, 210 f.; MünchKomm/*Reuter*, BGB, Vor § 80 Rn. 98; Rawert, NJW 2002, 3151, 3152 f.

330 §§ 115, 116 InsO führen zum automatischen Erlöschen des Treuhandvertrages mit Eröffnung des Insolvenzverfahrens. Darüber hinaus verdrängen die §§ 115, 116 InsO zudem das Verwalterwahlrecht i.S.d. § 103 InsO, sodass der Insolvenzverwalter eine Fortsetzung des Beauftragten nicht verlangen kann, vgl. Uhlenbruck/*Sinz*, InsO, §§ 115, 116 Rn. 10; MünchKomm/*Ott/Vuia*, InsO, § 115 Rn. 13.

331 Jaeger/*Henckel*, InsO, § 134 Rn. 17; Uhlenbruck/*Hirte*, InsO, § 134 Rn. 9; Hinz, Haftung der Stiftung, S. 56; a.A. aufgrund der Annahme einer endgültigen Vermögensübertragung Westebbe, Stiftungstreuhand, S. 143; Löhnig, Treuhand, S. 328.

3. *Stiftungserrichtung durch Verfügung von Todes wegen*

Bei der Errichtung der unselbständigen Stiftung durch Verfügung von Todes wegen sind grdsl. zum einen die Fälle der Berücksichtigung von Nachlassverbindlichkeiten, zum anderen die der Nachlassinsolvenz voneinander zu differenzieren.

a) *Berücksichtigung von Nachlassverbindlichkeiten*

Im Todesfall gehen neben dem Vermögen als Ganzes gleichfalls auch die Nachlassverbindlichkeiten des Erblassers als sog. Erblasserschulden, vgl. § 1967 Abs. 2 BGB, auf die Erben über. Die Berichtigung der Erblasserschulden geht der Erfüllung der Auflagen und Vermächtnissen vor, vgl. §§ 1990, 1991 Abs. 4 BGB, § 327 Abs. 1 InsO.[332] Bei einer Stiftungserrichtung durch Verfügung von Todes wegen sind daher etwaige Verbindlichkeiten des Erblassers zunächst aus dem Nachlass zu begleichen. Wird das vorgesehene Stiftungsvermögen bereits für die noch ausstehenden Verbindlichkeiten des Erblassers aufgebraucht, kann die unselbständige Stiftung schon nicht entstehen.

Daneben entstehen mit dem Erbfall etwaige Pflichtteils- und Pflichtteilsergänzungsansprüche, vgl. §§ 2303 ff., 2317 Abs. 1, 2325 f. BGB, die ebenfalls als Nachlassverbindlichkeiten, vgl. § 1967 Abs. 2 BGB, der Erfüllung von Auflagen bzw. eines Vermächtnisses vorgehen, vgl. §§ 1990, 1991 Abs. 4 BGB, 327 Abs. 1 InsO, sodass das Stiftungsvermögen verringert werden kann.[333]

b) *Nachlassinsolvenz*

Liegen hingegen die Voraussetzungen für die Eröffnung eines Insolvenzverfahrens über den Nachlass des Stifters vor, vgl. § 11 Abs. 2, §§ 315–334 InsO, so ist hinsichtlich der Auswirkungen auf den Bestand der unselbständigen Stiftung zwischen der Stiftungserrichtung im Wege der Erbeinsetzung und der aufgrund eines Vermächtnisses zugunsten des Stiftungsträgers zu differenzieren.

Dabei bestimmt sich die Masse der Nachlassinsolvenz nach dem Zeitpunkt der Eröffnung des Nachlassinsolvenzverfahrens[334] und erstreckt sich auf das ererbte Vermögen als abgesonderte Vermögensmasse, klammert also das Eigenvermögen des Erben aus, vgl. §§ 1989, 1990, 1973 BGB.[335]

---

332 Staudinger/*Hüttemann/Rawert,* BGB, Vorbem zu §§ 80 ff Rn. 258; HK/*Marotzke,* InsO, § 327 Rn. 4.

333 Ausführlich Werner/Saenger/*A. Werner,* Stiftung, Rn. 972.

334 H.M. vgl. nur Uhlenbruck/*Lüer,* InsO, § 315 Rn. 6; MünchKomm/*Siegmann,* InsO, § 315 Anh Rn. 9.

335 Gottwald/*Döbereiner,* Insolvenzrecht, § 114 Rn. 1; Uhlenbruck/*Lüer,* InsO, § 315 Rn. 7; MünchKomm/*Siegmann,* InsO, § 315 Anh Rn. 8.

aa) Stiftungsträger als Erbe

Liegt der Errichtung der unselbständigen Stiftung eine Erbeinsetzung zugrunde, befindet sich das Stiftungsvermögen nach Annahme der Erbschaft im Eigentum des Erben und fällt im Zuge der Eröffnung des Nachlassinsolvenzverfahrens in die Nachlassinsolvenzmasse. Der Erbe bzw. Stiftungsträger hat das Stiftungsvermögen an den Insolvenzverwalter herauszugeben, vgl. § 148 InsO, in Folge dessen die unselbständige Stiftung erlischt.

Aufgrund der mit der Erbeinsetzung verbundenen Auflage, der Verpflichtung des Stiftungsträgers zur Erfüllung des Stiftungszwecks, kann es bis zur Eröffnung des Insolvenzverfahrens zu Veränderungen des Stiftungsvermögen, mithin zu einer Minderung der Nachlassinsolvenzmasse, kommen. Diese Erfüllung der Nachlassverbindlichkeit ist jedoch grdsl. nachrangig, vgl. §§ 1973 Abs. 1 S. 2, 1991 Abs. 4 BGB, § 327 Abs. 1 Nr. 2 InsO.[336] Soweit der Erbe davon ausgehen durfte, dass der Nachlass für die Befriedigung der Nachlassverbindlichkeiten ausreichen würde, ist er nicht zum Ersatz verpflichtet, § 1979 BGB.[337] Um die weggegebenen Vermögensbestandteile der Insolvenzmasse zurückzugewähren und hierdurch die vorrangigen Nachlassgläubiger vor Verlusten zu schützen, kann der Insolvenzverwalter nach den allgemeinen Regeln der §§ 129 ff. InsO sowie nach dem erweiterten Anfechtungstatbestand des § 322 InsO die Erfüllung der Auflage anfechten. Nach § 322 InsO ist die Erfüllung von Auflagen aus dem Nachlass durch den Erben vor der Eröffnung des Insolvenzverfahrens in gleicher Weise anfechtbar wie eine unentgeltliche Leistung des Erben i.S.d. § 134 InsO.[338] Zu berücksichtigen ist die Anfechtungsfrist von vier Jahren, vgl. § 134 Abs. 1 InsO.

bb) Stiftungsträger als Vermächtnisnehmer

Die Pflicht zur Erfüllung des Vermächtnisses stellt ebenfalls eine nachrangige Nachlassverbindlichkeit dar, vgl. §§ 1973 Abs. 1 S. 2, 1991 Abs. 4 BGB, § 327 Abs. 1 Nr. 2 InsO, für deren Erfüllung kein Ersatz zu leisten ist, vgl. §§ 1978, 1979 BGB. Der Insolvenzverwalter kann indes vorliegend die Erfüllung des Vermächtnisses durch den Erben wegen Schmälerung der Insolvenzmasse und damit wegen Gläubigerbenachteiligung aufgrund einer unentgeltlichen Leistung gem. § 134 Abs. 1 InsO anfechten, vgl. § 322 InsO, sodass der Stiftungsträger als Empfänger der unentgeltlichen Leistung, des Stiftungsvermögens, dieses nach § 143 InsO zur Insolvenzmasse zurückzugewähren hat. Die Einrede der fehlenden Bereicherung scheidet bei der unselbständigen Stiftung aufgrund dessen, dass das Stiftungsvermögen i.d.R. nicht zum Verbrauch bestimmt ist, aus. Die unselbständige Stiftung ist damit beendet.

---

336 Gottwald/*Döbereiner*, Insolvenzrecht, § 115 Rn. 20 f.

337 Zum Umfang der Prüfungspflicht des Erben vgl. MünchKomm/*Küpper*, BGB, § 1979 Rn. 3; Palandt/*Weidlich*, BGB, § 1979 Rn. 2.

338 MünchKomm/*Siegmann*, InsO, § 322 Rn. 5; Uhlenbruck/*Lüer*, InsO, § 322 Rn. 1; Gottwald/*Döbereiner*, Insolvenzrecht, § 115 Rn. 32 f. Zu den Rechtsfolgen der Anfechtung bereits 1. Teil, E. II. 1. a) bb).

Hinsichtlich einzelner Vermögensbestandteile, die bereits durch die Stiftungstätigkeit den Destinatären der unselbständigen Stiftung zu Gute gekommen sind, ist Entreicherung anzunehmen, soweit der Stiftungsträger nicht bösgläubig im Hinblick auf die Kenntnis der Anfechtbarkeit handelte, vgl. § 143 Abs. 1 S. 2 InsO.

c) Zwischenergebnis

Sowohl bei der Stiftungserrichtung durch Erbeinsetzung als auch durch ein Vermächtnis verbunden mit der Auflage bedeutet die Eröffnung des Insolvenzverfahrens über den Nachlass des Erblassers das Erlöschen der unselbständigen Stiftung. Im Rahmen der Erbeinsetzung des Stiftungsträgers fällt das Stiftungsvermögen mit Eröffnung des Nachlassinsolvenzverfahrens in die Insolvenzmasse und dient der Befriedigung der Nachlassgläubiger. Ist der Stiftungsträger bloß Vermächtnisnehmer, kann der Insolvenzverwalter die Erfüllung des Vermächtnisses durch den Erben anfechten, vgl. §§ 322, 134 InsO.

4. Auswirkungen auf die gewährten Steuervergünstigungen zugunsten des Stifters

Die zuvor dargestellte Beendigung der unselbständigen Stiftung und die Einbeziehung des Stiftungsvermögens in die Insolvenzmasse des Stifters führen dazu, dass auch deren Gemeinnützigkeit i.S.d. §§ 51 ff. AO entfällt. In der Folge enden ab diesem Zeitpunkt die gewährten Steuervergünstigungen, sodass sich die Besteuerung des Stiftungsvermögens fortan nach den allgemeinen Vorschriften richtet.[339]

Fraglich sind jedoch die Auswirkungen auf die gewährten Steuervergünstigungen gegenüber dem Stifter. Dem Stifter wurden bei Errichtung der unselbständigen Stiftung aufgrund ihrer Anerkennung als gemeinnützig je nach Höhe des übertragenen Stiftungsvermögens nicht unerhebliche steuerrechtliche Vergünstigungen eingeräumt.[340] In Folge der Insolvenzanfechtung durch den Insolvenzverwalter bzw. des Erlöschens des Treuhandvertrages einhergehend mit der Beendigung der unselbständigen Stiftung ergibt sich für das Vermögen des Stifters bzw. die Insolvenzmasse ein nicht gerechtfertigter finanzieller Vorteil, sollten die dem Stifter gegenüber gewährten Steuervorteile auch nach der Rückübertragung des Stiftungsvermögens in seinem Vermögen verbleiben. Nicht zuletzt deshalb, weil die Steuervorteile eine fortbestehende Gemeinnützigkeit voraussetzen. Auch, wenn in Folge der Insolvenzanfechtung bzw. der §§ 115, 116 InsO die Voraussetzungen für die Anerkennung der unselbständigen Stiftung als gemeinnützig nicht mit rückwirkender Wirkung entfallen,[341] so stellt sich gleichwohl die Frage nach der Rückgewähr der

339 Vgl. Roth, Insolvenz Steuerrecht, Rn. 3.66; Schauhoff/*ders.*, Handbuch, § 9 Rn. 35; für die selbständige Stiftung vgl. Hirte, in: FS Werner, S. 222, 229.

340 Zu den Steuervorteilen des Stifters, vgl. 1. Teil, C. VII. 2. b).

341 Anders wäre dies allein bei einem Verstoß gegen die satzungsmäßige Vermögensbindung, der zu einer rückwirkenden Aberkennung der Gemeinnützigkeit führt.

erhaltenen Steuervergünstigungen. Zu erwägen ist daher, den früheren vorinsolvenzlichen Steuerbescheid bei dem Insolvenzschuldner im Jahr der Rückzahlung des angefochtenen Betrages gem. § 173 AO (wohl nur analog) zu korrigieren.[342] Die erforderliche Änderung der Steuerfestsetzung hat insbesondere den Zweck, eine missbräuchliche Inanspruchnahme der wegen Verfolgung steuerbegünstigter Zwecke gewährten Steuervergünstigungen zu verhindern. Der Stifter kann sich daher als Partei des Stiftungsgeschäfts mit dem Stiftungsträger nicht auf etwaige Vertrauenstatbestände, vgl. etwa § 9 Abs. 3 S. 1 KStG, § 10b Abs. 4 EStG, berufen. Dies vor allem nicht unter Berücksichtigung einer möglichen Absichtsanfechtung i.S.d. § 133 InsO, letztlich einer Stiftungserrichtung zum Zwecke der vorsätzlichen Benachteiligung eigener Gläubiger.

Zur Bereinigung ist es daher erforderlich, dass die bei Errichtung der unselbständigen Stiftung gewährten Steuervorteile jedenfalls in Höhe des Wertes abgeschöpft werden, wie auch das Stiftungsvermögen der Insolvenzmasse zugeführt wird. Da das vom Stifter auf den Stiftungsträger übertragene Stiftungsvermögen i.d.R. bei Errichtung der unselbständigen Stiftung als Grundstockvermögen zu qualifizieren ist und es daher grdsl. erhalten bleibt, ist von einer vollständigen Rückübertragung im Fall der Insolvenz des Stifters auszugehen. Es hat daher ein gänzlicher Ausgleich der gewährten Steuervorteile, geltend zu machen durch das zuständige Finanzamt, zu erfolgen.

III. Insolvenzeröffnung über das Vermögen des Stiftungsträgers

Die Insolvenzmasse umfasst im Fall der Insolvenzeröffnung über das Vermögen des Stiftungsträgers jedenfalls sein Privatvermögen. Fraglich ist, ob auch das Stiftungsvermögen zur Insolvenzmasse gehört, letztlich der Befriedigung der privaten Gläubiger des Stiftungsträgers dient. Zu klären ist zudem, welche Rechte dem Stifter bzw. dem Stiftungsträger zustehen.

1. *Schenkung unter Auflage*

Durch die mit der Schenkung unter Auflage verbundene endgültige Vermögensübertragung erfolgt die Zuordnung des Stiftungsvermögens zum Vermögen des Stiftungsträgers. Der Insolvenzverwalter nimmt daher nicht nur das Privatvermögen, sondern auch das Stiftungsvermögen bei Eröffnung des Insolvenzverfahrens in seinen Besitz, vgl. §§ 35, 36, 148 InsO. Die Stellung als ausgewiesenes Sondervermögen verändert die Eigentumsstellung nicht. Das Stiftungsvermögen teilt das insolvenzrechtliche Schicksal des Eigenvermögens des Stiftungsträgers und ist dem Haftungszugriff seiner Gläubiger ausgesetzt.[343]

---

342 Vgl. im Zusammenhang von Insolvenzanfechtung und Steuerforderungen Cranshaw, Anm. zu BFH, Beschl. v. 1.4.2008–X B 201/07, jurisPR-InsR 18/2008 Anm. 3.

343 MünchKomm/*Reuter*, BGB, Vor § 80 Rn. 114; Reuter, in: Stiftungen, S. 203, 223; Schlüter, Stiftungsrecht, S. 62; Pues/Scheerbarth, Stiftungen, S. 87 f.; Staudinger/*Hüttemann/Rawert*, BGB, Vorbem zu §§ 80 ff Rn. 255.

a) Aussonderungsrecht des Stifters, § 47 InsO

Die Geltendmachung eines Aussonderungsrechts durch den Stifter mit der Folge eines Anspruchs auf Herausgabe des Stiftungsvermögens aus der Insolvenzmasse erfordert ein dingliches oder persönliches Recht am betreffenden Teil der Insolvenzmasse, welches zur Aussonderung berechtigt, vgl. § 47 InsO.

aa) Aussonderung aufgrund dinglicher Rechte

Durch die Übertragung nach §§ 929 ff. BGB ist das Stiftungsvermögen materiellrechtlich auf den Stiftungsträger übergegangen. Ein dingliches Aussonderungsrecht des Stifters besteht daher nicht.

bb) Aussonderung aufgrund persönlicher Rechte

Der Schenker kann im Fall des ausbleibenden Vollzugs der Auflage die Herausgabe der übertragenen Vermögenswerte verlangen, vgl. § 527 BGB. Durch den Übergang der Verwaltungs- und Verfügungsbefugnis auf den Insolvenzverwalter, vgl. § 80 InsO, verliert der Stiftungsträger die Befugnis, das Stiftungsvermögen zu verwalten. Der Insolvenzverwalter wird die Auflage der Schenkung schon deshalb nicht weiter vollziehen, weil er durch etwaige Stiftungsleistungen die Insolvenzmasse schädigt.[344] Die Stiftungstätigkeit wird somit nicht weiter ausgeführt, die Vollziehung der Auflage unterbleibt und wird infolge der Insolvenz des Stiftungsträgers unmöglich. Damit sind die Rücktrittsvoraussetzungen der § 527 BGB iVm §§ 323, 326 Abs. 5 BGB erfüllt,[345] sodass der Stifter einen Anspruch auf Herausgabe des Stiftungsvermögens nach den Vorschriften über die unberechtigte Bereicherung geltend machen kann.

Hiervon zu trennen ist die Frage, ob dieser Anspruch ein Recht zur Aussonderung wegen eines persönlichen Anspruchs begründet. Hierunter fallen jedoch nur schuldrechtliche Ansprüche, aus denen sich ergibt, dass der Gegenstand nicht zur Insolvenzmasse gehört. Ein Anspruch ist indes abzulehnen, soweit es lediglich um einen bloßen Verschaffungsanspruch aus Schuldverträgen handelt.[346] Hintergrund

---

344 Fritsche, ZSt 2008, 3, 14.

345 Bis zum Inkrafttreten des SMG wurde ein Vertretenmüssen vorausgesetzt, vgl. §§ 325 I, 326 I aF., nach der neuen Fassung ist das Rücktrittsrecht nunmehr verschuldensunabhängig, vgl. §§ 323, 326 V BGB. So MünchKomm/*J. Koch,* BGB, § 527 Rn. 2; Staudinger/*Chiusi,* BGB, § 527 Rn. 2; Herzog, Die unselbständige Stiftung, S. 77; neuerdings auch Bamberger/Roth/*Gehrlein,* BGB, § 527 Rn. 1; nach a.A. führt dies zu einem Wertungswiderspruch von § 527 BGB zu § 2196 BGB, was der Reformgesetzgeber offensichtlich übersehen hat in Folge dessen § 527 BGB weiterhin ein Vertretenmüssen voraussetzt. Vgl. Muscheler, in: Jahreshefte, S. 59, 78; MünchKomm/*Reuter,* BGB, Vor § 80 Rn. 108.

346 Uhlenbruck/*Brinkmann,* InsO, § 47 Rn. 75; MünchKomm/*Ganter,* InsO, § 47 Rn. 347; NR/*Andres,* InsO, § 47 Rn. 50; Gottwald/*ders./Adolphsen,* Insolvenzrecht, § 40 Rn. 27; Jaeger/*Henckel,* InsO, § 47 Rn. 16; Gundlach/Frenzel/Schmidt, DZWIR 2001, 95, 97; Kötz, Trust, S. 128.

dieser Differenzierung ist der Normzweck des § 47 InsO, wonach allein diejenigen Gegenstände dem schuldnerischen Vermögen entzogen werden sollen, die nicht zur Insolvenzmasse gehören. Zwar ist danach ein materielles Recht des Aussonderungsberechtigten an dem Gegenstand nicht notwendig, gleichwohl darf der Gegenstand nicht im Eigentum des Schuldners stehen.

Vorliegend wurde das Stiftungsvermögen formell und materiell in das Vermögen des Stiftungsträgers übertragen. Der Stifter kann damit weder geltend machen, ein Recht am Eigentum zu haben, noch dass das Stiftungsvermögen nicht zur Insolvenzmasse gehört. Der Anspruch auf Herausgabe des Stiftungsvermögens nach den § 527 BGB iVm §§ 323, 326 Abs. 5 BGB begründet daher lediglich einen, nicht unter das Aussonderungsrecht i.S.d. § 47 InsO fallenden, Verschaffungsanspruch.[347] Denn der Anspruch des Stifters beruht nicht auf der Massefremdheit des Stiftungsvermögens. Ein persönlicher Anspruch auf Herausgabe des Stiftungsvermögens scheidet aus. Der Verschaffungsanspruch stellt lediglich eine Insolvenzforderung iSv § 38 InsO dar.[348] Der Stifter nimmt mit dem Herausgabeanspruch als einfacher Insolvenzgläubiger an der Verwertung der Soll-Masse teil. Für das Stiftungsvermögen bedeutet dies, dass es für sämtliche Verbindlichkeiten des Stiftungsträgers haftet und Bestandteil der Insolvenzmasse bleibt.

(1) Ansicht Herzogs

Zwar begründet auch nach der Ansicht von Herzog[349] der Anspruch nach § 527 BGB im Fall einer gewöhnlichen Schenkung unter Auflage kein Aussonderungsrecht seitens des Schenkers, doch unterscheide sich das Stiftungsgeschäft hiervon. Da vorliegend der gesamte Schenkungsgegenstand zur Erfüllung der Auflage zu verwenden ist und das Stiftungsvermögen nicht wie bei der gewöhnlichen Auflagenschenkung in das allgemeine Vermögen des Beschenkten übergeht, sondern die Stellung eines Sondervermögens erlangt, könne der Stiftungsträger nicht frei über das Vermögen verfügen. Die Auflage stelle daher eine schuldrechtliche Beschränkung der Verfügungsbefugnis des Stiftungsträgers dar, sodass er es an den Stifter zurückgewähren muss, sollte er diese Beschränkungen nicht einhalten. Herzog nimmt ebenfalls an, dass diese schuldrechtliche Beschränkung noch kein Recht zur Aussonderung begründet,[350] geht aber noch einen Schritt weiter und argumentiert,

---

347 Richter, Stiftung & Sponsoring, Rote Seiten 3/2006, 1, 21; Kaper, Bürgerstiftungen, S. 219; Fritsche, ZSt 2008, 3, 13 f.; Werner/Saenger/*Fritsche,* Stiftung, Rn. 836; MünchKomm/*Ganter,* InsO, § 47 Rn. 347; a.A. hingegen noch Fritsche, ZSt 2003, 243, 251.

348 Jaeger/*Henckel,* InsO, § 47 Rn. 16; MünchKomm/*Ganter,* InsO, § 47 Rn. 347; Uhlenbruck/*Brinkmann,* InsO, § 47 Rn. 75b; Werner/Saenger/*Fritsche,* Stiftung, Rn. 836.

349 Herzog, Die unselbständige Stiftung, S. 101 f., 105 f.; ebenfalls noch Fritsche in, ZSt 2003, 243, 251; nunmehr aber a.A. Fritsche, ZSt 2008, 2, 13 f.; Werner/Saenger/*Fritsche,* Stiftung, Rn. 836.

350 Herzog, Die unselbständige Stiftung, S. 103.

diese anfängliche Beschränkung der Verfügungsbefugnis rechtfertige es, dass private Gläubiger des Stiftungsträgers nicht auf das Vermögen zugreifen können. Das Stiftungsvermögen sei haftungsrechtlich noch nicht auf diesen übergegangen, sondern steht unter dem Vorbehalt der Auflagenerfüllung. Soweit der Stiftungsträger die Auflage nicht vollzieht, kann der Stifter nach Ansicht Herzogs die Rückforderung des Stiftungsvermögens nach § 527 BGB als Aussonderungsrecht geltend machen, vgl. § 47 InsO.[351]

(2) Stellungnahme

Diese Sichtweise führt dazu, dass eine Abgrenzung zwischen einer Schenkung unter Auflage und einem Treuhandvertrag nicht mehr möglich ist.[352] Herzog übersieht, dass sich die Schenkung unter Auflage und der Treuhandvertrag aufgrund der dinglichen Zuordnung der Vermögensgegenstände erheblich voneinander unterscheiden. Dem Wesen der Treuhand ist es immanent, dass das Vermögen haftungsrechtlich nicht auf den Treuhänder übergeht, sondern weiterhin dem Treugeber zusteht. Die Anerkennung eines Aussonderungsrechts im Rahmen der Schenkung unter Auflage entspräche den Rechtsfolgen der Treuhand, sodass zwischen beiden Rechtsgeschäften nicht mehr unterschieden werden könnte. Dies ist weder mit dem Rechtssystem noch mit dem Charakter der Schenkung unter Auflage vereinbar. Die Schenkung unter Auflage zeichnet sich gerade dadurch aus, dass der Schenkungsgegenstand vollständig in das Vermögen des Beschenkten übergeht, mithin diesem rechtlich und wirtschaftlich zuzurechnen ist.[353] Daran kann auch der Herausgabeanspruch nach § 527 BGB nichts ändern, der sich nach allgemeiner Ansicht lediglich als Verschaffungsanspruch darstellt und daher eine Insolvenzforderung i.S.d. § 38 InsO begründet.[354]

Gleichfalls ist es üblich, dass die Auflage durch den geschenkten Gegenstand selbst zu erbringen ist bzw. der Schenkungsgegenstand zu ihrer Erfüllung verwendet werden soll.[355] Der Anordnung einer Auflage sind insofern keine Grenzen gesetzt.[356] Die Verpflichtung zur Verwaltung des Stiftungsvermögens und zur Verfolgung des Stiftungszwecks durch den Stifter begründet keinen Sonderfall und rechtfertigt damit auch keine abweichende Vermögenszuordnung.

---

351 Herzog, Die unselbständige Stiftung, S. 105 f.

352 So auch Seyfarth, Unselbstständige Stiftung, S. 84.

353 Vgl. auch Reuter, in: Law Yearbook, S. 65, 71.

354 Richter, Stiftung & Sponsoring, Rote Seiten 3/2006, 1, 21; Kaper, Bürgerstiftungen, S. 219; Fritsche, ZSt 2008, 3, 13 f.; Werner/Saenger/*Fritsche*, Stiftung, Rn. 836; MünchKomm/*Ganter*, InsO, § 47 Rn. 347.

355 MünchKomm/*J. Koch*, BGB, § 525 Rn. 4; anders jedoch Herzog, Die unselbständige Stiftung, S. 103.

356 MünchKomm/*J. Koch*, BGB, § 525 Rn. 1; RGRK/*Mezger*, BGB, § 525 Rn. 2; Staudinger/*Chuisi*, BGB, § 525 Rn. 4; Erman/*Herrmann*, BGB, § 525 Rn. 2; Bamberger/Roth/*Gehrlein*, BGB, § 525 Rn. 2.

Zudem ergibt sich ein Widerspruch, wenn Herzog im Rahmen der Frage nach der Bereicherung annimmt, der Stiftungsträger werde durch den Vermögensübergang materiell und endgültig bereichert, hingegen bei der Klärung des Aussonderungsrechts auf Seiten des Stifters wiederum vertritt, das Vermögen sei haftungsrechtlich noch nicht endgültig auf den Stiftungsträger übertragen worden.[357] Die Ansicht Herzogs ist demzufolge wegen erheblicher Überschneidungen mit dem Treuhandrecht und eigenen Widersprüchen in der Begründung abzulehnen.

b) Zwischenergebnis

Bei Zugrundelegung einer Schenkung unter Auflage fällt das Stiftungsvermögen mit Eröffnung des Insolvenzverfahrens über das Vermögen des Stiftungsträgers in die Insolvenzmasse. Nach der hier vertretenen Ansicht steht dem Stifter aufgrund des endgültigen Vermögensübergangs kein Aussonderungsrecht i.S.d. § 47 InsO zu. Er nimmt lediglich als einfacher Insolvenzgläubiger i.S.d. § 38 InsO wegen seines Rückforderungsanspruchs aus § 527 BGB an der Verwertung der Insolvenzmasse teil. Die unselbständige Stiftung endet mit der Eröffnung des Insolvenzverfahrens über das Vermögen des Stiftungsträgers. Das Stiftungsvermögen dient der Befriedigung der Insolvenzgläubiger.

2. Treuhandvertrag

Auch bei Zugrundelegung eines Treuhandvertrages befindet sich das Stiftungsvermögen im Besitz des Stiftungsträgers in Folge dessen der Insolvenzverwalter im Fall der Insolvenzeröffnung über das Vermögen des Stiftungsträgers das Stiftungsvermögen zunächst in seinen Besitz nimmt, vgl. §§ 35, 36, 148 InsO.

a) Erlöschen des Treuhandvertrages, §§ 115, 116 InsO

Die Vorschriften der §§ 115, 116 InsO finden nur in der Insolvenz des Auftraggebers Anwendung,[358] sodass der der unselbständigen Stiftung zugrunde liegende Auftrag i.S.d. § 670 BGB bzw. §§ 675, 670 BGB bei der Eröffnung des Insolvenzverfahrens über das Vermögen des Stiftungsträgers nicht erlischt.

b) Aussonderungsrecht des Stifters, § 47 InsO

Dass dem Treugeber ein Aussonderungsrecht nach § 47 InsO im Fall der Insolvenz des Treuhänders zusteht, ist allgemein und gewohnheitsrechtlich anerkannt.[359]

---

357 Herzog, Die unselbständige Stiftung, einerseits S. 53, 56, andererseits, S. 105.

358 Werner/Saenger/*Fritsche,* Stiftung, Rn. 834; Gottwald/*Huber,* Insolvenzrecht, § 36 Rn. 42; Uhlenbruck/*Sinz,* InsO, §§ 115, 116 Rn. 5; MünchKomm/*Ott/Vuia,* InsO, § 115 Rn. 9, § 116 Rn. 4.

359 RGZ 45, 80, 84 f.; BGH, NJW 1959, 1223, 1224; DNotZ 1993, 384, 385; Kohler, JherJB 16 (1878), 325, 347 f.; Kohler, ArchBürgR 3 (1980), 228, 281 f.; Coing, Treuhand, S. 176 f.; Siebert, Treuhandverhältnis, S. 159 ff.; Wochner, ZEV 1999, 125,

Es entspricht offenkundig der Billigkeit, dass das treuhänderisch gebundene Vermögen nicht für die persönlichen Schulden des Treuhänders haften darf, vielmehr ein besonderer Schutz vor den Zugriffen fremder Gläubiger erforderlich ist.[360] Schwierigkeiten bereitet allein die Begründung des Aussonderungsrechts.[361]

aa) Begründung des Aussonderungsrechts

In Folge der Übertragung des Treuguts auf den Treuhänder müsste diesem sowohl das wirtschaftliche als auch das formale Eigentum an dem Treugut gehören. Denn die Übertragung lässt grdsl. etwaige Bindungen im Innenverhältnis unberücksichtigt. Indes würde diese rein formale Rechtslage den Besonderheiten des Treuhandvertrages nicht gerecht, weil gerade der Treuhänder im Innenverhältnis zum Treugeber besonderen Bindungen unterliegt, die unberücksichtigt blieben. Dieses Ergebnis würde vorliegend offensichtlich zu unbilligen Ergebnissen führen. Daher ist eine Sonderbehandlung dieser fiduziarisch übertragenen Rechte erforderlich.[362] Deutlich wird dies in der Insolvenz des Treuhänders. Wäre ein Aussonderungsrecht des Treugebers abzulehnen, so könnten die Treuhänder-Gläubiger über das Treugut in einer Weise verfügen, die dem Treuhänder selbst aufgrund seiner Bindungen verwehrt wäre, sodass ihnen mehr Rechte zustünden als der Treuhänder selbst besäße.[363]

Daher kommt es für die Begründung des Aussonderungsrechts auf die wirtschaftliche Vermögenszugehörigkeit des Treuguts an. Zwar gehört das Treugut in Folge der Übertragung rechtlich zum Vermögen des Treuhänders, jedoch ist es weiterhin haftungsrechtlich und wirtschaftlich dem Vermögen des Treugebers zuzurechnen, weil das Treugut nicht endgültig, sondern entsprechend dem Wesen der Treuhand lediglich vorübergehend, aus seinem Vermögen ausscheidet.[364] Aufgrund dessen

---

127; Muscheler, in: Jahreshefte, S. 59, 83 f.; Richter, Stiftung & Sponsoring, Rote Seiten 3/2006, 1, 19; Gundlach/Frenzel/Schmidt, DZWIR 2001, 95, 97; Häsemeyer, Insolvenzrecht, Rn. 11.15b; LSZ/*Smid/Leonhardt,* InsO, § 47 Rn. 30; MünchKomm/*Ganter,* InsO, § 47 Rn. 369; Jaeger/*Henckel,* InsO, § 47 Rn. 61, 68; Uhlenbruck/*Brinkmann,* InsO, § 47 Rn. 33.

360 H.M. vgl. nur RGZ 94, 305, 307 f.; BGHZ 11, 37, 41 f.; Coing, Treuhand, S. 94 f.; Gaul, in: FS Serick, S. 105, 118; Henckel, in: FS Coing, S. 137.

361 Siebert, Treuhandverhältnis, S. 159; Liebich/Mathews, Treuhand, S. 156; Kritik an den juristischen Begründungen bei Henckel, in: FS Coing, S. 137.

362 Vgl. RGZ 45, 80, 84 f.; Reinhardt/Erlinghagen, JuS 1962, 41, 43.

363 RGZ 45, 80, 84 f.

364 RGZ 45, 80, 84 f.; 153, 366, 368 f.; BGHZ 11, 37, 41 f.; 124, 298, 301; BGH, ZIP 1993, 213, 214; NJW 2002, 3253, 3254; Ganter, in: FS Kreft, S. 251, 257; Baur/Stürner, Sachenrecht, § 3 Rn. 32, 34; LSZ/*Smid/Leonhardt,* InsO, § 47 Rn. 32; Uhlenbruck/*Hirte,* InsO, § 35 Rn. 27; Coing, Treuhand, S. 181; Gernhuber, JuS 1988, 355, 359 mit Kritik zum teilweise verwendeten Begriff des relativen Eigentums, der insoweit missverständlich sei, als mit ihm auch Eigentum gemeint sei kann, das nur

wird der wirtschaftlichen bzw. haftungsrechtlichen Vermögenszugehörigkeit zum Vermögen des Treugebers der Vorrang eingeräumt.[365]

Der Treugeber wird daher weiterhin so behandelt, als ob er noch Inhaber des Vollrechts ist und ihm nicht lediglich ein obligatorischer Anspruch gegen den Treuhänder zusteht. Damit einhergehend wird dem Treuhänder die Berufung auf das Vollrecht verwehrt, ohne dass ihm aber eine dingliche Rechtsposition abgesprochen wird.[366] Aus diesem Grund werden die Rechtswirkungen der Treuhand auch als quasi-dingliche beschrieben,[367] weil die Treuhandbeziehung und die sich daraus ergebenden Verpflichtungen in den dinglich-sachenrechtlichen Bereich der Vermögensübertragung hineinreichen.[368] Indem der relative Pflichtengehalt der Treuhandabrede nach außen gekehrt (verdinglicht), also die an sich unbeschränkte Zuständigkeit des Treuhänders mit Rücksicht auf seine Pflichten gegenüber dem Treugeber geschmälert wird, ist sie als quasidinglich zu bezeichnen.[369] Dem Treugeber steht das Aussonderungsrecht daher in der Art und Weise zu, als ob er dinglich Berechtigter wäre.[370] Letztlich versuchen die Begründungen zur Einordnung der Treuhand und des Aussonderungsrechts den Anforderungen an den numerus clausus der Sachenrechte gerecht zu werden. Da es nach der Rechtsordnung einer Vollrechtsübertragung zur Verwirklichung der Treuhandzwecke bedarf, dies jedoch dem Willen der Parteien nicht entspricht, vielmehr ein Minus gegenüber der Vollrechtsstellung den Interessen gerecht würde, wird die Stellung des Treugebers u. a.

---

im Verhältnis zu bestimmten Personen nicht anerkannt wird. Kritisch ebenfalls Henckel, in: FS Coing, S. 137 f.

365 BGH, NJW 1959, 1223, 1225; ZIP 1993, 213, 214; Reinhardt/Erlinghausen, JuS 1962, 41, 45; Siebert, Treuhandverhältnis, S. 159 f.; MünchKomm/*Ganter,* InsO, § 47 Rn. 359; NR/*Andres,* InsO, § 47 Rn. 37; Uhlenbruck/*Brinkmann,* InsO, § 47 Rn. 33; Häsemeyer, Insolvenzrecht, Rn. 11.15b; Jaeger/*Henckel,* InsO, § 47 Rn 61, 68; Henssler, AcP 196 (1996), 37, 50; Bächstädt, Unselbständige Stiftung, S. 60; Gernhuber, JuS 1988, 355, 359; Werner/Saenger/*Fritsche,* Stiftung, Rn. 835; zur Entwicklung der Eigentumszuordnung bei der Treuhand Berger, in: FS Juristenfakultät, S. 139, 144 f., 147; kritisch Fridgen, ZInsO 2004, 530, 536 f., der keine Schutzbedürftigkeit des Treugebers sieht.

366 Reinhardt/Erlinghausen, JuS 1962, 41, 45.

367 BGH, NJW 2003, 3414, 3415; Gernhuber, JuS 1988, 355, 358; Reinhardt/Erlinghausen, JuS 1962, 41, 49; MünchKomm/*Ganter,* InsO, § 47 Rn. 356c; Ganter, in: FS Kreft S. 251, 262; kritisch hierzu Henssler, AcP 196 (1996), 37, 49 f.; Gaul, in: FS Serick, S. 105, 124 f.

368 Gernhuber, JuS 1988, 355, 358 f.; Ganter, in: FS Kreft, S. 251, 263; MünchKomm/*Ganter,* InsO, § 47 Rn. 356c.

369 Gernhuber, JuS 1988, 355, 358; Jaeger/*Henckel,* InsO, § 47 Rn. 68 bezeichnet sie als dingliche Wirkungen der Treuhand; Gaul, in: FS Serick, S. 105, 106; vgl. auch zur Entwicklung der Eigentumszuordnung bei der Treuhand Berger, in: FS Juristenfakultät, S. 139, 150.

370 Vgl. Gernhuber, JuS 1988, 355, 359; kritisch Henckel, in: FS Coing, S. 137, 138 wonach offen bleibt, wie diese „als-ob"-Position umschrieben werden soll.

durch die Anerkennung des Aussonderungsrechts gestärkt.[371] Die damit einhergehende Beschränkung der Rechtsposition des Treuhänders rechtfertigt sich durch die Bindungen der Treuhandabrede und der äußeren Erkennbarkeit des Treuguts als Sondervermögen im Vermögen des Treuhänders.

(1) Weiterführende Ansicht von Westebbe

In Konsequenz seiner Ansicht zur Insolvenz des Stifters, vertritt Westebbe im Fall der Insolvenz des Stiftungsträgers entsprechend, dass dem Stifter mangels Zuordnung des wirtschaftlichen Eigentums auch kein Aussonderungsrecht i.S.d. § 47 InsO zusteht.[372] Berechtigt zur Aussonderung sind seiner Ansicht nach nur die Destinatäre der unselbständigen Stiftung, denen ein eigenes Forderungsrecht zusteht.[373] Inhaltlich sollen die Aussonderungsberechtigten jedoch nicht mehr erhalten, als ihnen ohne den Zugriff durch die Gläubiger des Treuhänders zustünde, sodass sie allein im Umfang der tatsächlichen Stiftungsleistung aussonderungsbefugt sind. Das Stiftungsvermögen können sie nur durch Aussonderung des Treuguts an den Treuhänder zum Zwecke der Weiterverwaltung der unselbständigen Stiftung verlangen.[374] Da nach dieser Ansicht das Treugut folglich nicht zur Insolvenzmasse des Treuhänders gehört, bestünde die unselbständige Stiftung fort.

(2) Stellungnahme

Westebbe kommt wie die herrschende Meinung zu dem gerechten Ergebnis, den Gläubigern des Stiftungsträgers sei das Stiftungsvermögen billigerweise zu entziehen. Andernfalls wären sie bei Zugrundelegung eines Treuhandvertrages ohne Grund um fremdes Vermögen bereichert.[375] Neben bereits vorgenannten Kritikpunkten zu Westebbes Sichtweise im Fall der Insolvenz des Stifters ist vorliegend weiter zu bedenken, dass die Destinatäre einer unselbständigen Stiftung, die gemeinnützige Zwecke verfolgt, i.d.R. nicht feststehen. Ein Aussonderungsrecht der Destinatäre wäre tatsächlich gar nicht umsetzbar.[376]

---

371 Vgl. hierzu Henssler, AcP 196 (1996), 37, 45.

372 Westebbe, Stiftungstreuhand, S. 145, 148, wonach der Stifter nur noch das Recht, die ordnungsgemäße Stiftungsverwaltung zu verlangen.

373 Westebbe, Stiftungstreuhand, S. 147 f.

374 Westebbe, Stiftungstreuhand, S. 148.

375 Westebbe, Stiftungstreuhand, S. 147.

376 In der Praxis scheidet eine Anspruchsberechtigung bestimmter Destinatäre i.d.R. aus, da sie mit den steuerlichen Anforderungen an die Gemeinnützigkeit, § 52 AO, unvereinbar ist. Die Anerkennung der Gemeinnützigkeit erfolgt nur bei Förderung der Allgemeinheit, nicht bei Förderung eines bestimmten Personenkreises. Eine Eingrenzung des zu fördernden Personenkreises kann nur anhand abstrakt formulierter, objektiv nachprüfbarer Kriterien erfolgen, vgl. Hartmann, in: Stiftungen, S. 381, 383; Schauhoff/*ders.*, Handbuch, § 6 Rn. 45 ff.

Nach Westebbe besteht die unselbständige Stiftung damit sowohl im Fall der Insolvenz des Stifters als auch bei einer Insolvenz des Stiftungsträgers fort.[377] Hierdurch wird eine vollkommene Insolvenzimmunität des Stiftungsvermögens erreicht. Indes weist Kaper[378] zu Recht darauf hin, dass allein durch die Anwendung der steuerrechtlichen Vermögensbindung kein insolvenzfestes Vermögen herbeigeführt werden kann, weil es zu einer Umgehung der Vorschriften über die Errichtung der selbständigen Stiftung kommen würde. Auch, wenn die Insolvenzfestigkeit evtl. ein wünschenswertes Ergebnis ist und den Bestand der unselbständigen Stiftung sichert, so kann dieses Ergebnis jedoch nicht mit Hilfe des Treuhandrechts begründet werden. Die Treuhand ist durch die vorübergehende Vermögensübertragung gekennzeichnet und nicht die geeignete Grundlage für ein derartiges Ergebnis.[379] Westebbe konstruiert eine Begründung, dessen Ergebnis nicht mit der Causa des Treuhandvertrages erreicht werden kann. Das Stiftungsvermögen würde eine Behandlung wie dasjenige der Stiftung i.S.d. §§ 80 ff. BGB erfahren, ohne dass es in ähnlicher Weise verselbständigt wäre.[380] Eine derartige Verselbständigung scheidet im Rahmen eines Treuhandvertrages zwischen Stifter und Stiftungsträger aus. Bei der unselbständigen Stiftung hat eine haftungsrechtliche Zuordnung des Stiftungsvermögens zu einem Rechtsträger zu erfolgen.

bb) Berücksichtigung des § 292 InsO

Für ein Aussonderungsrecht sprechen auch die Reglungen der Restschuldbefreiung nach §§ 286 ff. InsO. Bei dieser tritt der Schuldner für die Zeit von sechs Jahren nach Eröffnung des Insolvenzverfahrens seine pfändbaren Forderungen auf Bezüge aus einem Dienstverhältnis an einen vom Gericht bestimmten Treuhänder ab, vgl. § 287 Abs. 2 S. 1 InsO iVm § 291 Abs. 2 InsO. Sodann verwaltet und verteilt der Treuhänder die Beträge an die Insolvenzgläubiger. Ähnlich der Stiftung handelt es sich um eine uneigennützige Treuhand, vorliegend jedoch durch die Tätigkeit des Treuhänders, sowohl im Interesse des Schuldners als auch der Insolvenzgläubiger, um eine doppelseitige.[381] Der Treuhänder hat die Beträge und sonstigen Leistungen des Schuldners oder Dritter von seinem Vermögen getrennt zu halten und als Sondervermögen auszuweisen, vgl. § 292 Abs. 1 S. 2 HS 1 InsO. Dies erfolgt durch

---

377 Weder erlischt das Treuhandverhältnis nach §§ 115, 115 InsO bei Insolvenz des Stifters noch steht dem Stifter das Aussonderungsrecht i.S.d. § 47 InsO bei einer Insolvenz des Stiftungsträgers zu, vgl. Westebbe, Stiftungstreuhand, S. 141 f., 144 f.

378 Kaper, Bürgerstiftungen, S. 213 f.; vgl. ebenfalls MünchKomm/*Reuter*, BGB, Vor § 80 Rn. 98.

379 Reuter, in: Stiftungen, S. 203, 210 f.; MünchKomm/*Reuter*, BGB, Vor § 80 Rn. 103; Rawert, NJW 2002, 3151, 3152; Herzog, Die unselbständige Stiftung, S. 44; Seyfarth, Unselbstständige Stiftung, S. 36 f., 82; Kaper, Bürgerstiftungen, S. 213 f.

380 Richter, Stiftung & Sponsoring, Rote Seiten 3/2006, 1, 20; Wochner, ZEV 1999, 125, 127.

381 Uhlenbruck/*Vallender*, InsO, § 292 Rn. 6; NR/*Römermann*, InsO, § 292 Rn. 21; MünchKomm/*Ehricke*, InsO, § 292 Rn. 4.

die Errichtung eines Treuhandkontos.[382] Die Situation gleicht der unselbständigen Stiftung basierend auf einem Treuhandvertrag. Mangels Normierungen über Beziehungen des Treuhänders zu Dritten, finden die allgemein geltenden Regelungen des Treuhandrechts Anwendung. Im Fall der Insolvenz des Treuhänders sind daher die Beträge und sonstigen Leistungen des Schuldners oder Dritter, die an den Treuhänder gelangen, dem Zugriff der Treuhänder-Gläubiger aufgrund des wirtschaftlichen und haftungsrechtlichen Eigentums des Schuldners entzogen.[383] Aufgrund der doppelseitigen Treuhand können daneben auch die Insolvenzgläubiger nach § 47 InsO aussondern.[384] Die Möglichkeiten zur Aussonderung erkennt der Gesetzgeber ohne ausdrückliche Bestimmung an. Nach Ansicht des InsO-Gesetzgebers besteht das Recht zur Aussonderung im Fall der uneigennützigen Treuhand unumstritten. Einzig die getrennte Haltung des Sondervermögens vom sonstigen Vermögen des Treuhänders ist vorauszusetzen, vgl. § 292 Abs. 1 S. 2 HS 1 InsO.[385] Auch Beträge, die der Treuhänder durch die Verwertung bestimmter Schuldner-Gegenstände als Verwertungserlös erlangt, fallen in das Sondervermögen.[386]

Die Regelungen der Restschuldbefreiung zeigen, dass der Gesetzgeber bei Vorliegen von Sondervermögen, welches sich durch die getrennte Verwaltung auszeichnet, von einer Insolvenzfestigkeit im Fall der Insolvenz des Treuhänders ausgeht, unabhängig davon, auf welche Art und Weise er diese Mittel erworben hat. Dass der Gesetzgeber die Rechtsfolgen nicht angeordnet hat, zeigt, dass er wie selbstverständlich von den grundlegenden Rechtsfolgen einer Treuhand ausgeht. Dieses Verständnis ist auf die vorliegende Treuhand zu übertragen und entspricht der dargestellten Ansicht im Fall der Insolvenz des Stiftungsträgers.

cc) Berücksichtigung des Unmittelbarkeitsprinzips

Einschränkungen könnte das Aussonderungsrecht durch das vom Reichsgericht[387] und diesem folgend vom BGH[388] angewandten Unmittelbarkeitsprinzip und dem Surrogationsverbot erfahren. Unter Berücksichtigung dieser Prinzipien sind als Treugut nur solche Güter anzusehen, die unmittelbar aus dem Vermögen des Treugebers in das des Treuhänders übertragen wurden.[389] Begründet wurde diese

382 HK/*Landfermann,* InsO, § 292 Rn. 5; NR/*Römermann,* InsO, § 298 Rn. 40; Uhlenbruck/*Vallender,* InsO, § 292 Rn. 25.

383 Uhlenbruck/*Vallender,* InsO, § 292 Rn. 26; MünchKomm/*Ehricke,* InsO, § 292 Rn. 6.

384 BT-Drs. 12/2443, S. 191; MünchKomm/*Ehricke,* InsO, § 292 Rn. 6; für Vollstreckungsmaßnahmen Uhlenbruck/*Vallender,* InsO, § 292 Rn. 26.

385 Hieraus folgt die Anwendung des Bestimmtheitsgrundsatzes, vgl. MünchKomm/*Ehricke,* InsO, § 292 Rn. 6.

386 BT-Drs. 12/2443, S. 191.

387 RGZ 84, 214, 216 f.; 91, 12, 14; 127, 341, 344 f.; 133, 84, 87; 153, 366, 368 f.

388 BGH, NJW 1959, 1223, 1224 f.; 1993, (2622); offenlassend BGH, NJW 2003, 3413, 3414; a.A. LG Hamburg, MDR 1957, 684 f.

389 Kötz, Trust, S. 129; Assfalg, Treugut, S. 124; Siebert, Treuhandverhältnis, S. 106 f.; vgl. Nachweise bei Walter, Unmittelbarkeitsprinzip, S. 94 Fn. 1.

Einschränkung vor allem mit Aspekten der Rechtssicherheit. Zudem sollte die Ausuferung des Treuhandbegriffs verhindert werden und eine taugliche Abgrenzung der Treuhand zur mittelbaren Stellvertretung stattfinden.[390] Aussonderungsfähiges Treugut i.S.d. § 47 InsO wären danach nur Gegenstände, die unmittelbar aus dem Vermögen des Treugebers stammen, nicht hingegen solche aus dem Vermögen eines Dritten oder Gegenstände, die der Treuhänder mit Mitteln des Treuguts für dieses erwirbt oder das, was er als Surrogat erwirbt.[391]

Diese Sichtweise hätte auch auf den Bestand des Stiftungsvermögens Auswirkungen. Dem Stifter stünde ein Aussonderungsrecht im Hinblick auf das Stiftungsvermögen nur zu, wenn sich dessen Zusammensetzung nach der Übertragung auf den Stiftungsträger nicht verändern würde. Andernfalls müsste der Stifter als Treugeber bei jeder Veränderung des Stiftungsvermögens zunächst im Rahmen eines Zwischenerwerbs beteiligt werden in Folge dessen er die betreffenden Gegenstände sodann wieder auf den Treuhänder überträgt. Diese Vorgehensweise wäre wirtschaftlich wenig sinnvoll, konstruiert und umständlich.[392]

Die Beschränkung des Aussonderungsrechts durch das Unmittelbarkeitsprinzip und Surrogationsverbot ist sachlich nicht gerechtfertigt.[393] Dies folgt bereits aus dem Zweck des § 47 InsO, wonach dem Schuldnervermögen diejenigen Gegenstände entzogen werden sollen, die diesem nicht zuzuordnen sind, um damit letztlich eine Verwertung massefremder Gegenstände zu verhindern und so das Eigentum Dritter zu schützen. Trotz der Übertragung des Stiftungsvermögens auf den Treuhänder verbleibt das haftungsrechtliche Eigentum beim Treugeber. Die Erkennbarkeit ergibt sich aus der besonderen Stellung des Treuguts als Sondervermögen,[394] sodass es im Rahmen der Aussonderung gleichgültig ist, ob

---

390 RGZ 84, 214, 217 f.; 127, 341, 344 f.; näher hierzu Kötz, Trust, S. 134; Kritik bei Coing, Treuhand, S. 102 f.; Siebert, Treuhandverhältnis, S. 107.

391 Letzteres spiegelt das Surrogationsverbot dar, vgl. RGZ 70, 226, 233; 94, 305, 308; Siebert, Treuhandverhältnis, S. 184 f.; Gernhuber, JuS 1988, 355, 361.

392 Dahingehend ebenfalls Geibel, Treuhandrecht, S. 14; Löhnig, Treuhand, S. 14, 748 wonach in einer Hin- und Herübereignung zudem eine leichte Umgehbarkeit des Unmittelbarkeitskriteriums liegt. Im Übrigen erfolgt eine Abgrenzung zur mittelbaren Stellvertretung bereits durch den dahinterstehenden Zweck. Bei der mittelbaren Stellvertretung handelt es sich lediglich um eine Mittlerposition die erwirbt und weiterüberträgt, während das Treuhandverhältnis durch eine gewisse zeitliche Dauer hinsichtlich der Verantwortung zur Wahrnehmung fremder Vermögensinteressen geprägt ist. Vgl. Coing, Treuhand, S. 102 f.; Kötz, Trust, S. 134 f.

393 So auch die überwiegende Lit.: Assfalg, Treugut, S. 170 f., 180 f.; Coing, Treuhand, S.102, 179; Kötz, Trust, S. 132 ff.; Gottwald/*ders./Adolphsen,* Insolvenzrecht, § 40 Rn. 33; Gernhuber, JuS 1988, 355, 361; Walter, Unmittelbarkeitsprinzip, S. 94 ff., 115 ff.; Uhlenbruck/*Brinkmann,* InsO, § 47 Rn. 33a; Ganter, in: FS Kreft, S. 251, 265; MünchKomm/*Ganter,* InsO, § 47 Rn. 357.

394 Deutlich wird das Vermögenstrennungsprinzip, vgl. BGH, NJW 2008, (1152); Ganter, in: FS Kreft, S. 251, 257, 266; HK/*Lohmann,* InsO, § 47 Rn. 23. Das Treugut muss im Vermögen des Treuhänders eindeutig festzustellen sein, eine Vermischung mit

es sich um ursprünglich übertragene Gegenstände oder um das jeweilige Surrogat handelt. Dies muss im Wege der Aussonderung berücksichtigt werden.

Auch werden der Wert des Sondervermögens und die Vermögenszuordnung nicht beeinträchtigt, sollte der Treuhänder für den ursprünglichen Gegenstand Ersatz erlangen. Dem Treugeber muss daher schon aus Wirtschaftlichkeits- und Billigkeitsgründen ein Recht aus § 47 InsO zustehen. Andernfalls würden die Gläubiger des Treuhänders ohne Grund um fremdes Vermögen bereichert. Gleichfalls sind die Insolvenzgläubiger nicht schutzbedürftig. Ebenso wie sie damit rechnen müssen, dass sich Gegenstände, die nicht zum Vermögen des Schuldners gehören, sich gleichwohl in diesem befinden und ausgesondert werden, müssen sie auch damit rechnen, dass der Schuldner lediglich Treuhandeigentümer ist. Dies vor allem unter Berücksichtigung der Stellung des Treuhandvermögens als Sondervermögen. Schutzbedürftig ist vorliegend vielmehr der Treugeber. Denn mit zunehmendem Zeitablauf bzw. Bestand des Treuhandverhältnisses läge eine wesentliche Verringerung des Schutzes des Treugebers durch § 47 InsO vor.

c) Ersatzaussonderung, § 48 InsO

Hat der Stiftungsträger einzelne Vermögensbestandteile des Stiftungsvermögens vor Verfahrenseröffnung entgegen der im Stiftungsgeschäft getroffenen Abrede entgeltlich veräußert und steht die Gegenleistung noch aus, hat der Stifter das Recht zur Ersatzaussonderung, § 48 S. 1 InsO.[395] Der Stifter kann in diesem Fall die Abtretung des Rechts auf die vereinbarte Gegenleistung vom Insolvenzverwalter verlangen. Der Aussonderungsberechtigte ist im Fall der unberechtigten Veräußerung durch den Schuldner oder den Insolvenzverwalter schutzbedürftig, sodass ihm § 48 InsO einen Anspruch auf die erworbene Gegenleistung zuweist.[396] Ist der Anspruch auf die Gegenleistung nicht abtretbar, weil ein Abtretungsverbot vereinbart wurde oder ist die Gegenleistung bereits erbracht worden, so kann sie ersatzausgesondert werden, soweit sie sich noch unterscheidbar in der Insolvenzmasse befindet, § 48 S. 2 InsO. Da im Fall der unselbständigen Stiftung alle sie betreffenden Geschäfte über

---

dem Eigenvermögen würde eine Aussonderung unmöglich machen, das Treugut wäre konturenlos und eine Inanspruchnahme fremden Vermögens wäre die Folge. Mit dem Bestimmtheitsgrundsatz werden dem Treugut diejenigen Konturen gegeben, die für ein Aussonderungsrecht notwendig sind und der Rechtssicherheit dienen. Vgl. Assfalg, Treugut, S. 170 ff., 178 f.; Coing, Treuhand, S. 179; Walter, Unmittelbarkeitsprinzip, S. 152; Liebich/Mathews, Treuhand, S. 474; Henssler, AcP 196 (1996), 37, 58 f.; Uhlenbruck/*Brinkmann*, InsO, § 47 Rn. 33b; MünchKomm/*Ganter*, InsO, § 47 Rn. 358a.

395 Gleiches gilt bei einer unberechtigten entgeltlichen Veräußerung durch den vorläufigen Insolvenzverwalter bzw. nach Verfahrenseröffnung durch den Insolvenzverwalter.

396 Uhlenbruck/*Brinkmann*, InsO, § 48 Rn. 1; Gottwald/*ders./Adolphsen*, Insolvenzrecht, § 41 Rn. 25; MünchKomm/*Ganter*, InsO, § 48 Rn. 3; LSZ/*Smid/Leonhardt*, InsO, § 48 Rn. 1.

das Sonderkonto abgewickelt werden, liegt eine Unterscheidbarkeit vom sonstigen Privatvermögen des Stiftungsträgers vor, insbesondere ist bei bargeldlosen Geschäften der Wert durch den Buchungsbeleg identifizierbar.[397] Ist die Gegenleistung bzw. ihr Wert jedoch nicht mehr im Stiftungsvermögen vorhanden bzw. nicht unterscheidbar,[398] ist eine Ersatzaussonderung nicht möglich. In diesem Fall hat der Stifter nur einen Masseanspruch nach § 55 Abs. 1 Nr. 1 InsO iVm § 989 BGB bzw. nach § 55 Abs. 1 Nr. 3 InsO iVm §§ 812 ff. BGB.[399]

d) Zwischenergebnis

Nach allgemeiner Ansicht steht dem Stifter als Treugeber im Fall der Insolvenz des Stiftungsträgers ein Aussonderungsrecht auf Rückübertragung des Stiftungsvermögens nach § 47 InsO zu. Das Unmittelbarkeitsprinzip bzw. Surrogationsverbot ist abzulehnen. Das Stiftungsvermögen kann entgegen teilweise vertretener Ansicht nicht auf Grundlage eines Treuhandvertrages verselbständigt werden. Dieser hat allein eine andere Vermögenszuordnung zur Folge. Jedoch erstreckt sich das Aussonderungsrecht des Stifters nicht auf die bereits aus dem Stiftungsvermögen erzielten Erträge. Hierfür steht ihm lediglich der gegen die Masse gerichtete Verschaffungsanspruch des § 667 Alt. 2 BGB zur Verfügung.[400] Das Stiftungsvermögen ist damit in der Insolvenz des Stiftungsträgers vor Zugriffen seiner Gläubiger geschützt. Jedoch folgt aus dem Aussonderungsrecht des Stifters der Rückfall in das Stiftervermögen und damit das Erlöschen der Stiftung.

3. Stiftungserrichtung durch Verfügung von Todes wegen

Sowohl bei Errichtung der unselbständigen Stiftung durch Erbeinsetzung, §§ 1922, 1937 BGB, als auch durch Vermächtnis, §§ 1939, 2174 ff. BGB, wird der Stiftungsträger Eigentümer des Stiftungsvermögens. Durch den Eigentumsübergang teilt das Stiftungsvermögen damit grdsl. das insolvenzrechtliche Schicksal des Eigenvermögens des Stiftungsträgers, sodass das Stiftungsvermögen mit in die Insolvenzmasse, §§ 35, 36 InsO, fällt. Mit Verfahrenseröffnung ist die unselbständige Stiftung beendet. Die Situation gleicht damit der der Stiftungserrichtung im Wege der Schenkung unter Auflage.[401]

---

397 Vgl. BGH, ZIP 1999, 626 ff.; HK/*Eickmann*, InsO, § 48 Rn. 11; Gottwald/*ders./Adolphsen*, Insolvenzrecht, § 41 Rn. 30; MünchKomm/*Ganter*, InsO, § 48 Rn. 58 f.

398 Dies ist insbesondere der Fall, wenn der Betrag durch andere Abbuchungen wieder vom Konto abgeflossen ist, vgl. OLG Köln, ZIP 1980, (855).

399 Gottwald/*ders./Adolphsen*, Insolvenzrecht, § 41 Rn. 28; Richter, Stiftung & Sponsoring, Rote Seiten 3/2006, 1, 20; NR/*Anders*, InsO, § 48 Rn. 19; Jaeger/*Henckel*, InsO § 48 Rn. 80; Uhlenbruck/*Brinkmann*, InsO, § 48 Rn. 27.

400 BGH, WM 1962, 180, 181; Richter, Stiftung & Sponsoring, Rote Seiten 3/2006, 1 19 f.

401 MünchKomm/*Reuter*, BGB, Vor § 80 Rn. 104 f.; Westebbe, Stiftungstreuhand, S. 144

Sowohl ein dingliches, als auch ein obligatorisches Aussonderungsrecht der Erben des (Erblasser-)Stifters scheiden aufgrund des materiell-rechtlichen und haftungsrechtlichen Eigentumsübergangs aus. Indes wird für den Fall, dass der Stiftungsträger die Eröffnung des Insolvenzverfahrens i.S.d. §§ 276, 278 BGB zu vertreten hat, aufgrund des Anspruchs der zur Vollziehung Berechtigten, die Herausgabe der Zuwendung nach den Vorschriften der unberechtigten Bereicherung verlangen zu können, vgl. §§ 2194, 2196 BGB, ein Aussonderungsrecht i.S.d. § 47 InsO teilweise angenommen.[402]

Diese Sichtweise ist jedoch abzulehnen. Zwar kann ein Aussonderungsrecht auch aufgrund eines schuldrechtlichen Anspruchs begründet sein, doch ist hierfür erforderlich, dass der Gegenstand nicht zur Soll-Masse gehört.[403] Das Stiftungsvermögen ist vorliegend indes vollumfänglich auf den Stiftungsträger übergegangen. Der Eigentumsübergang beurteilt sich unabhängig von der zusätzlich angeordneten Auflage i.S.d. §§ 1940, 2192 ff. BGB,[404] die lediglich eine schuldrechtliche Beschränkung der Verfügungsbefugnis darstellt[405] und keine Auswirkungen auf die haftungsrechtliche Zuweisung des Eigentums zum Vermögen des Auflagenbelasteten hat. Damit dient das Stiftungsvermögen im Fall der Insolvenz des Stiftungsträgers der gemeinschaftlichen Befriedigung seiner privaten Gläubiger. Der Wegfallbegünstigte kann lediglich wegen seines schuldrechtlichen Verschaffungsanspruchs auf Rückübertragung nach § 2196 BGB als persönlicher Gläubiger i.S.d. § 38 InsO am Insolvenzverfahren teilnehmen.[406]

IV. Zusammenfassung

Die Eröffnung eines Insolvenzverfahrens über das Vermögen des Stifters führt bei Einordnung des Stiftungsgeschäfts als Schenkung unter Auflage im Rahmen der Anfechtungsfrist des § 134 Abs. 1 InsO zu einer Rückgewähr des Stiftungsvermögens in die Insolvenzmasse in Folge dessen es der gemeinschaftlichen Gläubigerbefriedigung dient. Bei Einordnung des Stiftungsgeschäfts als Treuhandvertrag erlischt dieser nach §§ 115, 116 InsO. Das Stiftungsvermögen fällt ebenfalls in die Insolvenzmasse des Stifters. Wird die unselbständige Stiftung durch eine Verfügung von Todes wegen verbunden mit einer Auflage errichtet, so gestaltet sich die Rechtslage wie bei der Errichtung der Stiftung unter Lebenden mittels einer Schenkung

402 Herzog, Die unselbständige Stiftung, S. 113; verneinend MünchKomm/*Reuter*, BGB, Vor § 80 Rn. 114; Staudinger/*Hüttemann/Rawert*, BGB, Vorbem zu §§ 80 ff Rn. 255; Westebbe, Stiftungstreuhand, S. 144.

403 Gundlach/Frenzel/Schmidt, DZWIR 2001, 95, 97.

404 Anders jedoch Herzog, Die unselbständige Stiftung, S. 112 f.

405 Palandt/*Weidlich*, BGB, § 2192 Rn. 1; MünchKomm/*Rudy*, BGB, § 2192 Rn. 1, 7.

406 Sind die Zwecke der unselbständigen Stiftung steuerbegünstigter Art i.S.d. §§ 51 ff. AO, ist zu beachten, dass der Grundsatz der Vermögensbindung, §§ 51 I Nr. 4, 61 AO, einer Rückübertragung auf den Erben nicht entgegensteht. Vgl. zur Auslegung und Anwendung bereits 1. Teil, C. VII. 4.

unter Auflage. Auf Seiten des Erblassers kommt ein Nachlassinsolvenzverfahren in Betracht, wonach die unselbständige Stiftung endet, soweit der Stiftungsträger als Erbe eingesetzt wurde. Ist der Stiftungsträger hingegen Vermächtnisnehmer, so ist die Übertragung des Stiftungsvermögens vom Erben auf den Stiftungsträger nach § 322 InsO anfechtbar in Folge dessen das Stiftungsvermögen ebenfalls in die Insolvenzmasse fällt und die Stiftung endet.

Bei einem Insolvenzverfahren über das Vermögen des Stiftungsträgers fällt das Stiftungsvermögen unter Zugrundelegung einer Schenkung unter Auflage als Teil seines Vermögens in die Insolvenzmasse und dient der gemeinschaftlichen Gläubigerbefriedigung. Ein Aussonderungsrecht des Stifters, § 47 InsO, ist aufgrund des endgültigen Vermögensübergangs abzulehnen. Gleiches ergibt sich bei der Stiftungserrichtung durch Verfügung von Todes wegen, weil das Stiftungsvermögen einen Teil seines Vermögens darstellt. Bei Einordnung des Stiftungsgeschäfts als Treuhandvertrag kann der Stifter aufgrund seines ihm verbleibenden haftungsrechtlichen Eigentums ein Aussonderungsrecht i.S.d. § 47 InsO geltend machen, sodass das Stiftungsvermögen zwar nicht der Gläubigerbefriedigung dient, die unselbständige Stiftung mit dem bisherigen Stiftungsträger dennoch endet.

V. Stellungnahme

1. Bewertung der vorgebrachten Ansätze zur Qualifizierung des Stiftungsgeschäfts

Weder die Ausgestaltung des Stiftungsgeschäfts als Schenkung unter Auflage noch als Treuhandvertrag und auch nicht die Errichtung durch Verfügung von Todes wegen bieten einen ausreichenden Schutz für den Bestand der unselbständigen Stiftung. Denn ihr Bestand kann bei Eröffnung eines Insolvenzverfahrens über das Vermögen eines Stiftungsbeteiligten durch keines der Stiftungsgeschäfte gewährleistet werden. Die bisherigen Einordnungen des Stiftungsgeschäfts unter genannte Lösungsmöglichkeiten sind damit im Hinblick auf einen dauerhaften Bestand der unselbständigen Stiftung als unbefriedigend zu bewerten.

Dabei kommt vor allem die Ungeeignetheit des Treuhandvertrages zum Ausdruck. Denn weder seine grundlegende Struktur noch die insolvenzrechtlichen Auswirkungen werden den Interessen der Stiftungsbeteiligten und dem Stiftungsgedanken gerecht. Bereits die dem Treuhandvertrag immanente vorübergehende Vermögensübertragung divergiert mit den Anforderungen an einen dauerhaften Bestand der unselbständigen Stiftung. Zwar kann das jederzeitige Widerrufs- und Kündigungsrecht abbedungen werden, doch würde das Wesen des Treuhandvertrages derart verändert, dass eine Abgrenzung zur Schenkung unter Auflage schwerlich möglich ist und darüber hinaus auch das wesentliche Charakteristikum des Treuhandvertrages, die vorübergehende Vermögensübertragung, verloren gehen. Zudem sprechen weiter auch die gewichtigen insolvenzrechtlichen Auswirkungen gegen die Qualifizierung als Treuhandvertrag. Da der Stifter das Stiftungsvermögen nicht endgültig in das Vermögen des Stiftungsträgers überträgt, sondern ein Restgehalt im Vermögen des Stifters verbleibt, bleibt auch die unselbständige Stiftung dauerhaft mit dem insolvenzrechtlichen Schicksal des Stifters verbunden. Gleichfalls ist für den Fortbestand des zugrunde liegenden Auftragsverhältnisses ein Auftraggeber zwingend notwendig. Indes geht das Interesse des Stifters vielmehr dahin, anlehnend an die Stiftung i.S.d. §§ 80 ff. BGB, sich des Stiftungsvermögens dauerhaft und endgültig zu entledigen. Die Vermögensübertragung ist daher vielmehr als eine Vermögenswidmung aufzufassen. Denn das Stiftungsvermögen soll nach der Übertragung allein und dauerhaft für die Stiftungszwecke eingesetzt werden. Gegen die Qualifizierung des Stiftungsgeschäfts als Treuhandvertrag spricht weiter, dass dem Stifter das haftungsrechtliche Eigentum verbleibt. Bereits aufgrund dieser wesentlichen Unterschiede zwischen der unselbständigen Stiftung und dem Treuhandvertrag sprechen entscheidende Gründe gegen die Einordnung des Stiftungsgeschäfts als Treuhandvertrag. Nach der hier vertretenen Auffassung scheidet daher eine Qualifizierung des Stiftungsgeschäfts als Treuhandvertrag zwischen Stifter und Stiftungsträger aus.

Anders verhält sich dies hingegen dem Grunde nach bei der Qualifizierung des Stiftungsgeschäfts als Schenkung unter Auflage. Gerade die zu fordernde dauerhafte Vermögensübertragung auf einen Stiftungsträger findet bei der Schenkung unter Auflage vollumfänglich Berücksichtigung. Die unselbständige Stiftung besteht daher anders als bei Anwendung des Treuhandrechts unabhängig vom Stifter. Insbesondere können auch die Erben des Stifters das Stiftungsvermögen grdsl. nicht zurückfordern, sodass die Stiftung unabhängig vom wandelbaren Willen der Stifterseite bestehen kann. Dies zeigt sich auch für den Fall der Insolvenz des Stifters. Nach Ablauf der Anfechtungsfrist des § 134 Abs. 1 InsO wird der Bestand der unselbständigen Stiftung nicht berührt. Die Qualifizierung als Schenkung unter Auflage entspricht jedenfalls auf der Stifterseite in erheblichem Umfang den Stiftungsinteressen und dem Stiftungsgedanken.

Probleme bereitet indes die Frage nach der Sicherung des Stiftungsvermögens bei einer Insolvenzeröffnung auf Seiten des Stiftungsträgers. Insoweit fehlt es bei dieser Qualifizierung an einer gesonderten Stellung des Stiftungsvermögens im Vermögen des Stiftungsträgers in Folge dessen es unabhängig vom insolvenzrechtlichen Schicksal des Stiftungsträgers erhalten bliebe. Etwaige Vereinbarungen im Stiftungsgeschäft können allein schuldrechtliche Bindungen zwischen dem Stifter und dem Stiftungsträger bewirken in Folge dessen der Stiftungsträger allein verpflichtet werden kann, das Stiftungsvermögen getrennt von seinem übrigen Vermögen zu halten. Eine dingliche Rechtsposition, die auch gegenüber Dritten Wirkung entfaltet und insbesondere die Immunität des Stiftungsvermögens im Fall der Insolvenz des Stiftungsträgers zur Folge hat, kann diese Vereinbarung indes nicht begründen.

Eine funktionstüchtige und beständige Stiftung kann mit den allgemein anerkannten Qualifizierungen des Stiftungsgeschäfts nicht gewährleistet werden. Das Stiftungsvermögen genießt keinen weitreichenden Schutz vor Zugriffen seitens der Gläubiger von Stifter und Stiftungsträger.

2. Berücksichtigung der Interessen der Beteiligten

Die Tatsache, dass ein dauerhafter Bestand der unselbständigen Stiftung aufgrund der beschriebenen Einordnungen des Stiftungsgeschäfts nicht gewährleistet werden kann, führt dazu, dass eine Vielzahl unterschiedlicher Lösungsansätze zur Qualifizierung des Stiftungsgeschäfts besteht. Gerade in jüngerer Zeit wurden weitere neue Ansätze vorgetragen, die die unselbständige Stiftung zu einem eigenständigen Rechtssubjekt weiterentwickeln wollen. Im Mittelpunkt stehen dabei stets die haftungsrechtlichen Auswirkungen und die Insolvenzfestigkeit des Stiftungsvermögens. Dies verdeutlicht, dass die bestehenden Regelungen kaum eine befriedigende Lösung bieten können.

Zur dogmatischen Einordnung bzw. Weiterentwicklung des Stiftungsgeschäfts kommt es neben den konstitutiven Voraussetzungen zur Errichtung der unselbständigen Stiftung maßgeblich auf den zugrunde liegenden Willen der Vertragsparteien an. Die Interessen von Stifter und Stiftungsträger gilt es daher zunächst herauszustellen.

Zuvorderst ist das Interesse des Stifters auf die Stellung des Stiftungsvermögens als getrenntes Sondervermögen gerichtet. Das Stiftungsvermögen soll nicht zum Eigenvermögen des Stiftungsträgers gehören und in Folge dessen auch nicht das insolvenzrechtliche Schicksal des Eigenvermögens teilen. Auch, wenn der Stifter „nur" eine unselbständige Stiftung errichten kann bzw. will, so will er das auf den Stiftungsträger übertragene Stiftungsvermögen vor Zugriffen, die nicht im Zusammenhang mit der Stiftungstätigkeit stehen, gesichert wissen. Auch der Stiftungsträger muss bisher damit rechnen, das Stiftungsvermögen, unabhängig vom eigenen pflichtwidrigen Verhalten, wieder herausgeben zu müssen, sei es aufgrund des § 134 InsO oder des § 47 InsO.

Sowohl Stifter als auch Stiftungsträger haben ein Interesse daran, dass das Stiftungsvermögen nicht für Verbindlichkeiten des jeweils anderen herangezogen wird,[407] sondern allein zur Verwirklichung des Stiftungszwecks dient. Andernfalls würde sich das Stiftungsvermögen als „Sanierer" der Beteiligten im Fall ihrer Insolvenz darstellen. Zum Zwecke der Rechtssicherheit und -klarheit ist es erforderlich, das Stiftungsvermögen derart vom privaten Vermögen sowohl des Stiftungsträgers als auch des Stifters zu entfernen, dass es weder den Gläubigern des Stiftungsträgers noch denen des Stifters zur Verfügung steht, mithin der Bestand der unselbständigen Stiftung nicht von der Zahlungsfähigkeit ihrer Beteiligten abhängig ist.[408] Ziel ist es daher, den Bestand der unselbständigen Stiftung unabhängig von den wirtschaftlichen Verhältnissen der Beteiligten zu sichern, mithin diese insolvenzfest auszugestalten. Das Stiftungsvermögen ist als eine schützenswerte Masse zu begreifen. Insoweit ist es erforderlich, dass das Stiftungsvermögen über allein schuldrechtliche

407 So auch Meyn/Richter/Koss/*Meyn,* Stiftung, Rn. 62.

408 Vgl. MünchKomm/*Reuter,* BGB, Vor § 80 Rn. 117; Koos, Fiduziarische Person, S. 131 ff.; Meyn/Richter/Koss/*Meyn,* Stiftung, Rn. 62; Meyer, in: Stiftungen, S. 228, 237 ff.; Schlüter, Stiftungsrecht, S. 235 f.; K. Schmidt, in: Stiftungsrecht, S. 175 ff.

Bindungen zwischen Stifter und Stiftungsträger hinaus auch gegenüber Dritten eine getrennte Stellung einnimmt. Dieses wünschenswerte Ergebnis wird durch den Grundsatz, dass eine Vermögensmasse grdsl. haftungsrechtlich einem Rechtsträger zuzuordnen ist und für dessen gesamte Verbindlichkeiten haftet,[409] erschwert.

Neben der Trennung der Vermögensmassen ist der dauerhafte Bestand der unselbständigen Stiftung einhergehend mit der dauerhaften Zweckbindung des Stiftungsvermögens oberstes Interesse des Stifters und konstitutive Voraussetzung der unselbständigen Stiftung. Hieran sind strengere Anforderungen zu stellen. Es widerspricht der Dauerhaftigkeit der Stiftungstätigkeit, wenn diese von externen, also nicht stiftungsspezifischen Umständen beeinflusst und darüber hinaus auch durch die Stiftungsbeteiligten jederzeit beendet werden kann. Sowohl Stifter als auch Stiftungsträger sind sich dessen bei Vertragsschluss bewusst. Dies muss im Stiftungsgeschäft Berücksichtigung finden. Der Stifter muss die Zweckerfüllung zudem vom Stiftungsträger verlangen können. Eine jederzeitige Beendigungsmöglichkeit des Vertrages durch Stifter und Stiftungsträger ist interessenwidrig und widerspricht dem Stiftungsgedanken. Dem entspricht zugleich das Erfordernis der endgültigen Vermögensübertragung. Gleichartige Bindungen müssen auch für die Erben des Stifters gelten. Es ist das Anliegen des Stifters, dass die Stiftung auch nach seinem Ableben weiter in seinem Interesse tätig ist. Maßgeblich ist insoweit sein ausdrücklich erklärter Wille bzw. mutmaßlicher Wille, der sogleich als höchster stiftungsrechtlicher Grundsatz einzuordnen ist.[410]

Einschränkend ist zu berücksichtigen, dass es sich bei dem Stiftungsgeschäft um ein Vertragsverhältnis handelt und für die Parteien die Möglichkeit verbleiben muss, sich in besonderen Situationen vom Vertragsverhältnis lösen zu können und dieses ggf. an veränderte Umstände anzupassen. Es können Umstände vorliegen, die eine Beendigung der unselbständigen Stiftung als ultima ratio erforderlich machen. Zu denken ist insbesondere an treuwidrige Verfügungen des Stiftungsträgers, an die Unmöglichkeit der Zweckerfüllung oder sonstige Ausnahmetatbestände, welche die Beendigung der Stiftungstätigkeit erfordern. Ebenfalls kann der Wandel der Zeit die Anpassung des Stiftungszwecks an die veränderten Umstände erforderlich machen.

Damit im Zusammenhang steht das Interesse des Stifters, eine umfassende Kontrolle und Überwachung der Tätigkeiten des Stiftungsträgers haben zu können. Allein die Verpflichtung des Stiftungsträgers zur ordnungsgemäßen Stiftungsverwaltung ist nicht ausreichend. Im Interesse des Stifters ist sicherzustellen, dass der Stiftungsträger seine Verpflichtungen langfristig verfolgt, insbesondere pflichtwidrige Stiftungstätigkeiten verhindert werden. Daher ist im Interesse des Stifters der Einsatz eines Stiftungsgremiums erforderlich, welches mit umfassenden Rechten

---

409 Vgl. BGHZ 11, 37, 41; Wolf/Neuner, Allgemeiner Teil, § 26 Rn. 30; Rosenberg/Gaul/Schilken/Becker-Eberhard/*Gaul*, Zwangsvollstreckungsrecht, § 34 Rn. 5, 23; Uhlenbruck/*Hirte*, InsO, § 35 Rn. 7.

410 Burgard, Gestaltungsfreiheit, S. 188 f.; vgl. auch O. Werner, in: Stiftungen, S. 243 f.

auszustatten ist. Eine umfangreich ausgestaltete Stiftungsorganisation kann einen wesentlichen Beitrag dazu leisten, dass das Stiftungsvermögen durch den Stiftungsträger allein für die Stiftungszwecke eingesetzt wird und hierdurch zu einem dauerhaften Bestand der unselbständigen Stiftung beitragen.

Unter Berücksichtigung der maßgeblichen Interessen der Stiftungsbeteiligten sowie der Voraussetzungen zur Errichtung der unselbständigen Stiftung stellt sich die Frage nach der dogmatisch vertretbaren Einordnung des Stiftungsgeschäfts. Unter Berücksichtigung der Interessen hinsichtlich der Sicherheit des Stiftungsvermögens ist die Stellung des Stiftungsvermögens in den Mittelpunkt zu rücken und aufgrund der herausgearbeiteten Unzulänglichkeiten eine sachgerechte Einordnung des Stiftungsgeschäfts zu erarbeiten.

2. Teil: Die Weiterentwicklung der unselbständigen Stiftung

A. Qualifizierung der unselbständigen Stiftung als Rechtsträger

Im Rahmen der Weiterentwicklung der unselbständigen Stiftung ist ihre fehlende gesetzliche Normierung zu berücksichtigen. Hieran soll keine Kritik geübt werden. Die fehlende Normierung soll sich vielmehr als Vorteil herausstellen, weil die unselbständige Stiftung hierdurch besonders anpassungsfähig und flexibel ist. Diese sich hieraus ergebenden Vorteile werden auch zum Anlass genommen, sich gegen eine gesetzliche Normierung der unselbständigen Stiftung auszusprechen.[411] Der Gesetzgeber hat sich auf keinen bestimmten Vertragstypus für das Stiftungsgeschäft festgelegt, sondern es der Rechtswissenschaft überlassen, die unselbständige Stiftung anhand der allgemeinen Regelungen des Schuld-, Erb- und Gesellschaftsrechts zu qualifizieren. Insofern besteht erheblicher Raum für eine Rechtsfortbildung. Der Gesetzgeber begrüßt die Weiterentwicklung des Rechts der unselbständigen Stiftung. Die fehlende Normierung ist daher als Vorteil und Anreiz zu sehen, die vorliegende Stiftung angesichts ihrer Problemlagen und der Weiterentwicklung anderer Rechtsbereiche ebenfalls nicht vor einer Fortentwicklung zu verschließen. Durch diese ihr vermachte Flexibilität kann auf Problematiken und Situationen, die mit dem Sinn und Zweck der unselbständigen Stiftung unvereinbar sind, reagiert werden. Aufgrund der unbefriedigenden Haftungssituation besteht ein entsprechendes Bedürfnis nach einer Weiterentwicklung. Aufgabe der Rechtswissenschaft ist es insoweit, das derzeitige unpassende Recht zu korrigieren und im Rahmen der rechtsgeschäftlichen Gestaltungsfreiheit eine umfassende Vermögenssicherung zu erreichen.[412] Anknüpfungspunkt ist die Qualifizierung des Stiftungsgeschäfts. Eine Einordnung hat so zu erfolgen, dass sie bestmöglich den jeweiligen Interessen der Beteiligten gerecht wird, sich dabei jedoch in das Rechtssystem einpasst. Zu berücksichtigen ist jedoch die Kritik Reuters, der ein „Rosinenpicken" als keine sachgerechte Rechtsfortbildung ansieht.[413]

---

411 BMJ, Bericht Stiftungsrecht, S. 52 f.

412 Vgl. Reuter, in: FS Hadding, S. 231, 241 wonach ein Austausch des unpassenden Rechts gegen passendes Recht stattfinden muss; ferner Elicker, ZStV 2012, 135, 136 f.

413 Reuter, in: Stiftungen, S. 203, 207.

I. Verhältnis von Rechtspersönlichkeit und Rechtsfähigkeit

Grundlegend stellt sich die Frage, ob und in welcher Form eine Rechtsfortbildung der unselbständigen Stiftung hin zu einer gewissen Verselbständigung möglich ist. Die bisherigen, vor allem von Herzog und Westebbe,[414] dargestellten Ansätze zur Weiterentwicklung der unselbständigen Stiftung tendieren zu einem selbständigen Stiftungsvermögen, das sowohl gegen Zugriffe privater Gläubiger des Stifters als auch des Stiftungsträgers geschützt wird, letztlich insolvenzfest ist. Auch die neueren Ansätze, auf die im Folgenden einzugehen sein wird, stellen das Stiftungsvermögen in den Mittelpunkt ihrer Fortbildung. Dies entspricht -vor allem unter Berücksichtigung der derzeit als unbefriedigend einzustufenden Haftungssituation- den Interessen der Stiftungsbeteiligten. Die weitgehendste Entwicklung des Stiftungsvermögens im Sinne einer Verselbständigung wäre dabei die Entwicklung der unselbständigen Stiftung hin zu einer juristischen Person. Im Zusammenhang mit dieser Anerkennung als eigenständige Rechtspersönlichkeit steht die Rechtsfähigkeit.

Für die Frage der Weiterentwicklung hin zu einem eigenständigen Stiftungsvermögen sind zunächst die Begriffe Rechtspersönlichkeit und Rechtsfähigkeit voneinander abzugrenzen und einzuordnen. Diese Abgrenzung ist vor allem deshalb erforderlich, weil für die unselbständige Stiftung unterschiedliche Begrifflichkeiten verwendet werden, namentlich unselbständige Stiftung, fiduziarische Stiftung, nicht-rechtsfähige Stiftung und Stiftung ohne Rechtspersönlichkeit. Dies führt auch hinsichtlich der Begriffe Rechtspersönlichkeit und Rechtsfähigkeit zur Verwirrung. Denn hieraus folgt die Annahme, die unselbständige Stiftung kann sowohl als nicht-rechtsfähige Stiftung als auch als Stiftung ohne Rechtspersönlichkeit bezeichnet werden. Dies würde indes voraussetzen, dass die Begrifflichkeiten „nicht-rechtsfähig“ und „ohne Rechtspersönlichkeit“ gleichzusetzen sind, mithin die gleiche Form der (fehlenden) Verselbständigung meinen. Auch aufgrund der Bezeichnung der Stiftung i.S.d. §§ 80 ff. BGB als rechtsfähige Stiftung bzw. als Stiftung mit Rechtspersönlichkeit folgt die Annahme, die Begrifflichkeiten seien identisch.

1. *Das Wesen der juristischen Person*

Zur Einordnung der Begriffe Rechtspersönlichkeit und Rechtsfähigkeit ist zunächst das Wesen der juristischen Person grundlegend darzustellen. Dem BGB ist eine Definition und eindeutige Charakterisierung des Wesens der juristischen Person fremd. Unberücksichtigt dessen, dass der rechtsfähige Verein i.S.d. §§ 21 ff. BGB allgemein als die Grundform der juristischen Personen angesehen wird und die Normierungen als Grundregeln anzusehen sind, fehlen neben allgemeinen Vorschriften über juristische Personen auch Bestimmungen, die aufzeigen, welche

414 Vgl. zu den Ansätzen von Herzog vor allem 1. Teil, E. III. 1. a) bb) (1) sowie Westebbe 1. Teil, E. III. 2. b) aa) (1).

privatrechtlichen Verbände oder Organisationen Rechtspersönlichkeit erlangen können.[415] Bereits vor dem Inkrafttreten des BGB befasste sich die Literatur im 19. Jahrhundert umfassend mit dem Wesen der juristischen Person, der Entstehung und der sie kennzeichnenden Eigenschaften. Dabei haben sich vor allem drei Grundlehren herausgebildet, die die weitere Entwicklung der juristischen Person maßgeblich mitgeprägt haben.[416]

a) Fiktionslehre nach v. Savigny

Nach dem auf Friedrich Carl von Savigny zurückgehenden philosophisch geprägten Ansatz ist ursprünglich nur der einzelne Mensch Rechtsperson.[417] Soll darüber hinaus anderen Einheiten Rechtssubjektivität zukommen, so kann dies mangels eines realen Daseins nur mit Hilfe eines im objektiven Recht begründeten Aktes der Gleichstellung geschehen. Die Annahme einer Fiktion könne eine künstliche Rechtssubjektivität zur Entstehung bringen, indem sie die Personenhaftigkeit des Menschen fingiert.[418] Damit die Gebilde den Charakter der juristischen Person erhalten können, ist die Genehmigung des Staates notwendig und für die Rechtssicherheit erforderlich.[419] Die juristische Person ist nach Savigny ein durch Fiktion zu juristische Zwecken angenommenes Subjekt, sog. Fiktionstheorie.[420]

b) Theorie des personifizierten Zweckvermögens

Nach den Zweckvermögenslehren[421] sind Rechtssubjekte Einheiten, denen subjektive Rechte zugeordnet sind. Diese Rechte, also Können und Dürfen, seien jedoch nur für Menschen denkbar. Um juristische Personen als Zuordnungssubjekte anerkennen zu können, sei eine Spaltung des Begriffs „Rechts“ notwendig, um sie in Folge dessen als soziale Gebilde, ohne Rechtssubjekt zu sein, mit Rechten verbinden zu können. Der Anknüpfungspunkt von Rechten und Pflichten sei das einem bestimmten Zweck gewidmete Vermögen als das eigentliche Substrat der juristischen

---

415 Nach Inkrafttreten des BGB zeigte sich, dass die Vorschriften des BGB und HGB den gesellschaftlichen und wirtschaftlichen Bedürfnissen aufgrund der hinreichenden Zahl von Verbandstypen und ihrer Flexibilität überwiegend genügten, um den Anforderungen der Praxis gerecht zu werden. Vgl. zur Entwicklungsgeschichte ausführlich Raiser, AcP 199 (1999), 104, 115 ff.

416 Überblick bei Enneccerus/Nipperdey, Allg. Teil, § 103 I, S. 607 ff.; ausführlich John, Rechtsperson, S. 22 ff.; Wiedemann, WM 1975 Sonderbeilage Nr. 4, 4 f.; Wolf/Neuner, Allgemeiner Teil, § 16 Rn. 13 f.

417 Savigny, System, § 85 S. 236, § 89 S. 277 f.

418 Savigny, System, § 85 S. 236, 239 f.

419 Savigny, System, § 89 S. 278.

420 Savigny, System, § 85, S. 236, 239 f.

421 Zurückgehend auf Brinz, Lehrbuch, § 60 S. 196 f., § 61 S. 201 f. und Bekker, System, § 41 S. 137 f., § 60 S. 208 f., § 61 S. 217 f., § 62 S. 219 f.

Person. Juristische Personen werden danach als personifizierte Zweckvermögen aufgefasst, die nicht einem Rechtssubjekt, sondern dem Zweck selbst gehören.[422]

c) Theorie der realen Verbandsperson

Mit einem soziologischen Ansatz weitet Otto Gierke mit der Theorie der realen Verbandsperson den Personenbegriff aus, indem er die juristische Person nicht lediglich als ein fingiertes Gebilde ansah, sondern erkannte, dass Gemeinschaften und Vermögensmassen eine echte Rechtspersönlichkeit haben können.[423] Mit dem Verband natürlicher Personen entstehe ein eigenes reales Lebewesen mit eigener Personenqualität, das den natürlichen Personen gleichgestellt ist. Anders als die Fiktionslehre sind die zusammengesetzten Personen wirklich und nicht bloß erdichtet, sodass als juristische Person nicht der einzelne Mensch, sondern die Menschengruppe bzw. soziale Organisation im Vordergrund steht, die nicht nur rechtsfähig, sondern durch ihre Organe auch willens- und handlungsfähig ist.[424]

d) Das heutige Wesen der juristischen Person

Auch in der Folge wurde der Theorienstreit um das Wesen der juristischen Person fortgeführt.[425] Gleichwohl kann nunmehr trotz fehlender Definition und verschiedenartiger Ausgestaltung der einzelnen Formen juristischer Personen eine Einordnung in das Rechtssystem stattfinden.

Das BGB behandelt im Ersten Abschnitt „Personen", wobei zwischen natürlichen Personen im ersten Titel (§§ 1 ff. BGB) und juristischen Personen im zweiten Titel (§§ 21 ff. BGB) untergliedert wird. Aus dieser Systematik des BGB ist erkennbar, dass der Gesetzgeber das Personenrecht als Einheit konzipiert hat und sowohl die natürlichen als auch die juristischen Personen als Rechtssubjekte und Personen im Rechtssinne ansieht.[426] Die Grundform der juristischen Person stellt dabei der rechtsfähige Verein i.S.d. §§ 21 ff. BGB dar.[427] Weitere juristische Person innerhalb des BGB ist die Stiftung i.S.d. §§ 80 ff. BGB. Andere Formen, wie die Aktiengesellschaft und die Gesellschaft mit beschränkter Haftung, sind außerhalb des BGB normiert.

Nach nunmehr herrschender Meinung kann die juristische Person definiert werden als eine durch einen rechtlichen Akt geschaffene, auf Dauer angelegte

---

422 Brinz, Lehrbuch, § 61 S. 201 f.

423 Gierke, Privatrecht, S. 470 f.; Gierke, Genossenschaftstheorie, S. 15 ff.

424 Gierke, Privatrecht, S. 472; Gierke, Genossenschaftstheorie, S. 603 f.; Kritik bei Soergel/*Hadding*, BGB, Vor § 21 Rn. 10; Flume, Juristische Person, § 1 II, S. 17 f.

425 Überblick bei Koos, Fiduziarische Person, S. 168 ff., Raiser, AcP 199 (1999), 104, 116 ff.; Flume, Juristische Person, § 1 II, S. 21 ff.; John, Rechtsperson, S. 22 ff. Heute wird das Wesen der juristischen Person nicht anhand verschiedener Theorien begründet, hat sich aufgrund der jahrzehntelangen Ausreifung zu einer handhabbaren Rechtsfigur entwickelt. Vgl. Staudinger/*Weick*, BGB, Einl zu §§ 21 ff Rn. 4 f.

426 John, Rechtsperson, S. 60.

427 MünchKomm/*Ott/Vuia*, InsO, § 11 Rn. 18.

Personenvereinigung oder Organisation, die als von der Summe der jeweiligen Mitglieder und Sachwalter-(Organe) unterschiedene Einheit selbst Rechte und Pflichten erwerben, Verbindlichkeiten eingehen und dadurch als selbständiges Rechtssubjekt am Rechtsverkehr teilnehmen kann.[428]

e) *Wesentliche Charakteristika der juristischen Person*

Die juristische Person ist als Verband oder Organisation gesellschaftliche Realität, sprich sie tritt im sozialen Leben als gesonderte, überindividuelle Wirkungseinheit in Erscheinung und handelt unabhängig von den ihr zugeordneten Personen.[429] Sie ist demzufolge nicht mit der Gesamtheit ihrer Mitglieder identisch, sondern stellt immer eine „andere", verselbständigte Person dar.[430] Da ihr eine räumlich-körperliche Erscheinung fehlt, erhält die juristische Person ihre Legitimation durch einen staatlichen Anerkennungsakt, der durch die Eintragung in ein öffentliches Register bzw. durch eine staatliche Verleihung oder Genehmigung bzw. Anerkennung erfolgt.[431] Dieser Akt ist konstitutive Voraussetzung zur Erlangung der Rechtspersönlichkeit[432] und als Publizitätsakt für die Sicherheit des Rechtsverkehrs erforderlich. Mit ihrer Legitimation und Entstehung als Rechtsperson kommt der juristischen Person wie der natürlichen Person die grundlegende Fähigkeit zu, Träger von Rechten und Pflichten zu sein[433] oder allgemeiner formuliert, Zurechnungspunkt von Rechtsbeziehungen sein zu können, vgl. §§ 1, 21, 22 BGB.[434] Juristische Personen sind damit den natürlichen Personen innerhalb der Rechtsordnung gleichgestellt. Aus der Anerkennung als eigenständiges Rechtssubjekt folgt auch die Verselbständigung

---

428 Vgl. Wolf/Neuner, Allgemeiner Teil, § 16 Rn. 14; Raiser, AcP 199 (1999), 104, 105; ähnlich Flume, Juristische Person, § 1 V, S. 29; Staudinger/*Weick*, BGB, Einl zu §§ 21 ff Rn. 5; Enneccerus/Nipperdey, Allg. Teil, § 103 I, S. 607 ff.; MünchKomm/*Reuter*, BGB, Vor § 21 Rn. 2.

429 Raiser, AcP 199 (1999), 104, 136 f.; vgl. Staudinger/*Weick*, BGB, Einl zu §§ 21 ff Rn. 6; MünchKomm/*Reuter*, BGB, Vor § 21 Rn. 2.

430 K. Schmidt, Gesellschaftsrecht, § 22 I 2, S. 656; Flume, Juristische Person, § 8 I, S. 258; Soergel/*Hadding*, BGB, Vor § 21 Rn. 7.

431 Gierke, Genossenschaftstheorie, S. 121 f.; Palandt/*Ellenberger*, BGB, Einf v § 21 Rn. 5 f.; vgl. für den Idealverein § 21 BGB (Eintragung in das Vereinsregister), für den wirtschaftlichen Verein § 22 BGB (staatliche Verleihung), für die rechtsfähige Stiftung § 80 I BGB (staatliche Anerkennung).

432 Gierke, Genossenschaftstheorie, S. 24; Hadding, in: FS Kraft, S. 137, 140.

433 H.M. vgl. Staudinger/*Weick*, BGB, § 1 Rn. 1; MünchKomm/ *Reuter*, Vor § 21 Rn. 14; Soergel/*Hadding*, Vor § 21 Rn. 22; Enneccerus/Nipperdey, Allg. Teil, § 83 I, S. 477; Wolf/Neuner, Allgemeiner Teil, § 11 Rn. 1; Wiedemann, WM 1975 Sonderbeilage Nr. 4, 4, 10; bereits schon Savigny, System, § 60 S. 1 f.

434 Anders bei z.B. familien- und erbrechtliche Positionen, die unmittelbar mit dem Wesen der natürlichen Person verbunden sind, vgl. Flume, ZHR 136 (1972), 177, 192; Wiedemann, WM 1975 Sonderbeilage Nr. 4, 4, 13.

eines Sondervermögens.[435] Die juristische Person hat ein eigenes Vermögen,[436] sodass ihr die Vermögensgegenstände zugeordnet werden können und sie als eigene Haftungseinheit vollständig gesondert von ihren Mitgliedern besteht.

Da Entscheidungen allein von einer natürlichen Person getroffen werden können, bedarf die juristische Person zum rechtswirksamen Handeln einer entsprechenden Handlungsorganisation.[437] Die konkrete Struktur ist dabei teilweise durch Gesetz vorgeschrieben, kann daneben jedoch in erheblichem Maße auch durch eine eigene „Verfassung" geregelt werden, vgl. für den Verein §§ 26 ff. BGB, für die Stiftung §§ 85 f., § 81 BGB. Hieraus folgt die Einsetzung eigener Organe, die sich aus natürlichen Personen zusammensetzen und die juristische Person vertreten.[438] Daneben gewährleistet die innere Handlungsorganisation das eigene Funktionieren der juristischen Person, indem die innere Willensbildung durch Beschlüsse für die juristische Person vollzogen wird.[439]

2. *Die Bedeutung der Rechtsfähigkeit*

Neben den natürlichen und juristischen Personen, denen Rechtspersönlichkeit und damit einhergehend auch Rechtsfähigkeit zukommen, befindet sich in den §§ 14 Abs. 1, 1059a Abs. 2, 1059e, 1061 S. 2, 1092 Abs. 2, Abs. 3 BGB, § 7 MarkenG der Terminus „Personengesellschaften mit Rechtsfähigkeit". In §§ 11 Abs. 2 Nr. 1, Abs. 3, 19 Abs. 1, Abs. 3 InsO wird andererseits zwischen juristischen Personen und Personengesellschaften ohne Rechtspersönlichkeit unterschieden. Nach der Legaldefinition des § 14 Abs. 2 BGB ist die rechtsfähige Personengesellschaft eine Personengesellschaft, die mit der Fähigkeit ausgestattet ist, Rechte erwerben und Verbindlichkeiten eingehen zu können. Die Dogmatik des Gesetzes zeigt, dass die Eigenschaft der Rechtsfähigkeit scheinbar nicht lediglich natürlichen und juristischen Personen zukommt. Neben ihnen erkennt das Gesetz noch eine dritte Gruppe rechtsfähiger Organisationen an.[440]

---

435 Wiedemann, WM 1975 Sonderbeilage Nr. 4, 4, 8; Staudinger/*Weick*, BGB, Einl zu §§ 21 ff Rn. 17.

436 Wiedemann, in: FS Hüffer, S. 1091, 1097 f.; Wiedemann, WM 1975 Sonderbeilage Nr. 4, 4, 8.

437 John, Rechtsperson, S. 74 f., 120 f.

438 Staudinger/*Weick*, BGB, Einl zu §§ 21 ff Rn. 50; John, Rechtsperson, S. 117; MünchKomm/*Reuter*, BGB, Vor § 21 Rn. 50; Soergel/*Hadding*, BGB, Vor § 21 Rn. 22; Wiedemann, WM 1975 Sonderbeilage Nr. 4, 4, 8 f.

439 Staudinger/*Weick*, BGB, Einl zu §§ 21 ff Rn. 53; John, Rechtsperson, S. 121 f.; MünchKomm/*Reuter*, BGB, Vor § 21 Rn. 50. Dies betrifft namentlich den Bereich der Mitgliederversammlung und den Aufsichtsrat.

440 Staudinger/*Weick*, BGB, Einl zu §§ 21 ff Rn. 1; MünchKomm/*Reuter*, BGB, Vor § 21 Rn. 7; Soergel/*Hadding*, BGB, Vor § 21 Rn. 17; vgl. auch MünchKomm/*Ulmer/Schäfer*, BGB, Vor § 705 Rn. 12 f.; Leipold, in: FS Canaris, S. 221, 229.

Zur interessengerechten Einordnung und Ausgestaltung des Stiftungsgeschäfts ist es notwendig, die im Gesetz unsicher zum Ausdruck gebrachten Begrifflichkeiten „rechtsfähige Personengesellschaften“ bzw. „Gesellschaften ohne Rechtspersönlichkeit“ im Verhältnis zur juristischen Person dogmatisch zu betrachten und einzuordnen.

a) Einordnung der Personengesellschaften mit Rechtsfähigkeit

Hintergrund dieser verschiedenartigen Terminologie ist der Streit um die Rechtsträgerschaft und Rechtszuordnung bei den Gesamthandsgesellschaften, deren Grundfall die Gesellschaft bürgerlichen Rechts i.S.d. §§ 705 ff. BGB (im Folgenden GbR) darstellt.[441] Die Frage nach der Rechtsfähigkeit der GbR stellt eine der umstrittensten Fragen der Gesellschaftsrechtsdogmatik dar und wird seit jeher kontrovers diskutiert. Die traditionelle Gesamthandslehre begreift die GbR als ein Schuldverhältnis der Gesellschafter, denen das Gesellschaftsvermögen aufgrund der gesamthänderischen Struktur als Objekt zur gesamten Hand zusteht, sodass es als Sondervermögen einzuordnen ist.[442] Die Gruppenlehre bzw. die Theorie der kollektiven Einheit hingegen sieht die Gesamthand als eine auf personenrechtlicher Verbundenheit beruhende Personenmehrheit, als eine Gruppe an, die als solche eine eigenständige Organisationseinheit bildet und als Rechtssubjekt am Rechtsleben teilnimmt, ohne dabei juristische Person zu sein.[443] Neben der nunmehr überwiegenden Literatur hat auch der BGH in seinem Urteil vom 29.1.2001 im Wege der richterlichen Rechtsfortbildung die GbR für rechts- und parteifähig erklärt, soweit die GbR durch ihre Teilnahme am Rechtsverkehr eigene Rechte und Pflichten begründet.[444] Für die Personenhandelsgesellschaften und die Partnerschaft zeigt sich deren Rechtsfähigkeit bereits aus den §§ 124 Abs. 1, 128 S. 2, 161 Abs. 2 HGB bzw. §§ 7 Abs. 2, 8 Abs. 1 PartGG, wonach die Gesellschaft eigene Rechte erwerben und eigene Verbindlichkeiten eingehen kann. Die Gesamthandsgemeinschaften sind damit gegenüber ihren Mitgliedern verselbständigt. Das Gesellschaftsvermögen ist nicht ein Sondervermögen der Gesellschafter, sondern ein Vermögen der Gesellschaft[445] in Folge dessen eine Trennung der Vermögenssphären der Gesellschaft und der Gesellschafter stattfindet.

---

441 Vgl. Staudinger/*Weick*, BGB, Einl zu §§ 21 ff Rn. 11.

442 Vgl. zur traditionellen Lehre MünchKomm/*Ulmer/Schäfer*, BGB, § 705 Rn. 296.

443 Flume, ZHR 136 (1972), 177 ff., 188; Flume, Personengesellschaft, § 4 II, S. 54 ff.; vgl. hierzu zusammenfassend K. Schmidt, Gesellschaftsrecht, § 8 III, S. 196 ff.; Staudinger/*Habermeier*, BGB, Vorbem zu §§ 705–740 Rn. 8 f.; MünchKomm/*Ulmer/Schäfer*, BGB, § 705 Rn. 298.

444 BGHZ 146, 341 ff.; für die Lit.: Gierke, Privatrecht, S. 663 ff.; Flume, Personengesellschaft, § 4 II, S. 56 f.; MünchKomm/*Ulmer/Schäfer*, BGB, § 705 Rn. 289 ff., 303 f.; Huber, in: FS Lutter, S. 107, 122 ff., 139; Ulmer, AcP 198 (1998), 113, 137 ff.; Ulmer, ZIP 2001, 585 ff.

445 K. Schmidt, Gesellschaftsrecht, § 59 IV 1, S. 1753 f.; MünchKomm/*Ulmer/Schäfer*, BGB, Vor § 705 Rn. 10 f., § 705 Rn. 310; ausführlich Flume, Personengesellschaft, § 5, S. 68 ff.

b) Das Verhältnis von Rechtspersönlichkeit und Rechtsfähigkeit

Die Gesamthandsgesellschaften als sog. Außen-Personengesellschaften treten in Folge ihrer Rechtsfähigkeit neben den natürlichen und juristischen Personen als weitere Rechtsträger in Erscheinung. Fraglich ist indes, ob zwischen der juristischen Person und den rechtsfähigen Personengesellschaften ein struktureller Unterschied besteht. Dieses Verhältnis ist entscheidend für eine mögliche Weiterentwicklung der unselbständigen Stiftung hin zu einem eigenständigen Rechtsträger. Denn bei Annahme eines strukturellen Unterschieds käme sowohl die Weiterentwicklung hin zu einer juristischen Person als auch hin zu einer Gesamthandsgesellschaft in Betracht.

Nach Flume[446] kann eine juristische Person nur eine Anstalt, Stiftung oder Körperschaft sein, die als organisierte Rechtsträgerin gegenüber ihren Mitgliedern verabsolutiert ist. Personengesellschaften hingegen leben als Gruppe in ihren Mitgliedern und stellen einen Gegensatz zur juristischen Person dar. Dem haben sich der BGH[447] und die überwiegenden Stimmen in der Literatur[448] angeschlossen. Nach anderer Ansicht sind die Außen-Personengesellschaften, also der gesamthänderisch verfasste Verband, allein aufgrund ihrer Rechtsfähigkeit als juristische Personen anzusehen, sodass unter den Begriff der juristischen Person danach sowohl die Körperschaften als auch die Außen-Personengesellschaften fallen.[449]

aa) Abgrenzung von juristischer Person und rechtsfähiger Personengesellschaft

Ausgehend von den gesetzgeberischen Wertungen ist grdsl. zwischen juristischen Personen einerseits und rechtsfähigen Personengesellschaften bzw. Gesellschaften ohne Rechtspersönlichkeit andererseits zu unterscheiden, vgl. z.B. §§ 14 Abs. 1, 1059a Abs. 2 BGB, § 7 MarkenG, §§ 11 Abs. 2 Nr. 1, Abs. 3 InsO. Diese verschiedenartige Terminologie spricht gegen eine Qualifizierung der Personengesellschaften als juristische Person.[450] Der Gesetzgeber hat offenbar bewusst verschiedene

---

446 Flume, Juristische Person, § 4 I, S. 95 f.

447 BGHZ 146, 341, 344 f.

448 Staudinger/*Habermeier*, BGB, Vorbem zu §§ 705–740 Rn. 28; K. Schmidt, Gesellschaftsrecht, § 8 I 1, S. 181 ff.; Ulmer, AcP 198 (1998), 113, 123 f., 151; MünchKomm/*Reuter*, BGB, Vor § 21 Rn. 7 f.; MünchKomm/*Ulmer/Schäfer*, BGB, § 705 Rn. 307 f.; Soergel/*Hadding/Kießling*, BGB, Vor § 705 Rn. 21.

449 Raiser, AcP 194 (1994), 495, 498, 504 f., 510 f.; Raiser, AcP 199 (1999), 105, 130 f.; Timm, NJW 1995, 3209 ff. Begründet wird dies mit einer Neudefinition der juristischen Person, nach der sie alle rechtsfähigen Verbandsformen erfasse und allein das Kriterium der Rechtsfähigkeit gelten solle. Der gesellschaftsrechtliche Dualismus von rechtsfähiger juristischer Person und rechtsfähiger Gesamthandsgemeinschaft wird als überlebt angesehen, weil ein für die juristische Person zusätzliches Strukturmerkmal nicht ersichtlich sei.

450 Vgl. BGHZ 146, 341, 347; MünchKomm/*Ulmer/Schäfer*, BGB, Vor § 705 Rn. 12 f., § 705 Rn. 307 f.; Leipold, in: FS Canaris, S. 221, 229.

Begrifflichkeiten verwendet. Daneben ergibt sich aus dem derzeitigen Recht der GbR kein Hinweis auf die Einordnung als juristische Person. Nichts anderes kann daher auch für die Personenhandelsgesellschaften gelten, deren Recht auf das Recht der GbR verweist. Darüber hinaus wäre eine Weitergeltung der §§ 718, 719, 738 BGB mit Anerkennung der GbR als juristische Person nicht vereinbar.[451]

Zwar ist auch die Personengesellschaft ein Rechtsträger und eine „überindividuelle Wirkungseinheit",[452] doch gestaltet sich die Existenz der Personengesellschaft anders als die der juristischen Person. Auch, wenn die Personengesellschaft unabhängig von den konkreten Mitgliedern besteht und nicht durch einen Wechsel der Gesellschafter beeinträchtigt wird,[453] so ist ihre Existenz gleichwohl vom Fortbestand des Gesellschaftsvertrages abhängig und auf das Vorhandensein von mindestens zwei Mitgliedern angewiesen.[454] Sämtliche Verträge, die die Grundlage der Gesellschaft betreffen, sind Verträge zwischen den jeweiligen Gesellschaftern und verbinden diese. Die GbR ist daher nicht vollständig gegenüber ihren Gesellschaftern verabsolutiert. Sie ist vielmehr ein „Personenverband" und keine „Verbandsperson" wie die juristische Person. Der Personenverband existiert in seinen Mitgliedern, während die juristische Person in ihrer Existenz als Organisation gegenüber den Mitgliedern verselbständigt ist und damit eine klare Trennung zwischen Gesellschaft und Gesellschaftern besteht.[455] Dies zeigt sich auch innerhalb der Organisation der Personengesellschaft. Regelungen über die Geschäftsführung und Vertretung sind unmittelbar Gegenstand des zugrunde liegenden mitgliedschaftlichen Gesellschaftsverhältnisses. Daher „hat" die Personengesellschaft bereits mit Abschluss des Gesellschaftsvertrages Organe, während die juristische Person erst mit entsprechenden Organen ausgestattet werden muss und ansonsten handlungsunfähig wäre.[456] Die Vertretungsmacht für die juristische Person folgt im Gegensatz zur Vertretungsmacht innerhalb der Personengesellschaften daher nicht unmittelbar

---

451 Wiedemann, in: FS Hüffer, S. 1091, 1093.

452 Durch den Zusammenschluss mehrerer Personen zu einer Gruppe entsteht ein von den einzelnen Personen zu unterscheidendes weiteres Rechtssubjekt, vgl. Wolf/Neuner, Allgemeiner Teil, § 16 Rn. 30 f.; Flume, Personengesellschaft, § 7 I, S. 89; vgl. auch MünchKomm/*Ulmer/Schäfer*, BGB, Vor § 705 Rn. 10 f.

453 K. Schmidt, Gesellschaftsrecht, § 58 IV 2, S. 1712 f.; Wolf/Neuner, Allgemeiner Teil, § 16 Rn. 30 f.; sowie Wolf, in: FS Canaris, Bd. I, 1313, 1314 ff. differenzieren zwischen der personengebundenen Rechtsfähigkeit, z.B. bei der ehelichen Gütergemeinschaft, und der nicht personengebundenen Rechtsfähigkeit, z.B. bei der GbR, OHG, KG, Erbengemeinschaft.

454 Ulmer, AcP 198 (1998), 113, 151; MünchKomm/*Ulmer/Schäfer*, BGB, § 705 Rn. 309.

455 K. Schmidt, Gesellschaftsrecht, § 22 II 1, S. 656 f.; MünchKomm/*Ulmer/Schäfer*, BGB, Vor § 705 Rn. 12 f., § 705 Rn. 308; Flume, ZHR 136 (1972), 177, 192; Flume, Personengesellschaft, § 7 III, S. 93 f.; vgl. Huber, in: FS Lutter, S. 107, 113 f.

456 K. Schmidt, Gesellschaftsrecht, § 8 IV 2, S. 210 f.; Leipold, in: FS Canaris, S. 221, 229.

aus den Mitgliedschaftsrechten, sondern verlangt die gesonderte Bestellung eines Vertretungsorgans.[457]

Durch die Verselbständigung eines Sondervermögens stellt die juristische Person eine besondere Haftungseinheit dar, deren Rechtsgeschäfte nur ihr zugerechnet werden. Die Haftung beschränkt sich ausschließlich auf ihr Vermögen. Da die Personengesellschaft in den Personen ihrer Gesellschafter existiert, findet neben der Haftung mit dem Gesellschaftsvermögen typischerweise eine persönliche Haftung der sie konstituierenden Personen statt.[458] Darüber hinaus entsteht die Personengesellschaft anders als die juristische Person, die ohne den zwingend vorgesehenen Publizitätsakt als solche nicht entsteht, bereits mit Vorliegen der tatbestandlichen Voraussetzungen und erlangt ihre Rechtsfähigkeit kraft Gesetzes.

bb) Kein Dualismus von Rechtspersönlichkeit und Rechtsfähigkeit

Die richterliche Rechtsfortbildung tendiert mit den ergangenen Entscheidungen[459] dazu, erhebliche Veränderungen im Bereich der Personengesellschaften herbeizuführen. Vor allem jedoch zeigt die Entscheidung des BGH zur Rechtsfähigkeit der GbR, dass zwischen rechtsfähigen Personengesellschaften und juristischen Personen zu differenzieren ist. Das Verständnis der Institute Rechtsfähigkeit und Rechtspersönlichkeit hat sich gewandelt. Ein Dualismus von Rechtsfähigkeit und Rechtspersönlichkeit ist nicht länger haltbar.

Ist eine Gemeinschaft nicht juristische Person, sagt dies indes nichts über das Fehlen oder Vorhandensein ihrer Rechtsfähigkeit. Es handelt sich hierbei um zweierlei Begrifflichkeiten.[460] Rechtsfähigkeit besitzen damit natürliche Personen,

---

457 K. Schmidt, Gesellschaftsrecht, § 14 II 2, S. 410 f. bei der Personengesellschaft hingegen dürfen nur die persönlich haftenden Gesellschafter an der organschaftlichen Vertretung teilhaben.

458 Rspr. und Lit. folgen der Theorie der akzessorischen Mithaftung, wonach die Gesellschafter in entspr. Anwendung der §§ 128 ff. HGB neben der Gesellschaft persönlich, gesamtschuldnerisch mithaften, vgl. BGHZ 146, 341, 344 f.; Staudinger/*Weick*, BGB, Einl zu §§ 21 ff Rn. 8; Staudinger/*Habermeier*, BGB, Vorbem zu §§ 705–740 Rn. 35 ff.; Flume, Personengesellschaft, § 7 III, S. 98; MünchKomm/*C. Schäfer*, § 714 Rn. 33 ff.; Wiedemann, in: FS Hüffer, S. 1091, 1097 f.; K. Schmidt, Gesellschaftsrecht, § 60 III 2, S. 1790 ff.; Leipold, in: FS Canaris, S. 221, 229.

459 Neben der Anerkennung der Rechtsfähigkeit der GbR und der aktiven Parteifähigkeit des nicht-rechtsfähigen Vereins, BGH, NJW 2008, 69, 74 f., wurde die WEG als partiell rechtsfähig anerkannt, vgl. BGH, NJW 2005, 2061 ff.; ebenso sind die Vorgesellschaften zu einer GmbH in bestimmten Beziehungen fähig, Träger von Rechten und Pflichten zu sein, vgl. BGH, NZI 2004, (28).

460 Teilweise wird eine Gleichsetzung von Rechtsfähigkeit und Rechtspersönlichkeit vertreten in Folge dessen die als rechtsfähig anerkannten Gesamthandsgemeinschaften als juristische Personen zu begreifen sind, vgl. Raiser, AcP 194 (1994), 495 ff., 510 f.; Raiser, AcP 199 (1999), 105, 130 f., 141 f.; Timm, NJW 1995, 3209 f., 3211; Hadding, in: FS Kraft, S. 137, 145 f.; kritisch zur Abgrenzung von Rechtsperson und

juristische Personen, die durch einen Legitimationsakt Rechtsfähigkeit erlangt haben, und Personengesellschaften, bei denen sich die Rechtsfähigkeit entweder aus dem Gesetz ergibt, vgl. §§ 124 Abs. 1, 161 Abs. 2 HGB, oder im Wege der Rechtsfortbildung[461] anerkannt ist. Damit ist die Rechtsfähigkeit als eine Fähigkeit, die allein natürlichen und juristischen Personen zusteht und mit der Rechtspersönlichkeit als gleichspurig angesehen werden kann, obsolet geworden. Vielmehr geht die Rechtsfähigkeit über die Rechtspersönlichkeit hinaus und ist weiter gefasst. Anders ausgedrückt umfasst die Rechtspersönlichkeit auch immer die Rechtsfähigkeit, nicht hingegen die Rechtsfähigkeit auch die Rechtspersönlichkeit. Eine anderweitige Annahme steht im Widerspruch zum Willen des Gesetzgebers, der an verschiedenen Stellen eindeutig zwischen rechtsfähigen Personengesellschaften und juristischen Personen differenziert.

c) *Entwicklungen im Vereinsrecht, §§ 21, 22, 54 BGB*

Deutlich werden die dargestellten Entwicklungen und das neue Begriffsverständnis einhergehend mit seinen Auswirkungen auf gesetzliche Normierungen vor allem im Vereinsrecht. Ausgehend vom damaligen Begriffsverständnis liegt ein nicht-rechtsfähiger Verein i.S.d. § 54 BGB vor, soweit er weder ins Vereinsregister eingetragen ist noch eine staatliche Verleihung stattgefunden hat.[462] Dieser nicht-rechtsfähige Verein ist gem. § 54 S. 1 BGB den Gesamthandsgemeinschaften, §§ 705 ff. BGB, zuzurechnen.[463] Nicht zuletzt durch diese dynamische Verweisung ist auch der nicht-rechtsfähige Verein in Folge der Anerkennung der rechtsfähigen GbR ein Rechtssubjekt.[464]

Rechtsfähigkeit auch Zöllner, in: FS Gernhuber, S. 563, 566 f. Es ergäbe sich ein erheblicher Wertungswiderspruch bei den sog. Vorgesellschaften der GmbH und AG, weil diese erst mit der Eintragung juristische Person werden und zuvor als Gesamthandsgemeinschaften eingeordnet werden. Gleiches folgt vor Eintragung des eingetragenen Vereins.

461 Teilweise wird die Rechtsfähigkeit der GbR dem Gesetz entnommen, vgl. Hadding, in: FS Kraft, S. 137, 141 f. Dies folge aus §§ 718, 719 I, 733–735, 738 BGB sowie der Systematik, nach der die GbR das Grundmodell der OHG und KG bildet. Gegen eine derartige Begründung Tolani, Teilrechtsfähigkeit, S. 73 ff., 92.

462 Soergel/*Hadding*, BGB, § 54 Rn. 1; K. Schmidt, Gesellschaftsrecht, § 25 I 1, S. 732.

463 RGZ 143, 212, 215; K. Schmidt, Gesellschaftsrecht, § 25 II 1, S. 736; K. Schmidt, NJW 2001, 993, 1002; Soergel/*Hadding*, BGB, § 54 Rn. 16; Hadding, in: FS Kraft, S. 137, 139; MünchKomm/*Ulmer/Schäfer*, BGB, Vor § 705 Rn. 137; Kötz, Trust, S. 121; kritisch MünchKomm/*Reuter*, BGB, § 54 Rn. 17 f.

464 Vgl. BGH, NJW 2008, 69, 74 f.; K. Schmidt, Gesellschaftsrecht, § 8 III 4, S. 203; MünchKomm/*Reuter*, BGB, § 54 Rn. 17 f.; Soergel/*Hadding*, BGB, § 54 Rn. 16; Hadding, in: FS Kraft, S. 137, 139; vgl. MünchKomm/*Ulmer/Schäfer*, BGB, Vor § 705 Rn. 137; kritisch Leipold, in: FS Canaris, S. 221, 240 f.; a.A. Schöpflin, Verein, S. 99 ff., 362 ff., der statt von der Rechtsfähigkeit von einer Rechtsverkehrsfähigkeit ausgeht, wonach den Mitgliedern in ihrer gesamthänderischen Verbundenheit grdsl. jede Rechtspositionen zugebilligt wird, nicht jedoch dem nicht-rechtsfähigen

Die Anerkennung der Rechtsfähigkeit des nicht-rechtsfähigen Vereins basiert auf geschichtlicher Entwicklung[465] und war bereits durch die Änderung des § 50 Abs. 2 ZPO, wonach ein nicht-rechtsfähiger Verein aktiv parteifähig ist, zu erkennen.[466] Im Hinblick auf die im Gesetz verwendete Begrifflichkeit ergibt sich ein paradox klingendes Ergebnis:[467] Der nicht-rechtsfähige Verein kann Träger von Rechten und Pflichten sein, ist also rechtsfähig, obwohl der Wortlaut und der Titel des § 54 BGB vom „nicht-rechtsfähigen Verein" sprechen. Zudem zeigt sich, dass mit dem in §§ 21, 22 BGB verwendeten Begriff der Rechtsfähigkeit und der nunmehr anerkannten Rechtsfähigkeit i.S.d. § 54 BGB, §§ 705 ff. BGB nicht das Gleiche gemeint sein kann.[468] Dieser entstehende Widerspruch folgt aus dem bei Inkrafttreten des BGB bestehenden Dualismus von Rechtsfähigkeit und Rechtspersönlichkeit. Da jedoch der Verein i.S.d. §§ 21, 22 BGB unbestritten als die Grundform aller privatrechtlichen Körperschaften gilt,[469] konnte bereits am Ende des 19. Jahrhunderts vom Verein mit Rechtspersönlichkeit gesprochen werden.[470]

Als Folge der stattgefundenen Rechtsentwicklung und der Aufgabe des Dualismus von Rechtsfähigkeit und Rechtspersönlichkeit ergibt sich für das Vereinsrecht folgendes Bild: Die §§ 21, 22 BGB sind dahingehend zu verstehen, dass der Verein durch die Eintragung oder Verleihung Rechtspersönlichkeit erlangt und juristische Person wird.[471] Aufgrund dessen ist statt der Verwendung des nicht mehr eindeutigen Begriffs „rechtsfähiger Verein" präziser von „Verein mit eigener Rechtspersönlichkeit" oder „eingetragener Verein" zu sprechen. Der Titel und Inhalt des § 54 BGB sind dahingehend zu verstehen, dass der Verein ohne Publizitätsakt zwar keine Rechtspersönlichkeit i.S.d. §§ 21, 22 BGB besitzt, dennoch Träger von Rechten und

---

Verein selbst. Danach erfährt die Rechtsfähigkeit keine Lösung von der Person. Ebenfalls kritisch Tolani, Teilrechtsfähigkeit, S. 174 ff., 195.

465 So wurde schon früh deutlich, dass der nicht-rechtsfähige Verein ebenfalls eine körperschaftliche Organisation mit einer selbständigen Vereinsgewalt aufweist RGZ 113, 169, 170; BGHZ 13, 5, 11; 21, 370, 374 f.; RGRK/*Steffen*, BGB, § 54 Rn. 5.

466 Geändert durch Gesetz v. 24.9.2009, BGBl. I S. 3145, 3147; bereits BGH, NJW 2008, 69, 74.

467 Zur Begriffsverwirrung Wolf, in: FS Canaris, Bd. I, S. 1313, 1314; Huber, in: FS Lutter, S. 107, 109; nach Schöpflin, Verein, S. 19 ist die Bezeichnung nicht-rechtsfähiger Verein missverständlich geworden; vgl. auch Leipold, in: FS Canaris, S. 221 241.

468 Huber, in: FS Lutter, S. 107, 109.

469 K. Schmidt, Gesellschaftsrecht, § 23 I 1, S. 660; Mugdan, Materialien, Bd. I, S. 596 f. Soergel/*Hadding*, BGB, Vor § 21 Rn. 15.

470 Unter Berücksichtigung der damaligen Terminologie sagt die Begriffsverwendung in § 54 BGB mit Blick auf die Begriffe der §§ 21, 22 BGB lediglich aus, dass der nicht-rechtsfähige Verein mangels Publizitätsakt keine juristische Person darstellt K. Schmidt, Gesellschaftsrecht, § 23 II 1, S. 663 f., § 25 II 1, S. 736.

471 BGHZ 146, 341, 347, wonach mit Rechtsfähigkeit i.S.d. §§ 21, 22, 54 BGB offensichtlich die Fähigkeit gemeint ist, Träger von Rechten und Pflichten aufgrund eigener Rechtspersönlichkeit zu sein.

Pflichten sein kann. Der als „nicht-rechtsfähige Verein“ betitelte Verein müsste konsequenterweise als „nicht eingetragener Verein“ oder als „rechtsfähiger Verein“ bezeichnet werden.[472] Nur bei einer derartigen Bestimmung der Begrifflichkeiten ergibt sich ein geschlossenes Bild zur neuen Terminologie, namentlich der Abspaltung der Rechtsfähigkeit von der Rechtspersönlichkeit.

3. Bedeutung für das Stiftungsrecht

Das neue Begriffsverständnis hat auch Auswirkungen auf das Stiftungsrecht. Bei der Stiftung i.S.d. §§ 80 ff. BGB handelt es sich um eine juristische Person. Aus der Abspaltung der Rechtsperson von der Rechtsfähigkeit ist die Stiftung daher nicht lediglich als rechtsfähige Stiftung, sondern als Stiftung mit Rechtspersönlichkeit zu bezeichnen. Der hierfür zum Teil verwendete Begriff der rechtsfähigen Stiftung macht dies hingegen nicht ausreichend deutlich. Das neue Begriffsverständnis ist auch für die Weiterentwicklung der unselbständigen Stiftung von erheblicher Bedeutung. Neben den juristischen Personen können auch lediglich rechtsfähige Gebilde eigenständig als Rechtsträger im Rechtsverkehr auftreten. Frühere Diskussionen über die Qualifizierung der unselbständigen Stiftung gründen auf der Annahme, Rechtspersönlichkeit und Rechtsfähigkeit seien untrennbar miteinander verbunden, letztlich gleichzusetzen. Nach der Aufgabe der Gleichrangigkeit von Rechtsfähigkeit und Rechtspersönlichkeit ist daher im Rahmen der Möglichkeiten zur Weiterentwicklung der unselbständigen Stiftung zum einen zu untersuchen, ob für die unselbständige Stiftung eine Entwicklung hin zur juristischen Person, zum anderen hin zur rechtsfähigen Stiftung in Betracht kommt.

B. Ansätze zur Weiterentwicklung der unselbständigen Stiftung

Sich darauf zu berufen, die unselbständige Stiftung sei einer Fortentwicklung nicht zugänglich und diese sei vom Gesetzgeber nicht gewollt, ist sachfremd und -wie bei der GbR gesehen- mit dem Wandel der Zeit nicht zu vereinbaren. Die Entwicklung des Rechts steht niemals still. Auch die vorliegende Stiftung muss nicht auf dem Stand des 19. Jahrhunderts stehen bleiben und sich mit einer nicht-interessengerechten Einordnung als Schenkung unter Auflage oder Treuhandvertrag begnügen. Die Entwicklung hin zur Rechtsfähigkeit der GbR zeigt, dass selbst im geschriebenen Recht eine bedeutende Fortentwicklung möglich ist. Dies sogar dann, wenn der jeweilige Wortlaut eine Entwicklung nicht offenkundig hergibt, vgl. §§ 714, 718,

---

472 Huber, in: FS Lutter, S. 107, 110; Soergel/*Hadding*, BGB, § 54 Rn. 1; K. Schmidt, Gesellschaftsrecht, § 25 II 1, S. 736 f.; K. Schmidt, NJW 2001, 993, 1002 f.; Stellungnahme des Deutschen Notarvereins zum Referentenentwurf zum Gesetz zur Änderung des Vereinsrechts vom 8.11.2004, S. 6, vgl. www. dnotv.de/_files/pdf/stellungnahmen/Vereinsrecht.pdf.

719 BGB, sondern vielmehr gewichtige Interessen eine Fortentwicklung der alten Rechtslage erfordern. Mangels Normierung und unter Berücksichtigung der Interessen der Stiftungsbeteiligten und des Stiftungsgedankens muss eine Weiterentwicklung bei der unselbständigen Stiftung erst Recht möglich sein. Dies vor allem unter Beachtung der Tatsache, dass das Stiftungsvermögen wesentlicher Gegenstand der unselbständigen Stiftung ist und stets im Mittelpunkt steht. Ansatzpunkt für die Weiterentwicklung ist grdsl. die Verselbständigung von Vermögen.

I. Entwicklung hin zur Stiftung mit Rechtspersönlichkeit

Im Interesse einer umfassenden Abhandlung und unter Berücksichtigung der zuvor gefundenen Ergebnisse, aber auch aufgrund neuerer Ansichten hin zur Entwicklung der unselbständigen Stiftung zur Stiftung mit Rechtspersönlichkeit, ist zunächst die Entwicklung der unselbständigen Stiftung hin zu einer juristischen Person zu untersuchen. Die Anerkennung als juristische Person hätte die Insolvenzfähigkeit nach § 11 Abs. 1 InsO zur Folge, wonach über das Vermögen der unselbständigen Stiftung ein eigenes Insolvenzverfahren eröffnet werden könnte. Damit einhergehend würde eine Haftung des Stiftungsvermögens für Verbindlichkeiten der Beteiligten ausscheiden. Vollumfänglicher Schutz des Stiftungsvermögens vor stiftungsfremden Zugriffen kann daher nur gewährleistet werden, wenn die Stiftung eine eigene Rechtspersönlichkeit besitzt.

1. Analoge Anwendung der §§ 80 ff. BGB

Dabei ist zunächst an eine analoge Anwendung der §§ 80 ff. BGB zu denken.[473] Äußerst fraglich ist jedoch bereits das Bestehen einer planwidrigen Regelungslücke. Denn aus den Protokollen zum BGB folgt, dass sich die Errichtung der unselbständigen Stiftung nicht nach den §§ 80 ff. BGB richtet, sondern die Regelungen des Schuld- und Erbrechts Anwendung finden sollen.[474] Dies zeigt, dass sich der historische Gesetzgeber bei der Ausgestaltung der Normen für die Stiftung mit Rechtspersönlichkeit über die fehlenden Regelungen zur unselbständigen Stiftung bewusst war. Er hat damit zum Ausdruck gebracht, dass die beiden Stiftungen nicht gleich zu behandeln sind.[475] Dies wurde durch die ablehnende Haltung des Gesetzgebers im Rahmen der Änderung des Stiftungsrechts in den 60er Jahren sowie im Jahre 2002 hinsichtlich einer etwaigen Normierung der vorliegenden Stiftung nochmals deutlich. Auch hat sich der Gesetzgeber im Rahmen der Stiftungsrechtsnovelle 2002 mit der Frage der

473 Vgl. Soergel/*Neuhoff*, BGB, Vor § 80 Rn. 23; Strickrodt, Stiftungsrecht, S. 117 der eine analoge Anwendung nahelegt, soweit nicht die mit der Rechtsfähigkeit zusammenhängenden Regelungen betroffen sind.
474 Vgl. Mugdan, Materialien, Bd. II, S. 754 f.; Kohler, ArchBürgR 3 (1890), 228, 277.
475 RGZ 88, 335, 338 f.; 105, 305, 306 f.

Gleichstellung beider Stiftungen auseinandersetzt und diese eindeutig abgelehnt.[476] Es wurden stets die vorhandenen schuldrechtlichen Mittel als ausreichend betrachtet.[477] Eine planwidrige Regelungslücke liegt nicht vor. Darüber hinaus ist ebenfalls zu bedenken, dass die selbständige und die unselbständige Stiftung grundverschieden sind. Denn die selbständige Stiftung ist eine juristische Person, besteht losgelöst vom Zuwendungsgeschäft und basiert gerade nicht auf einem Vertragsverhältnis.[478] Mit der ganz herrschenden Meinung kommt eine Anwendung der §§ 80 ff. BGB auf die vorliegende Stiftung daher nicht in Betracht.[479]

2. *Fiduziarische Stiftung als Rechtsperson*

a) Ausgestaltung der unselbständigen Stiftung nach Bruns

Bruns erkennt die fiduziarische Stiftung nicht nur als ein rechtsfähiges Gebilde, sondern mangels eines personellen Substrats als juristische Person an.[480] Nach ihm bestehen neben der schuldrechtlich konzipierten Stiftung zwei Formen rechtsfähiger Stiftungen: die unter staatlicher Stiftungsaufsicht stehende BGB-Stiftung und die nicht unter staatlicher Stiftungsaufsicht stehende, aber satzungsgestützte fiduziarische Stiftung.[481] Zu deren Entstehung sei neben den Vorgaben der §§ 80, 81 BGB, wonach ein Stiftungszweck, das Stiftungsvermögen und eine Satzung erforderlich sind, wegen des fehlenden staatlichen Anerkennungsverfahrens eine einseitige Willenserklärung des Stifters allein nicht ausreichend. Hinzukommen müsse ein satzungsgestützter Organisationsvertrag zwischen Stifter und dem Verwaltungsorgan, weil die Stiftung anders nicht funktionieren könne.[482] Die organisierte fiduziarische

---

476 Es wurde Änderungsantrag, Antrag v. 22.3.2000, BT-Drs. 14/3043, S. 1, in das Gesetzgebungsverfahren eingebracht. Nach § 86 des Gesetzesentwurfs sollte folgender neuer § 87 eingefügt werden, „auf Stiftungen, die nicht rechtsfähig sind, finden die Vorschriften über rechtsfähige Stiftungen Anwendung". Dieser Antrag wurde abgelehnt, Deutscher Bundestag – 14. Wahlperiode – 96. Sitzung, Sitzungsprotokoll v. 24.3.2000, S. 8920.

477 Vgl. zusammenfassend Fritsche, ZSt 2008, 3, 5 f.; ebenfalls RGZ 105, 305, 307; Achilles/Spahn/Gebhard, Protokolle, Bd. II, S. 34; Mugdan, Materialien, Bd. II, S. 754 f.; Kohler, ArchBürgR 3 (1890), 228, 277, 291; vgl. Liermann, in: Stiftungswesen, S. 229, 231 f.

478 Deutlich bereits RGZ 105, 305, 306.

479 So bereits RGZ 88, 335, 338 f.; 105, 305, 306 f.; Erman/*O. Werner,* BGB, Vor § 80 Rn. 12; Seifert/Campenhausen/*Hof,* Stiftungsrecht, § 36 Rn. 11; Staudinger/*Hüttemann/Rawert,* BGB, Vorbem zu §§ 80 ff Rn. 235; Ebersbach, Stiftungsrecht, S. 175; Richter, Stiftung & Sponsoring, Rote Seiten 3/2006, 1, 17; Pues/Scheerbarth, Stiftungen, S. 81, 90; Schlüter, Stiftungsrecht, S. 57; Fritsche, ZSt 2008, 3, 6; RGRK/*Steffen,* BGB, Vor § 80 Rn. 5; a.A. Soergel/*Neuhoff,* BGB, Vor § 80 Rn. 23e.

480 Bruns, JZ 2009, 840 ff.; tendenziell bereits Bruns, in: StiftG-BW, § 1, 6.1., S. 40 f.

481 Bruns, JZ 2009, 840, 846.

482 Bruns, JZ 2009, 840, 845.

Stiftung stellt sich danach als eine um die staatliche Stiftungsaufsicht entkleidete selbständige Stiftung dar.[483]

b) Kritische Würdigung

Zuzustimmen ist Bruns insoweit, als dass die Stiftung i.S.d. §§ 80 ff. BGB und die unselbständige Stiftung die gleichen konstitutiven Elemente, namentlich Stiftungszweck, Stiftungsvermögen und Stiftungsorganisation, zu ihrer Entstehung erfordern. Daneben stimmt der Beitrag auch mit vorgenannten Ausführungen dahingehend überein, dass die derzeitige Einordnung des Stiftungsgeschäfts den Interessen der Stiftungsbeteiligten nicht gerecht wird, dies insbesondere im Fall der Insolvenz auf Seiten des Stifters und des Stiftungsträgers.[484]

Die Annahme, dass nunmehr offensichtlich drei verschiedene Stiftungen bestehen, ist erstaunlich, wo doch sämtliche Literatur im zivilrechtlichen Stiftungsrecht als auch die Rechtsprechung und der Gesetzgeber seit jeher von lediglich zwei verschiedenen und strikt getrennten Stiftungen ausgehen: der gesetzlich normierten Stiftung i.S.d. §§ 80 ff. BGB und der nicht normierten Stiftung, wobei zuzugeben ist, dass die unterschiedlichen Begrifflichkeiten beider Stiftungen verwirrend wirken.

Das praktische Bedürfnis nach einer weiteren Rechtsperson Stiftung neben der Stiftung i.S.d. §§ 80 ff. BGB ist weder gesetzlich angelegt noch rechtlich geboten und daher verzichtbar.[485] Der Stifter stellt sich bei Errichtung einer Stiftung mit Rechtspersönlichkeit bewusst unter den Schutz der Rechtsordnung, insbesondere unter den der staatlichen Stiftungsaufsicht. Würde eine zweite Stiftung mit Rechtspersönlichkeit ohne eine derartige Aufsicht anerkannt, so ist fraglich, warum der Stifter diese wählen sollte, wenn er das Stiftungsvermögen auch unter die staatliche Stiftungsaufsicht stellen könnte.[486]

Auch aus dogmatischen Gesichtspunkten kann der Ansicht nicht gefolgt werden.[487] Wie zuvor festgestellt, ist die Anerkennung als Rechtsperson von einem staatlichen Mitwirkungsakt abhängig, wodurch die rechtsfähige Organisation erst

483 Bruns, JZ 2009, 840, 846.
484 Bruns, JZ 2009, 840, 844.
485 VGH Baden-Württemberg, VBlBW 2012, 472 f.; zustimmend Uhl, npoR 2012, 141, 142; Seifert/Campenhausen/*Hof*, Stiftungsrecht, § 36 Rn. 50; a.A. Bruns, in: StiftG-BW, § 1, 6.1, S. 41.
486 Dies gilt auch, sollte die Stiftungsaufsicht in der Realität nur bedingt hilfreich sein, vgl. Bruns, JZ 2009, 840, 845; kritisch zur Stiftungsaufsicht Rawert, in: FS Hopt, S. 177, 178 f., 180; Muscheler, Stiftungsrecht, S. 30 f.
487 Ablehnend ebenfalls VGH Baden-Württemberg, VBlBW 2012, 472 f.; zustimmend die Anmerkung von Uhl, npoR 2012, 413 f.; VG Karlsruhe, npoR 2011, 54, 55 f. mit Anm. K. Schmidt, npoR 2011, 56 f.; sowie Anm. Rawert, nopR 2011, 57 f.; Rawert, in: FS Hopt, S. 177, 192; Staudinger/*Hüttemann/Rawert*, Vorbem zu §§ 80 ff Rn. 247; Schlüter/Stolte, Stiftungsrecht, Kap. 4 Rn. 9.

entsteht.[488] Dieser Akt ist konstitutiv und ersetzt ihre fehlende körperliche Erscheinung. Daneben spricht auch der Typenzwang der juristischen Personen, der zwar gesetzlich nicht ausdrücklich festgelegt ist, von ihm dennoch als bestehend ausgegangen wird,[489] gegen eine Anerkennung der Rechtspersönlichkeit der vorliegenden Stiftung. Er schränkt eine weitgehende Verselbständigung der rechtsfähigen Gebilde ein, indem der Gesetzgeber nur bestimmte Formen von Rechtspersönlichkeiten zulässt und deren Entstehung an tatbestandliche und formelle Voraussetzungen bindet,[490] sodass juristische Personen grdsl. nur durch Gesetz zugelassenen werden.[491] Von der juristischen Person streng zu trennen sind die rechtsfähigen Gebilde. Der nicht-rechtsfähige Verein, die GbR und die Vorgesellschaften sind nicht als Rechtsfortbildungen im Bereich der Rechtspersönlichkeit einzuordnen.[492] Von einem rechtsfähigen Gebilde kann daher nicht sogleich auf eine juristische Person geschlossen werden.[493] Die nach Bruns scheinbar bestehende Möglichkeit, Gebilde auch ohne einen staatlichen Legitimationsakt als Rechtsperson anzusehen, würde zu einer Umgehung der gesetzlichen Anforderungen an ihre Gründung, insbes. des staatlichen Anerkennungsverfahrens, führen und damit erheblich die Sicherheit des Rechtsverkehrs beeinträchtigen. Der Gesetzgeber hat die Entstehungsvoraussetzungen der Stiftung i.S.d. §§ 80 ff. BGB abschließend geregelt und in der Vergangenheit wiederholt eine Anwendbarkeit auf die unselbständige Stiftung ausgeschlossen.[494] Es besteht weder Raum für eine weitere Stiftung mit Rechtspersönlichkeit noch liegt eine planwidrige Regelungslücke vor. Im Übrigen werden durch diesen Ansatz

---

488 VG Karlsruhe, npoR 2011, 54, 56; speziell für die Stiftung i.S.d. §§ 80 ff. BGB MünchKomm/*Reuter*, BGB, § 80 Rn. 1, 55; Soergel/*Neuhoff*, BGB, § 80 Rn. 16; Staudinger/*Hüttemann/Rawert*, BGB, § 80 Rn. 1.

489 BGHZ 30, 374, 377; Wolf/Neuner, Allgemeiner Teil, § 16 Rn. 3; Raiser, AcP 199 (1999), 104, 106; K. Schmidt, Gesellschaftsrecht, § 5 II 1, S. 96.

490 Ausführlich zum numerus clausus der juristischen Personen Koos, Fiduziarische Person, S. 190 ff. Zwar wird z.B. der GmbH oder der AG auch schon vor der Eintragung in das Handelsregister Rechtsfähigkeit zugebilligt, dennoch bestehen die Gesellschaften als solche noch nicht, sodass sie nach herkömmlicher Auffassung noch keine Rechtspersönlichkeit haben. Zur juristischen Person werden sie erst mit der Eintragung. Vgl. Flume, Juristische Person, § 5 I, S. 145; Soergel/*Hadding*, BGB, Vor § 21 Rn. 4; MünchKomm/*Reuter*, BGB, Vor § 21 Rn. 7; Westermann, Vertragsfreiheit, S. 117 f.

491 Dennoch ist der numerus clausus nicht starr. Es können neue Rechtsformen in den numerus clausus aufgenommen werden, durch Rechtsfortbildung korrigiert werden oder auch ausscheiden, vgl. mit Beispielen K. Schmidt, Gesellschaftsrecht, § 5 II 1, S. 97.

492 Zur Differenzierung zwischen Rechtspersönlichkeit und Rechtsfähigkeit bereits 2. Teil, A. I. 2. b). A.A. offenbar Bruns, JZ 2009, 840, 843.

493 Vgl. Rawert, in: FS Hopt, S. 177, 192 (Fn. 62).

494 Vgl. bereits 2. Teil, B. I. 1.; BT-Drs. 14/8765, S. 7; deutlich zuletzt auch VGH Baden-Württemberg, VBlBW 2012, 472 f.; VG Karlsruhe, npoR 2011, 54 f. mit Anm. Rawert, S. 57; a.A. Bruns, JZ 2009, 840, 841.

die Grenzen zwischen Rechtspersönlichkeit und Rechtsfähigkeit verwischt. Denn einerseits wird die fiduziarische Stiftung als juristische Person eingeordnet, andererseits wird jedoch deutlich, dass die Stiftung wie die fiduziarische Stiftung ein schuld- und erbrechtliches Produkt -allerdings auf gesellschaftsrechtlicher Basis- sei und daher im Grunde nichts anders ist als eine Gesellschaft bürgerlichen Rechts bzw. ein nichtrechtsfähiger Verein.[495]

Auch kann die Rechtspersönlichkeit der unselbständigen Stiftung nicht mit ihrer Anerkennung als eigenständiges Steuersubjekt erklärt werden, vgl. § 1 Abs. 1 Nr. 5 KStG, § 34 Abs. 1 S. 1 AO. Die Steuerrechtsfähigkeit unterscheidet sich von der zivilrechtlichen Rechtsfähigkeit[496] und damit umso mehr von der Rechtspersönlichkeit. Für die Steuersubjektivität kommt es auf die Rechtsfähigkeit nicht an. Ausreichend in diesem Sinne ist bereits die wirtschaftliche Selbständigkeit des Stiftungsvermögens, die sich im Wesentlichen durch das Ausscheiden aus dem Vermögen des Stifters, der Verwaltung durch den Stiftungsträger als Sondervermögen und einer zwischen Stiftung und Stiftungsträger abweichenden Zweckverfolgung auszeichnet.[497] Auch die Anerkennung als Steuersubjekt hat keine Auswirkungen auf die Rechtsfähigkeit.[498] Bereits das KStG von 1920[499] hat ausdrücklich auch nichtrechtsfähige Stiftungen als Steuerrechtssubjekt angesehen. Es liegen zwei unterschiedliche Rechtsbegriffe vor, die nicht als Argument für das Erfordernis einer einheitlichen Rechtsordnung angeführt werden können. Zuzustimmen ist allenfalls insoweit, dass die Behandlung der Stiftung im Steuerrecht als Vorbild für die zivilrechtliche Dogmatik anzusehen ist. Hieraus kann sich ein Auftrag zur Rechtsfortbildung ergeben.[500]

c) *Anfechtungsrechtliche Folgeproblematiken*

Unberücksichtigt dessen, dass der Ansicht von Bruns nicht gefolgt werden kann, stellen sich bei diesem Ansatz zudem anfechtungsrechtliche Folgeproblematiken. Diese stellen sich nicht allein bei dem vorliegenden Ansatz, sondern auch für weitere Entwicklungsansätze der unselbständigen Stiftung hin zu einem eigenständigen Rechtsträger. Anders als bei der vertraglichen Einordnung des Stiftungsgeschäfts zwischen Stifter und Stiftungsträger wirft eine derartige Entwicklung der

---

495 Vgl. einerseits Bruns, JZ 2009, 840, 846, andererseits Bruns, JZ 2009, 840, 845.

496 VGH Baden-Württemberg, VBlBW 2012, 472 f.; Fischer, in: FS Reuter, S. 73, 76 Tipke/*Lang/Seer,* Steuerrecht, § 6 Rn. 30; Heuel, in: Jahreshefte, S. 127, 129.

497 Augsten/Wolf, ZErb 2006, 155, 160 m.w.N.; Hüttemann/Herzog, DB 2004, 1001 1003 f.

498 A.A. Elicker, ZStV 2012, 135, 138 f. der das Steuerrecht als Indikator dafür sieht dass die Entwicklung zum Rechtssubjekt bereits stattgefunden hat.

499 KStG v. 20.3.1920, RGBl. 1920, 393 dort hieß es in § 1 Nr. 2: „Der Körperschaftssteuer unterliegen mit ihrem Einkommen: nichtrechtsfähige Personenvereinigungen Anstalten, Stiftungen und andere Zweckvermögen".

500 In diesem Sinne Fischer, in: FS Reuter, S. 73, 76 ff.; MünchKomm/*Reuter,* BGB, Vor § 80 Rn. 120 wonach die unselbständige Stiftung aufgrund dessen kein praxisfernes theoretisches Konstrukt mehr darstellt.

unselbständigen Stiftung vor allem mit Blick auf die insolvenzrechtlichen Anfechtungsmöglichkeiten i.S.d. §§ 129 ff. InsO im Fall der Insolvenz des Stifters weitergehende Fragen auf. Bei einer vertraglichen Ausgestaltung des Stiftungsgeschäfts stellt sich die Vermögensübertragung unproblematisch als anfechtbare Rechtshandlung dar. Wird angenommen, bei der Stiftung handele es sich um einen eigenständigen Rechtsträger, so ergeben sich bei der Bestimmung der anfechtbaren Rechtshandlung indes Schwierigkeiten.[501]

Relevant wird dies auch bei der nach Bruns entstehenden fiduziarischen Stiftung als Rechtsperson. Entsprechend der stiftungsrechtlichen Voraussetzungen der §§ 80 ff. BGB stellt sich die Errichtung der fiduziarischen Rechtsperson als ein einseitiges Rechtsgeschäft des Stifters dar. Auch, wenn nach der von Bruns vertretenen Ansicht ein staatlicher Anerkennungsakt nicht erforderlich ist, muss nach ihm jedenfalls ein weiterer Organisationsakt, namentlich vorgeschlagen ein satzungsgestützter Organisationsvertrag zwischen dem Stifter und dem Verwaltungsorgan,[502] zur Entstehung der juristischen Person hinzutreten. Hieraus folgt, dass die Stiftung als Rechtssubjekt nicht bereits durch die einseitige Widmungserklärung des Stifters, etwas „stiften" zu wollen, entsteht. Denn im Zeitpunkt der Vermögenszusage fehlt es an einem Vermögensempfänger. Entsprechend der Stiftung i.S.d. §§ 80 ff. BGB, die zur Entstehung in einem weiteren Schritt der staatlichen Anerkennung bedarf, kann auch die nach Bruns vorgeschlagene fiduziarische Rechtsperson erst durch einen zweiten Schritt, dem Organisationsvertrag, entstehen.[503]

aa) Anfechtbare Rechtshandlung

Neben der bereits zuvor geäußerten Skepsis an einer weiteren Rechtsperson neben der Stiftung i.S.d. §§ 80 ff. BGB und der offen gelassenen konkreten Ausgestaltung des erforderlichen Organisationsvertrages ist aus Sicht der Insolvenzanfechtung vor allem fraglich, ob sich bereits die einseitige Vermögenswidmung des Stifters als anfechtbare Rechtshandlung i.S.d. §§ 129 ff. InsO qualifizieren lässt. Gewiss stellt sich die Frage nicht nur im Fall der von Bruns vertretenen fiduziarischen Rechtsperson. Auch bei anderen Überlegungen zur Weiterentwicklung der unselbständigen Stiftung hin zu einem eigenständigen Rechtssubjekt werden diese Fragen relevant. Die nach § 134 Abs. 1 InsO erforderliche unentgeltliche Leistung setzt ihrer Bestimmung nach sowohl eine Vermögensübertragung an eine andere Person als auch die Einigung mit dieser, dass ein ausgleichender Gegenwert nicht erbracht werden soll, voraus.[504] Da im Zeitpunkt der Vermögenswidmung des Stifters jedoch das Rechtssubjekt „Stiftung" noch nicht vorhanden ist und es damit an einer

501 Ausführlich zur Insolvenzanfechtung bei der selbständigen Stiftung im Fall der Insolvenz des Stifters Hirte, in: FS Werner, S. 222, 234.

502 Bruns, JZ 2009, 840, 845.

503 Vgl. allgemein zu den Bestandteilen des Stiftungsgeschäfts der selbständigen Stiftung Staudinger/*Hüttemann/Rawert*, BGB, § 81 Rn. 16 m.w.N.

504 Vgl. Jakob, ZSt 2005, 99, 101 m.w.N.

bestehenden Rechtsperson als Vermögensempfänger fehlt,[505] ist bereits das Vorliegen einer Leistung zweifelhaft. Auch eine weite Auslegung des Begriffs der Leistung, wonach sämtliche Rechtshandlungen[506] erfasst sind in Folge dessen sich auch die einseitige Vermögenswidmung als vermögensrechtliches Element hierunter subsumieren lässt, kann diese Bedenken nicht überwinden. Eine Leistung in Form einer Zuwendung i.S.d. § 134 InsO Abs. 1 setzt denklogisch eine Person als Empfänger voraus, die bereits im Zeitpunkt der Zuwendung existiert.[507] Da die Stiftung im Zeitpunkt der Vermögenswidmung nicht besteht, ist zu Recht daran gezweifelt worden, ob die Erschaffung einer Rechtsperson als unentgeltliche Leistung zu werten ist.[508]

Gegen die Qualifizierung der Vermögenswidmung als Leistung i.S.d. § 134 InsO sprechen auch die §§ 80 ff. BGB. Nach § 81 Abs. 1 S. 2 BGB ist die Vermögenswidmung bzw. Vermögenszusage konstitutive Voraussetzung zur Errichtung der Stiftung. Mit ihrer Anerkennung als Rechtsperson erhält die Stiftung zugleich einen Anspruch auf Übertragung des Stiftungsvermögens durch den Stifter, vgl. § 82 BGB. Dies ergibt sich bereits daraus, dass die Stiftung zuvor nicht existent ist, ihr also auch kein Übertragungsanspruch zustehen kann. Gleiches muss auch gelten, soll nach Bruns der staatliche Anerkennungsakt durch einen satzungsgestützten Organisationsvertrag ersetzt werden. Deutlich wird, dass zwischen der Vermögenswidmung und der Vermögensübertragung zu differenzieren ist, weil bei ersterer ein Vermögensempfänger noch nicht existiert. Im Übrigen gilt auch zu bedenken, dass der Stifter bis zur Anerkennung an sein Zuwendungsversprechen weder schuld- noch sachenrechtlich gebunden ist und daher noch frei über das Vermögen verfügen kann.[509] Daher eignet sich die Vermögenswidmung für sich allein nicht, das Stiftungsvermögen aus dem Vermögen des Stifters zu entfernen. Erforderlich ist vielmehr, dass auch die Rechtsperson Stiftung als Anspruchsinhaber des Stiftungsvermögens vorhanden ist, weil der Anspruch auf Übertragung des Stiftungsvermögens erst mit ihrer rechtlichen Existenz entsteht und durch sie geltend gemacht werden kann. Aus diesem Grunde kann sich die Vermögenswidmung nicht als anfechtbare Rechtshandlung darstellen. Als Leistung i.S.d. § 134 InsO kommt damit allein die Vermögensübertragung als Zuwendung an einen existierenden Vermögensempfänger in Betracht.

---

505 Vgl. hierzu auch Staudinger/*Hüttemann/Rawert*, BGB, § 80 Rn. 4, 42, wonach die Stiftung erst mit der behördlichen Anerkennung ihr Dasein erlangt; im Ergebnis bejahend für die selbständige Stiftung Hirte, in: FS Werner, S. 222, 235 f.

506 LSZ/*Zeuner*, InsO, § 134 Rn. 14.

507 Hinz, Haftung der Stiftung, S. 98; Jakob, ZSt 2005, 99, 102.

508 Jakob, ZSt 2005, 99, 102; unproblematisch hingegen bei Roth/Knof, KTS 2009, 163, 188.

509 Staudinger/*Hüttemann/Rawert*, BGB, § 80 Rn. 42.

bb) Anwendbarkeit des § 134 Abs. 1 InsO

Teilweise wird die Ansicht vertreten, § 134 Abs. 1 InsO sei auf die Errichtung einer rechtsfähigen Stiftung nicht anzuwenden.[510] Die ablehnende Haltung wird vor allem mit der Schutzwürdigkeit der selbständigen Stiftung begründet. Diese ergebe sich daraus, dass ihre Existenz vom Bestand des empfangenen Stiftungsvermögens abhängt[511] und es daher nicht allein um den Schutz der Bereicherung, sondern darüber hinaus auch um das Bestehen und die Funktionsfähigkeit der Stiftung gehe.[512]

Die Interessen der Stiftung können jedoch eine Anwendung des § 134 Abs. 1 InsO im Fall der Insolvenz des Stifters nicht ausschließen.[513] Zuzugeben ist, dass der Rückgewähranspruch regelmäßig die Gefahr der Auflösung der Stiftung mit sich bringt. Dennoch kann der angeführte Grundsatz der Bestandserhaltung des Stiftungsvermögens, wie er in den Landesstiftungsgesetzen Eingang gefunden hat,[514] der Insolvenzanfechtung nicht entgegengehalten werden.[515] Die Pflicht zur Erhaltung des Stiftungsvermögens, um die Existenz der Stiftung zu sichern, richtet sich an die Stiftungsverwaltung, letztlich an die geschäftsführenden bzw. organschaftlichen Vertreter der Stiftung. Hiervon zu trennen ist jedoch die Vermögenssphäre des Stifters und die Folgen einer Insolvenzeröffnung über sein Vermögen. Der aus Sicht der Stiftung bestehende Bestandsschutz hat hierauf keinen Einfluss und kann eine Insolvenzanfechtung nicht ausschließen.[516] Auch ergeben sich etwaige Einschränkungen der Insolvenzanfechtung nicht aus den §§ 129 ff. InsO.

Etwas anderes ergibt sich auch nicht aus einer wertenden Betrachtung unter Berücksichtigung der Stiftungsautonomie. Die durch die Entstehung der Stiftung erfolgende Vermögensverselbständigung und die fortan fehlende Einwirkungsmöglichkeit des Stifters rechtfertigen es nicht, die Insolvenzanfechtung auszuschließen.[517] Ein dauerhafter Bestand und umfassender Schutz des Stiftungsvermögens kann auch in Folge der Verselbständigung nicht gewährleistet werden.

---

510 Hinz, Haftung der Stiftung, S. 97 ff., 105; vgl. auch Jakob, ZSt 2005, 99, 103 f. der eine vermittelnde Lösung vorschlägt, nach der die Vorschrift des § 134 InsO für die Fälle teleologisch reduziert wird, dass das Anfechtungsrecht nur für solche Gläubiger besteht, deren Forderung im Zeitpunkt der Stiftungserrichtung bereits bestand.

511 Hinz, Haftung der Stiftung, S. 105; Jakob, ZSt 2005, 99, 103 f.

512 Hinz, Haftung der Stiftung, S. 100; vgl. hierzu auch Roth/Knof, KTS 2009, 163, 191 f.

513 Ebenfalls Roth/Knof, KTS 2009, 163, 192; Muscheler, AcP 203 (2003), 469, 491; Staudinger/*Hüttemann/Rawert*, BGB, § 81 Rn. 24 f.; a.A. Jakob, ZSt 2005, 99, 102 f.; Hinz, Haftung der Stiftung, S. 105.

514 Vgl. § 7 II StiftG-BW; § 4 II StiftG-NRW; § 4 II StiftG-HH.

515 Roth/Knof, KTS 2009, 163, 192; a.A. Hinz, Haftung der Stiftung, S. 100.

516 Vgl. Roth/Knof, KTS 2009, 163, 192 mit dem Hinweis, dass eine beschränkende Regelung über die Anwendung der Insolvenzanfechtung auch aufgrund der mangelnden Kompetenz der Landesgesetzgeber ausscheidet.

517 A.A. Hinz, Haftung der Stiftung, S. 104.

Die Insolvenzanfechtung wird von den Gedanken des Gläubigerschutzes geprägt. Zusätzlich impliziert die Anfechtung nach § 134 InsO eine geringere Schutzwürdigkeit des unentgeltlichen Erwerbs. Dass mit der Errichtung einer Rechtsperson eine Verselbständigung des übertragenen Vermögens erfolgt, kann im Hinblick auf die Anwendbarkeit der Anfechtungsregeln keinen Unterschied machen. Aus Sicht des Anfechtungsrechts und unter Berücksichtigung des Gläubigerschutzes beurteilen sich die Anfechtungstatbestände unabhängig von der Art und Weise der Vermögensübertragung und der Person ihres Empfängers.[518] Es würde der ratio des § 134 InsO widersprechen im Fall der Errichtung einer juristischen Person abweichend auf deren Interessen abzustellen. Die Interessenlage ist bei Errichtung einer unselbständigen Stiftung wie auch bei Errichtung einer rechtsfähigen Stiftung stets dieselbe. Im Rahmen der Insolvenzanfechtung kommt es maßgeblich auf die Interessen der schutzwürdigen Gläubiger des Stifters und die Rückgängigmachung der eingetretenen Schmälerung der Insolvenzmasse an.

Dies ergibt sich auch unter Berücksichtigung etwaiger Missbrauchsmöglichkeiten des Stifters. Würde eine Insolvenzanfechtung im Fall der Errichtung einer Rechtsperson ausgeschlossen, so könnte sich der Stifter den Folgen der Insolvenzanfechtung, mithin der Einbeziehung des Stiftungsvermögens in die Insolvenzmasse, durch die Errichtung einer selbständigen Stiftung entziehen. Dem Rechtsverkehr könnten bewusst Haftungsmassen entzogen werden. Dies führt zu Wertungswidersprüchen, weil es keinen Unterschied machen kann, ob der Stifter eine unselbständige oder selbständige Stiftung errichtet.

cc) Zwischenergebnis

Auch die von Bruns vorgeschlagene fiduziarische Rechtsperson wäre grdsl. den Regelungen der Insolvenzanfechtung ausgesetzt. Die Errichtung der Stiftung stellte sich gleichfalls als unentgeltliche Leistung i.S.d. § 134 Abs. 1 InsO dar und wäre im Fall der Insolvenz des Stifters anfechtbar. Gleiches gilt auch für weitere vorgebrachte Ansätze, die unselbständige Stiftung zu einem eigenständigen Rechtsträger zu entwickeln.

3. Ergebnis

Eine Entwicklung der unselbständigen Stiftung hin zu einer Stiftung mit Rechtspersönlichkeit scheidet aus verschiedenen Gründen aus. Der BGB-Gesetzgeber hat einzig die Stiftung i.S.d. §§ 80 ff. BGB positivrechtlich mit Rechtsfähigkeit ausgestattet und darüber hinaus als juristische Person anerkannt. Daneben eine weitere Stiftung mit Rechtspersönlichkeit auszustatten macht keinen Sinn, ist weder erforderlich noch geboten und würde dem hinter der hier zu behandelnden Stiftung stehenden Gedanken widersprechen. Zudem muss die Rechtspersönlichkeit durch

---

518 Ebenfalls Roth/Knof, KTS 2009, 163, 194; Staudinger/*Hüttemann/Rawert*, BGB, § 81 Rn. 25.

die Rechtsordnung anerkannt werden. Ohne eine gesetzliche Normierung der Stiftung ist dies nicht möglich. Da die hiesige Stiftung keinen Eingang ins Gesetz gefunden hat, ist sie in der Ausgestaltung als juristische Person abzulehnen.

II. Entwicklung hin zur rechtsfähigen Stiftung

Indes schließt die Ablehnung einer Weiterentwicklung der unselbständigen Stiftung hin zur juristischen Person eine Entwicklung hin zu einer rechtsfähigen Stiftung (ohne Rechtspersönlichkeit) nicht aus. Anlässlich der Rechtsfortbildung im Recht der Außen-GbR[519] von einem Gebilde ohne Rechtsfähigkeit hin zur Anerkennung der Rechtsfähigkeit sowie der damit verbundenen Weiterentwicklung im Vereinsrecht, stellt sich nunmehr auch im Stiftungsrecht die Frage, ob bei der unselbständigen Stiftung, der bisher keine Rechtsfähigkeit zuerkannt wurde, eine Rechtsfortbildung hin zur Rechtsfähigkeit möglich ist.

Eine derartige Entwicklung kann jedenfalls nicht bereits aufgrund der geläufigen Bezeichnung als unselbständige oder nicht-rechtsfähige Stiftung abgelehnt werden. Dies ergibt sich zunächst aus der parallelen Rechtslage beim nicht-rechtsfähigen Verein. Zudem aber auch aus der Tatsache, dass für die hiesige Stiftung üblicherweise verschiedene Begrifflichkeiten verwendet werden und sich ein einheitlicher Begriff bisher nicht durchsetzen konnte. Daneben ist bei der Wahl des Begriffs als nicht-rechtsfähige Stiftung zu beachten, dass dieser auf dem Verständnis, Rechtsfähigkeit und Rechtspersönlichkeit seien gleichzusetzen, beruht. Nach der hier vertretenen Ansicht stehen insbesondere die §§ 80 ff. BGB der Entwicklung der bisher nicht-rechtsfähigen Stiftung hin zu einer Stiftung mit Rechtsfähigkeit nicht entgegen. §§ 80 ff. BGB schließen es nicht aus, dass neben der Stiftung mit Rechtspersönlichkeit, die verobjektiviert ist und eine „andere Person" darstellt, auch eine Stiftung, der lediglich eine isolierte Rechtsfähigkeit zukommt, bestehen kann.[520]

In diesem Fall würde das Stiftungsvermögen der unselbständigen Stiftung nicht mehr dem Stiftungsträger, sondern der mit eigenen Rechten und Pflichten ausgestatteten Stiftung haftungsrechtlich zugeordnet. Dass dies auch insolvenzrechtliche Konsequenzen hätte, ist offensichtlich. Dabei geht es vor allem um die Anerkennung einer eigenen Insolvenzfähigkeit nach § 11 II Nr. 1 InsO. Im Folgenden ist daher zunächst die rechtliche Möglichkeit einer Entwicklung der vorliegenden Stiftung hin zur rechtsfähigen Stiftung zu untersuchen und zu würdigen.

---

519 Mangels Rechtsfähigkeit der Innen-GbR ergäben sich keinerlei Neuerungen zur derzeitigen Rechtslage, vgl. Geibel, Treuhandrecht, S. 451 f., 466; Staudinger/*Hüttemann/Rawert,* BGB, Vorbem zu §§ 80 ff Rn. 247; a.A. offenbar Geibel, in: Law Yearbook, S. 29, 59 f.; Geibel, in: Treuhandstiftung, S. 32, 44 f. Vgl. dazu unten 2. Teil, B. II. 2. b) ee).

520 Zu gleichem Ergebnis kommend Koos, Fiduziarische Person, S. 203 f.

1. *Die Entwicklung der Stiftung hin zu einer Einmann-Personengesellschaft*

Dabei kommt vor allem eine gesellschaftsrechtliche Qualifizierung des Stiftungsgeschäfts in Anlehnung an eine Außen-GbR in Betracht. Da allein der Stiftungsträger die Stiftungsgeschäfte wahrnimmt, wäre bei einer Einordnung der unselbständigen Stiftung entsprechend der Außen-GbR jedoch Voraussetzung, dass auch der Stiftungsträger alleiniger Gesellschafter der unselbständigen Stiftung sein könnte. Vordergründig stellt sich daher die Frage nach der Zulässigkeit einer Einmann-GbR.

Bei dessen Ablehnung ist eine Errichtung der GbR durch Abschluss des Gesellschaftsvertrages zwischen Stifter und Stiftungsträger denkbar, wobei der Stifter als zweitletzter Gesellschafter in der juristischen Sekunde nach Abschluss des Gesellschaftsvertrages aus der Gesellschaft ausscheidet mit der Folge des Fortbestehens einer Einmann-Personengesellschaft einzig mit dem Stiftungsträger. Die unselbständige Stiftung würde in Form einer Einmann-Personengesellschaft bestehen, wobei das Stiftungsvermögen eine gesonderte Stellung vom Privatvermögen des Stiftungsträgers (und des Stifters) einnehmen würde.

Nach bisheriger Ansicht kann allerdings eine GbR mit nur einem Gesellschafter weder errichtet werden noch (fort-)bestehen. Im Fall des Ausscheidens des zweitletzten Gesellschafters aus der Außen-GbR findet das liquidationslose Erlöschen der Gesellschaft statt, was zur Gesamtrechtsnachfolge des verbleibenden Gesellschafters in das Gesellschaftsvermögen führt.[521] Das Stiftungsvermögen würde damit in das Privatvermögen des Stiftungsträgers übergehen. Unberücksichtigt dessen ist unter Beachtung der Entwicklungen im Recht der Personengesellschaften die Möglichkeit einer Einmann-GbR, letztlich die Möglichkeit einer Ausgestaltung der unselbständigen Stiftung als Einmann-GbR, zu prüfen.

a) *Bestandteile des Gesellschaftsvertrages*

Ausgangspunkt und rechtliche Grundlage stellt als zentrale Voraussetzung zur Entstehung einer GbR der Gesellschaftsvertrag dar. Dessen Regelungen sind systematisch im Recht der Schuldverhältnisse angesiedelt, vgl. §§ 705 ff. BGB, wonach er als ein Vertragsverhältnis notwendig mindestens zwei Personen voraussetzt.[522] Zurückzuführen ist dies auf die societas des römischen Rechts.[523] Zumindest bei der

---

521 BGHZ 65, 79, 82 f.; 113, 132, 133; K. Schmidt, Gesellschaftsrecht, § 59 I 1, S. 1726 § 45 I 2, S. 1312, § 8 IV 2 b, S. 209; Flume, Personengesellschaft, § 7 III 3, S. 99, § 7 III 4, S. 99 f.; MünchKomm/*Ulmer/Schäfer*, BGB, § 705 Rn. 60 f.; Buchberger, Rpfleger 1994, (54).

522 MünchKomm/*Ulmer/Schäfer*, BGB, § 705 Rn. 1, 60, 155; Soergel/*Hadding/Kießling*, BGB, § 705 Rn. 18, 42.

523 Die societas des römischen Rechts ist ein Zusammenschluss zweier oder mehrerer Personen mit der gegenseitigen Verpflichtung, einen gemeinsamen Zweck mit gemeinsamen Mitteln zu fördern. Ihrem Wesen nach war sie ein schuldrechtliches Verhältnis unter den Gesellschaftern ohne jede Außenwirkung, das nur solange

Innen-GbR, die nicht am Rechtsverkehr teilnimmt und sich auf ein Schuldverhältnis der Gesellschafter beschränkt ist, erlischt der Gesellschaftsvertrag bei Wegfall des zweitletzten Gesellschafters im Wege der Konfusion.[524] Da bei der Außen-GbR jedoch durch den Gesellschaftsvertrag auch ein eigenständiges Zuordnungssubjekt entsteht, besteht neben der schuldrechtlichen Ebene zugleich eine organisatorische Ebene, die die Gesellschaft als rechtsfähigen Personenverband ausgestaltet.[525] Das Gesellschaftsverhältnis begründet insoweit sowohl zwischen den einzelnen Gesellschaftern, aber auch zwischen jedem Gesellschafter und der Gesellschaft Rechte und Pflichten.[526]

Dennoch differenziert das Gesetz nicht zwischen diesen beiden Ebenen. Aus diesem Grunde könnte der Gesellschaftsvertrag als eine Einheit angesehen werden. Sind beide Ebenen voneinander untrennbar bzw. gegenseitig abhängig, so ist die Möglichkeit einer Einmann-Personengesellschaft zumindest aufgrund des erforderlichen Schuldverhältnisses zwischen wenigstens zwei Gesellschaftern abzulehnen.[527] Andererseits wird eine vermögenstragende Personengesellschaft konstituiert. Die Rechtsfähigkeit könnte zu einer Loslösung von den Gesellschaftern und damit zur Unabhängigkeit der Gesellschafterzahl für ihren Bestand führen.

b) Gründung einer Einmann-GbR

Dabei folgt die Möglichkeit zur Errichtung einer Einmann-GbR weder aus dem Gesetz noch kann sie von anderen Rechtsinstituten abgeleitet werden. Sie ist daher insgesamt abzulehnen. Zwar ist im Recht der Kapitalgesellschaften die Existenz einer Einmann-Gesellschaft unbestritten und ihre Gründung im Gesetz normiert, vgl. § 2 AktG, § 1 GmbHG, doch kann die Möglichkeit der Einmann-GmbH vor allem wegen der wesentlichen Strukturunterschiede von juristischer Person und Personengesellschaft[528] nicht auf das Personengesellschaftsrecht übertragen werden.[529] Gleiches gilt

---

bestand, wie der Dauerkonsens vorhanden war. Ausführlich Pfister, Personengesellschaft, S. 11 ff. m.w.N.; weitere Lit.-Nachweise bei MünchKomm/*Ulmer/Schäfer*, BGB, § 705 Rn. 155; vgl. zur geschichtlichen Entwicklung, Flume, ZHR 136 (1972), 177 ff.

524 K. Schmidt, Gesellschaftsrecht, § 8 IV 2, S. 209 f.

525 Soergel/*Hadding/Kießling*, BGB, Vor § 705 Rn. 24, § 705 Rn. 42 f.; K. Schmidt, Gesellschaftsrecht, § 59 I 2, S. 1733; MünchKomm/*Ulmer/Schäfer*, BGB § 705 Rn. 158; Flume, Personengesellschaft, § 2 II, S. 12; Flume, ZHR 136 (1972), 177, 178 f.; vgl. Baumann, BB 1998, 225, 230; Baumann, in: FS Otte, S. 15, 18.

526 Soergel/*Hadding/Kießling*, BGB, Vor § 705 Rn. 23, § 705 Rn. 42.

527 K. Schmidt, Gesellschaftsrecht, § 8 IV 2, S. 209 jedoch ohne weitere Begründung; nach MünchKomm/*Ulmer/Schäfer*, BGB, § 705 Rn. 158 steht die Einheitlichkeit des Vertrages außer Frage, allerdings enthält der Vertrag Bestandteile, die über ein bloßes Schuldverhältnis der Gesellschafter hinausgehen.

528 Vgl. hierzu bereits 2. Teil, A. I. 2. b).

529 Anders jedoch konsequenterweise im Fall der Ansicht von Raiser, AcP 194 (1994), 495 ff.; Raiser, AcP 199 (1999), 104 ff., der von einer Gleichsetzung von juristischen Personen und Personengesellschaften ausgeht.

auch für die Qualifizierung der Einmann-GmbH vor ihrer Anerkennung. Zwar wird teilweise ihre dogmatische Einordnung als Einmann-Vor-GbR befürwortet,[530] doch muss dieser Rückgriff mangels Existenz einer Einmann-Gesamthand ausscheiden.[531] Die Einmann-Vor-GmbH ist vielmehr eine Gesellschaft eigener Art, die rechtliches Zuordnungssubjekt der zu erbringenden Einlageleistungen ist.[532] Die Zulässigkeit der Einmann-GbR folgt hingegen nicht aus der Einmann-GmbH vor ihrer Eintragung.

Anknüpfend an die Bestandteile des Gesellschaftsvertrages einer Außen-GbR kann auch bei Hinzutreten eines organisationsrechtlichen Teils das dem Schuldverhältnis der Gesellschafter zugrunde liegende Sozietätsprinzip nicht vollkommen unberücksichtigt bleiben. Vielmehr ist dieses wesentlicher Bestandteil einer jeden GbR. Das Recht der Gesamthand basiert auf dem Sozietätsprinzip, weil die Gesamthand anders als die juristische Person keine Verbandsperson, sondern ein Personenverband darstellt, der im Rechtsverkehr als Wirkungseinheit auftritt und aus der Gemeinschaft der gemeinschaftlich handelnden Gesellschafter besteht. Seit jeher wird die Gesamthand als eine Personenmehrheit, als eine personenrechtliche Gemeinschaft, aufgefasst.[533] Wie den Vorschriften der §§ 705 ff. BGB zu entnehmen ist, ist diese Sozietätskonstruktion bei der GbR gewollt und ein tragender Bestandteil. Hieran vermag auch die Anerkennung der Rechtsfähigkeit nichts zu ändern. Die GbR entsteht durch den Abschluss des Gesellschaftsvertrages zwischen den Gesellschaftern. Auch, wenn nach Anerkennung als organisatorische Einheit das Hauptaugenmerk auf die Beziehungen zwischen den Gesellschaftern und der Gesellschaft gerichtet ist, so darf dabei nicht verkannt werden, dass dieser Teil lediglich zum schuldrechtlichen Teil hinzutritt, diesen jedoch keinesfalls ersetzt.[534] So ist Grundlage der Innen-GbR allein das Schuldverhältnis der Gesellschafter. Nichts anderes lässt sich für die Außen-GbR feststellen. Auch nach Anerkennung der Rechtsfähigkeit ist von einer Einheit des Gesellschaftsvertrages auszugehen, auf dessen Grundlage die Gesellschaft als Organisationseinheit konstituiert wird.[535]

Unter Berücksichtigung des Sozietätsprinzips kann der für die GbR notwendige Gesellschaftsvertrag nur zwischen mindestens zwei Gesellschaftern geschlossen

---

530 So etwa Weimar, ZIP 1997, 1769, 1772; Pfister, Personengesellschaft, S. 104 f.

531 MünchKomm/*Ulmer/Schäfer*, BGB, § 705 Rn. 60 f.; Soergel/*Hadding/Kießling*, BGB, Vor § 705 Rn. 6; Hüffer, ZHR 142 (1978), 486, 493; Flume, Juristische Person, § 5 IV 2 , S. 173 f.; a.A. Weimar, ZIP 1997, 1769, 1772.

532 Baumann, BB 1998, 225, 231; MünchKomm/*Ulmer/Schäfer*, BGB, Vor § 705 Rn. 24; K. Schmidt, Gesellschaftsrecht, § 11 IV 3, S. 304, § 40 II 2, S. 1247 f.

533 Mugdan, Materialien, Bd. II, S. 330, S. 989; Gierke, Privatrecht, S. 664, 676, 684; a.A. Weimar, ZIP 1997, 1769, 1772 spricht von einer Durchbrechung der Sozietätskonstruktion.

534 MünchKomm/*Ulmer/Schäfer*, BGB, § 705 Rn. 158.

535 Dahingehend auch MünchKomm/*Ulmer/Schäfer*, BGB, § 705 Rn. 158 f., 253; Flume, Personengesellschaft, § 2 V, S. 32.

werden, vgl. § 705 BGB.[536] Andernfalls läge kein Gesellschaftsvertrag, sondern eine Errichtungserklärung, die ein einseitiges, nicht empfangsbedürftiges Rechtsgeschäft darstellt, vor.[537] Dies spräche offensichtlich gegen den Wortlaut des Gesetzes, sodass ohne eine gesetzliche Anerkennung die Gründung eines Einmann-Verbandes nicht zuzulassen ist.[538]

Die Gründung einer Einmann-GbR ist abzulehnen. Damit scheidet auch die Errichtung einer unselbständigen Stiftung in Form einer Einmann-GbR aus.

c) Einmann-Fortbestands-GbR

In diesem Zusammenhang ist weiterhin fraglich, ob Stifter und Stiftungsträger durch einen Gesellschaftsvertrag die unselbständige Stiftung errichten können, der Stifter sodann als zweitletzter Gesellschafter aus der GbR ausscheiden kann mit der Folge, dass die unselbständige Stiftung als Einmann-Fortbestands-GbR mit dem Stiftungsträger als alleinigen Gesellschafter fortbestehen kann. Bei Anerkennung einer sog. Einmann-Fortbestands-GbR käme es nicht zum liquidationslosen Erlöschen der Gesellschaft. Diese würde vielmehr mit dem letztverbleibenden Gesellschafter fortbestehen. Problematisch ist, dass diese Vorgehensweise sog. Strohmanngründungen nach sich ziehen würde. Die GbR könnte durch zwei Gesellschafter errichtet werden, um sodann einen der beiden Gesellschafter ausscheiden zu lassen. Dies hätte jedenfalls eine Umgehung der gesetzlichen Gründungsanforderungen zur Folge.

aa) Europäische Wirtschaftliche Interessenvereinigung (EWIV)

Teilweise[539] wird die Zulässigkeit einer Einmann-Fortbestands-Personengesellschaft anhand der Normierungen über die EWIV,[540] die als Kooperationsform für die grenzüberschreitende Zusammenarbeit geschaffen wurde,[541] begründet. Nach Art. 31 Abs. 3 iVm Art. 32 Abs. 1 EWIV-VO führt das Ausscheiden des vorletzten

---

536 Eine andere Frage ist es hingegen, ob die GbR mit nur einem Gesellschafter fortbestehen kann, sollte der zweitletzte Gesellschafter ausscheiden. Dazu sogleich.

537 Staudinger/*Habermeier*, BGB, § 705 Rn. 2; MünchKomm/*Ulmer/Schäfer*, BGB, § 705 Rn. 62.

538 Vgl. auch Baumann, BB 1998, 225, 231.

539 Weimar, DZWiR 1997, 441, 446; Weimar, ZIP 1997, 1769, 1775 f.; Pfister, Personengesellschaft, S. 151 ff., 174 f.

540 Verordnung (EWG) Nr. 2137/85 des Ministerrates der Europäischen Gemeinschaften vom 25.7.1985 über die Schaffung einer Europäischen wirtschaftlichen Interessenvereinigung (EWIV) (ABl. L 199 S. 1 ff. v. 31.7.1985 = Beil. 3/87 zum Bulletin der EG).

541 Es sollte ein flexibles Instrument für eine ausgewogene Wirtschaftsausweitung und eine harmonische Entwicklung des Wirtschaftslebens innerhalb der Gemeinschaft zur Verfügung gestellt werden. Vgl. bereits Kommissionsvorschlag 1973, ABl. Nr. C 14 v. 15.2.1974, S. 30 ff. = Beilage 1/74 zum Bulletin der EG; Müller-Gugenberger/Schotthöfer/*ders.*, EWIV, S. 233; K. Schmidt, Gesellschaftsrecht, § 66 I 2, S. 1902 f. m.w.N.; T. Schmidt, Personengesellschaften, S. 21.

Gesellschafters nicht zum Erlöschen der Gesellschaft. Die hierdurch entstehende Einmann-EWIV kann mangels zeitlicher Begrenzung als Einmann-Gesellschaft fortbestehen.[542] Aufgrund der Zuordnung der EWIV zu den für die OHG geltenden Vorschriften im nationalen Recht, vgl. § 1 EWIV-AusführungsG,[543] und einer Einordnung als gesamthänderisch verselbständigte Personengesellschaft[544] wird die sog. Einmann-Fortbestands-EWIV als allgemeiner Rechtsgedanke aufgefasst, der auf das Personengesellschaftsrecht übertragbar sei und daher auch den Fortbestand der GbR bei Ausscheiden des zweitletzten Gesellschafters möglich macht.[545]

Jedenfalls geht das Unionsrecht unter Berücksichtigung seines Vorrangs dem nationalen Recht vor, sodass die EWIV entgegen dem nationalen Recht bei Ausscheiden des zweitletzten Gesellschafters nicht sofort aufgelöst wird.[546] Im Hinblick auf eine einheitliche Auflösung der Gesellschaft in sämtlichen Mitgliedsstaaten, die gerade bei einer derartigen grenzüberschreitenden, kooperationsrechtlichen Gesellschaftsform zu fordern ist, ist diese Regelung auch sach- und interessengerecht.

Eine Beeinflussung oder Überlagerung des nationalen Personengesellschaftsrechts folgt hieraus indes nicht. Die EWIV-VO bewirkt keine unmittelbare Geltung über den Anwendungsbereich der EWIV hinaus auch für sämtliche nationale Personengesellschaften. Die unmittelbare Wirkung des Primärrechts führt lediglich zu einer Verdrängung des entgegenstehenden innerstaatlichen Rechts.[547] Andernfalls würde der europäische Gesetzgeber entgegen den jeweiligen grundlegenden nationalen Regelungen allein mit der Normierung der Art. 31 Abs. 3, 32 Abs. 1 EWIV-VO das gesamte Personengesellschaftsrecht beeinflussen. Eine Anpassung der einzelstaatlichen Gesellschaftsrechte hat hingegen mit der Richtlinie als verbindliche Anweisung der EU gegenüber den Mitgliedsstaaten, zu erfolgen,[548] vgl. Art. 288 Abs. 3 AEUV. Auch aus der Einordnung der EWIV unter das Recht der Personengesellschaften kann eine derartige Beeinflussung nicht hergeleitet werden. Zudem

---

542 T. Schmidt, Personengesellschaften, S. 16 f.; a.A. Müller-Gugenberger/Schotthöfer/*Müller-Gugenberger*, EWIV, S. 206 f. wonach dieser Zustand eine nur kurzfristig hinnehmbare Unregelmäßigkeit darstellt, der alsbald zu beheben ist. Der verbleibende Gesellschafter ist verpflichtet, einen Auflösungsbeschluss zu fassen und die Auflösung beim Registergericht zu verlangen.

543 EWIV-Ausführungsgesetz v. 14.4.1988, BGBl. I 1988, S. 514.

544 Stellvertretend für die h.M. K. Schmidt, Gesellschaftsrecht, § 66 I 3, S. 1903; MünchKomm/*Ulmer/Schäfer*, BGB, Vor § 705 Rn. 22.

545 Weimar, DZWiR 1997, 441, 446; Weimar, ZIP 1997, 1769, 1775 f.; Pfister, Personengesellschaft, S. 162 ff.; a.A. Müller-Gugenberger/Schotthöfer/*Müller-Gugenberger*, EWIV, S. 206 f. insbes. Fn. 59, wonach die Übertragung auf das Personengesellschaftsrecht falsch akzentuiert sei.

546 Vgl. speziell für die Anwendung der EWIV-VO Müller-Gugenberger/Schotthöfer/*Müller-Gugenberger*, EWIV, S. 212 f.

547 Calliess/Ruffert/*ders.*, EUV/AEUV, Art. 288 AEUV Rn. 20.

548 Müller-Gugenberger/Schotthöfer/*Niessen*, EWIV, S. 137 f.; Calliess/Ruffert/*ders.*, EUV/AEUV, Art. 288 AEUV Rn. 29 f.

erfolgt die Einordnung unter die Vorschriften der OHG dabei vor allem aus steuerrechtlichen Gründen.[549] Aus den Regelungen der EWIV einen allgemeinen Rechtsgedanken mit genereller Bedeutung für das nationale Gesellschaftsrecht abzuleiten, wäre daher zu weitgehend. Die EWIV soll als europäische Gesellschaftsform neben den jeweiligen nationalen Gesellschaftsformen zur Anwendung kommen, ohne das rein nationale Personengesellschaftsrecht zu beeinflussen. Insoweit ist lediglich eine Einmann-Fortbestands-Personengesellschaft in der Rechtsform der EWIV möglich. Eine Übertragung ins deutsche Gesellschaftsrecht scheidet hingegen aus.

bb) Einmann-Personengesellschaft durch Loslösung vom Vertragsverhältnis

Die Unabhängigkeit der Anzahl der Gesellschafter für den Fortbestand der GbR kann allein aus der Rechtsfähigkeit der GbR folgen.

(1) Vergleich mit der Entwicklung im Recht der Kapitalgesellschaften

Im Rahmen der Anerkennung einer Einmann-Fortbestands-GbR kann auch ein Vergleich mit der Rechtslage im Recht der Kapitalgesellschaften nicht weiterhelfen. Dort wurde zwar der Fortbestand der Gesellschaft nach Ausscheiden des zweitletzten Gesellschafters bereits vor Anerkennung der Einmann-Gründung wie selbstverständlich hingenommen,[550] sodass auch eine Strohmanngründung seit längerem außer Frage stand[551] und als Provisorium rechtlich unbedenklich war,[552] doch ist dies vor allem wegen der Strukturunterschiede zwischen Personen- und Kapitalgesellschaft sachgerecht. Bei der GbR finden die Gründung und die Beendigung mangels Registrierungssystem ohne jegliche Publizität statt. Es liegt letztlich jeweils eine Willkürentscheidung der Gesellschafter vor.[553] Der Rechtsverkehr kann sich einzig an den tatbestandlichen Voraussetzungen der §§ 705 ff. BGB orientieren, sodass die Beendigung auch ohne ausdrückliche Regelung zum Erlöschen der Gesellschaft führt, sollte der zweitletzte Gesellschafter ausscheiden, mithin die zur Entstehung erforderlichen Voraussetzungen nicht mehr vorliegen.[554] Für das Vertrauen und den Schutz des Rechtsverkehrs ist es nur konsequent auch das (Fort-)Bestehen der GbR an die gleichen Voraussetzungen wie die Errichtung zu knüpfen.[555] Andernfalls

---

549 Vgl. hierzu T. Schmidt, Personengesellschaften, S. 18 f.; Siebert, Personengesellschaften, S. 45. Die EWIV-Gesellschafter sollen nach ihren nationalen Steuergesetzen veranlagt werden. Dies ist nach dem deutschen Steuerrecht nur im Rahmen einer Personengesellschaft möglich.

550 RGZ 68, 172, 174; Flume, Juristische Person, § 4 III, S. 115 f.

551 BGHZ 21, 378, 382 f.; 31, 258, 271; kritisch zur gewohnheitsrechtlichen Anerkennung Flume, Juristische Person, § 4 III, S. 115 f.

552 K. Schmidt, ZHR 145 (1981), 540, 543; Hüffer, ZHR 142 (1978), 486, 488 f.

553 K. Schmidt, Gesellschaftsrecht, § 58 I 3, S. 1693.

554 MünchKomm/*Ulmer/Schäfer*, BGB, § 705 Rn. 60; MünchKomm/*C. Schäfer*, BGB, Vor § 723 Rn. 9; Soergel/*Hadding/Kießling*, BGB, Vor § 723 Rn. 14.

555 Siebert, Personengesellschaften, S. 69.

würde im Rahmen der persönlichen Haftung der Gesellschafter den Gläubigern das Risiko zugemutet, gegen einen unbemerkt verringerten Gesellschafterbestand vorzugehen.[556] Da bei den Kapitalgesellschaften eine persönliche Haftung ausscheidet, ist es auch gerechtfertigt, dass der Gesellschafterbestand von außen nicht ersichtlich ist. Hieraus rechtfertigt sich zugleich die Anerkennung der Einmann-GmbH. Eine Übertragung der Entwicklung im Recht der Kapitalgesellschaften kann mangels Vergleichbarkeit nicht zu einer Entwicklung hin zu einer Einmann-Fortbestands-GbR führen. Schließlich kann sich mangels Vergleichbarkeit die Möglichkeit einer Einmann-Fortbestands-GbR nicht durch eine Übertragung der Entwicklung im Recht der Kapitalgesellschaften ergeben.

(2) Loslösung vom Sozietätsmodell

Auch kann der organisationsrechtliche Teil der rechtsfähigen Außen-GbR im Fall des Ausscheidens des zweitletzten Gesellschafters nicht unabhängig von der erlöschenden schuldrechtlichen Ebene fortbestehen.[557] Zwar könnte hierfür sprechen, dass auch die Geschäftsführung und Vertretung der GbR durch nur einen Gesellschafter erfolgen kann, vgl. §§ 710 S. 1, 714 BGB, doch würden dabei die Gründe für die Verselbständigung der GbR verkannt. Denn der Grund für die Anerkennung als eigenständiges Rechtssubjekt ist in dem Zusammenschluss der Gesellschafter zu sehen.[558] Auch, wenn nach der Verselbständigung der GbR nunmehr die wesentliche Verbindung nicht mehr zwischen den Gesellschaftern untereinander, sondern zwischen dem jeweiligen Gesellschafter und der Gesellschaft zu sehen ist, kann das Sozietätsprinzip dennoch nicht vollkommen in den Hintergrund rücken. Die GbR ist ein vertragliches Schuldverhältnis, sodass es nicht zur privaten Disposition stehen kann, dieses durch ein In-sich-Geschäft zu ersetzen. Erst die Verbindung mehrerer

---

556 Anders argumentierend Staudinger/*Habermeier*, BGB, Vorbem zu §§ 705–740 Rn. 29a, wonach der Gesellschafter bei der GbR aufgrund seiner akzessorischen Haftung anders als bei der Einmann-GmbH, die eine Haftungsbeschränkung hervorruft, daneben haftungsrechtlich verantwortlich sei. Daher sei die Gefahr des Missbrauchs der Rechtsfähigkeit als Mittel der Haftungsbeschränkung bei der Einmann-GmbH deutlich höher; diese Gefahr bestünde bei der Einmann-GbR nicht. Dies ist in der Sache zwar korrekt, doch bleibt unberücksichtigt, dass bei der GmbH grdsl. das vorhandene Stammkapital eine gewisse Sicherheit und Rechtfertigung für die Haftungsbeschränkung bietet sowie, dass im Rahmen der GbR die akzessorische Haftung in dem Personenzusammenschluss gründet.

557 So jedoch Pfister, Personengesellschaft, S. 133; Baumann, in: FS Otte, S. 15, 18; vgl Baumann, BB 1998, 225, 230.

558 Baumann, BB 1998, 225, 230 f. spricht von einer Wechselwirkung zwischen dem Schuldverhältnis und dem Verband, wonach kein Verband ohne wirksames Schuldverhältnis bestehen kann. Eine Ausnahme sei die fehlerhafte Gesellschaft die ohne zugrunde liegendes Schuldverhältnis nur durch die Verbindung der Gesellschafter und dem Vermögensträger existiert. Zu erwägen sei, die Einmann-Personengesellschaft analog zur fehlerhaften Gesellschaft einzuordnen.

Gesellschafter zur Verfolgung eines gemeinsamen Zwecks rechtfertigt die Trennung der Vermögenssphären und macht sie zudem erforderlich.[559] Besteht die GbR nur noch aus dem letztverbleibenden Gesellschafter, fällt die Notwendigkeit der Vermögenstrennung weg. Eine Personengesellschaft als Organisation ohne Personenverbindung wäre ein Widerspruch in sich. Zudem wäre der einzige Gesellschafter identisch mit der Gesellschaft, was ebenfalls zu einem Widerspruch führt, wenn die Gesellschaft andererseits ein vom Gesellschafterbestand losgelöstes Rechtssubjekt darstellt.[560] Durch die Anerkennung der Rechtsfähigkeit der GbR geht das ursprüngliche Wesensmerkmal -die auf dem Sozietätsprinzip beruhende Personenverbindung in Form des Gesellschaftsvertrages- nicht verloren. Beim Ausscheiden des zweitletzten Gesellschafters entfällt der gemeinsam zu verfolgende Zweck als notwendiger Bestandteil der GbR. Dass der gemeinsame Zweck für den Fortbestand der GbR von erheblicher Bedeutung ist, ergibt sich auch aus dem Rückschluss des § 726 BGB. Dies spricht ebenfalls für die Annahme des Erlöschens der GbR.

cc) Zwischenergebnis

Das Ausscheiden des zweitletzten Gesellschafters liegt regelmäßig nicht im unmittelbaren Einflussbereich des letztverbleibenden Gesellschafters, sodass er oftmals ein berechtigtes Interesse am Fortbestand der GbR einhergehend mit der weiteren Trennung der Vermögensmassen haben wird. Diese Interessen sind jedoch weder mit den Anforderungen der §§ 705 ff. BGB noch mit dem Schutzbedürfnis des Rechtsverkehrs vereinbar, sodass die Anerkennung einer Einmann-Fortbestands-GbR abzulehnen ist.

Dieses Ergebnis gilt auch im Zusammenhang mit dem Vorschlag, die unselbständige Stiftung als GbR auszugestalten. Im Rahmen der Anwendung der §§ 705 ff. BGB darf der Rechtsverkehr mangels anderweitiger gesetzlicher Reglung darauf vertrauen, dass mindestens zwei Gesellschafter den Gesellschaftsvertrag geschlossen haben. Dieses Vertrauen ist besonders schützenswert. Dies ergibt sich vor allem aus der persönlichen Haftung der Gesellschafter. Bei lediglich einem Gesellschafter würde der Rechtsverkehr an Schutz einbüßen, da eine Rückgriffsmöglichkeit auf mehrere Gesellschafter nicht gegeben ist und das Schicksal der Forderung allein von der Zahlungsfähigkeit des letztverbleibenden Gesellschafters abhängt.[561] Dies ist dem Rechtsverkehr nicht zumutbar. Darüber hinaus besteht bei einer Personengesellschaft der besondere Grund für die Trennung des Gesellschaftsvermögens vom Privatvermögen in der gesamthänderischen Bindung im Sinne einer gegenseitigen

559 T. Schmidt, Personengesellschaften, S. 39.

560 Siebert, Personengesellschaften, S. 70 spricht von einer Doppelrolle des Gesellschafters; ähnlich Hüffer, ZHR 145 (1981), 521, 530, der Alleingesellschafter wäre eine Person mit doppelter Rechtsfähigkeit.

561 So auch Siebert, Personengesellschaften, S. 119; a.A. Staudinger/*Habermeier*, BGB, Vor § 705 ff. Rn. 29a wonach -anders als bei der Einmann-GmbH- die Gefahr des Missbrauchs wegen der akzessorischen Haftung des Gesellschafters nicht besteht.

Verfügungsbeschränkung mit der Folge, dass die Rechte des einzelnen Gesellschafters an diesem Vermögen durch die Rechte der Mitgesellschafter beschränkt werden müssen.[562] Dieser Grund fällt jedoch beim Ausscheiden des zweitletzten Gesellschafters weg.

d) *Ergebnis*

Trotz Anerkennung der Rechtsfähigkeit der GbR ist weder die Einmann-Gründung noch die Einmann-Fortbestands-GbR anzuerkennen. Scheidet der zweitletzte Gesellschafter aus der GbR aus, so folgt das liquidationslose Erlöschen der Gesellschaft und ihr Vermögen geht im Wege der Gesamtrechtsnachfolge auf den letzten Gesellschafter über.[563] Damit kann es auch eine Einmann-GbR in Form der unselbständigen Stiftung als selbständige Wirkungseinheit nicht geben.

2. *Einordnung des Stiftungsgeschäfts als Treuhandvertrag unter die §§ 705 ff. BGB*

Es wird betont, die einzige Möglichkeit, allein durch einen Vertrag ein dinglich geschütztes Sondervermögen zu begründen, böte das Gesetz in den §§ 705 ff. BGB.[564] Der Treuhandvertrag zwischen Treugeber und Treuhänder sei nicht als Auftrag, sondern als gesellschaftrechtliches Verhältnis i.S.d. §§ 705 ff. BGB einzuordnen.[565] Der Treuhandvertrag wird also als Gesellschaftsvertrag ausgestaltet. In Konsequenz wäre die unselbständige Stiftung fortan als Gesellschaft zu qualifizieren.[566] Zwar hat der Gesetzgeber die Einordnung des Treuhandvertrages nicht ausdrücklich geregelt, dennoch wird er gemeinhin unter das Recht des Auftrags eingeordnet. Dabei hat die Rechtsprechung jedoch wiederholt betont, dass es einen typischen Treuhandvertrag, der sich nach bestimmten Regeln richtet, nicht gibt.[567]

Ähnlich wie im Auftragsrecht kann auch im Recht der GbR nicht von einem Grundtypus des Gesellschaftsvertrages gesprochen werden.[568] Die §§ 705 ff. BGB ermöglichen einen weiten Anwendungsbereich und vielfältige Ausgestaltungsmöglichkeiten

562 T. Schmidt, Personengesellschaften, S. 31, 44.
563 BGHZ 113, 132, 133 f.; BGH, NJW-RR 2002, (704); K. Schmidt, Gesellschaftsrecht, § 11 V 3, S. 309; MünchKomm/*C. Schäfer*, BGB, Vor § 723 Rn. 9; Soergel/*Hadding/Kießling*, BGB, Vor § 723 Rn. 14.
564 Geibel, in: Law Yearbook, S. 29, 56.
565 Vgl. bereits Siebert, Treuhandverhältnis, S. 316 ff. Dieser Frage widmet sich auch die Ausarbeitung von Geibel, Treuhandrecht; ebenso Geibel, in: Law Yearbook, S. 29, 56 f.; zur Kritik der Einordnung unter das Auftragsrecht vgl., Geibel, Treuhandrecht, S. 27 ff.; kritisch zu dem Ansatz der gesellschaftsrechtlichen Einordnung Schlüter/Stolte, Stiftungsrecht, Kap. 4 Rn. 14.
566 Auch wenn Geibel, in: Law Yearbook, S. 29, 63 dieser Aussage widerspricht, so ist dies logische Schlussfolgerung der Anwendung von §§ 705 ff. BGB.
567 RGZ 127, 341, 345; BGH, WM 1969, (935); 1976, 1247 f.; KG, NZG 2004, 664, 665 f.
568 K. Schmidt, Gesellschaftsrecht, § 5 II 4, S. 106 f.

der GbR.[569] Voraussetzung der §§ 705 ff. BGB ist lediglich die Vereinbarung eines gemeinsamen Zwecks und die Verpflichtung, diesen Zweck in bestimmter Weise zu fördern. Zudem sind sämtliche Regelungen im Wege der Vertragsgestaltung durch die Vertragsparteien abdingbar. In Folge dessen kristallisieren sich stets neue Untertypen der GbR heraus, was zu einem breiteren Anwendungsbereichs der GbR führt.[570]

Naheliegend daher die in diesem Zusammenhang stehende Frage, ob eine Ausgestaltung des Stiftungsgeschäfts als Treuhandvertrag, statt unter das Recht des Auftrags i.S.d. §§ 662 ff., 675 BGB, unter das Recht der Gesellschaft i.S.d. §§ 705 ff. BGB möglich ist und hierdurch stiftungsgerechtere Ergebnisse erzielt werden können.

a) Voraussetzungen des Treuhandvertrages in Form eines Gesellschaftsvertrages

Das Stiftungsgeschäft in der Ausgestaltung als Treuhandvertrag müsste, um es als Gesellschaftsvertrag zwischen Stifter und Stiftungsträger einordnen zu können, eine vertragliche Dauerbeziehung sein, durch die sich die Parteien verpflichten, einen gemeinsamen Zweck in vertraglich bestimmter Weise zu fördern.

aa) Gemeinsamer Zweck i.S.d. § 705 BGB

Ein gemeinsamer Zweck i.S.d. § 705 BGB ist ein über die Summe der Einzelinteressen hinausgehender, überindividueller Verbandszweck, zu dessen Realisierung sich die Parteien i.S.e. vertraglichen Interessenverschmelzung zusammenschließen.[571] Dabei gilt der Grundsatz der freien Zweckwahl, sodass vor allem auch ein ideeller Gesellschaftszweck gewählt werden kann.[572]

Die Verfolgung und Erfüllung des vom Stifter vorgegebenen Stiftungszwecks ist Hintergrund der Stiftungserrichtung und gleichzeitig Hauptanliegen des Stifters. Da der Stifter das -teilweise nicht unerhebliche- Stiftungsvermögen als einen Teil seines Privatvermögens zur Verfügung stellt, hat er zudem ein besonderes Interesse an einer ordnungsgemäßen Stiftungsverwaltung durch den Stiftungsträger. Die genannten Interessen sind eng miteinander verbunden und voneinander abhängig. Die Verfolgung des Stiftungszwecks kann nur dann gewährleistet werden, soweit eine ordnungsgemäße Stiftungsverwaltung durch den Stiftungsträger erfolgt.

---

569 K. Schmidt, Gesellschaftsrecht, § 5 II 4, S. 106 f., § 58 I 2, S. 1691 f.

570 Bamberger/Roth/*Schöne,* BGB, § 705 Rn. 165; K. Schmidt, Gesellschaftsrecht, § 58 III, S. 1701 ff.; Soergel/*Hadding/Kießling,* BGB, Vor § 705 Rn. 41 ff.; ausführlich MünchKomm/*Ulmer/Schäfer,* BGB, Vor § 705 Rn. 34 ff.; Geibel, Treuhandrecht, S. 100 mit Beispielen auf S. 101.

571 RGZ 95, 147, 149 f.; BGH, NJW 1951, (308); Bamberger/Roth/*Schöne,* BGB, § 705 Rn. 9; Staudinger/*Habermeier,* BGB, § 705 Rn. 17; K. Schmidt, Gesellschaftsrecht, § 4 I 2, S. 60; MünchKomm/*Ulmer/Schäfer,* BGB, § 705 Rn. 148.

572 BGHZ 135, 387, 389; MünchKomm/*Ulmer/Schäfer,* BGB, § 705 Rn. 144; Erman/*Westermann,* BGB, § 705 Rn. 30; Bamberger/Roth/*Schöne,* BGB, § 705 Rn. 63; Soergel/*Hadding/Kießling,* BGB, § 705 Rn. 35; Böhmer, JZ 1994, 982, 983.

Der Stiftungsträger verfolgt unabhängig von den Interessen des Stifters bei der Übernahme der Stiftungsverwaltung jedenfalls persönliche Zwecke, die vor allem in dem Erhalt einer Aufwandsentschädigung oder in der Steigerung seines persönlichen Ansehens liegen. Über den vertraglich vereinbarten Zweck i.S.d. § 705 BGB hinausgehende Motive der Parteien sind jedoch insoweit unbeachtlich.[573] Darüber hinaus kann ihm unterstellt werden, dass er sich daneben auch mit dem vorgegebenen Zweck des Stifters identifiziert, denn sonst hätte er diese Aufgabe nicht übernommen.[574] Dies kommt durch die dauerhafte und nicht bloß vorübergehende Verfolgung des Stiftungszwecks und der damit verbundenen dauerhaften Übernahme der Stiftungsverwaltung zum Ausdruck.[575] Weil sich der Stiftungsträger nicht zwingend mit dem Stiftungszweck identifiziert, wird der gemeinsame Zweck auch darin gesehen, dass an dem Stiftungsvermögen ein rechtlich geschütztes Sondervermögen entsteht und mit diesem und seinen Erträgen in bestimmter Art und Weise zu einem ideellen Zweck verfahren werden soll.[576] Danach kann ein gemeinsamer Zweck jedenfalls angenommen werden.

Der gemeinsame Zweck wird teilweise mit der Begründung abgelehnt, das Handeln des Stiftungsträgers orientiere sich vollständig an den Vorgaben des Stifters, sodass der Stiftungsträger in erster Linie Dienstleister sei.[577] Dem ist insoweit zuzustimmen, als dass sich die Verfolgung des Stiftungszwecks allein an den Vorgaben des Stifters orientiert und der Stiftungsträger hierauf keinen Einfluss hat. Allerdings übernimmt der Stiftungsträger nicht die Rolle eines gewöhnlichen Dienstleisters. Seine Tätigkeit ist eine überaus wichtige, letztlich nimmt er die wichtigste Funktion im Rahmen der Stiftungstätigkeit ein. Nicht nur, dass er eine eigenständige Stellung innerhalb der Stiftungsorganisation einnimmt, er vertritt die Stiftung auch nach außen und wird mit der Stiftung identifiziert. Ihm allein obliegt die Stiftungsverwaltung, die Geschäftsführungsbefugnis, sodass er im Rahmen der konkreten Umsetzung der Vorgaben des Stifters grdsl. frei ist und die Stiftungsverwaltung so führen kann, dass der Stiftungszweck dauerhaft erfüllt und umgesetzt wird. Die besondere Bedeutung des Stiftungsträgers wird umso deutlicher, wird berücksichtigt, dass es

---

573 Böhmer, JZ 1994, 982, 983; MünchKomm/*Ulmer/Schäfer*, BGB, § 705 Rn. 147; Staudinger/*Habermeier*, BGB, § 705 Rn. 17; Soergel/*Hadding/Kießling*, BGB, § 705 Rn. 36.

574 Staudinger/*Hüttemann/Rawert*, BGB, Vorbem zu §§ 80 ff Rn. 247; vgl. zu den gleichgerichteten Interessen bereits im Rahmen des Widerrufrechts beim Treuhandvertrag, 1. Teil, D. II. 1.

575 Vgl. auch Geibel, in: Law Yearbook, S. 29, 56. Hiergegen lässt sich nicht der allein auf den Stifter zurückführende Wille zur Gründung der unselbständigen Stiftung einwenden. Die Idee zur Errichtung einer Gesellschaft entstammt i.d.R. einer Person, woraufhin sie einen potentiellen Mitgesellschafter darüber informiert, um mit ihm gemeinsam die Gesellschaft zu errichten.

576 Geibel, in: Treuhandstiftung, S. 32, 42; Geibel, in: Law Yearbook, S. 29, 56 f.

577 Staudinger/*Hüttemann/Rawert*, BGB, Vorbem zu §§ 80 ff Rn. 247 wonach bildlich gesprochen ein Verhältnis von „Herr und Knecht“ vorliegt.

im Rahmen der unselbständigen Stiftung in besonderem Maße auf seine Zuverlässigkeit und Beständigkeit ankommt. Dieser ist anders als ein gewöhnlicher Dienstleister nicht beliebig ersetzbar. Insoweit kommt es dem Stifter auf den Fortbestand des von ihm ausgesuchten Stiftungsträgers an. Aufgrund der besonderen Stellung des Stiftungsträgers kann von einem klassischen Über-/Unterordnungsverhältnis wie bei einem Dienstleister nicht ausgegangen werden. Daher ist entsprechend des weiten Anwendungsbereichs der §§ 705 ff. BGB[578] als gemeinsamer Zweck vorliegend die Verfolgung des Stiftungszwecks einhergehend mit der ordnungsgemäßen Stiftungsverwaltung zu sehen.

Dieser hier angenommene gemeinsame Zweck[579] müsste sich überdies als Hauptzweck darstellen. Erforderlich ist, dass jeder Beteiligte den gemeinsamen Zweck über seine persönlichen Motive stellt.[580] Dies ist auf Seiten des Stifters offensichtlich. Auf Seiten des Stiftungsträgers könnte neben der Verfolgung des Stiftungszwecks der Erhalt der Aufwandsentschädigung als Hauptzweck für die Übernahme der Tätigkeit liegen. Dabei ist zu beachten, dass jede Übernahme von Aufgaben aufgrund der sich daraus ergebenden finanziellen Vorteile erfolgt. Daher wird auch eine Gesellschaft grdsl. mit dem dahinterstehenden Gedanken, die eigene finanzielle (Lebens-)Grundlage zu gewährleisten, errichtet. Die konkrete Bestimmung der Tätigkeit erfolgt indes vorrangig anhand individueller Interessen, sodass sich der Hauptzweck des Handelns jedenfalls nicht gänzlich bzw. primär anhand des finanziellen Vorteils bestimmt. Bei der unselbständigen Stiftung kommt noch hinzu, dass die Aufwandsentschädigung aufgrund der regelmäßig vorliegenden Gemeinnützigkeit der unselbständigen Stiftung allein in der Art ausgestaltet ist, dass der Stiftungsträger seine tatsächlichen Aufwendungen decken kann. Die Aufwandsentschädigung kann daher nicht als Hauptzweck des Stiftungsträgers angesehen werden. Weitere Zwecke, die als Hauptzweck des Stiftungsträgers zu qualifizieren wären, sind nicht ersichtlich.

Es steht der gemeinsamen Zweckverfolgung auch nicht entgegen, wenn Interessen Dritter, insbesondere die der Destinatäre, gefördert werden.[581] Die konkrete Förderung der Destinatäre ist dabei lediglich als mittelbarer Zweck anzusehen. Dies, weil die Destinatäre i.d.R. noch nicht konkretisiert sind und vorrangiger Zweck zunächst die Stiftungsverwaltung ist, wodurch die Förderung der Destinatäre erst ermöglicht wird.

Stifter und Stiftungsträger verfolgen damit auch einen gemeinsamen Hauptzweck, der in der dauerhaften Verfolgung des Stiftungszwecks einhergehend mit einer ordnungsgemäßen Stiftungsverwaltung zu sehen ist.

---

578 Böhmer, JZ 1994, 982, 990.

579 Dahingehend auch MünchKomm/*Reuter*, BGB, Vor § 80 Rn. 102.

580 BGH, NJW 1951, (308); Böhmer, JZ 1994, 982, 985 f.; Bamberger/Roth/*Schöne*, BGB, § 705 Rn. 64; Erman/*Westermann*, BGB, § 705 Rn. 31; MünchKomm/*Ulmer/Schäfer*, BGB, § 705 Rn. 147.

581 BGH, ZIP 1994, 1019, 1021.

bb) Förderungspflicht i.S.d. § 705 BGB

Die vom Stifter als auch Stiftungsträger zu erbringenden Förderungsleistungen können alle Arten von Handlungen sein.[582] Aufgrund der Einordnung des Gesellschaftsvertrages als Dauerschuldverhältnis ist sie eine dauernde Hauptpflicht,[583] deren Inhalt durch den gemeinsamen Zweck bestimmt wird.[584]

(1) Zweckförderungspflicht des Stiftungsträgers

Zwar wird unterschiedlich beurteilt, ob allein das Halten und Verwalten eines Vermögensgegenstandes den Anforderungen der Zweckförderungspflicht genügt,[585] doch tritt zu dieser Tätigkeit des Stiftungsträgers der Einsatz des Stiftungsvermögens und die Wahrung der Interessen des Stifters hinzu. Zugleich übernimmt er die Führung der Geschäfte der unselbständigen Stiftung.[586] Gegen den Gesellschafterbeitrag des Stiftungsträgers spricht es indes nicht, dass er hierfür ein Entgelt erhält.[587] Die Tätigkeit des Stiftungsträgers ist zudem dauerhafter Natur, sodass sie unstreitig eine Förderungspflicht i.S.d. § 705 BGB darstellt.

(2) Zweckförderungspflicht des Stifters

Die Tätigkeit des Stifters beschränkt sich grdsl. auf die Verpflichtung zur Übereignung des Stiftungsvermögens[588] sowie zur Ausgestaltung von Stiftungsgeschäft und -satzung einhergehend mit der Ausgestaltung der Organisationsstrukturen. Diese Pflichten des Stifters stellen wesentliche Elemente zur Errichtung der unselbständigen Stiftung dar. Dabei handelt es sich jedoch um lediglich einmalige Tätigkeiten.

---

582 Staudinger/*Habermeier,* BGB, § 705 Rn. 19; Soergel/*Hadding/Kießling,* BGB, § 705 Rn. 37.

583 MünchKomm/*Ulmer/Schäfer,* BGB, § 705 Rn. 153 f.; Soergel/*Hadding/Kießling,* BGB, § 705 Rn. 37; Erman/*Westermann,* BGB, § 705 Rn. 33; Bamberger/Roth/*Schöne,* BGB, § 705 Rn. 65.

584 Bamberger/Roth/*Schöne,* BGB, § 705 Rn. 65; Soergel/*Hadding/Kießling,* BGB, § 705 Rn. 37.

585 Für unzulässig erachtend noch OLG Köln, DNotZ 1967, (501); OLG Düsseldorf, DNotZ 1973, (91); a.A. nunmehr BGH, NJW 1982, 170, 171; NJW-RR 1991, 422, 423; MünchKomm/*Ulmer/Schäfer,* BGB § 705 Rn. 145; Soergel/*Hadding/Kießling,* BGB § 705 Rn. 35.

586 Vgl. zum allg. Treuhandrecht Geibel, Treuhandrecht, S. 159 f.; Staudinger/*Habermeier,* BGB, § 706 Rn. 11.

587 BGH, NJW 1979, 999, 1000; K. Schmidt, Gesellschaftsrecht, § 20 II 2, S. 569; Staudinger/*Habermeier,* BGB, § 706 Rn. 9; Soergel/*Hadding/Kießling,* BGB, § 706 Rn. 32 Geibel, Treuhandrecht, S. 160 f.; Beispiele zu den Normierungen einer Aufwandsentschädigung des Stiftungsträgers im Stiftungsgeschäft Vertragshandbuch/*Hof* Bd. 1, VIII. 6, § 6; Formularbuch /*Rawert,* I. 30.

588 Vorliegend wäre das Stiftungsvermögen nicht auf den Stiftungsträger, sondern auf die Außen-GbR zu übertragen. Die dingliche Einigung müsste daher zwischen dem Stifter und der Stiftung zustande kommen.

Eine einmalige Leistung spricht allerdings eher für einen Austauschvertrag.[589] Zwar ist die bloße Beteiligung als Gesellschafter ohne jede weitere sonstige Verpflichtung, etwa um den guten Namen oder die Kreditwürdigkeit zur Verfügung zu stellen, möglich, doch ist es unabdingbar, dass aufgrund der Einordnung des Gesellschaftsvertrages als Dauerschuldverhältnis die geschuldete Weise der Förderung für die gesamte Dauer der Gesellschaft angelegt und nicht nur einmaliger Natur ist.[590] Eine Gesellschaft liegt daher nicht vor, wenn nicht auch jeder Gesellschafter verpflichtet ist, seiner Förderungspflicht dauerhaft nachzukommen.[591] Der Stifter kommt den genannten Pflichten aufgrund ihrer Einmaligkeit jedoch nicht über die gesamte Dauer des Gesellschaftsvertrages nach, sodass das Merkmal einer dauerhaften Zweckförderungspflicht nicht erfüllt ist. Dabei sind seine Pflichten vor allem nicht von wiederkehrender Natur. Sie beschränken sich auf ein einmaliges Tätigwerden zum Zeitpunkt der Errichtung der unselbständigen Stiftung.

Auch die Pflicht zur Zahlung einer Vergütung oder der Ersatz der erforderlichen Aufwendungen i.S.d. § 670 BGB gegenüber dem Stiftungsträger können nicht als Zweckförderungspflicht des Stifters angesehen werden, weil diese Zahlungen aus den Erträgen des Stiftungsvermögens erfolgen, nicht hingegen durch Leistung des Stifters.[592] Der Stifter übereignet allein das Stiftungsvermögen, will darüber hinaus jedoch keine weiteren finanziellen Aufwendungen tätigen.

Letztlich kann sich allein aus der gesellschaftsrechtlichen Treuepflicht, die nicht lediglich eine Nebenpflicht i.S.d. § 242 BGB, sondern einen Teil der vertraglich geschuldeten Hauptpflicht darstellt,[593] eine Zweckförderungspflicht des Stifters ergeben. Vorliegend kommen vor allem Treuepflichten in Betracht, die der Stifter im Interesse einer ordnungsgemäßen Stiftungsverwaltung für den Fortbestand der Stiftung ausüben kann. Zu denken ist insoweit an etwaige Kontrollrechte bzw. Pflichten hinsichtlich der Tätigkeiten des Stiftungsträgers, um die Verfolgung des Stiftungszwecks und die ordnungsgemäße Stiftungsverwaltung sicherzustellen. Grdsl. steht es dem Stifter frei, Kontrollorgane mit entsprechenden Kompetenzen einzusetzen oder sich selbst diese Funktion vorzubehalten.[594] Im letzteren Fall trägt er durch seine ständige Kontrolle der Stiftungstätigkeiten zur ordnungsgemäßen

589 BGH, NJW-RR 1991, 1186, 1187; im Ergebnis wohl auch OLG München, NJW 1968, 1384, 1385; Erman/*Westermann*, BGB, § 705 Rn. 33; MünchKomm/*Ulmer/Schäfer*, BGB, § 705 Rn. 153.

590 Vgl. Erman/*Westermann*, BGB, § 706 Rn. 3; MünchKomm/*Ulmer/Schäfer*, BGB, § 705 Rn. 153.

591 Staudinger/*Habermeier*, BGB, § 705 Rn. 19; MünchKomm/*Ulmer/Schäfer*, BGB, § 705 Rn. 153; Erman/*Westermann*, BGB, § 705 Rn. 33.

592 Westebbe, Stiftungstreuhand, S. 118 f.; vgl. das Beispiel in Vertragshandbuch/*Hof*, Bd. 1, VIII. 6, § 6; Formularbuch/*Rawert*, I. 30.

593 MünchKomm/*Ulmer/Schäfer*, BGB, § 705 Rn. 154; Soergel/*Hadding/Kießling*, BGB, § 705 Rn. 58 f.; Staudinger/*Habermeier*, BGB, § 705 Rn. 50.

594 Seifert/Campenhausen/*Hof*, Stiftungsrecht, § 36 Rn. 94 f.; vgl. Westebbe, Stiftungstreuhand, S. 89; Beispiele zu diesen Normierungen im Stiftungsgeschäft und der

Verfolgung des Stiftungszwecks bei. Zudem kann sich der Stifter in Stiftungsgeschäft und -satzung die Satzungsänderung vorbehalten.[595] Ebenfalls kann er die Verfolgung des Stiftungszwecks fördern, indem er sich Mitspracherechte, wie Personalentscheidungen oder die Auswahl der Destinatäre, vorbehält[596] und damit einen aktiven Beitrag zur Stiftungstätigkeit leistet. Überträgt der Stifter indes diese Möglichkeit auf ein einberufenes Stiftungsgremium, so scheidet eine Zweckförderung seitens des Stifters aus. Entscheidend für sämtliche Vorbehalte des Stifters und damit für die Annahme einer Zweckförderungspflicht sind daher die Regelungen in der Stiftungssatzung.

cc) Stellungnahme

Der Stiftungsträger erfüllt die Anforderungen an eine dauerhafte Zweckförderungspflicht i.S.d. § 705 BGB. Dem Stifter hingegen obliegt lediglich eine einmalige Zweckförderungspflicht, namentlich die Übereignung des Stiftungsvermögens und die Ausgestaltung von Stiftungsgeschäft und -satzung. Anders hingegen, behält er sich in der Stiftungssatzung Mitsprache- und Kontrollrechte vor. Hierdurch trägt er zur Erfüllung des Stiftungszwecks bei. Es liegt im persönlichen Interesse des Stifters, sich auch nach Errichtung der unselbständigen Stiftung über die Stiftungstätigkeiten zu informieren. Ebenfalls kann es seinem Anliegen entsprechen, die Auswahl der Destinatäre und die Festsetzung der konkreten Förderungsleistungen mitzuentscheiden. Eine dauerhafte Zweckförderungspflicht des Stifters kann zwar nicht generell bejaht werden, kann sich aber aus dem Stiftungsgeschäft bzw. der Stiftungssatzung ergeben.

b) Diskrepanz zwischen Stiftungsgeschäft und Gesellschaftsvertrag

Allerdings zeigt sich bei dem Versuch, das Stiftungsgeschäft als Gesellschaftsvertrag zu qualifizieren, ein Widerspruch zum Sinn und Zweck der §§ 705 ff. BGB. Zudem ergeben sich zahlreiche Rechtsfolgen, die den zu berücksichtigenden Interessen offensichtlich widersprechen und teilweise nur durch -von den gesetzlichen Vorschriften abweichende- Individualvereinbarungen mit den Anforderungen an die unselbständige Stiftung in Einklang gebracht werden können.

aa) Struktur der GbR

Es gilt zu beachten, dass der gemeinsame Zweck i.S.d. §§ 705 ff. BGB auf einer personenrechtlichen Verbindung der Gesellschafter, die durch den Gesellschaftsvertrag eine gegenseitige Verpflichtung zum Zusammenwirken und der gemeinsamen

Stiftungssatzung Vertragshandbuch/*Hof*, Bd. 1, VIII. 6, § 5, sowie Anm. 13 f.; Formularbuch/*Rawert*, I. 32.

595 Vgl. Vertragshandbuch/*Hof*, Bd. 1, VIII. 6, § 9.

596 Seyfarth, Unselbstständige Stiftung, S. 123 f.

Erfüllung des Gesellschaftszwecks eingehen, basiert.[597] Zwischen Stifter und Stiftungsträger, die zwar einen gemeinsamen Zweck verfolgen, liegt eine darüber hinaus gehende personenrechtliche Verbindung i.S.e. Gemeinschaft jedoch nicht vor.

Die Verpflichtungen des Stifters, der Abschluss des Stiftungsgeschäfts und die Übertragung des Stiftungsvermögens, sind ein einmaliger Beitrag, der erforderlich ist, damit der Stiftungsträger die Stiftungstätigkeit aufnehmen kann. Mangels weiterer Tätigkeiten des Stifters für die Stiftung liegt ein gemeinsames Zusammenwirken, wie es bei der Personengesellschaft anzutreffen ist, zu keiner Zeit vor. Der Stifter wählt einen vertrauenswürdigen Stiftungsträger, der sämtliche Stiftungstätigkeiten im eigenen Namen und selbständig ausführt. Auch, wenn der Gesellschaftsvertrag von den §§ 705 ff. BGB abweichende Regelungen enthalten kann, so bleibt dem Wesen der GbR der personale Zusammenschluss immanent. Entsprechend basieren sämtliche Regelungen der §§ 705 ff. BGB auf einem Mehrpersonenverhältnis. Der Stifter kann jedoch mangels eines weiteren Zusammenwirkens mit dem Stiftungsträger nicht als Gesellschafter angesehen werden. Entsprechendes gilt, sollte sich der Stifter etwaige Kontroll- oder Mitbestimmungsrechte in der Stiftungssatzung vorbehalten. Derartige Satzungsvorbehalte dienen allein der Überwachung der Stiftungstätigkeiten, begründen jedoch keine personenrechtliche Verbindung. Das Merkmal der Gemeinsamkeit im Rahmen der GbR ist umfassender als es bei Errichtung einer unselbständigen Stiftung vorliegt.

Darüber hinaus gilt zu bedenken, dass die Gesellschaft jederzeit durch den Stifter und den Stiftungsträger, vor allem aber auch durch die Erben des Stifters, gekündigt werden kann, § 723 Abs. 1 BGB, und ein Ausschluss dieses Kündigungsrechts nicht in Betracht kommt, § 723 Abs. 3 BGB.[598] Ein dauerhafter Bestand der unselbständigen Stiftung wäre keineswegs gesichert. Der Vorschlag, die Gesellschaft zunächst für bestimmte Zeit einzugehen, um für diesen Zeitraum das ordentliche Kündigungsrecht ausschließen zu können und erst nach Ablauf dieses bestimmten Zeitraums den Vertrag auf unbestimmte Zeit fortzusetzen,[599] würde zu einer Umgehung der gesetzlichen Anforderungen führen und steht auch mit dem bereits bei Errichtung der unselbständigen Stiftung vorhandenen Erfordernis der dauerhaften Verfolgung des Stiftungszwecks in Widerspruch. Zu bedenken gilt, dass § 723 BGB gerade darauf abzielt, unvertretbare Einengungen der persönlichen und wirtschaftlichen Betätigungsfreiheit der Gesellschafter zu vermeiden.[600] Hierdurch soll eine dauerhafte Bindung der Gesellschafter verhindert werden. Indes verlangt der Stiftungsgedanke

---

597 Vgl. auch Böhmer, JZ 1994, 982, 984 nach dem das Gesellschaftsverhältnis von den persönlichen Beziehungen zwischen den Gesellschaftern geprägt ist.

598 Vgl. MünchKomm/*Reuter*, BGB, Vor § 80 Rn. 102 mit dem zutreffenden Hinweis, dass die Erben des Stifters hiervon Gebrauch machen werden, da ihnen im Innenverhältnis zum Stiftungsträger das Auseinandersetzungsguthaben gebührt. A.A. Geibel, in: Treuhandstiftung, S. 32, 44 wonach § 723 III BGB teleologisch einzuschränken sei; ebenfalls Geibel, in: Law Yearbook, S. 29, 58.

599 So der Vorschlag von Geibel, in: Law Yearbook, S. 29, 58.

600 BGH, NJW 2007, 295 f.

eine dauerhafte Verfolgung des Stiftungszwecks. Die Errichtung einer GbR und die unselbständige Stiftung widersprechen sich daher bereits in ihren grundlegenden Voraussetzungen

bb) Haftungsverhältnisse, insbes. Haftung des Stifters

Insbesondere spricht die Theorie der akzessorischen Mithaftung der Gesellschafter, wonach auch der Stifter analog §§ 128 ff. HGB neben der Gesellschaft persönlich und unbeschränkt mit seinem Privatvermögen haften würde,[601] gegen eine derartige Qualifizierung. Denn der Stifter will gerade nach der Vermögensübertragung keine derartigen Haftungsrisiken tragen und in keinster Weise von den wirtschaftlichen Verhältnissen der Stiftung abhängig sein. Eine generelle Haftungsbeschränkung eines Gesellschafters durch eine entsprechende Vereinbarung im Gesellschaftsvertrag ist auch bei ihrer Erkennbarkeit nach außen grdsl. nicht möglich.[602] Auch eine individualvertragliche Haftungsbeschränkung[603] wäre nicht im Interesse des Stifters und ist abzulehnen.[604]

Lediglich eine Haftungsbeschränkung kraft Gesetzes könnte den Interessen des Stifters gerecht werden. Eine institutionelle Haftungsbeschränkung wird bei sog. privilegierungsbedürftigen Gesellschaften, bei denen ein besonderer Bedarf für eine Haftungsbeschränkung vorliegt, im Wege einer Reduktion der Analogie des § 128 HGB befürwortet.[605] Diese Haftungsbeschränkung kann allein nach Abwägung der

---

601 BGHZ 146, 341, 358; Staudinger/*Habermeier*, BGB, Vorbem zu §§ 705–740 Rn. 35; K. Schmidt, Gesellschaftsrecht, § 60 III 2, S. 1790 ff.; MünchKomm/*C. Schäfer*, BGB, § 714 Rn. 33 ff.; daher ablehnend MünchKomm/*Reuter*, BGB, Vor § 80 Rn. 102; vgl. auch Schlüter/Stolte, Stiftungsrecht, Kap. 4 Rn. 14.

602 Staudinger/*Habermeier*, BGB, Vorbem zu §§ 705–740 Rn. 37 f.; K. Schmidt, Gesellschaftsrecht, § 60 III 2, S. 1794 f.; insbesondere hat der BGH, BGHZ 142, 315, 318 ff., die Gesellschaft bürgerlichen Rechts mit beschränkter Haftung abgelehnt.

603 Zur Zulässigkeit durch Individualvertrag BGHZ 142, 315, 318; BGH, NJW 1999, 3483, 3485; Bamberger/Roth/*Schöne*, BGB, § 714 Rn. 38; Staudinger/*Habermeier*, BGB, Vorbem zu §§ 705–740 Rn. 36; MünchKomm/*C. Schäfer*, BGB, § 714 Rn. 66.

604 Der Stiftungsträger müsste bei sämtlichen Geschäften, die er für die Stiftung tätigt, die Haftungsbeschränkung des Stifters durchsetzen. Der Stifter trüge in diesem Fall ein erhebliches Risiko, da er sein Haftungsrisiko in die Hände des Stiftungsträgers als Geschäftsführer legen müsste und stets von seinem Handeln abhängig wäre. Darüber hinaus führt dies bei dauerhafter Anwendung zu einer Umgehung der ausgeschlossenen generellen Haftungsbeschränkung. Gleichfalls wirkt ein vertraglicher Haftungsausschluss nicht auch für gesetzliche Verbindlichkeiten.

605 Ausführlich zu den einzelnen Fallgruppen und der Haftung der Beteiligten Jacobs, Haftungsbeschränkung, S. 45 ff.; MünchKomm/*C. Schäfer*, BGB, § 714 Rn. 61 ff.; Bamberger/Roth/*Schöne*, BGB, § 714 Rn. 42 ff.; ebenfalls BGHZ 150, 1, 4 f.; BGH, ZIP 2006, 2128, 2129; Staudinger/*Habermeier*, BGB, Vorbem zu §§ 705–740 Rn. 40, 70; namentlich die Bauherrengemeinschaften in der Rechtsform der Außen-GbR, die Publikums-gesellschaften, insbes. geschlossene Immobilienfonds, in der Rechtsform der Außen-GbR, sowie die Ideal-GbR.

öffentlichen Interessen, der Gläubigerinteressen und der Gesellschafterinteressen erfolgen.[606] Dabei ist jedoch zu berücksichtigen, dass die Gesellschaftsgläubiger erheblich an Schutz einbüßen würden und daher fraglich ist, ob eine derartige Einschränkung zugunsten der Gesellschaft gerechtfertigt wäre. Denn ein Schutzbedürfnis der Gesellschaftsgläubiger besteht unabhängig von deren zugrunde liegenden Zwecken.[607] Festzuhalten gilt, dass die Qualifizierung des Stiftungsgeschäfts als Gesellschaftsvertrag grdsl. nur in Folge einer erheblichen Abweichung der Haftungsverhältnisse von den gesetzlichen Regelungen möglich wäre.

cc) Insolvenzrechtliche Konsequenzen

Die Insolvenzfähigkeit der GbR folgt aus § 11 Abs. 2 Nr. 1 InsO. Anders als bei der Einordnung des Treuhandvertrages unter das Auftragsrecht könnte daher vorliegend ein eigenständiges Insolvenzverfahren über das (Stiftungs-)Vermögen der Außen-GbR durchgeführt werden[608] in Folge dessen die unselbständigen Stiftung aufgelöst wird, vgl. § 728 Abs. 1 S. 1 BGB.

Hieraus folgt zugleich, dass im Rahmen eines Insolvenzverfahrens über das Vermögen eines Gesellschafters das Stiftungsvermögen bzw. Gesellschaftsvermögen nicht mit in die Insolvenzmasse fällt. Das Stiftungsvermögen wäre in der Insolvenz des Stifters als auch des Stiftungsträgers geschützt. Gleichwohl wird die Gesellschaft in diesem Fall außerhalb des Insolvenzverfahrens aufgelöst, vgl. § 728 Abs. 2 BGB.[609] Es folgt eine Teilung bzw. Auseinandersetzung der Gesellschaft außerhalb des Insolvenzverfahrens, vgl. § 84 Abs. 1 S. 1 InsO, §§ 731 ff. BGB.[610] Im Rahmen der

606 Ausführliche Darstellung der abzuwägenden Interessen bei Jacobs, Haftungsbeschränkung, S. 79 ff.; in Betracht käme vorliegend, das Haftungsmodell des nicht-rechtsfähigen Idealvereins im Wege richterlicher Rechtsfortbildung auf die Außen-GbR mit gemeinnütziger Zweckverfolgung zu übertragen, sodass die passiven Gesellschafter nicht persönlich für die Gesellschaftsverbindlichkeiten haften, hingegen die handelnden Gesellschafter persönlich und unbeschränkt entsprechend § 54 S. 2 BGB, ausführlich zu diesem Haftungsmodell Jacobs, Haftungsbeschränkung, S. 136 ff., 141 ff., 171; dahingehend auch Geibel, Treuhandrecht, S. 366; Staudinger/*Habermeier,* BGB, Vorbem zu §§ 705–740 Rn. 40; MünchKomm/*C. Schäfer,* BGB, § 714 Rn. 61; Bamberger/Roth/*Schöne,* BGB, § 714 Rn. 44; kritisch Schöpflin, Verein, S. 404 f., 435 f., 443.

607 Vgl. auch Geibel, in: Law Yearbook, S. 29, 60.

608 Die Innen-GbR ist hingegen insolvenzunfähig, vgl. LSZ/*Smid/Leonhardt,* InsO, § 11 Rn. 11; Uhlenbruck/*Hirte,* InsO, § 11 Rn. 374; MünchKomm/*Ott/Vui,* InsO, § 11 Rn. 53; Jaeger/*Ehricke,* InsO, § 11 Rn. 68; K. Schmidt, NJW 2001, 993, 1001.

609 MünchKomm/*Bergmann/Gehrlein,* InsO, § 84 Rn. 8; Uhlenbruck/*Hirte,* InsO, § 84 Rn. 6; K. Schmidt, Gesellschaftsrecht, § 60 IV 3., S. 1817; Bamberger/Roth/*Schöne,* BGB, § 728 Rn. 8; MünchKomm/*C. Schäfer,* BGB, § 728 Rn. 31.

610 MünchKomm/*C. Schäfer,* BGB, § 728 Rn. 38; Staudinger/*Habermeier,* BGB, § 728 Rn. 21 f.; Uhlenbruck/*Hirte,* InsO, § 84 Rn. 1; K. Schmidt, Gesellschaftsrecht, § 60 IV 3., S. 1817.

Auseinandersetzung ist der Insolvenzverwalter grdsl. -vorbehaltlich der Anfechtungsmöglichkeit gem. §§ 129 ff. InsO- an die von den §§ 731 ff. BGB abweichenden gesellschaftsrechtlichen Bestimmungen gebunden.[611] Insoweit wird sich der Stifter, aufgrund dessen, dass dem Stiftungsträger grdsl. kein Anteil am Treugut zustehen soll, das Recht auf Rückübertragung des von ihm eingebrachten Stiftungsvermögens vorbehalten[612] in Folge dessen das Stiftungsvermögen jedenfalls nicht zur Befriedigung der Gläubiger des Stiftungsträgers dient.

Bei einer Insolvenz auf Seiten des Stifters entsteht im Rahmen der Auseinandersetzung der Gesellschaft ein Anspruch des Stifters bzw. des für ihn handelnden Insolvenzverwalters auf Rückübertragung des Gesellschaftsanteils bzw. des Treuguts,[613] sodass es mit in die Insolvenzmasse fällt. Anders hingegen, hat der Stifter auch für diesen Fall eine Gewährsperson bestimmt, die in diesem Fall das Aussonderungsrecht geltend machen kann und in der Folge das ausgekehrte Stiftungsvermögen weiterhin dem gleichen Stiftungszweck dienen kann.[614]

Der Fortbestand der unselbständigen Stiftung in der Ausgestaltung als GbR ist wie bei der Einordnung unter das Auftragsrecht vom insolvenzrechtlichen Schicksal der Beteiligten abhängig. Unberücksichtigt der Möglichkeit, Fortsetzungsklauseln für den Fall der Insolvenz des Stifters oder des Stiftungsträgers zu vereinbaren, ist zu beachten, dass die Gesellschaft nicht mit einem verbleibenden Gesellschafter fortbestehen kann.[615] Auch würden derartige Klauseln die bisher angesprochenen Diskrepanzen nicht überwinden.

dd) Berücksichtigung des Steuerrechts

Würde das Stiftungsgeschäft als Gesellschaftsvertrag unter die §§ 705 ff. BGB eingeordnet, so handele es sich bei der unselbständigen Stiftung um eine rechtsfähige Personengesellschaft. Für sie kommen die §§ 51 ff. AO iVm § 1 Abs. 1 KStG nicht zur Anwendung.[616] Insbesondere stellt das Vermögen der GbR kein Zweckvermögen

611 Bamberger/Roth/*Schöne*, BGB, § 728 Rn. 14; MünchKomm/*C. Schäfer*, BGB, § 728 Rn. 38; Staudinger/*Habermeier*, BGB, § 728 Rn. 22.

612 Vgl. zur allgemeinen Verwaltungstreuhand Geibel, Treuhandrecht, S. 287, 423.

613 Vgl. allgemein für die Verwaltungstreuhand Geibel, Treuhandrecht, S. 291 f.

614 Geibel, in: Law Yearbook, S. 29, 59; Geibel, Treuhandrecht, S. 279 ff., 288 ff.

615 Vgl. bereits 2. Teil, B. II. 1. c); Bamberger/Roth/*Schöne*, BGB, § 736 Rn. 10; MünchKomm/*C. Schäfer*, BGB, § 736 Rn. 9; a.A. Staudinger/*Habermeier*, BGB, § 736 Rn. 8, 14.

616 FG Hamburg, EFG 1986, (418); Staudinger/*Hüttemann/Rawert*, BGB, Vorbem zu §§ 80 ff Rn. 247; Tipke/Kruse/*Seer*, AO, § 51 Rn. 3; Tipke/Lang/*Hey*, Steuerrecht, § 11 Rn. 2; Tipke/Lang/*Hennrichs*, Steuerrecht, § 10 Rn. 10; Uhl, npoR 2012, 141, 142. Das Einkommen bei der GbR wird unmittelbar den Gesellschaftern zugerechnet und von diesen versteuert.

dar.[617] § 1 Abs. 1 Nr. 5 KStG ist darüber hinaus allein für nichtrechtsfähige Zweckvermögen einschlägig.[618]

Ebenso scheidet eine Analogie zu den Stiftungen mit Rechtspersönlichkeit aus. Dies ergibt sich bereits aus der systematischen Stellung, die an die sonstigen juristischen Personen des privaten Rechts i.S.d. § 1 Abs. 1 Nr. 4 KStG, mithin an die Rechtspersönlichkeit, anknüpft. Eine Analogiebildung ist grdsl. nicht möglich.[619] Darüber hinaus besteht zwischen einer juristischen Person und einer Personengesellschaft keine derartige Ähnlichkeit, die eine Analogie zulassen würde.[620] Die unselbständige Stiftung könnte als GbR keine Steuervergünstigungen i.S.d. §§ 51 ff. AO in Anspruch nehmen. Da für unselbständige Stiftungen jedoch grdsl. Steuervergünstigungen erstrebt werden und deren Umfang i.d.R. auch nicht unbeachtlich ist, wäre diesem Interesse nicht ausreichend Rechnung getragen.

ee) Einordnung als Innengesellschaft

Kein anderes Ergebnis würde bei Ausgestaltung der unselbständigen Stiftung als Innengesellschaft folgen.[621]

Die Innengesellschaft ist dadurch gekennzeichnet, dass Gesellschaftsvermögen nach dem Gesellschaftsvertrag nicht entstehen soll, sondern geschuldete Beitrage dem Vermögen eines bestimmten Gesellschafters zugeordnet werden, wodurch sich die gesellschaftsrechtlichen Konsequenzen allein auf eine schuldrechtliche Ebene beschränken.[622] Darüber hinaus nimmt die Innengesellschaft grdsl. nicht als Gesellschaft am Rechtsverkehr teil.[623] Selbst bei der Annahme, dass im Rahmen der Innengesellschaft die Bildung von Gesamthandsvermögen möglich ist,[624] entsprechen die Erfordernisse der unselbständigen Stiftung nicht den Charakteristika der Innengesellschaft. Dies vor allem, weil sich die Innengesellschaft durch einen Verzicht auf Außenhandeln auszeichnet.[625] Unberücksichtigt dessen, dass auch die

---

617 Streck/*Streck,* KStG, § 1 Rn. 43.

618 HK/*Sauter,* KStG, § 1 Rn. 41.

619 Streck/*Streck,* KStG, § 1 Rn. 3 lediglich sind Ausnahmen bei ausländischen Körperschaften und Gründungsgesellschaften zu machen, darüber hinaus ist die Aufzählung in Abs. 1 Nr. 1 beispielsweise.

620 Vgl. bereits 2. Teil, A. I. 2. b); a.A. Geibel, Treuhandrecht, S. 426 f.

621 Anders der von Geibel, in: Law Yearbook, S. 29, 59 f. vertretene Ansatz; ebenfalls Geibel, in: Treuhandstiftung, S. 32, 44 f.; ablehnend Staudinger/*Hüttemann/Rawert,* BGB, Vorbem zu §§ 80 ff Rn. 247.

622 Staudinger/*Habermeier,* BGB, Vorbem zu §§ 705–740 Rn. 63; MünchKomm/*Ulmer/Schäfer,* BGB, § 705 Rn. 275.

623 MünchKomm/*Ulmer/Schäfer,* BGB, § 705 Rn. 275; Palandt/*Sprau,* BGB, § 705 Rn. 33; Staudiner/*Habermeier,* BGB, § 705 Rn. 58.

624 Bejahend BGH, WM 1973, 296, 297; Soergel/*Hadding,* BGB, Vor § 705 Rn. 28; MünchKomm/*Ulmer/Schäfer,* BGB, § 705 Rn. 280.

625 MünchKomm/*Ulmer/Schäfer,* BGB, § 705 Rn. 280; Palandt/*Sprau,* BGB, § 705 Rn. 33; Soergel/*Hadding/Kießling,* BGB, Vor § 705 Rn. 29.

unselbständige Stiftung in ihrer klassischen Form mangels Rechtsfähigkeit allein durch den Stiftungsträger in Erscheinung treten kann, ist es jedoch wesentliches Merkmal, dass sie im Rechtsverkehr in Erscheinung tritt, letztlich existent ist. Indes handelt bei einer Innengesellschaft stets der Gesellschafter, vorliegend der Stiftungsträger, im persönlichen Namen.[626] Dabei ist gerade im Rahmen der Verfolgung des Stiftungszwecks ein Auftreten in der Öffentlichkeit erforderlich, um der Stiftungstätigkeit nachgehen zu können. Regelmäßig tritt der Stiftungsträger für die unselbständige Stiftung im Rechtsverkehr in Erscheinung und repräsentiert diese. Es ist das Anliegen des Stifters, dass die unselbständige Stiftung auch für den Rechtsverkehr existent ist. Insoweit ist es üblich, dass die unselbständige Stiftung durch die Stiftungssatzung einen Namen erhält. Dies, um die unselbständige Stiftung für den Rechtsverkehr vom Stiftungsträger unterscheidbar zu machen und eine Abgrenzung vom sonstigen Vermögen des Stiftungsträgers zu erleichtern.[627] Dies entspricht gerade nicht der Innengesellschaft. Der Hauptzweck ist regelmäßig auf das bloße Halten und Verwalten von Vermögensgegenständen beschränkt.[628] Darüber hinaus weist die unselbständige Stiftung anders als die Innengesellschaft bereits ihrer Natur nach erhebliche Organisationsstrukturen auf. Zu denken ist nur an das Bestehen einer Stiftungssatzung und ggf. der Einsetzung etwaiger Gremien zur Überwachung der Stiftungstätigkeit.

Ebenfalls sind auch hier die steuerrechtlichen Voraussetzungen für die Anerkennung der Gemeinnützigkeit nicht erfüllt.[629] Die Innengesellschaft ist kein Steuersubjekt i.S.d. § 51 Abs. 1 S. 2 AO iVm § 1 KStG. Eine Subsumtion unter § 1 Abs. 1 Nr. 5 KStG scheidet aus. Oberbegriff für die dort genannten Körperschaftssteuersubjekte ist das nichtrechtsfähige Zweckvermögen.[630] Bei dem Vermögen der Innengesellschaft handelt es sich nicht um ein Zweckvermögen i.S.d. § 1 Abs. 1 Nr. 5 KStG. Ein nichtrechtsfähiges Zweckvermögen ist allein dann anzunehmen, wenn ein selbständiges, einem bestimmten Zweck dienendes Sondervermögen vorliegt, dieses aus dem Vermögen des Widmenden auf Dauer ausgeschieden ist, aus diesem Sondervermögen eigene Einkünfte fließen und das Zweckvermögen mangels eigener Rechtsfähigkeit wenigstens wirtschaftliche Selbständigkeit besitzt.[631] Dies kann jedoch beim Vermögen einer Innengesellschaft, bei der das Vermögen einem Gesellschafter und nicht der Gesellschaft zugeordnet wird,[632] nicht angenommen werden. Dabei divergieren vor allem die Kündigungsmöglichkeiten nach § 723 BGB mit den Anforderungen an den Ausschluss einer einseitigen Aufhebung der Zweckbindung durch den das Vermögen Widmenden.[633]

---

626 So der von Geibel, in: Law Yearbook, S. 29, 59 f. vertretene Ansatz.
627 Seifert/Campenhausen/*Hof*, Stiftungsrecht, § 36 Rn. 122.
628 MünchKomm/*C. Schäfer*, BGB, § 718 Rn. 48;
629 Ebenfalls Staudinger/*Hüttemann/Rawert*, BGB, Vorbem zu §§ 80 ff Rn. 247.
630 HK/*Sauter*, KStG, § 1 Rn. 41.
631 HK/*Sauter*, KStG, § 1 Rn. 42 m.w.N.
632 Staudinger/*Habermeier*, BGB, Vorbem zu §§ 705–740 Rn. 63, § 718 Rn. 4.
633 Vgl. HK/*Sauter*, KStG, § 1 Rn. 42.

c) Ergebnis

Auch wenn ein gemeinsamer Zweck von Stifter und Stiftungsträger und die Vermögensübertragung des Stifters einhergehend mit eventuellen Kontrollrechten als dauernde Zweckförderungspflicht angenommen werden können, so ergibt sich dennoch aus dem wesenstypischen Merkmal der Personenvereinigung und der Rechtsfolgen der GbR, dass eine Qualifizierung des Stiftungsgeschäfts als Treuhandvertrag unter die §§ 705 ff. BGB weder den Interessen der Stiftungsbeteiligten noch den jeweiligen Grundstrukturen von GbR und unselbständiger Stiftung gerecht wird und damit abzulehnen ist. Bei strenger Sichtweise sind bereits die Voraussetzungen der GbR nicht erfüllt.[634]

3. *Die Stiftung als fiduziarische Rechtsperson*

Ausgehend von der Annahme, dass weder Schenkung unter Auflage noch Treuhandvertrag für die Qualifizierung des Stiftungsgeschäfts geeignet sind, entwickelt Koos die vorliegende Stiftung hin zu einer fiduziarischen Person.[635]

a) Errichtung einer fiduziarischen Rechtsperson

Nach Koos gestaltet sich das Stiftungsgeschäft der unselbständigen Stiftung als eigener Vertragstypus, dem sog. Widmungsvertrag. Dieser enthält sowohl Zuwendungs- und Gründungselemente als auch ein verfügendes Widmungselement mit der Besonderheit, dass das Zuwendungselement nicht in der Bereicherung des Vertragspartners liegt, vielmehr eine Trennung von formellem und wirtschaftlichem Eigentum erfolgt, mithin eine Zuordnung des wirtschaftlichen Eigentums an die im Rahmen des Gründungselements geschaffene Stiftungspersonifikation stattfindet.[636] Die Widmung verbindet dabei das Vermögen mit dem Stiftungszweck und schafft so eine Vermögens-Zweck-Bindung, die die Grundstruktur des stiftungshaften Gebildes bestimmt. Danach findet einerseits die Verselbständigung des Stiftungsvermögens statt, andererseits werden der Stiftungszweck und das Stiftungsvermögen der freien Disposition des Stifters entzogen.[637] Die unselbständige Stiftung stellt sich nach ihm als eine fiduziarische Person dar, namentlich ein Rechtssubjekt ohne Rechtspersönlichkeit.[638]

Die Verselbständigung des Stiftungszwecks folgt nach Koos entsprechend dem Willen der Vertragsparteien, den Stiftungszweck dem zugrunde liegenden schuldrechtlichen Interessengefüge und der Dispositionsmacht von Stifter und

634 Staudinger/*Hüttemann/Rawert*, BGB, Vorbem zu §§ 80 ff Rn. 247.

635 Ausführlich zur Herleitung und Ausarbeitung dieses Ansatzes in der Habilitationsschrift von Koos, Fiduziarische Person und Widmung.

636 Koos, Fiduziarische Person, S. 346 f.

637 Koos, Fiduziarische Person, S. 298, die Widmung ist danach Teil des organisationsrechtlichen Bestandteils des stiftungsrechtlichen Gründungsgesamttatbestandes.

638 Koos, Fiduziarische Person, S. 283.

Stiftungsträger zu entziehen.[639] Dieser verobjektivierte Stiftungszweck sei vergleichbar mit dem Verbandszweck einer Gesellschaft oder einem Verein, sodass er ein verbandsähnliches, verselbständigtes Eigenleben, mithin eine körperschaftsähnliche Struktur, gewinne und daher entsprechend den „Geist" der Stiftungspersonifikation bildet.[640] Die unselbständige Stiftung besteht unabhängig von Stifter und Stiftungsträger in Folge dessen sie gegenüber der Stiftungspersonifikation, mithin an den übergeordneten Stiftungszweck, ähnlich wie die Gesellschafter gegenüber der Gesellschaft, treuhänderisch i.S.d. allgemeinen Treuepflicht gebunden sind.[641] Sie verlieren ihre Einwirkungsmöglichkeiten hinsichtlich des Stiftungszwecks und sind diesem gegenüber verpflichtet.[642]

Mit der Übertragung des Stiftungsvermögens auf den Stiftungsträger entsteht zwar in seiner Hand ein Sondervermögen, doch bewirkt die Schaffung der Teilpersonifikation dabei die Trennung vom formellen und wirtschaftlichen Eigentum unter Zuordnung des wirtschaftlichen Eigentums zur unselbständigen Stiftung als eigenständige Teilpersonifikation.[643] Dabei erlangt die fiduziarisch geprägte Stiftung durch die Verobjektivierung des Stiftungszwecks nicht den Grad der Personifikation einer juristischen Person,[644] jedoch wird sie Zuordnungssubjekt einzelner Rechtspositionen, insbesondere des wirtschaftlichen Eigentums am Stiftungsvermögen,[645] sodass ihr die Funktion der Treugeberin des Stiftungsvermögens zukommt.[646]

Zusammenfassend sieht Koos die vorliegende Stiftung als ein verbandsartig aufgefasstes Stiftungsgebilde, eine Personifikation, an, welche durch die Gründung im Sinne eines stiftungsspezifischen Gründungsaktes, nicht hingegen durch einen

---

639 Koos, Fiduziarische Person, S. 65 f. spricht von der Emanzipation des Stiftungszwecks.

640 Koos, Fiduziarische Person, S. 268 f., 278 wonach Stifter und Stiftungsträger dem Stiftungszweck in vergleichbarer Distanz wie bei einem Verband gegenüberstehen und ihm vergleichbar verpflichtet sind.

641 Koos, Fiduziarische Person, S. 70 f., 122, 269.

642 Koos, Fiduziarische Person, S. 298.

643 Koos, Fiduziarische Person, S. 296 f., 340 f.

644 Dies folgt aus dem numerus clausus bzw. einer fehlenden Anerkennung durch die Rechtsordnung, der Existenz der BGB-Stiftung, die einer Personifikation der vorliegenden Stiftung entgegensteht und der Tatsache, dass keine vollständige Vermögensverselbständigung angenommen werden kann. Zwar ist das Stiftungsvermögen erheblich verselbständigt, doch ist es weiterhin ein Sondervermögen in der Hand des Stiftungsträgers, vgl. Koos, Fiduziarische Person, S. 279 f.

645 Koos, Fiduziarische Person, S. 281 f., 338, 354; zweifelhaft sei, ob sie über eine umfassende isolierte Rechtsfähigkeit verfügen kann. Jedenfalls sei die Rechtsfähigkeit nicht derart umfassend, wie sie bei der BGB-Gesellschaft anerkannt ist, sodass der Personifikationsgrad unvollkommener sei als bei der BGB-Gesellschaft.

646 Koos, Fiduziarische Person, S. 281 f.

zweiseitigen Vertrag zwischen Stifter und Stiftungsträger, entsteht und bei dem der gemeinsame Zweck verobjektiviert wird.[647]

b) *Stellungnahme*

Koos stellt bei dieser Entwicklung richtigerweise die Interessen von Stifter und Stiftungsträger in den Vordergrund und gestaltet danach das Stiftungsgeschäft. Dabei orientiert er sich an der Entwicklung hin zur Rechtsfähigkeit im Recht der Gesamthand. Dennoch können die Interessen der Beteiligten nicht über die wesentlichen Grundsätze des Zivilrechts gestellt werden. Eine Weiterentwicklung des Rechts der unselbständigen Stiftung muss sich insoweit in das geltende Recht ohne Wertungswidersprüche integrieren lassen.

Nach Koos nimmt die vorliegende Stiftung eine Stellung ein, die hinsichtlich ihrer rechtlichen Qualifikation zwischen Verband und einfacher Vertragsbeziehung steht. Durch die Zuordnung des materiellen Eigentums zur Stiftung als Treugeberin wird das Stiftungsvermögen derart verselbständigt, dass es weder dem Stifter noch dem Stiftungsträger zuzuordnen ist und damit einzig für die Stiftungsverbindlichkeiten haftet,[648] mithin sowohl dem Zugriff der Privatgläubiger des Stifters als auch denen des Stiftungsträgers entzogen ist.[649]

Diese nach Koos sog. teilpersonifizierte Rechtsperson wäre neben den natürlichen und juristischen Personen sowie den nunmehr anerkannten rechtsfähigen Personengesellschaften ein viertes Gebilde, dem ein gewisser Grad von Personifikation zukäme. Hiergegen spricht zunächst der Grundsatz des numerus clausus der Rechtsformen, wonach zum Schutz der Rechtssicherheit bei Errichtung eines Rechtsgebildes grdsl. die durch Gesetz vorgegebenen Mindestvoraussetzungen einzuhalten sind, mithin eine durch Gesetz vorgegebene Rechtsform zu wählen ist und insbesondere keine Phantasiegebilde als Rechtssubjekt anerkannt sind.[650]

Koos erkennt im wirtschaftlichen Eigentum eine dingliche Rechtsposition.[651] Damit spaltet er das Eigentum am Stiftungsvermögen in zwei dingliche Rechtspositionen,

---

647 Koos, Fiduziarische Person, S. 211, 268 f. Da Stifter und Stiftungsträger den Stiftungszweck nicht aufheben oder ändern können, unterscheidet sich diese verbandsartige Struktur der fiduziarischen Stiftung von einem echten Verband, vgl. hierzu Koos, Fiduziarische Person, S. 269, 298.

648 Koos, Fiduziarische Person, S. 283, 319 f. Einerseits sei der Personifikationsgrad noch unvollkommener als bei der GbR angenommen wird, andererseits könne die Stiftung dennoch aufgrund der Zuordnung des als Rechtsposition verstandenen wirtschaftlichen Eigentums Trägerin von Rechten und Pflichten sein.

649 Koos, Fiduziarische Person, S. 339.

650 K. Schmidt, Gesellschaftsrecht, § 5 II 1, S. 96 f.; Burgard, in: Law Yearbook, S. 95, 101 f.; Burgard, Gestaltungsfreiheit, S. 70 f.; Wiedemann, WM 1975 Sonderbeilage Nr. 4, 4, 12 f.; Wolf/Neuner, Allgemeiner Teil, § 16 Rn. 3, § 26 Rn. 30; Westermann, Vertragsfreiheit, S. 112 ff.; Weitemeyer, in: Law Yearbook, S. 17, 20; kritisch zur Teilpersonifikation auch Rawert, in: FS K. Schmidt, S. 1323, 1335 f.

651 Koos, Fiduziarische Person, S. 319 f., 340 f.

dem wirtschaftlichen Eigentum der fiduziarischen Rechtsperson und dem formellen Eigentum des Stiftungsträgers. Gegen die Anerkennung des wirtschaftlichen Eigentums als dingliches Recht spricht jedoch der Typenzwang und der numerus clausus der Sachenrechte, wonach die Anzahl und der Inhalt der dinglichen Rechte vom Gesetz festgesetzt sind und nicht verändert werden dürfen.[652] Das wirtschaftliche Eigentum ist hingegen nicht als dingliche Rechtsperson anerkannt. Die Rechte, die sich aus dem wirtschaftlichen Eigentum für den Treugeber ergeben, basieren einzig auf dem schuldrechtlichen Treuhandverhältnis, wonach die Zuordnung des Treuguts zum Treuhänder eine Minderung erfährt. Dieser Restbestand vom Zuweisungsgehalt beim Treugeber führt indes nicht zu einer Anerkennung eines dinglichen Rechts auf Seiten des Treugebers, sondern ist vielmehr gewohnheitsrechtlich unter Berücksichtigung von Billigkeitsgesichtspunkten anerkannt.[653] Die Spaltung des Eigentums in zwei dingliche Rechtspositionen allein durch ein kausales Rechtsgeschäft widerspricht den grundlegenden Strukturprinzipien des geltenden Rechts und ist daher abzulehnen.[654]

Unabhängig davon sind auch der rechtsgeschäftlichen Gestaltungsfreiheit bei der Verselbständigung von Vermögen Grenzen gesetzt.[655] So kann eine schuldrechtliche Treuhandabrede keine gegenüber Dritten dinglich wirkenden Rechtsfolgen hervorrufen, mithin eine fiduziarische Person erschaffen. Daneben trägt auch die Annahme, die fiduziarische Person nehme durch die Spaltung des Eigentums die Stellung der Treugeberin gegenüber dem Stiftungsträger als Treuhänder ein, nicht zur Rechtsklarheit bei, wenn doch das Stiftungsvermögen aus dem Vermögen des Stifters an den Stiftungsträger übertragen wird.[656]

Nach Koos ist die Errichtung eines teilpersonifizierten Stiftungsgebildes jederzeit möglich mit der Folge, dass das vollständige Vermögen einzig für die Verbindlichkeiten des zugrunde liegenden Zweckes haftet. Durch die Möglichkeit, eine Haftungsmasse aus dem eigenen Vermögen auszusondern und einem eigenen Zweck zu unterstellen, könnten umfassende Haftungsexklaven errichtet werden. Vermögen könnte dem Zugriff bestimmter Gläubiger entzogen werden. Auch umfangreiche Haftungsmassen könnten daher ohne einen staatlichen Konstitutivakt beliebig, insbesondere für Dritte nicht ersichtlich, errichtet und entsprechend verschoben werden in Folge dessen der Schutz des Rechtsverkehrs im hohen

652 Wolf/Neuner, Allgemeiner Teil, § 20 Rn. 54 f.

653 Vgl. Gernhuber, JuS 1988, 355, 359; siehe bereits im Rahmen der Begründung des Aussonderungsrechts des Treugebers, 1. Teil, E. III. 2. b) aa).

654 Herzog, Die unselbständige Stiftung, S. 62; Thole, Stiftung, S. 117; Heiner, ZSt 2004, 216 f.; Staudinger/*Hüttemann/Rawert,* BGB, Vorbem zu §§ 80 ff Rn. 233.

655 MünchKomm/*Reuter,* BGB, Vor § 80 Rn. 121 f.; vgl. ebenfalls Staudinger/*Hüttemann/Rawert,* BGB, Vorbem zu §§ 80 ff Rn. 233; Heiner, ZSt 2004, 216 f.

656 So Koos, Fiduziarische Person, S. 297, 341 f.

Maße gefährdet ist. Besonders deutlich wird dies bei der nach Koos zulässigen fiduziarischen Eigenstiftung.[657]

Die Unvereinbarkeit einer fiduziarischen Rechtsperson mit dem geltenden Recht zeigt sich an unterschiedlichen Stellen. Die Möglichkeit, allein mit den Mitteln des Schuldrechts ein selbständiges Sondervermögen errichten zu können, widerspricht den grundlegenden Wertungen des Zivilrechts, namentlich den Prinzipien des Gläubigerschutzes und des Verkehrsschutzes, führt zu Rechtsmissbrauch und ist in einer funktionierenden Wirtschaftsordnung nicht denkbar. Koos rückt die Interessen der Stiftungsbeteiligten derart in den Vordergrund seiner Ausarbeitung, dass die Konstruktion letztlich mit den elementaren Regelungen des Zivilrechts divergiert.[658] Die Ausgestaltung eines eigenen stiftungsrechtlichen Gebildes führt zudem zu einem Widerspruch zum Anliegen des Gesetzgebers, die vorliegende Stiftung mit den Regelungen des allgemeinen Schuld- und Erbrechts zu errichten.

4. Die Stiftung als virtuelle juristische Person

Karsten Schmidt gelangt in einem Beitrag über die Ersatzformen der Stiftung[659] hinsichtlich der unselbständigen Stiftung zu der Erkenntnis, im Rahmen der Vertragsgestaltung werde eine Rechtsperson simuliert, indem ein Rechtsträger zum fiktiven bzw. Quasi-Organ eines anderen, lediglich simulierten Rechtsträgers, einer virtuellen juristischen Person, erklärt wird.[660] Für die Errichtung der vorliegenden Stiftung werden sowohl die Schenkung unter Auflage als auch der Treuhandvertrag benötigt: die Schenkung dient dem Vermögenstransfer, die Treuhand dient der Organisation und die Verklammerung dieser beiden Elemente erfolgt durch die Auflage.[661] Danach wird die Rechtsbeziehung zwischen Stifter und Stiftungsträger mit rein schuldrechtlichen Mitteln um eine gedachte juristische Person, einer sog. virtuellen juristischen Person, als Treugeberin des Stiftungsvermögens ergänzt. Es wird eine Stiftung mit Rechtspersönlichkeit simuliert.[662]

a) Konstruktion der virtuellen juristischen Person

Als Grundlage der Vermögensübertragung kommt auch nach K. Schmidt unter Berücksichtigung der Anforderung einer definitiven Entäußerung des Stiftungsvermögens

---

657 Vgl. die Kritik bei Staudinger/*Hüttemann/Rawert,* BGB, Vorbem zu §§ 80 ff Rn. 233 auch unter Berücksichtigung des Vorschlags von Koos, Fiduziarische Person, S. 357 ein Verzeichnis fiduziarischer Personen einzuführen. Zur Zulässigkeit der fiduziarischen Eigenstiftung Koos, Fiduziarische Person, S. 253 ff.

658 Im Ergebnis ebenso MünchKomm/*Reuter,* BGB, Vor § 80 Rn. 119; Heiner, ZSt 2004, 216 f.; Staudinger/*Hüttemann/Rawert,* BGB, Vorbem zu §§ 80 ff Rn. 232 f.

659 K. Schmidt, in: Stiftungsrecht, S. 175 ff.; ihm folgend Schlüter, Stiftungsrecht, S. 223.

660 K. Schmidt, in: Stiftungsrecht, S. 175, 181.

661 K. Schmidt, in: Stiftungsrecht, S. 175, 181.

662 K. Schmidt, in: Stiftungsrecht, S. 175, 181.

allein eine Schenkung in Betracht.[663] Da anhand von vertraglichen Beziehungen zwischen Stifter und Stiftungsträger keine juristische Person errichtet werden kann, erfolgt eine Simulation in Folge dessen der Stiftungsträger zum virtuellen Organ dieser virtuellen Rechtsperson wird. Dieses Verhältnis entspricht dabei dem Auftragsverhältnis zwischen Vorstand und Stiftung mit Rechtspersönlichkeit, vgl. §§ 86, 27 Abs. 3, 664 ff. BGB.[664] Die Treuhandabrede konstituiert die virtuelle juristische Person, indem sie hierdurch eine Verfassung erhält und ihr das Stiftungsvermögen zuzuordnen ist. Zudem folgt hieraus die Verpflichtung des Stiftungsträgers zur Einhaltung der Verfassung und entsprechend die Geschäftsführung im Interesse und für Rechnung der gedachten Rechtsperson auszuüben, mithin das Stiftungsvermögen zu verwalten, als ob er Organ einer Stiftung mit Rechtspersönlichkeit ist.[665] Grundlage seiner treuhänderischen Pflichten ist die bindende Herstellung eines simulierten Auftragsverhältnisses mit der Stiftung.[666]

Die mit der Schenkung verbundene Auflage gegenüber dem Stiftungsträger besteht entsprechend zum einen aus der Pflicht zur treuhänderischen Verwaltung des Stiftungsvermögens, zum anderen aus der Pflicht, als virtuelles Geschäftsführungsorgan im Interesse der virtuellen Stiftung zu handeln. Die Auflage dient somit der Verklammerung der Zuwendung des Stiftungsvermögens an den Stiftungsträger und dem Treuhandvertrag, durch den die virtuelle juristische Person konstituiert wird.[667]

b) Haftungsrechtliche Auswirkungen, insbes. insolvenzrechtliche Folgen

Die durch die Treuhänderpflichten des Stiftungsträgers simulierte, virtuelle Stiftungsperson ist im Verhältnis zum Stiftungsträger als Treugeberin des Stiftungsvermögens zu sehen.[668] Hieraus folgt, dass das Stiftungsvermögen nur für die Verbindlichkeiten haftet, die im Rahmen der Stiftungstätigkeit entstehen.[669] Zieht der Insolvenzverwalter das Stiftungsvermögen im Fall der Insolvenz des Stiftungsträgers zur Insolvenzmasse, so kann der Stifter das Recht zur Aussonderung i.S.d. § 47 InsO zur Verteidigung der Rechte der virtuellen Stiftungsperson geltend machen.[670] Das

663 Die Zuwendung ist dabei so zu behandeln, als würde das Stiftungsvermögen einer juristischen Person zugeordnet, K. Schmidt, in: Stiftungsrecht, S. 175, 183.

664 Staudinger/*Hüttemann/Rawert,* BGB, Vorbem zu §§ 80 ff Rn. 231, 251.

665 K. Schmidt, in: Stiftungsrecht, S. 175, 183; Richter, Stiftung & Sponsoring, Rote Seiten 3/2006, 1, 18; Rawert, in: FS K. Schmidt, S. 1323, 1333.

666 K. Schmidt, in: Stiftungsrecht, S. 175, 183. Ein Auftragsverhältnis mit dem Stifter besteht damit nicht.

667 K. Schmidt, in: Stiftungsrecht, S. 175, 183, wonach die Auflage dem einseitigen Stiftungsgeschäft nach § 81 BGB entspricht; Staudinger/*Hüttemann/Rawert,* BGB, Vorbem zu §§ 80 ff Rn. 251; Rawert, in: FS Hopt, S. 177, 185.

668 K. Schmidt, in: Stiftungsrecht, S. 175, 185.

669 K. Schmidt, in: Stiftungsrecht, S. 175, 185.

670 K. Schmidt, in: Stiftungsrecht, S. 175, 185, 194 zur Aussonderung berechtigt ist neben dem Stifter auch ein sonst zum Vollzug Berechtigter i.S.d. §§ 525 II, 2194 S. 2 BGB bzw. ein gegen den bisherigen Stiftungsträger ausgetauschter, neuer

Stiftungsvermögen ist damit grdsl. gegen einen Zugriff privater Gläubiger des Stiftungsträgers geschützt. Da es sich um eine Simulation einer juristischen Person mit schuldrechtlichen Mitteln handelt, nimmt der Stiftungsträger allein nach innen die Stellung eines virtuellen Organs der Stiftung als virtueller Rechtsperson ein,[671] bleibt aber aufgrund der mit der Schenkung verbundenen Übertragung des Stiftungsvermögens nach außen hin Zurechnungssubjekt der Stiftungsverbindlichkeiten, sodass auch weiterhin eine Haftung mit seinem Privatvermögen für sämtliche aus der Stiftungstätigkeit resultierenden Verbindlichkeiten stattfindet.[672]

Auch ist der Bestand des Stiftungsvermögens im Fall der Insolvenz des Stifters nicht gefährdet. Eine Anfechtung durch den Insolvenzverwalter i.S.d. §§ 129 ff. InsO scheidet aus, da nicht lediglich wie im Grundfall des Stiftungsgeschäfts eine Schenkung unter Auflage vorliegt, sondern darüber hinaus eine virtuelle Rechtsperson basierend auf einem simulierten Treuhandverhältnisses errichtet wird. Haftungsrechtlicher Eigentümer des Stiftungsvermögens ist nicht der Stiftungsträger sondern die virtuelle Rechtsperson. Mangels Treuhandverhältnis mit dem Stifter findet auch § 115 InsO keine Anwendung. Der Bestand des Stiftungsvermögens ist nach dieser Ansicht damit sowohl bei einer Insolvenz des Stifters als auch bei einer Insolvenz des Stiftungsträgers geschützt. Das Stiftungsvermögen haftet somit allein für Verbindlichkeiten, die im Rahmen der Stiftungstätigkeit entstehen.

c) *Kritische Würdigung*

Die Kumulation von Schenkung unter Auflage und Treuhandvertrag führt letztlich dazu, dass die bei Ausgestaltung des Stiftungsgeschäfts, entweder als Schenkung unter Auflage oder als Treuhandvertrag, als nachteilig darstellenden Rechtsfolgen umgangen werden, indem die Vorteile der Schenkung unter Auflage mit denen des Treuhandvertrages im Stiftungsgeschäft vereint werden.[673] In der Konstruktion der virtuellen juristischen Person sind sowohl Elemente der Fiktionstheorie als auch der Theorie der realen Verbandspersönlichkeit enthalten.[674]

aa) Keine Umgehung des numerus clausus der juristischen Personen

Entgegen den bisher aufgezeigten Erklärungsversuchen bedient sich K. Schmidt zur Ausgestaltung der Stiftung rein schuldrechtlicher Mittel und berücksichtigt dabei den Willen des Stifters als auch den des Gesetzgebers, weder eine Stiftung mit Rechtspersönlichkeit oder einen Verband zu errichten noch ein bloßes Zweckvermögen

Stiftungsträger. Entsprechendes gilt im Fall der Vollstreckung für § 771 ZPO; Richter, Stiftung & Sponsoring, Rote Seiten 3/2006, 1, 22; Rawert, in: FS K. Schmidt, S. 1323, 1333 f.

671 K. Schmidt, in: Stiftungsrecht, S. 175, 184.

672 K. Schmidt, in: Stiftungsrecht, S. 175, 185 f.

673 Kritisch betrachtet liegt erneut das angesprochene „Rosinenpicken" vor, vgl. Reuter, in: Stiftungen, S. 203, 207, 214.

674 Geibel, in: Law Yearbook, S. 29, 55; zu den Theorien, vgl. 2. Teil, A. I. 1.

als juristische Person anzuerkennen.[675] Dabei handelt es sich in der Sache lediglich um eine Kopie der rechtsfähigen Stiftung, die nicht kraft Analogie, sondern kraft rechtsgeschäftlicher Vereinbarung auf die unselbständige Stiftung übertragbar sein soll.[676] Die vorliegenden Haftungsverhältnisse gleichen im Grunde auch nicht denen einer juristischen Person, weil der Stiftungsträger nach den Ausführungen auch unbeschränkt mit seinem Privatvermögen für die Stiftungsverbindlichkeiten haftet. Diese Konstruktion erinnert vielmehr an die Haftungsverhältnisse im Rahmen der rechtsfähigen Personengesellschaften. Daher liegt in der nach K. Schmidt benannten virtuellen juristischen Person jedenfalls nicht der Versuch, eine Rechtsperson zu erschaffen und damit keine Umgehung des numerus clausus der juristischen Personen.[677] Gleichwohl handelt es sich jedoch um einen Fall von Rechtsfortbildung hin zu einem rechtlich verselbständigen Sondervermögen, bei dem es ebenfalls einen numerus clausus zu beachten gilt.[678] Dies muss erst Recht bei einer Verselbständigung von Vermögen durch reines Vertragsrecht gelten.

bb) Berücksichtigung des Stifterwillens

Gegen den Ansatz von K. Schmidt wird vorgetragen, er unterstelle einen Parteiwillen, für den es keine Anhaltspunkte gibt. So sei der Stifterwille entweder auf die Gründung einer juristischen Person, mithin der Stiftung i.S.d. §§ 80 ff. BGB, oder auf die Errichtung einer unselbständigen Stiftung gerichtet.[679] Dies liegt indes allein daran, dass der potentielle Stifter die Möglichkeit einer virtuellen Rechtsperson bisher nicht kannte. Unberücksichtigt dessen entspricht die bisherige Ausgestaltung des Stiftungsgeschäfts als Schenkung unter Auflage oder als Treuhandvertrag mangels Bestandsschutz nicht den Interessen des Stifters. Der Stifterwille ist dahingehend auszulegen, das Stiftungsgeschäft so auszugestalten, dass die dauerhafte Erfüllung des Stiftungszwecks gesichert ist und letztlich auch der bestmögliche Schutz für das Stiftungsvermögen erreicht wird. Dies wird durch den Ansatz von K. Schmidt jedenfalls umfangreicher berücksichtigt, sodass eine derartige Ausgestaltung nicht gegen den Stifterwillen spricht.[680]

---

675 So auch K. Schmidt, in: Stiftungsrecht, S. 175, 181.

676 Rawert, in: FS K. Schmidt, S. 1323, 1334.

677 Vgl. ebenfalls Seyfarth, Unselbstständige Stiftung, S. 52.

678 Kritisch zu der Frage, ob sich die Rechtsfortbildung in den Grenzen des numerus clausus hält Reuter, in: Law Yearbook, S. 65, 75; Wolf/Neuner, Allgemeiner Teil, § 26 Rn. 30.

679 Werner/Saenger/*A. Werner,* Stiftung, Rn. 962.

680 A.A. offenbar Herzog, Die unselbständige Stiftung, S. 67 nach dem kein Grund dafür ersichtlich ist, warum die Parteien den Willen haben sollten, eine rechtsfähige Stiftung zu simulieren.

cc) Haftungsrechtliches Eigentum der virtuellen Rechtsperson

Problematisch erscheint vor allem die Anerkennung eines Aussonderungsrechts der virtuellen Rechtsperson, geltend zu machen durch den Stifter, im Fall der Insolvenzeröffnung über das Vermögen des Stiftungsträgers.[681] Bei Anwendung des von der Rechtsprechung entwickelten Unmittelbarkeitsprinzips[682] scheidet ein Aussonderungsrecht bereits deshalb aus, weil das Stiftungsvermögen nicht unmittelbar von dem Treugeber, der virtuellen Stiftung, sondern durch den Stifter auf den Stiftungsträger überragen wird.[683] Aber auch bei Ablehnung des Unmittelbarkeitsprinzips ist der Bestimmtheitsgrundsatz zu berücksichtigen. Zwar nimmt die simulierte juristische Person eine Treugeberposition im Verhältnis zum Stiftungsträger ein, gleichwohl handelt es sich dabei allein um eine virtuelle Treugeberposition, die tatsächlich keine Rechtsposition am Stiftungsvermögen begründen kann. Ein Rechtsgebilde kann gegenüber Dritten nur dann Zuordnungssubjekt von Rechten und Pflichten sein, soweit es von der Rechtsordnung als ein solches anerkannt ist, mithin ihm Rechtsfähigkeit oder Rechtspersönlichkeit zukommt. Sowohl für die Übertragung des Treuguts als auch für die Zuordnung des haftungsrechtlichen und wirtschaftlichen Eigentums muss daher ein Treugeber in Form eines anerkannten Rechtssubjekts existieren.[684] Schuldrechtliche Abreden zwischen Stifter und Stiftungsträger bzw. eine damit verbundene Simulation einer Rechtsperson vermögen indes nicht die Wirkung zu haben, ein neues Rechtssubjekt zu erschaffen, welchem das haftungsrechtliche Eigentum zurechenbar wäre.[685] Ein Aussonderungsrecht der virtuellen Stiftungsperson kann daher mangels Anerkennung als Rechtssubjekt nicht bestehen, sodass auch der Stifter dieses nicht im Namen der Stiftung zulasten der Gläubiger des Stiftungsträgers geltend machen kann.[686] Das simulierte Treuhandverhältnis entfaltet im Rechtsverkehr keine Wirkung, sondern wirkt allein relativ zwischen Stifter und Stiftungsträger.[687] Insoweit können allein mit den Mitteln der rechtsgeschäftlichen Gestaltungsfreiheit dingliche Wirkungen,

---

681 Jedenfalls steht dem Stifter ein eigenes Aussonderungsrecht aufgrund der mit der Schenkung verbundenen Übertragung des Stiftungsvermögens nicht zu.

682 Vgl. hierzu 1. Teil, E. III. 2. b) bb)).

683 MünchKomm/*Reuter*, BGB, Vor § 80 Rn. 110; ebenfalls kritisch Staudinger/*Hüttemann/Rawert*, BGB, Vorbem zu §§ 80 ff Rn. 256.

684 Vgl. hierzu Koos, Fiduziarische Person, S. 282 f. mit Gedanken, ob durch den Ansatz von K. Schmidt der Schritt hin zur Anerkennung einer echten Personifikation nicht bereits vollzogen ist.

685 Kritisch ebenfalls Tyarks, Zweckvermögen, S. 150.

686 Ebenso MünchKomm/*Reuter*, BGB, Vor § 80 Rn. 110 mit dem zusätzlichen Hinweis, die Annahme eines Aussonderungsrechts verträgt sich zudem nicht mit der Prämisse, dass der Stiftungsträger bei unverschuldeter Unmöglichkeit der Auflagenerfüllung das Stiftungsvermögen als Eigenvermögen behalten kann.

687 Danach fällt das Stiftungsvermögen bei einer Insolvenz über das Vermögen des Stiftungsträgers grdsl. mit in die Insolvenzmasse, vgl. Reuter, in: FS Hadding, S. 231, 243; kritisch auch Geibel, in: Law Yearbook, S. 29, 55 f.

letztlich die Sonderung von Stiftungs- und Privatvermögen gegenüber Dritten, nicht erzielt werden.[688]

bb) Benachteiligung des Rechtsverkehrs durch Entzug von Haftungsmasse

Das Stiftungsvermögen wird als Haftungsmasse nicht nur den Gläubigern des Stifters, sondern auch denen des Stiftungsträgers entzogen, sodass es allein für die Stiftungsverbindlichkeiten haftet. Andererseits kann die virtuelle juristische Person auch nach K. Schmidt mangels Rechtssubjektivität nicht als Zurechnungssubjekt des Stiftungsvermögens angesehen werden, sodass allein der Stiftungsträger Inhaber der Rechte und Pflichten ist.[689] Dem widerspricht die alleinige Haftung des Stiftungsvermögens für Stiftungsverbindlichkeiten. Dies vor allem, weil die Haftungsverhältnisse für den Rechtsverkehr nicht ersichtlich sind und er von der Zuordnung des Stiftungsvermögens zum Vermögen des Stiftungsträgers, letztlich auch von der Haftung des Stiftungsträgers, ausgehen darf. Anders hingegen bei den durch die Rechtsordnung anerkannten juristischen Personen und rechtsfähigen Personengesellschaften, bei denen zum Schutz und zur Sicherheit des Rechtsverkehrs der Verselbständigung von Vermögen enge Grenzen gesetzt sind, insbesondere ein Publizitätsakt, sei es in Form der staatlichen Anerkennung oder der Eintragung in ein Register, erforderlich ist.[690] Für den Rechtsverkehr ist vorliegend einzig die Übertragung des Stiftungsvermögens vom Stifter auf den Stiftungsträger erkennbar. Die Anerkennung einer virtuellen juristischen Person eröffnet die Möglichkeit, dem Rechtsverkehr durch vertragliche Abreden bestimmte Haftungsmassen zu entziehen und stellt damit einen unzulässigen Entzug der Gläubigerrechte dar.[691] Zur Sicherheit des Rechts- und Wirtschaftsverkehrs ist es daher unbedingt erforderlich, dass die Verselbständigung von Vermögensmassen auch weiterhin nur in engen Grenzen zulässig ist und der Disposition der Parteien grdsl. entzogen ist. Der Rechtsverkehr erfordert ein hohes Schutzbedürfnis, das offensichtlich nicht gewahrt wird, sollte die Verselbständigung von Vermögensmassen in der Weise erfolgen, dass sowohl die Gläubiger der einen, als auch die der anderen Vertragspartei nicht mehr auf das Vermögen zugreifen können. Mit der Möglichkeit, einen virtuellen Rechtsträger zu erschaffen, würden letztlich Tür und Tor eröffnet, Vermögensmassen vor dem

688 Fischer, in: FS Reuter, S. 73, 74; Reuter, in: FS Hadding, S. 231, 242 f.; MünchKomm *Reuter*, BGB, Vor § 80 Rn. 110 f.

689 K. Schmidt, in: Stiftungsrecht, S. 175, 176.

690 Zwar wird mit der Anerkennung der rechtsfähigen Außen-GbR deutlich, dass nicht stets ein förmlicher Anerkennungsakt erforderlich ist, sondern die Anerkennung auch durch Rechtsfortbildung erfolgen kann. Doch zeigt die Entscheidung des BGH, dass der Verselbständigung enge Grenzen gesetzt sind und ein Gebilde nicht allein durch Rechtsgeschäft Rechtsfähigkeit erlangen kann. In diesem Sinne auch Reuter, in: FS Hadding, S. 231, 242 f.; vgl. Lehmann, AcP 207 (2007), 224, 247 f. mit Kritik an der fehlenden Publizität der GbR.

691 Seyfarth, Unselbstständige Stiftung, S. 52 f.

Zugriff etwaiger Gläubiger in Sicherheit zu bringen. Ein erheblicher Missbrauchsspielraum entstünde und die Gefahr, dass der numerus clausus im Organisationsrecht durch ähnliche Gestaltungen in anderen Rechtsbereichen ausgehöht würde, wird verstärkt.

Gleichfalls gilt es zu bedenken, dass die Anerkennung einer virtuellen Rechtsperson zu einem konturenlosen Rechtsbegriff führen würde, weil eine Anerkennung durch die Rechtsordnung fehlt und sich hierdurch unweigerlich weitere rechtliche Probleme ergäben. Darüber hinaus überzeugt auch ein Verweis auf die Entwicklung der GbR hin zur Anerkennung der rechtsfähigen Außen-GbR[692] nicht. Die Anerkennung der rechtsfähigen Außen-GbR ist zum einen Folge jahrelanger Rechtsfortbildung, zum anderen rechtfertigt sie sich vor allem aus den mit der Zuordnung des Gesellschaftsvermögens verbundenen Schwierigkeiten einhergehend mit der Mehrzahl der Mitglieder. Diese Probleme stellen sich im Rahmen des Stiftungsgeschäfts mangels Mehrheit der beteiligten Rechtssubjekte und mangels Gesamthandsvermögens nicht, sodass bereits keine vergleichbare Interessenlage vorliegt.

d) Zwischenergebnis

Auch, wenn mit dem Vorstoß von K. Schmidt hin zu einer virtuellen Rechtsperson aus stiftungsrechtlichen Gesichtspunkten ein überaus befriedigendes Ergebnis erzielt wird, so muss andererseits der Rechtsverkehr vor etwaigen Missbrauchsmöglichkeiten, insbesondere vor dem Entzug von Haftungsmassen, geschützt werden. Darüber hinaus kann eine haftungsrechtliche Verselbständigung des Stiftungsvermögens nicht allein mit schuldrechtlichen Mitteln erreicht werden. Nicht vereinbar mit den geltenden Grundsätzen ist zudem die begründete Treugeberposition der virtuellen Stiftungsperson, der ein Aussonderungsrecht zukommen soll. Insgesamt vermag dieser Ansatz aufgrund der angeführten Kritikpunkte daher nicht zu überzeugen.

5. Ergebnis

Keiner der aufgezeigten Ansätze zur Qualifizierung der unselbständigen Stiftung hin zur Annäherung an ein rechtsfähiges Gebilde kann vollends überzeugen. Die Ansätze sind weder mit den gesetzlichen Anforderungen noch mit den stiftungsspezifischen Erfordernissen vereinbar. Die unselbständige Stiftung kann damit allein auf einer vertraglichen Ausgestaltung des Stiftungsgeschäfts zwischen Stifter und Stiftungsträger beruhen im Rahmen dessen das Stiftungsvermögen dem Stiftungsträger zuzuordnen ist. Dabei kommt nach bisheriger Untersuchung allein die Schenkung unter Auflage als causa für die Vermögensübertragung in Betracht. Damit steht das Stiftungsvermögen nach der Übertragung neben dem Privatvermögen als unselbständiges Sondervermögen im Gesamtvermögen des Stiftungsträgers.

---

692 Vgl. K. Schmidt, in: Stiftungsrecht, S. 175, 178 der die GbR als Beispiel für die Weiterentwicklung vom Sondervermögen hin zum Rechtsträger anführt.

Aus einem insolvenzrechtlichen Blickwinkel betrachtet, bedeutet die Ablehnung der Weiterentwicklung hin zu einem rechtfähigen Gebilde, dass über das Stiftungsvermögen an sich nach Maßgabe des § 11 Abs. 1, 2 Nr. 1 InsO eine Eröffnung des Insolvenzverfahrens ausscheidet. Die Zulässigkeit eines Insolvenzverfahrens i.S.d. § 11 Abs. 1, 2 Nr. 1 InsO folgt der Rechtsfähigkeit nach materiellem Recht.[693] Träger von Rechten und Pflichten ist vorliegend allein der Stiftungsträger in Folge dessen ein Insolvenzverfahren allein über dessen Gesamtvermögen, mangels eigener Rechtsfähigkeit nicht hingegen über ein unselbständiges Teilvermögen, möglich ist. Auch scheidet eine analoge Anwendung von § 11 Abs. 1, 2 Nr. 1 InsO im Hinblick auf die Insolvenzfähigkeit des Stiftungsvermögens bereits aus diesem Grund aus. Anknüpfungspunkt für die Insolvenzfähigkeit ist nach § 11 Abs. 1, 2 Nr. 1 InsO zudem eine rechtsfähige Person, nicht hingegen eine Vermögensmasse.[694] Auch, wenn die Qualifizierung als insolvenzfähig demnach lediglich klarstellenden Charakter hat und weitgehend nach materiellen Recht bestimmt wird, so folgt jedenfalls aus der fehlenden Weiterentwicklungsmöglichkeit zu einem rechtsfähigen Gebilde auch die fehlende Insolvenzfähigkeit. § 11 Abs. 1, 2 Nr. 1 InsO ist zumindest solange abschließend und eng auszulegen, wie die Rechtsfähigkeit nicht bejaht werden kann. Das Stiftungsvermögen bleibt bei Einordnung des Stiftungsgeschäfts als Schenkung unter Auflage damit vom insolvenzrechtlichen Schicksal seines Rechtsträgers, dem Stiftungsträger, abhängig.

III. Qualifizierung des Stiftungsvermögens als anerkanntes Sondervermögen

Gem. § 11 Abs. 2 Nr. 2 InsO ist auch über die dort genannten Sondervermögen ein Insolvenzverfahren zulässig. Hierbei handelt es sich um Vermögensmassen, die weder eine eigene Rechtspersönlichkeit noch Rechtsfähigkeit besitzen. Auch das Stiftungsvermögen besitzt weder eine eigene Rechtspersönlichkeit[695] noch ist es rechtsfähig. Indes zeichnen sich die Vermögensmassen i.S.d. § 11 Abs. 2 Nr. 2 InsO dadurch aus, dass es sich jeweils um ein -auch haftungsrechtlich- abgegrenztes Vermögen handelt, das bestimmten Gläubigern unter Ausschluss anderer Gläubiger haftungsrechtlich zugewiesen ist. Eine direkte Anwendung scheidet mangels Aufnahme der unselbständigen Stiftung in den Wortlaut des § 11 Abs. 2 Nr. 2 InsO jedenfalls offenkundig aus. Gleichwohl ist mit Blick auf die dort genannten Sondervermögen zu klären, ob das Stiftungsvermögen in Folge der Übertragung auf den Stiftungsträger innerhalb seines Vermögens die Stellung einer insolvenzfähigen Vermögensmasse einnehmen kann. Hierfür müsste das Stiftungsvermögen einer vom Allgemeinvermögen des Stiftungsträgers abweichenden Haftung unterliegen.

---

693 Uhlenbruck/*Hirte*, InsO, § 11 Rn. 1; vgl. Bach/Knof, ZInsO 2005, 729, 735.
694 Uhlenbruck/*Hirte*, InsO, § 11 Rn. 4.
695 Bach/Knof, ZInsO 2005, 729, 734.

Daneben sind durch das materielle Recht weitere Sondervermögen anerkannt, die einer vom zugeordneten Rechtsträger abweichenden Haftung unterliegen. Diese sind ebenfalls auf ihre Vergleichbarkeit mit den Erfordernissen des Stiftungsvermögens hin zu untersuchen und der Frage nachzugehen, wie diese Sondervermögen ausgestaltet und haftungsrechtlich zu behandeln sind.

1. *Herleitung: Gesamtvermögen*

Ausgehend vom Grundsatz der Vermögenseinheit bildet das Vermögen eines Rechtsträgers grdsl. eine Einheit[696] in Folge dessen auch die Gesamtheit der Vermögensrechte für die Verbindlichkeiten des Inhabers haftet und jeder Gläubiger aus jedem beliebigen Vermögensgegenstand Befriedigung für seine Forderung suchen kann.[697] Die sich hieraus ergebenden Konsequenzen im Rahmen der unselbständigen Stiftung, letztlich das Vorliegen eines sog. Gesamtvermögens bestehend aus Privat- und Stiftungsvermögen des Stiftungsträgers, wurden bei der Qualifizierung des Stiftungsgeschäfts als Schenkung unter Auflage und als Treuhandvertrag deutlich. Diese Haftungssituation widerspricht insbesondere in den angesprochenen insolvenzrechtlichen Konstellationen den Interessen der Stiftungsbeteiligten und dem Stiftungsgedanken. Dies vor allem, weil ein Schutz des Stiftungsvermögens im Vermögen des Stiftungsträgers nicht stattfindet.

Eine andere Situation ergäbe sich, wenn das Stiftungsvermögen nicht zusammen mit dem Privatvermögen des Stiftungsträgers eine Vermögenseinheit bildet, sondern eine davon unabhängige Vermögensmasse darstellt. Das BGB steht einer Anerkennung von rechtlich getrennten Vermögensmassen grdsl. ablehnend gegenüber.[698] Bereits aus der Grundkonzeption des Vermögensrechts lässt sich deutlich der Grundsatz der Vermögenseinheit erkennen. Auch fehlt eine Normierung des Begriffs „Sondervermögen".[699] Darüber hinaus nennt es das Sondervermögen weder als eigenständige schuldrechtliche noch sachenrechtliche Kategorie.

---

696 In der Rechtsordnung zwar nicht ausdrücklich festgelegt, ergibt sich aber aus verschiedenen Normen, vgl. z.B. §§ 311b II-IV, 1085, 1363 II, 1364, 1365, 1373 ff., 1922 I BGB, § 803 ZPO, § 1 InsO und ist seit jeher anerkannt, vgl. Enneccerus/Nipperdey, Allg. Teil, § 131 III, S. 844; Wolf/Neuner, Allgemeiner Teil, § 26 Rn. 30; Dawe, Sonderkonkurs, S. 9; Uhlenbruck/*Hirte,* InsO, § 35 Rn. 53; Jaeger/*Henckel,* InsO, § 35 Rn. 131; Rosenberg/Gaul/Schilken/Becker-Eberhard/*Gaul,* Zwangsvollstreckungsrecht, § 34 Rn. 5, 23.

697 Enneccerus/Nipperdey, Allg. Teil, § 131 III, S. 844; Wolf/Neuner, Allgemeiner Teil, § 26 Rn. 29; Tuhr, Allgemeine Teil, S. 325; Dauner-Lieb, Sondervermögen, S. 45; Uhlenbruck/*Hirte,* InsO, § 35 Rn. 53.

698 Dawe, Sonderkonkurs, S. 9 m.w.N.

699 Dauner-Lieb, Sondervermögen, S. 40; Ulmer/Ihrig, GmbHR 1988, 373, 376.

2. Entstehung eines Sondervermögens

Entsprechend dem Grundsatz der Vermögenseinheit kann der Stiftungsträger seine vorhandenen Vermögensmassen, das Stiftungsvermögen und sein Privatvermögen, nicht in beliebige Haftungsmassen aufspalten. Auch eine faktische Trennung der Vermögensmassen, z.B. durch die gesonderte Verwaltung einer Vermögensmasse, wäre dabei zur Haftungssonderung im Rechtsverkehr nicht ausreichend, sodass sich das Vermögen rechtlich weiterhin als Einheit darstellt.[700] Die rechtliche Trennung von Vermögensmassen ist aufgrund des numerus clausus der Sondervermögen dem Gesetzgeber vorbehalten.[701] Sondervermögen sind im Gesetz zwar nicht ausdrücklich erwähnt, werden jedoch allgemein anerkannt[702] und gemeinhin angenommen, wenn Vermögensgegenstände nicht nur tatsächlich aus dem Privatvermögen einer Person abgesondert werden, sondern auch von der Rechtsordnung als gesondert und eigenständig, dies insbesondere hinsichtlich der Schuldenhaftung, anerkannt werden, besondere Regelungen für sie geschaffen sind und dieses Vermögen einem bestimmten Zweck gewidmet ist.[703] Bei Anerkennung eines Vermögensteils als Sondervermögen teilt sich das Vermögen in verschiedene Vermögensmassen, sodass der Rechtsträger weiterhin über sein persönliches Vermögen frei verfügen kann, über den der Zweckbindung unterliegenden Teil jedoch nur beschränkt im Sinne der Zweckbindungen.[704] Das Sondervermögen ist damit in rechtlicher Hinsicht anders zu behandeln als das sonstige Vermögen des Rechtsträgers,[705] sodass es zu einer Durchbrechung des Grundsatzes der Vermögenseinheit kommt, mithin zu einer Vermögens- und Haftungssonderung, aus der eine Aufspaltung des bis zu diesem Zeitpunkt einheitlichen Haftungsobjekts Vermögen in verschiedene Haftungsmassen folgt.[706] Indes

---

700 Dauner-Lieb, Sondervermögen, S. 31; Tuhr, Allgemeine Teil, S. 320 f.

701 Wolf/Neuner, Allgemeiner Teil, § 26 Rn. 30; Dauner-Lieb, Sondervermögen, S. 31, Löhnig, Treuhand, S. 770; Uhlenbruck/*Hirte,* InsO, § 35 Rn. 54, 61.

702 Vgl. die Nachweise bei Dauner-Lieb, Sondervermögen, S. 37; Ulmer/Ihrig, GmbHR 1988, 373, 376 f.; Dawe, Sonderkonkurs, S. 9 f.

703 Die sog. Zweckbindungslehren charakterisieren das Sondervermögen i.d.S., dass der Vermögensträger hierdurch einer bestimmten Zweckbindung unterliegt, vgl. Tuhr, Allgemeine Teil, S. 332; Enneccerus/Nipperdey, Allg. Teil, § 132 I, S. 845 f.; Wiedemann, WM 1975 Sonderbeilage Nr. 4, 4, 28 f.; Coing, Treuhand, S. 86; Ulmer/Ihrig, GmbHR 1988, 373, 377; Dauner-Lieb, Sondervermögen, S. 41 f.; Dawe, Sonderkonkurs, S. 10 f.

704 Coing, Treuhand, S. 86; Ulmer/Ihrig, GmbHR 1988, 373, 377; Tuhr, Allgemeine Teil, S. 330 ff.; vgl. Dauner-Lieb, Sondervermögen, S. 41 f.; Dawe, Sonderkonkurs, S. 11; Staudinger/*Jickeli/Stieper,* BGB, § 90 Rn. 76.

705 Löhnig, Treuhand, S. 798 f., 801; MünchKomm/*Stresemann,* BGB, § 90 Rn. 44.

706 Dauner-Lieb, Sondervermögen, S. 47; Ulmer/Ihrig, GmbHR 1988, 373, 377; Tuhr, Allgemeine Teil, S. 338; Rosenberg/Gaul/Schilken/Becker-Eberhard/*Gaul,* Zwangsvollstreckungsrecht, § 34 Rn. 36. Anders als die Vermögensspaltung führt die Vermögenssonderung daher nicht zur Entstehung einer neuen Rechtsträgerschaft.

kommt dem Sondervermögen keine selbständige Rechtspersönlichkeit zu, sodass es sich stets als Teil eines Gesamtvermögens neben dem übrigen Vermögen eines Rechtsträgers darstellt.[707]

3. *Klassifizierung der anerkannten unselbständigen Sondervermögen*

Neben dem bisher dargestellten, im Rahmen der Treuhandverwaltung entstehenden Sondervermögen,[708] sind weitere Sondervermögen anerkannt. Sie nehmen wie ein Treuhandvermögen eine separate Stellung im Gesamtvermögen eines Rechtsträgers ein, erfahren jedoch ebenfalls keine Verselbständigung. Gleichwohl wird das Sondervermögen durch die separate Stellung in einem gewissen Umfang zu einer selbständigen Einheit.

Hinsichtlich einer entsprechenden Anwendung der Vorschriften über die sog. unselbständigen Sondervermögen auf die unselbständige Stiftung sind diese zunächst einzuordnen. Die durch den Gesetzgeber anerkannten Sondervermögen lassen sich dabei in zweierlei Hinsicht einteilen. Zum einen können die Sondervermögen anhand ihrer Zuordnung zum Rechtssubjekt systematisiert werden. Daneben bestehen im Hinblick auf den Umfang der Haftungssonderung einzelner Sondervermögen Unterschiede, die eine weitere Differenzierung ermöglichen.

a) Zuordnung des Sondervermögens zum Rechtsträger

Anhand ihrer Rechtszuordnung kann zwischen Sondervermögen mit einheitlicher Rechtsträgerschaft, die neben der privaten Vermögensmasse eines einzelnen Rechtssubjekts stehen und allein diesem zugeordnet sind, und Sondervermögen mit mehrheitlicher Rechtsträgerschaft, die mehreren Personen gemeinschaftlich zur gesamten Hand zustehen und von den Einzelvermögen jedes Einzelnen getrennt sind, unterschieden werden.[709] Zur Errichtung der unselbständigen Stiftung ist eine vollständige Übertragung des Stiftungsvermögens auf den Stiftungsträger notwendig, sodass er unter Ausschluss des Stifters die alleinige Rechtsträgerschaft über das Stiftungsvermögen erhalten soll. Sondervermögen, die in mehrheitlicher

---

Einheitlicher Rechtsträger bleibt die Person als Zuordnungsendpunkt vermögensrechtlicher Beziehungen, vgl. Dawe, Sonderkonkurs, S. 12.

707 Staudinger/*Jickeli/Stieper*, BGB, § 90 Rn. 78; Ulmer/Ihrig, GmbHR 1988, 373, 377.

708 Staudinger/*Jickeli/Stieper*, BGB, § 90 Rn. 76; MünchKomm/*Reuter*, BGB, Vor § 21 Rn. 11; Coing, Treuhand, S. 86, 182; Löhnig, Treuhand, S. 776 f., 798 ff., 807 ff.; vgl. zu den Besonderheiten der Treuhand 1. Teil, C. VI. 1. b) sowie 1. Teil, E. III. 2. b).

709 Enneccerus/Nipperdey, Allg. Teil, § 132 I, S. 846; Wolf/Neuner, Allgemeiner Teil, § 26 Rn. 36 f.; Soergel/*Marly*, BGB, Vor § 90 Rn. 12; Dawe, Sonderkonkurs, S. 14; Staudinger/*Jickeli/Stieper*, BGB, § 90 Rn. 76; a.A. Ulmer/Ihrig, GmbHR 1988, 373, 377, die ein Sondervermögen, das durch Vermögenssonderungen kraft gesamthänderischer Bindungen entsteht, ablehnen.

Rechtsträgerschaft[710] stehen, namentlich der Nachlass der Erbengemeinschaft, vgl. § 2038 BGB, und das Gesamtgut der ehelichen Gütergemeinschaft, vgl. § 1416 BGB, kommen daher für eine entsprechende Anwendung bereits aus diesem Grund nicht in Betracht.

b) Umfang der Haftungssonderung

Da jedes Sondervermögen einer bestimmten Zweckbindung unterliegt, welche über die persönlichen Interessen des Rechtsträgers hinausgeht, ist im Wege der Haftungssonderung zu gewährleisten, dass der Rechtsträger nicht beliebig mit dem Sondervermögen verfahren kann.[711] Um eine zweckentsprechende Verwendung des Sondervermögens sicherstellen zu können, ist das Sondervermögen daher vor zweckwidrigen Eingriffen des Vermögensträgers und/oder seiner Privatgläubiger abzuschotten.[712] Basierend auf Dauner-Lieb kann die Trennung der Haftungsmassen eines Rechtsträgers einseitig oder doppelseitig erfolgen.[713] Bei der einseitigen Haftungssonderung ist das Sondervermögen vor willkürlichen Eingriffen des Rechtsträgers bzw. einer Inanspruchnahme seiner privaten Gläubiger geschützt. Gleichwohl können die Gläubiger des Sondervermögens zur Befriedigung ihrer Forderungen auf das Privatvermögen des Rechtsträgers zugreifen. Bei der doppelseitigen Haftungssonderung ist die Haftung hingegen auf das Sondervermögen beschränkt, sodass ein Zugriff der Gläubiger des Sondervermögens auf das Privatvermögen des Rechtsträgers ausscheidet.

Für den Umfang der Haftungssonderung kommt es entscheidend auf den dahinterstehenden Zweck an. Das Hauptinteresse des Stifters und der Stiftungsgedanke verlangen vordergründig die Einsetzung und Verwaltung des Stiftungsvermögens ausschließlich für die Angelegenheiten der unselbständigen Stiftung. Es besteht daher das Bedürfnis, das Stiftungsvermögen vollkommen vor pflichtwidrigen Zugriffen seitens des Stiftungsträgers und einer Inanspruchnahme seiner Eigengläubiger zu schützen. Eine doppelseitige Haftungssonderung wäre hingegen allein im Interesse des Stiftungsträgers, um sein privates Vermögen vor den aus der Stiftungstätigkeit resultierenden Verbindlichkeiten zu schützen. Dies würde jedoch neben der Haftungssonderung zugunsten des Stiftungsvermögens zugleich zu einer Haftungsbeschränkung zulasten der Stiftungsgläubiger führen, weil das Hauptvermögen des

---

710 Durch diese Sondervermögen wird insbesondere eine materielle Grundlage für die jeweilige Gemeinschaft geschaffen, mit der sie ihren besonderen Sozialzweck erreichen kann, vgl. Wiedemann, WM 1975, Sonderbeilage Nr. 4, 4, 30.

711 Vgl. bereits Coing, Treuhand, S. 85 f.; Dawe, Sonderkonkurs, S. 21.

712 Dauner-Lieb, Sondervermögen, S. 46 f., S. 50; Ulmer/Ihrig, GmbHR 1988, 373, 377 Tuhr, Allgemeine Teil, S. 335 f.; Dawe, Sonderkonkurs, S. 21.

713 Dauner-Lieb, Sondervermögen, S. 47 f.; Dawe, Sonderkonkurs, S. 23; auch Tuhr Allgemeine Teil, S. 338 f.

Stiftungsträgers von den „Verpflichtungen des Sondervermögens"[714] freigestellt wäre und die Stiftungsgläubiger lediglich auf das Stiftungsvermögen zugreifen könnten.[715] Insbesondere beim Vorliegen von pflichtwidrigen Stiftungstätigkeiten widerspräche die vollkommene Haftungssonderung den Stiftungsinteressen. Zudem gilt zu bedenken, dass auch aus Sicht eines gewissenhaften Stiftungsträgers eine doppelseitige Haftungssonderung nicht erforderlich ist.

4. Entsprechende Anwendung anerkannter Sondervermögen auf das Stiftungsvermögen

Den Bedürfnissen der unselbständigen Stiftung entsprechend kommen daher vor allem diejenigen Sondervermögen für eine entsprechende Anwendung in Betracht, die in einheitlicher Rechtsträgerschaft stehen und darüber hinaus einer einseitigen Haftungsbeschränkung unterliegen. Indes soll damit nicht von vornherein ausgeschlossen werden, dass das Stiftungsvermögen als Sondervermögen nicht auch auf Regelungen zumindest teilweise anwendbar sein kann, die anderweitig ausgestaltete Sondervermögen anerkennen.

a) Nachlassverwaltung und Nachlassinsolvenz

Mit Anordnung der Nachlassverwaltung, vgl. §§ 1975, 1985 BGB, bzw. der Eröffnung des Nachlassinsolvenzverfahrens, vgl. §§ 1975, 1980 BGB, entsteht im Rahmen der Haftungssonderung über den Nachlass ein Sondervermögen,[716] welches fortan unabhängig von dem Eigenvermögen des Erben besteht, sodass weder die Eigengläubiger des Erben auf den Nachlass zugreifen können, noch die Nachlassgläubiger das Eigenvermögen des Erben verwerten dürfen.[717] Es handelt sich damit, anders als für die Haftungssonderung des Stiftungsvermögens erforderlich, um eine doppelseitige Haftungssonderung. Unberücksichtigt dessen entspricht jedoch der zugrunde liegende Zweck der Vermögenssonderung vor allem nicht dem des Stiftungsvermögens. Denn anders als das Stiftungsvermögen, das durch die Vermögenssonderung erhalten und gesichert werden soll, dient die Vermögenssonderung im Rahmen der Nachlassverwaltung und -insolvenz der gleichmäßigen

---

714 Dauner-Lieb, Sondervermögen, S. 47; Tuhr, Allgemeine Teil, S. 338; vgl. Dawe, Sonderkonkurs, S. 24 f.

715 Vgl. Dauner-Lieb, Sondervermögen, S. 48.

716 BGH, FamRZ 1989, 1070, 1073; 2006, 1111, 1114; Roth/Pfeuffer/*Roth,* Praxishandbuch, S. 3, 25; Erman/*W. Schlüter,* BGB, § 1975 Rn. 7; MünchKomm/*Ott/Vuia,* InsO, § 11 Rn. 66; Soergel/*Stein,* BGB, § 1975 Rn. 4.

717 Wolf/Neuner, Allgemeiner Teil, § 26 Rn. 31; MünchKomm/*Küpper,* BGB, § 1975 Rn. 2 f.; Erman/*W. Schlüter,* BGB, Vorbem zu § 1975 Rn. 7; Bach/Knof, ZInsO 2005, 729, 734; Soergel/*Stein,* BGB, § 1975 Rn. 4; für die Nachlassverwaltung Roth/Pfeuffer/*ders.,* Praxishandbuch, S. 231.

Befriedigung der Nachlassgläubiger.[718] Die Vermögenssonderung basiert damit auf einem Abwicklungszweck, der die dingliche Bindung des Sondervermögens rechtfertigt.[719] Das Sondervermögen nimmt die Stellung eines Verwertungsobjekts ein und nicht wie bei der unselbständigen Stiftung eine Stellung als ein in seinem Bestand zu schützendes Sondervermögen. Die Heranziehung der §§ 1975, 1985 BGB bzw. §§ 1975, 1980 BGB für eine Haftungssonderung des Stiftungsvermögens scheidet daher bereits wegen grundlegend unterschiedlicher Strukturen dieser beiden Institute aus. Dementsprechend muss mangels einer vergleichbaren Interessenlage auch eine analoge Anwendung des § 11 Abs. 2 Nr. 2 InsO ausscheiden. Die Anerkennung des Nachlasses als ein insolvenzfähiges Sondervermögen i.S.d. § 11 Abs. 2 Nr. 2 InsO ist vor allem deshalb gerechtfertigt und erforderlich, weil die Gläubiger aufgrund der durch die §§ 1975, 1985 BGB erfolgenden Vermögenstrennung keinen Zugriff auf das Eigenvermögen der Erben haben.[720] Mangels Anwendbarkeit der Normen über die Nachlassverwaltung und -insolvenz besteht jedoch gerade dieses Bedürfnis beim vorliegenden Stiftungsvermögen nicht. Denn das Stiftungsvermögen ist auch weiterhin einem Rechtsträger, dem Stiftungsträger, zuzuordnen.[721]

b) Testamentsvollstreckung

Im Rahmen der Testamentsvollstreckung, vgl. §§ 2197 ff. BGB, erhält der Testamentsvollstrecker als Partei kraft Amtes[722] durch die letztwillige Verfügung des Erblassers ein weitgehendes Verwaltungs- und Verfügungsrecht über den Nachlass.[723] Die Trennung des Nachlasses vom übrigen Vermögen des Erben tritt kraft Gesetzes bereits mit dem Erbfall ein und bildet ein von dem Testamentsvollstrecker zu verwaltendes Sondervermögen.[724] Der Erbe bleibt dabei Rechtsträger

---

718 Dawe, Sonderkonkurs, S. 17; für die Nachlassinsolvenz Roth/Pfeuffer/*Roth,* Praxishandbuch, S. 1 f.; für die Nachlassverwaltung Roth/Peuffer/*ders.,* Praxishandbuch, S. 231, 261, 267.

719 Erman/*W. Schlüter,* BGB, Vorbem zu § 1975 Rn. 3; Staudinger/*Marotzke,* BGB, § 1975 Rn. 18 f.; Soergel/*Stein,* BGB, § 1975 Rn. 1.

720 Bach/Knof, ZInsO 2005, 729, 734; NR/*Mönning,* InsO, § 11 Rn. 95.

721 Bach/Knof, ZInsO 2005, 729, 734.

722 BGHZ 25, 275, 279; 41, 23, 25 f.; Staudinger/*Reimann,* BGB, Vorbem zu §§ 2197 ff Rn. 14; Soergel/*Damrau,* BGB, Vor § 2197 Rn. 5 f.; MünchKomm/*Zimmermann,* BGB, Vor § 2197 Rn. 5. Allgemein werden als private Amtsträger Personen angesehen, die ein Sondervermögen kraft eigenen Rechts verwalten, aber nicht innehaben, wobei dem Inhaber die Verwaltungsbefugnis entzogen ist, vgl. Löhnig, Treuhand, S. 333 insbes. Fn. 64.

723 BGHZ 25, 275, 279; Staudinger/*Reimann,* BGB, § 2205 Rn. 6 ff.; MünchKomm/*Zimmermann,* BGB, § 2205 Rn. 59, 61; Liebich/Mathews, Treuhand, S. 347 f.

724 BGHZ 48, 214, 219 f.; MünchKomm/*Zimmermann,* BGB, § 2205 Rn. 3, § 2214 Rn. 1; Soergel/*Damrau,* BGB, Vor § 2197 Rn. 5, 8; Wolf/Neuner, Allgemeiner Teil, § 26 Rn. 33; Coing, Treuhand, S. 20.

des Nachlasses,[725] verliert jedoch vollständig die Verfügungsbefugnis über die Nachlassgegenstände, vgl. § 2211 BGB.[726] Ebenso folgt aus der Trennung der Vermögensmassen, dass die Eigengläubiger des Erben nicht in das Sondervermögen vollstrecken können, vgl. § 2214 BGB.[727] Dies rechtfertigt es, dass bei Eröffnung des Insolvenzverfahrens über das Vermögen des Erben zwar der Nachlass mit in die Insolvenzmasse fällt, dort jedoch ein Sondervermögen darstellt, auf das allein die Nachlassgläubiger zugreifen können.[728] Umgekehrt können jedoch die Nachlassgläubiger auf das Privatvermögen des Erben zugreifen, vgl. § 2213 Abs. 1 S. 1 BGB, sodass lediglich eine einseitige Haftungssonderung vorliegt. Die Anordnung der Testamentsvollstreckung dient in erster Linie der Durchsetzung des Erblasserwillens,[729] indem der Nachlass für einen vom Erblasser bestimmten Zweck verwaltet wird.[730] Die Anordnung einer Dauervollstreckung ist dabei gleichfalls möglich.[731]

aa) Übertragung auf die unselbständige Stiftung

Übertragen auf die unselbständige Stiftung käme dem Stiftungsträger durch die Anordnung der Stiftungsverwaltung entsprechend dem Testamentsvollstrecker ein umfassendes Verwaltungs- und Verfügungsrecht -bei gleichzeitigem Entzug dieser Rechte auf Seiten des Stifters- zu. Dabei wären Stifter und Stiftungsträger entsprechend § 2118 BGB schuldrechtlich verbunden, wobei die Rechte des Stifters, vergleichbar mit der Position des Erben, jedoch so weitgehend eingeschränkt wären, dass im Wesentlichen die Pflicht des Stiftungsträgers zur Rechenschaft gegenüber dem Stifter, § 2218 Abs. 1 BGB iVm § 666 BGB, bestünde. Insbesondere zu Weisungen wäre der Stifter mangels entsprechender Verweisung des § 2218 BGB auf § 665 BGB nicht befugt. Das Stiftungsvermögen würde weder bei einer Insolvenz des Stifters mit in die Insolvenzmasse gezogen, vgl. § 2214 BGB, noch mangels Eigentümerstellung bei einer Insolvenz auf Seiten des Stiftungsträgers,

725 MünchKomm/*Zimmermann,* BGB, Vor § 2197 Rn. 1; Soergel/*Damrau,* BGB, Vor § 2197 Rn. 9; Coing, Treuhand, S. 20.

726 BGHZ 48, 214, 219; MünchKomm/*Zimmermann,* BGB, § 2211 Rn. 2 f.; Soergel/*Damrau,* BGB, § 2211 Rn. 1 ff.; Staudinger/*Reimann,* BGB, § 2211 Rn. 2 ff.; Liebich/Mathews, Treuhand, S. 350.

727 BGHZ 167, 352, 359; Soergel/*Damrau,* BGB, § 2214 Rn. 2 f.; Staudinger/*Reimann,* BGB, § 2214 Rn. 4; Erman/*M. Schmidt,* BGB, § 2214 Rn. 1 f.; MünchKomm/*Zimmermann,* BGB, § 2214 Rn. 3.

728 BGHZ 71, 296, 304; 167, 352, 359; vgl. ebenso Jaeger/*Henckel,* InsO § 35 Rn. 133, 136; MünchKomm/*Peters,* InsO, § 35 Rn. 74; MünchKomm/*Zimmermann,* BGB, § 2214 Rn. 3.

729 Staudinger/*Reimann,* BGB, Vorbem zu §§ 2197 ff Rn. 1, 6 f.; Soergel/*Damrau,* BGB, § 2203 Rn. 2; Boehmer, Erbfolge, S. 39.

730 Staudinger/*Reimann,* BGB, Vorbem zu §§ 2197 ff Rn. 6 f.

731 Dieser liegt neben der Erhaltung des Nachlasses auch die Erzielung von Erträgen bzw. Einnahmen zugrunde, vgl. Liebich/Mathews, Treuhand, S. 348 f.

sodass der Bestand der unselbständigen Stiftung vor stiftungsfremden Einflüssen geschützt wäre.

bb) Stellungnahme

Bei Betrachtung der Testamentsvollstreckung aus treuhänderischer Sicht, liegt ihr eine Spaltung der Treugeberposition in Treuhandbegründer (Erblasser) und Treuhandbegünstigten (Erbe) zugrunde.[732] Der Testamentsvollstrecker ist als Treuhänder lediglich Verwalter eines fremden Vermögens, nicht hingegen auch dessen Eigentümer, sodass eine Aufspaltung der Rechtspositionen stattfindet. Anders als bei der Testamentsvollstreckung ist im Rahmen der Stiftungserrichtung erforderlich, dass sowohl die Verwaltungs- und Verfügungsbefugnis als auch die Rechtsträgerschaft des Stiftungsvermögens allein einem Rechtsträger zukommt. In Folge der Aufspaltung der Rechtspositionen im Rahmen der Testamentsvollstreckung unterscheiden sich die Stellung des Sondervermögens und die Haftungsverhältnisse erheblich von den Anforderungen an die Stiftungserrichtung. Zwar würde der Stiftungsträger entsprechend dem Testamentsvollstrecker für die Verletzung seiner Obliegenheiten aus dem zugrunde liegenden Schuldverhältnis mit dem Treugeber nach § 2219 Abs. 1 BGB haften, doch würde auch eine unbeschränkte Haftung des Stifters für Stiftungsverbindlichkeiten begründet, vgl. § 2213 Abs. 1 BGB. Zudem nimmt der Testamentsvollstrecker bei seiner Tätigkeit eine Stellung als „Repräsentant" des Erben in der Eigenschaft als Inhaber des Nachlasses ein und erzeugt wie ein echter Stellvertreter Rechtswirkungen nach Maßgabe der §§ 2206, 2207, 2209 BGB allein in der Person des Erben.[733] Der Stifter wäre entgegen seinem Willen dauerhaft, dies auch wegen der Haftung aus § 2213 Abs. 1 BGB, an die Stiftungstätigkeit gebunden. Diese Rechtsfolgen sprechen bereits im Kern offensichtlich gegen das Interesse des Stifters.[734] Das Stiftungsgeschäft ist vielmehr entsprechend der Stiftung i.S.d. §§ 80 ff. BGB als ein einmaliger Errichtungsakt anzusehen, der eine nachträgliche Verbundenheit des Stifters durch ihm zukommende Pflichten ausschließen soll. Unter Berücksichtigung der ablehnenden Haltung hinsichtlich eines Treuhandverhältnisses zwischen Stifter und Stiftungsträger ist zudem eine eindeutige Vermögenszuordnung zu fordern.

Auch soll der Testamentsvollstrecker selbst im Rahmen der Dauervollstreckung primär lediglich eine Übergangsposition einnehmen, damit dem Erben die Herrschaft über den Nachlass nicht für immer entzogen wird.[735] Dies folgt aus der zeitlichen

---

732 Vgl. zur „Treuhand zugunsten Dritter" bei der Testamentsvollstreckung Löhnig, Treuhand, S. 332 ff.

733 Dauner-Lieb, Sondervermögen, S. 237.

734 An den grundlegenden Wesenszügen kann auch eine möglicherweise in Betracht kommende Haftungsbeschränkung des Stifters auf das Stiftungsvermögen nach den §§ 1975 ff. BGB nichts ändern.

735 Palandt/*Weidlich,* BGB, § 2210 Rn. 1; Erman/*M. Schmidt,* BGB, § 2210 Rn. 1. Die Testamentsvollstreckung ist vorrangig auf die Ausführung der letztwilligen Verfügung i.S.e. Auseinandersetzung gerichtet, vgl. §§ 2203, 2204 BGB.

Begrenzung der Dauervollstreckung nach § 2210 BGB und der Begründung des Gesetzgebers, wonach die Testamentsvollstreckung nicht der Umgehung der ansonsten landesrechtlich erforderlichen Genehmigung für die Gründung der Stiftung dienen soll.[736] Die 30jährige Frist macht gleichfalls deutlich, dass das Institut der Testamentsvollstreckung seinem Wesen nach auf eine andere Zweckrichtung ausgerichtet ist als es die unselbständige Stiftung im Sinne einer dauerhaften Vermögenswidmung erfordert.

Insgesamt eignet sich damit auch die Stellung des Nachlasses als Sondervermögen im Rahmen der Testamentsvollstreckung nicht für eine entsprechende Ausgestaltung der unselbständigen Stiftung.

c) Vor- und Nacherbschaft

Durch das Institut der Vor- und Nacherbfolge, §§ 2100 ff. BGB, kann der Erblasser u. a. den Nachlass in seiner Substanz auch für die nach dem Erben folgende Generation sicherstellen,[737] indem weder der Vorerbe uneingeschränkt über die zum Nachlass gehörenden Gegenstände verfügen darf, vgl. §§ 2112 f. BGB, noch die Gläubiger des Vorerben auf den Nachlass zugreifen können, soweit dies das Recht des Nacherben beeinträchtigen würde, vgl. § 2115 BGB.[738] Der Vorerbe wird zwar Rechtsträger der Erbschaft, ist aber zugunsten des Nacherben gebunden, sodass der Nachlass in der Hand des Vorerben ein Sondervermögen darstellt, das von seinem Vermögen rechtlich getrennt ist.[739]

Die Vor- und Nacherbfolge stimmt mit der unselbständigen Stiftung zunächst insoweit überein, als es zur Durchsetzung des Erblasser- bzw. des Stifterwillens kommt, indem der Nachlass entsprechend dem Bedürfnis des Stiftungsvermögens durch die Beschränkung der Verfügungsmacht des Vorerben bzw. Stiftungsträgers in seiner Substanz erhalten bliebe und durch den Vorerben bzw. Stiftungsträger dessen Verwaltung stattfände. Auch entspräche es dem Willen des Stifters, dass die unselbständige Stiftung beim Ableben bzw. bei Auflösung des Stiftungsträgers durch den Übergang des Stiftungsvermögens auf den nachfolgenden Stiftungsträger entsprechend dem Übergang des Nachlasses auf den Nacherben fortbestünde.

Jedoch entspricht der hinter der Vor- und Nacherbschaft stehende Zweck nicht dem der unselbständigen Stiftung. Denn die eingeschränkte Verfügungsbefugnis des

736 Vgl. dazu Bruns, JZ 2009, 840, 841; Staudinger/*Reimann*, BGB, § 2210 Rn. 2.

737 Staudinger/*Avenarius*, BGB, Vorbem zu §§ 2100–2146 Rn. 11 f.; Soergel/*Harder/Wegmann*, BGB, Vor § 2100 Rn. 2, § 2100 Rn. 21; Erman/*M. Schmidt*, BGB, Vorbem zu §§ 2100 ff. Rn 1; Dawe, Sonderkonkurs, S. 15 f.; Wolf/Neuner, Allgemeiner Teil, § 26 Rn. 35.

738 Der Vollstreckungsschutz wird durch die § 773 ZPO, § 83 Abs. 2 InsO ergänzt.

739 Löhnig, Treuhand, S. 756 f.; Coing, Treuhand, S. 21, 86; Soergel/*Harder/Wegmann*, BGB, § 2100 Rn. 10; Staudinger/*Avenarius*, BGB, § 2110 Rn. 1; Palandt/*Weidlich*, BGB, § 2100 Rn. 2.

Vorerben[740] hat zwar den Zweck, den Nachlass zu erhalten, doch dies allein für den Eintritt des Nacherbfalls, die Einsetzung des Nacherben, der sodann als endgültiger Erbe unbeschränkt über den Nachlass verfügen kann.[741] Zweck des Instituts ist daher die Sicherung des ganzen Nachlasses für die zweite Erbengeneration.[742] Der Vorerbe hält den Nachlass daher lediglich für den Nacherben. Der Stiftungsträger hingegen hält das vom Stifter übertragene Stiftungsvermögen indes nicht für einen nachfolgenden Stiftungsträger, sondern allein für die Verwirklichung und Erfüllung des Stiftungszwecks im Interesse des Stifters. Der Vorerbe fungiert daher anders als der Stiftungsträger lediglich als Erbe auf Zeit für den Nachlass auf dem Weg zum Nacherben.[743] Dem entspricht die Begrenzung der Vorerbschaft auf 30 Jahre, vgl. § 2109 Abs. 1 BGB.[744] Die unselbständige Stiftung und das Institut der Vor- und Nacherbfolge widersprechen sich daher insbesondere im Hinblick auf den Rechtsträger, dem das Sondervermögen letztendlich dauerhaft zukommen soll. Daher hat auch die Verfügungsbeschränkung des Vorerben einen gänzlich anderen Hintergrund als es das Anliegen des Stifters bei der Ausgestaltung des Stiftungsgeschäfts erfordert.

Gleichfalls entsprechen die Folgen der Insolvenzeröffnung über das Vermögen des Vorerben nicht den Anforderungen an die Sicherung des Stiftungsvermögens. Die Erbschaft fällt bei Eröffnung des Insolvenzverfahrens über das Vermögen des Vorerben zwar mit in die Insolvenzmasse, doch sind Verfügungen des Insolvenzverwalters, insbesondere die Befriedigung von Insolvenzgläubigern mit Mitteln des Nachlasses aufgrund der Stellung als Sondervermögen unwirksam, vgl. § 2115 S. 1 BGB, § 83 Abs. 2 InsO.[745] Nicht erfasst sind hingegen die Nutzungen des Sondervermögens, vgl. § 2115 S. 1 BGB iVm § 773 ZPO, § 83 Abs. 2 InsO.[746] Unberücksichtigt

740 Auch die Befreiung des Vorerben gem. § 2137 von den Beschränkungen und Verpflichtungen des § 2136 BGB ändert nichts an seiner Stellung als Vorerbe auf Zeit.

741 Soergel/*Harder/Wegmann,* BGB, Vor § 2100 Rn. 1; Staudinger/*Avenarius,* BGB, Vorbem zu §§ 2100–2146 Rn. 11 f.; vgl. auch MünchKomm/*Grunsky,* BGB, § 2100 Rn. 24 kritisch zur verwendeten Terminologie „Sondervermögen".

742 Boehmer, Erbfolge, S. 37; vgl. MünchKomm/*Grunsky,* BGB, § 2100 Rn. 3; Palandt/*Weidlich,* BGB, Einf v § 2100 Rn. 1; Erman/*M. Schmidt,* BGB, Vorbem § 2100 Rn. 1

743 Soergel/*Harder/Wegmann,* BGB, Vor § 2100 Rn. 1, § 2100 Rn. 10.

744 Hintergrund dieser 30jährigen Frist ist vor allem, den Nachlass nicht dauerhaft als Vermögenseinheit zu bewahren, ihn jedoch für eine vom Erblasser noch überschaubare Generationenfolge zu sichern, vgl. Staudinger/*Avenarius,* BGB, § 2109 Rn. 1 f.; Soergel/*Harder/Wegmann,* BGB, § 2109 Rn. 1. Durch den Ausschluss einer möglichen längerfristigen Bindung bei Einsetzung einer potentiell unsterblichen juristischen Person, vgl. § 2109 II BGB, verstärkt sich das Anliegen der nicht dau erhaften Vermögenssonderung.

745 Soergel/*Harder/Wegmann,* BGB, § 2115 Rn. 8; Staudinger/*Avenarius,* BGB, § 2115 Rn. 21. MünchKomm/*Grunsky,* BGB, § 2115 Rn. 8. Dem Nacherben steht bis zum Eintritt des Nacherbfalls ein Aussonderungsrecht nicht zu.

746 Staudinger/*Avenarius,* BGB, § 2115 Rn. 11; Soergel/*Harder/Wegmann,* BGB, § 2115 Rn. 5; MünchKomm/*Schumann,* InsO, § 83 Rn. 24; Uhlenbruck/*ders.,* InsO, § 83 Rn. 19; Boehmer, Erbfolge, S. 38.

dessen, dass es grdsl. nicht im Sinne des Stifters ist, wenn auch nur ein Teil des Stiftungsvermögens, und sind es auch nur die Erträge, im Fall der Insolvenz des Stiftungsträgers zugunsten seiner privaten Gläubiger verwertet wird, so sind es vor allem die Erträge aus dem Grundstockvermögen, die als Stiftungsleistungen eingesetzt werden und der Verfolgung des Stiftungszwecks dienen.

Abschließend lässt sich festhalten, dass die hinter der Einsetzung eines Vor- und Nacherben stehenden Ziele des Erblassers anders zu beurteilen sind als die Interessen des Stifters an der Übertragung des Stiftungsvermögens auf einen Stiftungsträger. Eine vergleichbare Interessenlage ist nicht feststellbar, sodass eine entsprechende Anwendung der §§ 2100 ff. BGB auf die unselbständige Stiftung ausscheidet.

d) Zwischenergebnis

Die angeführten Regelungen des BGB zeigen, dass ein Sondervermögen verschiedenartig ausgeprägt sein kann. Zentrales Element ist dabei die besondere Zweckbindung des Sondervermögens, die zu einer haftungsrechtlichen Trennung vom Hauptvermögen führt und damit den Bestand des Sondervermögens zu sichern vermag. Teilweise erfolgt die Verwaltung des Sondervermögens durch einen besonderen Verwalter, der unter Verdrängung der Verfügungsbefugnis des Rechtsträgers eingesetzt wird.[747] Zwar ist eine besondere Verwalterzuständigkeit nicht notwendiges Merkmal für die Entstehung eines Sondervermögens, doch zeigt sich in diesen Fällen umso mehr ein treuhänderischer Charakter der Institute.[748]

Zusammenfassend nehmen die anerkannten Sondervermögen innerhalb des BGB eine andere Stellung ein, als es die Stiftungsinteressen erfordern. Dabei sind vor allem die hinter der Vermögenssonderung stehenden Zwecke sowie die Verfügungsbefugnisse über das Sondervermögen abweichend von den Wesensmerkmalen und Bedürfnissen der unselbständigen Stiftung zu beurteilen. Aus den sich aus dem BGB ergebenden und in Betracht kommenden gesetzlich anerkannten Sondervermögen kann keines auf das Rechtsverhältnis zwischen Stifter und Stiftungsträger und der Stellung des Stiftungsvermögens übertragen werden. Mangels Qualifizierung des Stiftungsvermögens als Sondervermögen scheidet auch ein Sonderinsolvenzverfahren über das Stiftungsvermögen gem. § 11 Abs. 2 Nr. 2 InsO aus.

---

747 Vgl. Ulmer/Ihrig, GmbHR 1988, 373, 377. So vor allem im Rahmen der Nachlassverwaltung bzw. Nachlassinsolvenz und der Testamentsvollstreckung.

748 Vgl. hierzu Coing, Treuhand, S. 20 f. Auch der Vorerbe wird dabei teilweise als treuhänderischer Verwalter eines gebundenen Vermögens angesehen, vgl. Staudinger/*Avenarius,* BGB, § 2130 Rn. 2; Liebich/Mathews, Treuhand, S. 359; kritisch hierzu Soergel/*Harder/Wegmann,* BGB, § 2100 Rn. 11; vgl. speziell für die Testamentsvollstreckung Löhnig, Treuhand, S. 332 ff.; Liebich/Mathews, Treuhand, S. 49 f. wonach gesetzliche Verwalter „Treuhänder im weiteren Sinne“ sind.

5. *Sondervermögen des Investmentrechts*

Außerhalb des BGB wurde im Investmentgesetz (InvG) ein Sondervermögen gesetzlich anerkannt und hierzu entsprechende Regelungen im Rahmen einer gesetzlichen Treuhandschaft geschaffen.[749] Entsprechend der Vorschlag, die Beziehungen des Investmentgeschäfts auf die der hiesigen Stiftung zu übertragen.[750]

a) Treuhandmodell des Investmentrechts für Investmentfonds

Nach dem Treuhandmodell des Investmentrechts bilden die durch die Anleger eingebrachten Gelder und die damit angeschaffenen Vermögensgegenstände bei der Kapitalanlagegesellschaft (KAG), errichtet in der Rechtsform der AG oder der GmbH, § 6 Abs. 1 S. 2 InvG, ein Sondervermögen, § 2 InvG. Die rechtliche Trennung des Sondervermögens vom Eigenvermögen der KAG, § 30 Abs. 1 S. 2 InvG, wird dadurch umgesetzt, dass die Verwahrung und Überwachung durch eine unabhängige Depotbank erfolgt, §§ 20 Abs. 1 S. 1, 22 Abs. 1 S. 1 InvG. Begründet wird dies durch den Abschluss des Investmentgeschäfts zwischen den Anlegern und der KAG. Zu dessen Ausgestaltung kann neben der Miteigentumslösung, § 30 Abs. 1 S. 1 Alt. 2 InvG, die Treuhandlösung, § 30 Abs. 1 Alt. 1 InvG,[751] gewählt werden. Letztere hat zur Folge, dass die eingelegten Vermögensgegenstände formalrechtlich im Eigentum der KAG stehen, das wirtschaftliche Eigentum hingegen bei den Anlegern verbleibt.[752] Die KAG hat das Sondervermögen im eigenen Namen für gemeinschaftliche Rechnung der Kapitalanleger zu verwalten und nimmt deren Interessen wahr.[753]

---

749 Das InvG vom 15.12.2003, BGBl. I, S. 2676, trat mit Wirkung ab dem 1.4.2004 in Kraft. Gleichzeitig trat das Gesetz über die Kapitalanlagegesellschaften in der Fassung der Bekanntmachung vom 9.9.1988, BGBl. I, S. 2726, zuletzt geändert durch Art. 3 des Gesetzes vom 21.6.2002, BGBl. I, S. 2010, außer Kraft.

750 Vorgebracht von MünchKomm/*Reuter,* BGB, Vor § 80 Rn. 121; Reuter, in: FS Hadding, S. 231, 245 f.

751 Die Treuhandlösung ergibt sich aus der Stellung der KAG, anhand der Begriffsbestimmung der Treuhandschaft und der Beziehung der KAG zum Sondervermögen, vgl. hierzu Ohl, Investment-Dreieck, S. 28; Roth, Treuhandmodell, S. 129. In der Praxis hat sich die Miteigentumslösung durchgesetzt, vgl. MünchKomm/*Peters,* InsO, § 35 Rn. 260.

752 Ausführlich Liebich/Mathews, Treuhand, S. 379 ff.; Roth, Treuhandmodell, S. 115 f., 140 f.; MünchKomm/*Peters,* InsO, § 35 Rn. 259 f.

753 Kötz, Trust, S. 123. Zum Sondervermögen gehört nach § 30 II InvG neben dem eingelegten Geld auch alles, was die KAG aufgrund eines zum Sondervermögen gehörenden Rechts oder durch ein Rechtsgeschäft erwirbt, das sich auf das Sondervermögen bezieht, oder was sie als Ersatz für ein zum Sondervermögen gehörendes Recht erwirbt. Das Unmittelbarkeitsprinzip bzw. Surrogationsverbot findet keine Berücksichtigung. Hierzu Ohl, Investment-Dreieck, S. 36 f.; Roth, Treuhandmodell, S. 137; Jaeger/*Henckel,* InsO, § 47 Rn. 75; Liebich/Mathews, Treuhand, S. 382.

b) *Die Rechtsverhältnisse des Investmentgeschäfts im Einzelnen*

aa) Investmentvertrag

Der dem Investmentgeschäft zugrunde liegende Vertrag wird nach hM als entgeltlicher Geschäftsbesorgungsvertrag, der auf eine Dienstleistung gerichtet ist, §§ 675, 611 ff. BGB, eingeordnet.[754] Die KAG wird verpflichtet, das ihr zur Verwaltung überlassene Vermögen im eigenen Namen für gemeinschaftliche Rechnung aller Anteilsinhaber gesondert vom Betriebsvermögen und entsprechend der Vertragsbedingungen anzulegen, zu verwalten und über dies zu verfügen, vgl. etwa §§ 6 Abs. 1 S. 1, 30 Abs. 1 S. 2, 31 Abs. 1 InvG. Hierfür erhält sie eine Vergütung, die sie aus dem Sondervermögen entnimmt, § 31 Abs. 3 InvG. Die Rechte der Anleger beschränken sich auf das Recht zur Gewinnausschüttung, soweit dieses besteht, § 43 Abs. 4 Nr. 6 InvG, und das Recht zur jederzeitigen Rückgabe der Anteilscheine und Auszahlung des durch den Fondsanteil verbrieften Anteils am Sondervermögen, §§ 2 Abs. 2, 37 Abs. 1 InvG.[755] Die KAG kann durch ordentliche Kündigung, § 38 Abs. 1 InvG, die Verwaltung des Sondervermögens beenden.[756]

bb) Die Einbeziehung der Depotbank

Die Depotbank wird durch ein gesetzliches Schuldverhältnis mit den Anteilsinhabern, welches mit Abschluss des Depotbankvertrages zwischen KAG und Depotbank entsteht, einbezogen.[757] Deren Einbeziehung dient in erster Linie den Interessen der Anleger bzw. dem Schutz des Sondervermögens, vgl. § 22 Abs. 1 InvG.[758] Neben der Verwahrung des Sondervermögens auf gesperrten Konten, §§ 20 Abs. 1 S. 1, 24 InvG, übt sie gegenüber der KAG eine Kontrollfunktion aus, § 27 InvG, und hat zu bestimmten Geschäften ihre Zustimmung zu geben, § 26 InvG. Bei Wegfall der KAG rückt die Depotbank in deren Position ein und kann eine andere Gesellschaft

---

754 Gschoßmann, Investmentgeschäft, S. 77 f. m.w.N.; Staub/*Canaris,* Bankvertragsrecht, Rn. 2352, 2358.

755 Hierzu Ohl, Investment-Dreieck, S. 41.

756 Staub/*Canaris,* Bankvertragsrecht, Rn. 2452 f. in Folge dessen die Depotbank an ihre Stelle tritt, vgl. dazu sogleich.

757 Dieses ergibt sich daraus, dass die Anteilsinhaber an dem Sondervermögen, welches nunmehr von der Depotbank verwahrt wird, beteiligt sind und sich die Pflichten der Depotbank gegenüber den Anteilsinhabern bereits aus den §§ 22 ff. InvG ergeben, vgl. BT-Drs. 15/1553, S. 85; OLG Frankfurt/Main, NJW 1997, 745, 747; Ohl, Investment-Dreieck, S. 97 ff.; nach Staub/*Canaris,* Bankvertragsrecht, Rn. 2356, 2464 wird das gesetzliche Schuldverhältnis durch rechtsgeschäftlichen Kontakt von Depotbank und Anleger begründet. Nach a.A. handelt es sich um einen Vertrag zugunsten der Anteilsinhaber i.S.d. § 328 BGB oder um einen Vertrag mit Schutzwirkungen für die Anteilsinhaber, vgl. die Nachweise bei Gschoßmann, Investmentgeschäft, S. 173 f.

758 Tiefergehend Ohl, Investment-Dreieck, S. 64; Staub/*Canaris,* Bankvertragsrecht, Rn. 2355, 2458.

mit der Verwaltung des Sondervermögens betrauen, § 39 Abs. 1, 3 S. 1 InvG. Die Depotbank kann ferner unter besonderen Voraussetzungen den Vertrag mit der KAG kündigen und diese durch einen anderen (Haupt-) Treuhänder ersetzen, §§ 38 Abs. 4, 39 InvG.[759]

Inhaltlich folgt aus dem Recht der Depotbank, Ansprüche der Anteilsinhaber im eigenen Namen geltend zu machen, eine gesetzliche Treuhandschaft der Depotbank im Verhältnis zu den Anteilsinhabern,[760] die aufgrund der Befugnisse und Funktionen als die eines Sondertreuhänders über den Verwaltungstreuhänder, die KAG, eingestuft wird.

c) Haftungsverhältnisse, insbes. insolvenzrechtliche Folgen

Das Sondervermögen haftet weder für Verbindlichkeiten der KAG noch für Verbindlichkeiten der KAG aus Rechtsgeschäften, die sie für gemeinsame Rechnung der Anleger eingeht, § 31 Abs. 1, 2 InvG.[761] Für letztere kann sie im Innenverhältnis gegenüber den Anteilsinhabern Ersatz der Aufwendungen und die Befreiung der Verbindlichkeiten beanspruchen und sich aus dem Sondervermögen befriedigen, vgl. §§ 675, 670 BGB, § 31 Abs. 3 InvG. Gegenstände des Sondervermögens dürfen nicht verpfändet oder zur Sicherung übereignet oder abgetreten werden.[762] Hat die KAG das Sondervermögen durch eine schuldhaft pflichtwidrige Verwaltung geschädigt, so ist die Depotbank aufgrund ihrer treuhänderischen Stellung berechtigt und verpflichtet, Ansprüche der Anteilsinhaber im eigenen Namen geltend zu machen in Folge dessen die KAG auf Ausgleichszahlung in den Investmentfonds in Anspruch zu nehmen ist, § 28 Abs. 1 Nr. 1 InvG.[763]

Bei Eröffnung eines Insolvenzverfahrens über das Vermögen der KAG verliert diese ihr bisheriges Verwaltungsrecht über das Sondervermögen, § 38 Abs. 3 S. 1 InvG. Das Sondervermögen gehört nicht in die Insolvenzmasse der KAG, § 38 Abs. 3

---

759 Betroffen sind Fälle im Interesse der Anleger, § 22 I InvG, so, wenn eine ordnungsgemäße Verwaltung nicht gewährleistet werden kann bzw. das Vertrauen der Anleger nachhaltig gestört ist. Vgl. Roth, Treuhandmodell, S. 157 f.; Ohl, Investment-Dreieck, S. 74.

760 OLG Frankfurt/Main, NJW 1997, 745, 747; Roth, Treuhandmodell, S. 158; vgl. auch Ohl, Investment-Dreieck, S. 61; Staub/*Canaris*, Bankvertragsrecht, Rn. 2465; Liebich/Mathews, Treuhand, S. 384.

761 Vgl. Staub/*Canaris*, Bankvertragsrecht, Rn. 2439; BGH, NJW 1971, 559, 560; MünchKomm/*Peters*, InsO, § 35 Rn. 264.

762 Unerheblich ist, ob das Sondervermögen im Miteigentum der Anleger oder im Treuhandeigentum der Investment-Gesellschaft steht. Kötz, Trust, S. 123 f.

763 Andererseits ist auch die KAG berechtigt und verpflichtet, Ansprüche der Anleger gegen die Depotbank im eigenen Namen geltend zu machen, vgl. § 28 II 1 InvG, sollte die Depotbank ihren gesetzlichen Pflichten nicht nachkommen und die Anteilsinhaber hierdurch schädigen.

S. 2 InvG,[764] sondern geht bei Zugrundelegung einer treuhänderischen Übertragung auf die Depotbank über, § 39 Abs. 1 Alt. 1 InvG.[765] Das Aussonderungsrecht i.S.d. § 47 InsO, welches den Anteilsinhabern aufgrund des haftungsrechtlichen Eigentums zusteht, ist von der Depotbank auszuüben[766] in Folge dessen das formale Eigentum am Sondervermögen auf diese übergeht. Die Depotbank hat es sodann an die Anteilsinhaber zu verteilen bzw. es einer anderen KAG zur Verwaltung zu übertragen, § 39 Abs. 2, 3 InvG.

Mangels dinglicher Rechtsposition der Depotbank am Sondervermögen hat ein Insolvenzverfahren über ihr Vermögen keine Auswirkungen auf das Sondervermögen.[767] Bei Eröffnung eines Insolvenzverfahrens über das Vermögen eines Anlegers erlischt der dem Investmentgeschäft zugrunde liegende Treuhandvertrag zwischen Anleger und KAG gem. §§ 115, 116 InsO in Folge dessen der Insolvenzverwalter die Auszahlung des Anteils an dem Sondervermögen gegen Rückgabe des Anteilsscheins verlangen kann.

d) *Folgerungen aus dem sog. Investmentdreieck*

Das sog. Investmentdreieck zwischen Anleger, KAG und Depotbank ist wesentliches Merkmal des Investmentgeschäfts. Im Mittelpunkt steht dabei die Qualifizierung des Investmentvermögens als anerkanntes Sondervermögen durch die Separierung vom Vermögen des Treuhänders sowie dessen Schutz einhergehend mit dem Schutz der Anleger. Der Schutz wird durch die Einbeziehung der unabhängigen Depotbank gewährleistet[768] und hierdurch zugleich sichergestellt, dass der Treuhänder die Verwaltung des Sondervermögens entsprechend der gesetz- und vertrags- bzw. satzungsmäßigen Vorgaben wahrnimmt. Die sich ergebenden Kontrollfunktionen der Depotbank und die fehlenden Zugriffsmöglichkeiten der KAG auf das Sondervermögen führen zu einer gegenseitigen Kontrolle von KAG und Depotbank. Auch die weitgehenden Haftungsfreistellungen dienen vor allem dem Schutz der Anleger vor einer Inanspruchnahme sowie zur Absicherung des Sondervermögens vor pflichtwidrigen Verfügungen der KAG.[769] Dies zeigt sich vor allem bei Betrachtung

---

764 Kötz, Trust, S. 123; Uhlenbruck/*Hirte,* InsO, § 35 Rn. 38; MünchKomm/*Peters,* InsO, § 35 Rn. 264.

765 Im Rahmen der Miteigentumslösung geht das Verfügungsrecht über das Sondervermögen auf die Depotbank über, vgl. § 39 I Alt. 2 InvG.

766 Ohl, Investment-Dreieck, S. 35; Roth, Treuhandmodell, S. 137; MünchKomm/*Peters,* InsO, § 35 Rn. 265; Liebich/Mathews, Treuhand, S. 381; Gottwald/*ders./Adolphsen,* Insolvenzrecht, § 40 Rn. 47; Uhlenbruck/*Brinkmann,* InsO, § 47 Rn. 53; Staub/*Canaris,* Bankvertragsrecht, Rn. 2414; Kötz, Trust, S. 124 für die Erhebung der Drittwiderspruchsklage im Rahmen der Vollstreckung.

767 Die KAG veranlasst unter Einbeziehung der Bundesanstalt für Finanzdienstleitungsaufsicht einen Wechsel der Depotbank, sodass das Sondervermögen auf eine neue Depotbank übertragen wird, vgl. § 21 InvG.

768 Ohl, Investment-Dreieck, S. 58 f.; Roth, Treuhandmodell, S. 135 f.

769 Staub/*Canaris,* Bankvertragsrecht, Rn. 2411.

der insolvenzrechtlichen Auswirkungen. Abweichend von der gewöhnlichen Treuhandkonstellation besteht das Sondervermögen im Fall der Insolvenz des Treuhänders durch die Rechte der Depotbank und der hierdurch erfolgenden Einsetzung eines neuen Treuhänders fort. Der Schutz des Sondervermögens wird vorliegend vor allem durch die Einbeziehung der Depotbank in das Vertragsverhältnis zwischen Anleger und KAG gewährleistet.

e) Übertragung auf die unselbständige Stiftung

Es wird vertreten, die Ausgestaltung der unselbständigen Stiftung dem Treuhandmodell des Investmentrechts anzulehnen, um den Schutz des Stiftungsvermögens und den dauerhaften Bestand der unselbständigen gewährleisten zu können.[770] Die Normierungen des InvG stellen sicher, dass diejenigen Problematiken, die sich durch die vertragliche Ausgestaltung der unselbständigen Stiftung ergeben, vermieden werden. Namentlich sind dies die Zugriffsmöglichkeiten Dritter auf das Stiftungsvermögen, die fehlende Haftung des Stiftungsträgers für Beschädigungen des Stiftungsvermögens und eine fehlende, verlässliche Kontrollinstanz, die den Stiftungsträger zur ordnungsgemäßen Aufgabenerfüllung anhält. Eine entsprechende Anwendung der Regelungen des InvG auf die Rechtsbeziehungen der unselbständigen Stiftung scheitert dennoch.

aa) Ablehnungspunkt: Treuhandverhältnis zwischen Anleger und KAG

Die KAG ist als treuhänderischer Verwalter des Sondervermögens mit der Stellung des Stiftungsträgers zumindest funktional vergleichbar.[771] Eine Übertragung der Rechtsposition der Anleger auf die unselbständige Stiftung ist indes offensichtlich nicht möglich.[772] Die jederzeitige Rückgabemöglichkeit der Anteile, in dessen Folge der durch den Fondsanteil verbriefte Anteil am Sondervermögen aus diesem auszuzahlen ist, vgl. §§ 2 Abs. 2, 37 Abs. 1 InvG, entspricht dem nach der abzulehnenden Treuhandlösung bei der unselbständigen Stiftung bestehenden jederzeitigen Widerrufsrecht des Stifters i.S.d. § 671 Abs. 1 BGB und führt zur Beendigung des Treuhandverhältnisses. Anders als beim Investmentgeschäft soll die Übertragung des Stiftungsvermögens auf den mit der KAG vergleichbaren Stiftungsträger dauerhaft und endgültig sein und nicht vom aktuellen Willen des Stifters bzw. des Willens seiner Rechtsnachfolger abhängen. Der Rückerhalt der Anteile ist Ausfluss und Merkmal des allgemeinen Treuhandrechts, weil er die jederzeitige Verfügbarkeit der investierten Mittel impliziert und aus diesem Grunde mit dem Stiftungsgedanken unvereinbar ist. Beim Treuhandmodell des Investmentrechts wird die vorübergehende Vermögensübertragung als elementares und unverzichtbares

770 Vgl. MünchKomm/*Reuter*, BGB, Vor § 80 Rn. 121.

771 MünchKomm/*Reuter*, BGB, Vor § 80 Rn. 121.

772 MünchKomm/*Reuter*, BGB, Vor § 80 Rn. 121 sieht die Stellung der Anleger vergleichbar mit derjenigen der Destinatäre der unselbständigen Stiftung.

Recht der Anleger besonders deutlich. Es orientiert sich im Kern an einer Vermögensübertragung auf Zeit.[773] Dies zeigt sich auch bei einer Insolvenz des Anlegers in Folge dessen der zugrunde liegende Vertrag erlischt, vgl. §§ 115, 116 InsO, und der Anteilswert mit in seine Insolvenzmasse fällt. Aufgrund der Strukturen des Treuhandrechts ist die Ausgestaltung des Investmentgeschäfts nicht auf die unselbständige Stiftung übertragbar.

Für den Fall der Insolvenz der KAG ergeben sich hingegen keine Neuerungen. Das Recht der Depotbank, das Aussonderungsrecht für die Anleger geltend zu machen, führt zwar grdsl. zum Erhalt des Sondervermögens, doch gleicht dieses dem Aussonderungsrecht des Stifters bei Zugrundelegung eines Treuhandvertrages. Dieser könnte das Stiftungsvermögen gleichfalls auf einen neuen Stiftungsträger übertragen.

bb) Ablehnungspunkt: Verwahrungsfunktion der Depotbank

Als Kreditinstitut erfüllt die Depotbank zum einen Kontroll- und Schutzfunktionen, zum anderen verwahrt sie das Sondervermögen auf gesperrten Konten. Die Einbeziehung der Depotbank dient dabei den besonderen Bedürfnissen des Investmentrechts, weil sie zugleich die banktypischen Dienstleistungen,[774] die einen wichtigen Bestandteil der investmentspezifischen Kontroll- und Schutzfunktionen darstellen,[775] wahrnimmt. Auch hinsichtlich der Verwahrung des Sondervermögens geht das Investmentrecht über die stiftungsrechtlichen Anforderungen hinaus. Ausgehend von den Strukturprinzipien im Recht der unselbständigen Stiftung obliegt dem Stiftungsträger die Verwahrung und Verwaltung des Stiftungsvermögens. Die Verwahrung hat dabei zwar auf separaten Konten, also getrennt von dem sonstigen Vermögen des Stiftungsträgers zu erfolgen, nicht jedoch bei einem Dritten. Dem entspricht auch die Struktur der Stiftung i.S.d. §§ 80 ff. BGB. Dabei stellt sich auch die Frage, ob es nicht an der Grenze des Überzogenen endet, könnte die unselbständige Stiftung allein dann dauerhaft bestehen, wenn das Stiftungsvermögen durch einen Dritten verwahrt würde. Offensichtlich ist, dass die Schutzbedürfnisse des Investmentgeschäfts, insbesondere die Interessen der Anleger und die wirtschaftliche Bedeutung, über die der unselbständigen Stiftung, letztlich des Stifters, hinausgehen. Dies vor allem unter Beachtung dessen, dass die unselbständige Stiftung oftmals für kleinere Stiftungsvermögen gewählt wird. Zudem kann auch bei einer derartigen Ausgestaltung nicht sichergestellt werden, dass das Stiftungsvermögen vollkommen geschützt ist. Gleichfalls widerspricht eine Einbeziehung eines mit der Depotbank vergleichbaren Rechtsträgers dem Sinn und Zweck der unselbständigen Stiftung, die einen Vertrag zwischen Stifter und Stiftungsträger darstellt. Ansatzpunkt muss vielmehr die Ausgestaltung des Stiftungsgeschäfts zwischen Stifter und Stiftungsträger bleiben.

---

773 Gleiches gilt bei Zugrundelegung der Miteigentumslösung i.S.d. § 30 I 1 Alt. 2 InvG.

774 Liebich/Mathews, Treuhand, S. 383.

775 Ohl, Investment-Dreieck, S. 63.

f) Zusammenfassung

Eine Übertragung der Regelungen des InvG auf die Rechtsbeziehungen der unselbständigen Stiftung scheitert an einer grundlegend andersartigen Gestaltung zur Sicherung des Sondervermögens und den vorherrschenden -im Rahmen der unselbständigen Stiftung abzulehnenden- Elementen der Treuhandschaft. Zudem stellen die Normen des InvG, die das Sondervermögen ausdrücklich anerkennen, bereits eine Ausnahme vom Grundsatz der Vermögenseinheit dar, deren Analogiefähigkeit zweifelhaft ist. Die Regelungen des InvG gehen zudem über die Anforderungen und Bedürfnisse der unselbständigen Stiftung hinaus. Insbesondere ist auch hier das Interesse des Stifters, der die unselbständige Stiftung i.d.R. als Kleinstiftung errichtet, zu berücksichtigen.

Dennoch lassen sich aus den Regelungen des InvG zur Sicherung des Sondervermögens einige Aspekte entnehmen, die auch bei der Ausgestaltung des Stiftungsgeschäfts zu berücksichtigen sind.[776] Insoweit kann die Struktur des Investmentrechts als gesetzliches Vorbild auch für die Ausgestaltung der unselbständigen Stiftung dienen. Durch die Strukturen des Investmentrechts zeigt sich, dass für die Sicherung des Sondervermögens eine vollumfängliche Überwachung des Stiftungsträgers entscheidend ist. Grundlegend kommt es zunächst auf einen zuverlässigen und beständigen Stiftungsträger an, denn nur so kann die dauerhafte Erfüllung des Stiftungszwecks erreicht werden. Zudem ist, entsprechend den Befugnissen der Depotbank, eine zuverlässige Kontroll- und Überwachungsinstanz erforderlich, die über die ordnungsgemäße Aufgabenerfüllung durch den Stiftungsträger wacht und mit entsprechenden Handlungsbefugnissen ausgestaltet ist.[777] Die Überwachungs- und Kontrollfunktionen der Depotbank über die KAG können insoweit als Anhaltspunkt für die Anforderungen und Konkretisierungen an eine einzusetzende Instanz im Rahmen der unselbständigen Stiftung dienen. Angemerkt sei, dass sich auch das Bedürfnis nach einem weiteren Rechtsträger jedenfalls dann erledigt, wenn durch eine etwaige Kontrolle die dauerhafte Verfolgung des Stiftungszwecks sichergestellt werden kann.

6. Stellungnahme

Die Auseinandersetzung mit den anerkannten Sondervermögen zeigt, dass eine Weiterentwicklung des Stiftungsvermögens hin zu einem insolvenzfesten Sondervermögen scheitert. In Folge dessen unterliegt das Stiftungsvermögen keiner abweichenden Haftung als bisher bei Ausgestaltung des Stiftungsgeschäfts als Schenkung unter Auflage angenommen, sodass es für sich genommen auch nicht Zuordnungssubjekt eines Insolvenzverfahrens sein kann.[778] Die Ablehnung als insolvenzfähiges Sondervermögen i.S.d. § 11 Abs. 2 Nr. 2 InsO ergibt sich bereits aus dem Wortlaut der Norm, der die insolvenzfähigen Vermögensmassen abschließend

---

776 Hierzu vgl. sogleich 3. Teil, A. I. 4. b).

777 Vgl. auch Tyarks, Zweckvermögen, S. 154.

778 Prütting, in: Law Yearbook, S. 137, 153; im Ergebnis ebenfalls Bach/Knof, ZinsO 2005, 729, 734.

benennt.[779] Zudem fehlt neben einer vergleichbaren Interessenlage der dort normierten Sondervermögen auch eine planwidrige Regelungslücke als Voraussetzung für eine Analogie. Zwar ging es im Rahmen der gesetzgeberischen Diskussionen über die unselbständige Stiftung zuvorderst um die Schaffung von Regelungen für die unselbständige Stiftung an sich, doch kann davon ausgegangen werden, dass sich der Gesetzgeber aufgrund der bewussten Entscheidung zur vertraglichen Einordnung des Stiftungsgeschäfts und der damit im Zusammenhang stehenden Auseinandersetzungen auch über die insolvenzrechtlichen Auswirkungen bewusst war. Eine planwidrige Regelungslücke liegt aufgrund der eindeutigen Entscheidung des Gesetzgebers, entsprechende Normierungen zu unterlassen, nicht vor. Damit ist sowohl die Anwendung von Normen eines gesetzlich geregelten und anerkannten Sondervermögens samt den insolvenzrechtlichen Auswirkungen als auch die Anerkennung als insolvenzfähige Vermögensmasse nach § 11 Abs. 2 Nr. 2 InsO abzulehnen.[780] Die Frage, ob ein Insolvenzgrund vorliegt, richtet sich daher aufgrund der mit der Schenkung unter Auflage verbundenen Zuordnung des Stiftungsvermögens zum Vermögen des Stiftungsträgers nur nach seiner Person.[781] Die unselbständige Stiftung ist von dem insolvenzrechtlichen Schicksal des Stiftungsträgers abhängig.

IV. Ergebnis

Eine Weiterentwicklung der unselbständigen Stiftung hin zu einer juristischen Person oder rechtsfähigen Stiftung bzw. die Anerkennung als insolvenzfestes Sondervermögen lässt sich nicht überzeugend begründen. Das Stiftungsgeschäft der unselbständigen Stiftung ist daher als Schenkung unter Auflage zu qualifizieren. Diese ablehnende Haltung deckt sich mit der Ansicht des Gesetzgebers, der eine gesetzliche Ausgestaltung der unselbständigen Stiftung in der Vergangenheit unterlassen hat und die vorhandenen schuld- und erbrechtlichen Regelungen als ausreichend betrachtet.[782] Hierdurch wird deutlich, dass seiner Ansicht nach kein Bedarf für eine derartige Weiterentwicklung besteht. Bereits deshalb sollten auch künftige Versuche, das Stiftungsvermögen zu einem insolvenzfesten Vermögen weiterzuentwickeln, stets kritisch hinterfragt werden.

---

779 Uhlenbruck/*Hirte*, InsO, § 11 Rn. 4; HK/*Kirchhof*, InsO, § 11 Rn. 21; Prütting, in: Law Yearbook, S. 137, 154; mit ablehnender Haltung zum Sondervermögen-Insolvenzverfahren Häsemeyer, Insolvenzrecht, Rn. 30.20.

780 Bach/Knof, ZinsO 2005, 729, 734; MünchKomm/*Ott*/ *Vuia*, InsO, § 11 Rn. 19; Häsemeyer, Insolvenzrecht, Rn. 30.20, dort Fn. 89; für einen abschließenden Charakter des § 11 InsO Uhlenbruck/*Hirte*, InsO, § 11 Rn. 5.

781 Prütting, in: Law Yearbook, S. 137, 153.

782 Vgl. Mugdan, Materialien, Bd. II, S. 754 f.; Kohler, ArchBürgR 3 (1890), 228, 277, 291; weitergehend Ballerstedt/Salzwedel, in: Verhandlungen, S. 1, 51 f.; BGBl. 2002, Teil 1, S. 2634 f.; BMJ, Bericht Stiftungsrecht, S. 52 f.

3. Teil: Die Errichtung der unselbständigen Stiftung

A. Anforderungen an die Errichtung der unselbständigen Stiftung

Gleichwohl wird das Stiftungsgeschäft in der Ausgestaltung als Schenkung unter Auflage den Interessen der Stiftungsbeteiligten, insbesondere bei Betrachtung der insolvenzrechtlichen Folgen, nicht umfassend gerecht. Bei der vertraglichen Einordnung unter das Schenkungsrecht muss sich indes nicht zwingend der Schluss ergeben, das Stiftungsvermögen sei für den Stiftungsträger und seine Gläubiger frei zugänglich, letztlich gänzlich ungeschützt. Auch, wenn im Ergebnis für eine Weiterentwicklung hin zu einem insolvenzfesten Stiftungsvermögen im Sinne eines Sondervermögens nach der hier vertretenen Ansicht kein Raum ist, so bleibt zu untersuchen, inwieweit die Parteien durch die im Rahmen der Schenkung unter Auflage vorhandenen Mittel sowie durch eine individuelle Ausgestaltung des Stiftungsgeschäfts und der Stiftungsatzung die unselbständige Stiftung interessengerecht errichten können.[783]

Dabei zielen die Interessen des Stifters vordergründig auf die dauerhafte Verfolgung des Stiftungszwecks und damit zusammenhängend auf den Schutz und die Sicherung des Stiftungsvermögens ab. Darüber hinaus sind auch Aspekte wie die Vertrauenswürdigkeit des Stiftungsträgers sowie dessen Kompetenzen zu berücksichtigten. Die bisherige Ausarbeitung zeigt, dass gerade diese Interessen in der derzeitigen Ausgestaltung des Stiftungsgeschäfts nicht vollumfänglich gewährleistet werden können. Dies ergibt sich vor allem aus der Tatsache, dass durch einen schuldrechtlichen Vertrag, wie das hier vorliegende Stiftungsgeschäft, lediglich relative Rechtsbeziehungen geschaffen werden können und mit Hilfe von Schuldverträgen zudem keine Ewigkeitsbindungen möglich sind.[784] Die dauerhafte Sicherung des Stiftungsvermögens im Vermögen des Stiftungsträgers ist jedoch für die Entscheidung des Stifters, eine unselbständige Stiftung zu errichten, von erheblicher Bedeutung. Nicht zuletzt besteht die Gefahr, dass die unselbständige Stiftung trotz ihrer einfachen Errichtungsmöglichkeit bei potentiellen Stiftern aufgrund dieser Widrigkeiten an Attraktivität verliert.

Im Hinblick auf den dauerhaften Bestand der unselbständigen Stiftung müssen zweierlei Anforderungen berücksichtigt werden:

Zunächst ist sicherzustellen, dass die dauerhafte Verfolgung des Stiftungszwecks und die ordnungsgemäße Stiftungsverwaltung gewährleistet sind. Um dies zu

783 Vgl. auch Geibel, in: Law Yearbook, S. 29, 41 f. zu den Maßstäben für das Gelingen einer unselbständigen Stiftung.

784 Reuter, in: Law Yearbook, S. 65, 72 f.

verwirklichen kann nicht allein auf die Tätigkeit des Stiftungsträgers vertraut werden. Vielmehr muss eine Kontrolle seiner Tätigkeiten stattfinden. Mit Blick auf die Stiftung i.S.d. §§ 80 ff. BGB ist insoweit ein tauglicher Ersatz der vorliegend fehlenden staatlichen Stiftungsaufsicht auszugestalten. In Betracht kommt vor allem die Einsetzung verschiedener Gremien. Die einzusetzende Instanz hat über die Tätigkeiten des Stiftungsträgers zu wachen und diese zu kontrollieren. Für diese Befugnisse ist sie im Rahmen der Stiftungssatzung mit den notwendigen Rechten auszustatten.

Zweiter Anknüpfungspunkt ist sodann die Sicherung des Stiftungsvermögens vor stiftungsfremden Einflüssen. Denn nur, wenn auch das Stiftungsvermögen vor eventuellen Zugriffen seitens privater Gläubiger des Stiftungsträgers geschützt ist, kann auch die unselbständige Stiftung dauerhaft bestehen. Mangels Qualifizierung des Stiftungsvermögens als selbständiges Sondervermögen können die privaten Gläubiger des Stiftungsträgers grdsl. auf das Stiftungsvermögen zugreifen. Dies wird vor allem im Fall der Insolvenz des Stiftungsträgers deutlich. Daher reicht allein eine ordnungsgemäße Erfüllung der Stiftungstätigkeiten nicht aus, um den Bestand der unselbständigen Stiftung dauerhaft zu gewährleisten. Erforderlich ist vielmehr, dass neben einer Instanz, die die ordnungsgemäße Stiftungsverwaltung überwacht und kontrolliert, auch die Möglichkeit der Inanspruchnahme des Stiftungsvermögens durch stiftungsfremde Gläubiger ausgeschlossen wird.

Allein wenn diese beiden Anforderungen erfüllt sind, kann der dauerhafte Bestand der unselbständigen Stiftung im Interesse des Stifters und des Stiftungsgedankens vollumfänglich gewährleistet werden. Mit dem Ziel, diesen Anforderungen gerecht zu werden, beschäftigt sich die Arbeit im Folgenden.

I. Gewährleistung der ordnungsgemäßen Stiftungstätigkeit

Wie der staatlichen Stiftungsaufsicht die Funktion zukommt, die Kontrolle über den Vorstand der selbständigen Stiftung zu gewährleisten,[785] ist vorliegend eine laufende Überwachung der Tätigkeiten des Stiftungsträgers erforderlich, um die Einhaltung der Stiftungssatzung, namentlich die Verfolgung des Stiftungszwecks und die Erhaltung des Stiftungsvermögens, sicherzustellen.[786] Dies nicht zuletzt deshalb, weil der Stiftungsträger als Eigentümer des Stiftungsvermögens die unbeschränkte Verfügungsmacht hat. Trotz aller Diskussionen und Kritik[787] über die staatliche Stiftungsaufsicht fehlt eine vergleichbare Kontrolle bei der unselbständigen Stiftung zunächst gänzlich. Die Möglichkeit, die staatliche Stiftungsaufsicht auch über

785 BGHZ 99, 344, 349; Muscheler, Stiftungsrecht, S. 33; Muscheler, ZRP 2000, 390, 392; MünchKomm/*Reuter*, BGB, Vor § 80 Rn. 79.

786 MünchKomm/*Reuter*, BGB, Vor § 80 Rn. 122; Seifert/Campenhausen/*Hof*, Stiftungsrecht, § 36 Rn. 131 f.; Werner/Saenger/*A. Werner*, Stiftung, Rn. 981, Staudinger/*Hüttemann/Rawert*, BGB, Vorbem zu §§ 80 ff Rn. 231, 261.

787 Vgl. z.B. Rawert, in: FS Hopt, S. 177, 178 f.; Bruns, JZ 2009, 840, 845; Muscheler, Stiftungsrecht, S. 30 f.; Muscheler, ZRP 2000, 390, 391 f.; Seifert/Campenhausen/*Hof*, Stiftungsrecht, § 10 Rn. 64 f.; Burgard, Gestaltungsfreiheit, S. 204, 211.

die unselbständige Stiftung zu erstrecken, scheidet jedenfalls aus.[788] Daher kommt allein die Einsetzung einer entsprechenden Instanz in Betracht. Einzugehen ist im Folgenden sowohl auf die verschiedenen Möglichkeiten einer Einsetzung als auch der konkreten Ausgestaltung dieser Kontrollinstanz.

1. Anspruch auf Zweckverwirklichung, §§ 525 Abs. 1, 2194 S. 1 BGB

Grdsl. obliegt es nach Abschluss des Stiftungsgeschäfts allein dem Stifter bzw. nach seinem Tod seinen Erben den Vollziehungsanspruch in Form der satzungsgemäßen Erfüllung des Stiftungszwecks gegenüber dem Stiftungsträger durchzusetzen, vgl. §§ 525 Abs. 1, 2194 S. 1 BGB.[789] Kommt der Stiftungsträger seinen Pflichten aus dem Stiftungsgeschäft nicht nach, können die Vollziehungsberechtigten notfalls auf dem Klageweg die Pflichtenerfüllung durchsetzen.[790] Gleichwohl vermag der Anspruch des Stifters auf Zweckverwirklichung eine umfassende Kontrolle des Stiftungsträgers entsprechend einer staatlichen Aufsicht nicht zu ersetzen und zu gewährleisten. Zum einen entspricht die fachliche Kenntnis des Stifters i.d.R. nicht derjenigen der staatlichen Stiftungsaufsicht, die Tätigkeiten des Stiftungsträgers umfassend zu überprüfen, zum anderen erfordert eine umfassende Kontrolle einen erhöhten Zeit- und bei der Einbeziehung externer Fachleute auch Mittelaufwand. Unberücksichtigt dessen ist bereits fraglich, ob die klageweise Geltendmachung des Zweckerfüllungsanspruchs im Interesse des Stifters ist. Denn er wird in den Fällen der Nichterfüllung der vertraglichen Pflichten seitens des Stiftungsträgers i.d.R. kein Vertrauen und kein Interesse mehr an seiner weiteren Tätigkeit haben.[791] Daneben wäre auch der Bestand der unselbständigen Stiftung nach dem Tod des Stifters nicht gewährleistet, da die Erben im Einvernehmen mit dem Stiftungsträger ungehindert die vertraglichen Grundlagen, insbesondere die Stiftungssatzung, ändern, sogar die unselbständige Stiftung auflösen könnten.[792]

788 Dies folgt bereits aus der Tatsache, dass eine entspr. Anwendung der §§ 80 ff. BGB auf die unselbständige Stiftung ausscheidet. Hierzu bereits 2. Teil, B. I. 1.; ablehnend auch Fritsche, ZSt 2008, 3, 14 f.; Seyfarth, Unselbstständige Stiftung, S. 163.

789 Herzog, Die unselbständige Stiftung, S. 72; Fritsche, ZSt 2008, 3, 15; Seifert/Campenhausen/*Hof*, Stiftungsrecht, § 36 Rn. 36; Staudinger/*Hüttemann/Rawert*, BGB, Vorbem zu §§ 80 ff Rn. 248; nach Kaper, Bürgerstiftungen, S. 225 hat das Verlangen des Auflagenvollzugs den Charakter einer Rechtsaufsicht; K. Schmidt, in: Stiftungsrecht, S. 175, 187 spricht von einer privaten Stiftungsaufsicht.

790 Herzog, Die unselbständige Stiftung, S. 73; Seyfarth, Unselbstständige Stiftung, S. 99, 107.

791 Seyfarth, Unselbstständige Stiftung, S. 99.

792 Rawert, in: FS Hopt, S. 177, 189.

2. Kontrolle durch die zuständige Behörde, §§ 525 Abs. 2, 2194 S. 2 BGB

Liegt die Vollziehung der Auflage, wie bei der Verfolgung eines gemeinnützigen Stiftungszwecks, im öffentlichen Interesse, vgl. §§ 51 ff. AO,[793] kann die zuständige Behörde die Vollziehung der Auflage gem. §§ 525 Abs. 2, 2194 S. 2 BGB verlangen.[794] Für die Geltendmachung des Vollziehungsanspruchs ist allerdings die Kenntnis der Behörde von der unselbständigen Stiftung erforderlich.[795] Insofern hat der Stifter die Behörde über die Errichtung der unselbständigen Stiftung zu unterrichten. Der Anspruch auf Vollziehung der Auflage gegenüber dem Stiftungsträger beinhaltet sowohl eine Kontroll- als auch eine Schutzfunktion und besteht unabhängig von den Ansprüchen der Erben auf Vollziehung der Auflage.[796] Gleichzeitig ist der Rückforderungsanspruch des Stifters bzw. seiner Rechtsnachfolger aus § 527 Abs. 1 BGB gem. § 527 Abs. 2 BGB ausgeschlossen,[797] sodass der Bestand der unselbständigen Stiftung vor eventuellen Rückforderungen des Stiftungsvermögens durch pflichtvergessene Erben geschützt ist. Darüber hinaus scheidet eine einvernehmliche Auflösung der unselbständigen Stiftung zwischen den Erben und dem Stiftungsträger entgegen dem Willen des Stifters aus. Auch unter Berücksichtigung der vorhandenen Fachkenntnis der zuständigen Behörde bietet der behördliche Vollziehungsanspruch damit ein taugliches Instrument zur dauerhaften Verfolgung des Stifterwillens.

Trotz einer gewissen Nähe dieser behördlichen Aufsicht zu der staatlichen Stiftungsaufsicht[798] bestehen zwischen beiden Überwachungsinstanzen dennoch Unterschiede. Diese führen dazu, dass die Interessen des Stifters durch den Vollziehungsanspruch der zuständigen Behörde anders als bei der staatlichen Stiftungsaufsicht nicht vollumfänglich befriedigt werden können. Dies vor allem, weil die

---

793 Staudinger/*Chiusi*, BGB, § 525 Rn. 23; Erman/*Herrmann*, BGB, § 525 Rn. 5; Seifert/Campenhausen/*Hof*, Stiftungsrecht, § 36 Rn. 36; Westebbe, Stiftungstreuhand, S. 109; Werner/Saenger/*A. Werner*, Stiftung, Rn. 964.

794 Die zuständige Behörde ergibt sich aus den Ausführungsgesetzen der Länder zum BGB, vgl. Seifert/Campenhausen/*Hof*, Stiftungsrecht, § 36 Rn. 36; Kötz, Trust, S. 116; Herzog, Die unselbständige Stiftung, S. 72 f.; Westebbe, Stiftungstreuhand, S. 108; Danckwerth, Unselbständige Stiftungen, S. 72 f.; MünchKomm/*J. Koch*, BGB, § 525 Rn. 15; Staudinger/*Chiusi*, BGB, § 525 Rn. 22 f.

795 Anders als die Stiftung i.S.d. §§ 80 ff. BGB ist die vorliegende Behörde nicht bei der Errichtung der Stiftung beteiligt und wird gleichfalls nicht automatisch über die Errichtung der unselbständigen Stiftung informiert.

796 Hierbei handelt es sich um einen Fall der Gesamtgläubigerschaft, vgl. Schlüter, Stiftungsrecht, S. 241; Erman/*Herrmann*, BGB, § 525 Rn. 5; Staudinger/*Chiusi*, BGB, § 525 Rn. 22; MünchKomm/*J. Koch*, BGB, § 525 Rn. 15; a.A. Herzog, Die unselbständige Stiftung, S. 73.

797 MünchKomm/*J. Koch*, BGB, § 527 Rn. 2; Staudinger/*Chiusi*, BGB, § 527 Rn. 5; Werner/Saenger/*A. Werner*, Stiftung, Rn. 964; Seifert/Campenhausen/*Hof*, Stiftungsrecht, § 36 Rn. 37; Seyfarth, Unselbstständige Stiftung, S. 107 f.

798 Reuter, in: Stiftungen, S. 203, 227; Westebbe, Stiftungstreuhand, S. 109; K. Schmidt, in: Stiftungsrecht, S. 175, 187; Schlüter, Stiftungsrecht, S. 241.

staatliche Stiftungsaufsicht -anders als die behördliche Aufsicht- durch die Landesstiftungsgesetze mit umfassenden hoheitlichen Befugnissen ausgestattet ist und ihr, neben einem Unterrichtungs-, Prüfungs- und Beanstandungsrecht mit den sich daraus ergebenden Pflichten für die selbständige Stiftung, auch das Recht zur Abberufung und Bestellung von Organmitgliedern obliegt.[799] Versäumt es der Stifter vorliegend, die zuständige Behörde umfassend über die Errichtung der unselbständigen Stiftung zu informieren bzw. hat er unter Umständen keine Kenntnis von der Möglichkeit, der zuständigen Behörde den Vollziehungsanspruch zu übertragen, scheidet eine etwaige Kontrolle zudem aus.[800] Daneben begründen die §§ 525 Abs. 2, 2194 S. 2 BGB lediglich ein Recht der Behörde den Vollzug der Auflage zu verlangen, nicht hingegen auch ihre Pflicht.[801]

3. *Überwachung durch die Steuerbehörden*

Auch ist die Überwachung seitens der Steuerbehörden bereits ihrem Zweck nach nicht geeignet, eine ordnungsgemäße Stiftungstätigkeit sicherzustellen. Da der unselbständigen Stiftung nur solange steuerrechtliche Begünstigungen gewährt werden, wie die Voraussetzungen der §§ 51 ff. AO erfüllt sind, obliegt den Finanzbehörden die Überwachung hinsichtlich der Einhaltung der Anforderungen zur Gemeinnützigkeit. Die Überprüfung der festgelegten gemeinnützigen Zwecke erfolgt anhand der Satzung, der eingereichten Steuererklärungen sowie der sonstigen vorzulegenden Unterlagen.[802] Das Interesse der Finanzbehörde ist dabei jedoch allein auf die korrekte steuerliche Bewertung der unselbständigen Stiftung gerichtet, mithin auf die Überwachung der Gemeinnützigkeitskriterien beschränkt. Eine weitergehende Kontrolle über das Handeln des Stiftungsträgers, das einer Aufsichtsinstanz gleichkäme, scheidet aus.[803]

---

799 Vgl. §§ 8 ff. StiftG-BW; §§ 7 ff. StiftG-NRW; §§ 8 ff. StiftG-SH. Die staatliche Stiftungsaufsicht kann den Stifterwillen auch zwangsweise durchsetzen, vgl. § 11 StiftG-BW. Gegen etwaige hoheitliche Maßnahmen ist der Verwaltungsrechtsweg eröffnet, Bruns, in: StiftG-BW, § 8 Rn. 7. Der Vollziehungsanspruch der Behörde ist hingegen zivilrechtlicher Natur und auf dem Zivilrechtsweg durchzusetzen, vgl. BGHZ 23, 377, 384; Herzog, Die unselbständige Stiftung, S. 73; Schlüter, Stiftungsrecht, S. 241.

800 Seyfarth, Unselbstständige Stiftung, S. 103 f.

801 Reuter, AcP 207 (2007), 1, 3; Erman/*Herrmann*, BGB, § 525 Rn. 5; Seyfarth, Unselbstständige Stiftung, S. 103. Daneben ist der Auflagenvollzug nicht bei einer Behörde konzentriert, sondern wird auf mehrere Behörden verteilt, was zu einem Vollzugsdefizit führt, vgl. Schlüter, Stiftungsrecht, S. 242. Kritisch allgemein gegenüber der behördlichen Stiftungsaufsicht Reuter, in: FS Hadding, S. 231, 246.

802 Schauhoff/*ders.*, Handbuch, § 6 Rn. 96; Heuel, in: Jahreshefte, S. 127, 131 f.; Seyfarth, Unselbstständige Stiftung, S. 116.

803 Vgl. Seyfarth, Unselbstständige Stiftung, S. 116. Einer weitergehenden Kontrolle steht zudem das den Steuerbehörden obliegende Steuergeheimnis entgegen, vgl. Bruns, JZ 2009, 840, 845.

4. *Ausgestaltung einer Stiftungsorganisation*

Da sowohl eine mit der staatlichen Stiftungsaufsicht als auch eine mit den vorhandenen Organen der juristischen Person vergleichbare Instanz bei der unselbständigen Stiftung folglich fehlt, die die Stiftungstätigkeit umfassend überwacht und kontrolliert, ist eine entsprechende Instanz bei Abschluss des Stiftungsgeschäfts einzurichten und im Rahmen der Stiftungssatzung mit entsprechenden Rechten auszustatten. In der Praxis hat es sich bereits durchgesetzt, den unselbständigen Stiftungen eine eigene „Organstruktur" zukommen zu lassen, wodurch Überwachungsinstanzen wie ein „Stiftungsrat" oder „Kuratorium" eingesetzt werden.[804]

a) Rechtliche Qualifizierung

Eine Einordnung des Stiftungsgremiums als Organ der unselbständigen Stiftung scheidet mangels Rechtsträgerschaft der Stiftung aus.[805] Das Stiftungsgremium setzt sich vielmehr aus seinen einzelnen Mitgliedern zusammen, die sich vertraglich zu dieser Tätigkeit verpflichten. Dabei sind sie weder Erfüllungsgehilfen des Stiftungsträgers[806] noch werden die Gremienmitglieder durch den Stiftungsträger beauftragt.[807] Dies folgt bereits aus ihrer eigenständigen Aufgabenwahrnehmung und der Tatsache, dass die Mitglieder die Tätigkeiten des Stiftungsträgers überwachen und kontrollieren sollen, nicht hingegen den Weisungen des Stiftungsträgers unterliegen. Zur Sicherung des Stiftungszwecks ist die personelle Unabhängigkeit der Gremienmitglieder im Verhältnis zum Stiftungsträger erforderlich.[808] Daher hat nicht der Stiftungsträger, sondern der Stifter die Zusammensetzung und Ausgestaltung der Stiftungsorganisation in seinem Interesse sicherzustellen und entsprechend die Gremienmitglieder zur Verfolgung des Stiftungszwecks zu verpflichten. Der Stifter ist oftmals aufgrund persönlicher Interessen selbst Gremienmitglied, um die Verfolgung des Stiftungszwecks seinem Willen entsprechend sicherstellen zu können.

Das Stiftungsgremium ist sogleich bei Errichtung der unselbständigen Stiftung in das Stiftungsgeschäft einzubeziehen und mit entsprechenden Rechten und Pflichten auszustatten.[809] Hierdurch stellt sich das Stiftungsgeschäft als mehrseitiger Vertrag zwischen Stifter, Stiftungsträger und den Gremienmitgliedern dar, wobei die

---

804 Rawert, in: FS Hopt, S. 177, 190; Werner/Saenger/*A. Werner,* Stiftung, Rn. 981; Beispiele zur Ausgestaltung Formularbuch/*Rawert,* Form. I. 32; Vertragshandbuch/*Hof,* Bd. 1, VIII. 6, § 5 sowie Anm. 14.

805 Vgl. bereits 1. Teil, C. V. 3. b).

806 So jedoch Westebbe, Stiftungstreuhand, S. 86; ablehnend Seifert/Campenhausen/*Hof,* Stiftungsrecht, § 36 Rn. 136; ausführlich Herzog, Die unselbständige Stiftung, S. 86 f.

807 So Bächstädt, Unselbständige Stiftung, S. 124; ebenfalls ablehnend A. Werner, ZSt 2008, 51, 56; Herzog, Die unselbständige Stiftung, S. 86 f.

808 Seifert/Campenhausen/*Hof,* Stiftungsrecht, § 36 Rn. 134.

809 Herzog, Die unselbständige Stiftung, S. 87; ihm folgend Rawert, in: FS Hopt, S. 177, 190.

konkrete Ausgestaltung des Stiftungsgremiums mit Rechten und Pflichten im Rahmen der Stiftungssatzung stattfindet.[810] Gleichfalls sind Nachfolgeregelungen zu treffen, die den Bestand des Stiftungsgremiums auch nach dem Ausscheiden eines Gremienmitgliedes gewährleisten.[811]

b) Ausstattung mit Rechten

Der Stifter kann die einzusetzende Instanz aufgrund seiner Gestaltungsfreiheit mit weitgehenden Kontroll- und Aufsichtsmöglichkeiten über die Tätigkeiten des Stiftungsträgers ausstatten. Dabei bietet es sich vor allem an, bereits bei Ausgestaltung des Stiftungsgeschäfts die Befugnis zur Vollziehung der Auflage i.S.d. § 525 BGB an das Stiftungsgremium abzutreten, sodass sie die Vollziehung der Auflage durch den Stiftungsträger verlangen können.[812] Zum dauerhaften Bestand der unselbständigen Stiftung ist dem Stiftungsgremium zugleich ein Recht auf Beteiligung bei Änderungen der Stiftungssatzung einzuräumen.[813] Dies vor allem mit Blick auf die Rechtsnachfolger des Stifters, denen somit die Möglichkeit genommen wird, den Stiftungszweck im Einvernehmen mit dem Stiftungsträger beliebig zu ändern bzw. die unselbständige Stiftung aufzulösen. Um willkürliche Veränderungen zu verhindern, ist die Beteiligung des Stiftungsgremiums an etwaigen Satzungsänderungen ebenso erforderlich wie das Vorliegen entsprechender Mehrheitserfordernisse.[814] In diesem Zusammenhang ist mit der Einsetzung des Stiftungsgremiums zugleich eine Klausel in die Stiftungssatzung aufzunehmen, wonach Satzungsänderungen einerseits nur unter engen Voraussetzungen zulässig sind, andererseits sich die Stiftungstätigkeit jedoch an veränderte Verhältnisse anpassen kann.

Hinsichtlich der weiteren konkreten Ausstattung des Stiftungsgremiums mit Rechten kann die Stellung der Depotbank im Rahmen des Investmentgeschäfts, die die Verwaltung des Sondervermögens durch die KAG überwacht und kontrolliert, als Vorbild dienen. Anlehnend an § 27 InvG ist dafür Sorge zu tragen, dass eine ständige Kontrolle der Tätigkeiten des Stiftungsträgers stattfindet, um die Verfolgung des Stiftungszwecks sicherzustellen und letztlich pflichtwidrige Handlungen des Stiftungsträgers auszuschließen. Der Umfang richtet sich dabei nach der Geschäftigkeit der Stiftung, wobei die praktische Umsetzung gerade bei kleineren

810 Herzog, Die unselbständige Stiftung, S. 88; Fritsche, ZSt 2008, 3, 10; Rawert, in: FS Hopt, S. 177, 190.

811 Dabei können konkrete Nachfolger bereits in die Stiftungssatzung aufgenommen werden. Daneben kann auch bestimmt sein, dass das Stiftungsgremium nach dem Ausscheiden eines Mitglieds einen Nachfolger bestimmt.

812 Herzog, Die unselbständige Stiftung, S. 87; Rawert, in: FS Hopt, S. 177, 185; Rawert, in: Jahreshefte, S. 27, 38; Wochner, ZEV 1999, 125, 128; vgl. allgemein MünchKomm/*J. Koch*, BGB, § 525 Rn. 14.

813 Rawert, in: Jahreshefte, S. 27, 38.

814 Werner/Saenger/*A. Werner*, Stiftung, Rn. 983; Seifert/Campenhausen/*Hof*, Stiftungsrecht, § 36 Rn. 145; Herzog, Die unselbständige Stiftung, S. 90 f.

Stiftungen nicht immer durchführbar ist, sodass statt einer laufenden Kontrolle auch die Pflicht des Stiftungsträgers, das Stiftungsgremium über sämtliche Stiftungstätigkeiten durch regelmäßige Stiftungsberichte zu informieren, festgelegt werden kann. Daneben kann, anlehnend an § 26 InvG, insbesondere bei nicht alltäglichen Stiftungsgeschäften bzw. bei Geschäften größeren Umfangs betreffend das Stiftungsvermögen[815] eine Genehmigungspflicht des Gremiums in die Stiftungssatzung aufgenommen werden.

Beschränkt sich die Tätigkeit des Gremiums allein auf eine bloße Unterstützung des Stiftungsträgers ohne Mitentscheidungsrechte, so stellt die Einsetzung eines Stiftungsgremiums kein wirksames Instrument zur Kontrolle dar.[816] Daher ist das Stiftungsgremium stets mit Kompetenzen auszustatten, die es ermöglichen einen mitentscheidenden Einfluss auf die Stiftungsarbeit auszuüben. So ist es insbesondere erforderlich, den Stiftungsträger an der Umsetzung nachteiliger Entscheidungen zu hindern und eine Kompetenzverteilung auszugestalten, nach der er vielmehr den Entscheidungen des Stiftungsgremiums Folge zu leisten hat und durch das Stiftungsgremium überstimmt werden kann.[817] Im Hinblick auf etwaige Abstimmungen des Stiftungsgremiums empfiehlt sich sowohl eine ungerade Mitgliederzahl als auch, um eine Blockierung der Stiftungsaktivitäten durch einzelne Gremienmitglieder zu vermeiden, gerade nicht die Einstimmigkeit derartiger Beschlüsse vorzusehen.[818]

Zu beachten ist, dass wegen der zugrunde liegenden Übertragung des Stiftungsvermögens in das Vermögen des Stiftungsträgers gesetzliche Schadensersatzansprüche aufgrund seiner Eigentümerstellung, mithin mangels Schaden, ausscheiden.[819] Erforderlich ist daher weiter eine vertragliche Ausgleichspflicht des Stiftungsträgers für pflichtwidrige Stiftungstätigkeiten, die zu einer Minderung des Stiftungsvermögens geführt haben. Anlehnend an § 28 Abs. 1 Nr. 1 InvG muss dem Gremium wie der Depotbank das Recht eingeräumt werden, entsprechende Ansprüche gegenüber dem Stiftungsträger wegen Verletzung seiner vertraglichen Pflichten aus dem Stiftungsgeschäft bzw. der Stiftungssatzung geltend machen zu können. Die Ausgleichspflicht des Stiftungsträgers ist auf Leistung in das Stiftungsvermögen zu

815 So z.B. bei Fragen betreffend der Anlage des Grundvermögens, bei der Aufnahme von Krediten oder der Vergabe umfangreicher Stiftungsleistungen. Dahingehend auch Vertragshandbuch/*Hof*, Bd. 1, VIII. 6 Anm. 13.

816 Seyfarth, Unselbstständige Stiftung, S. 118; vgl. Seifert/Campenhausen/*Hof*, Stiftungsrecht, § 36 Rn. 131 f.

817 Seyfarth, Unselbstständige Stiftung, S. 118; Seifert/Campenhausen/*Hof*, Stiftungsrecht, § 36 Rn. 131; vgl. Werner/Saenger/*A. Werner*, Stiftung, Rn. 983.

818 Seifert/Campenhausen/*Hof*, Stiftungsrecht, § 36 Rn. 135; Hof/Bianchini-Hartmann/Richter, Stiftungen, S. 294; Vertragshandbuch/*Hof*, Bd. 1, VIII. 6 Anm. 6; für die Einstimmigkeit Westebbe, Stiftungstreuhand, S. 198 ff.

819 Reuter, in: Stiftungen, S. 203, 222; Herzog, Die unselbständige Stiftung, S. 75; Seyfarth, Unselbstständige Stiftung, S. 110; Westebbe, Stiftungstreuhand, S. 114; Heuel, Stiftung & Sponsoring, Rote Seiten 4/2012, 1, 16.

richten, sodass der Bestand des Stiftungsvermögens, wie er ohne seine Pflichtverletzung stünde, wiederhergestellt wird.[820]

c) Auswirkungen auf die Stiftungstätigkeit

Durch die Einsetzung eines Stiftungsgremiums kann der Stifter die alleinige Kompetenz des Stiftungsträgers zur Erfüllung der Stiftungszwecke einschränken und durch die Verteilung der Befugnisse sicherstellen, dass zum einen eine effektive Kontrolle stattfindet, zum anderen, dass sich die Stiftungstätigkeiten vollends am Stifterwillen orientieren, mithin dem Stiftungsträger die Möglichkeit weitgehend genommen wird, stiftungsfremde Zwecke zu verfolgen. Werden die Mitglieder des Stiftungsgremiums darüber hinaus sogleich in das Stiftungsgeschäft mit einbezogen, können nachfolgende Änderungen des Stiftungsgeschäfts bzw. der Stiftungssatzung nicht gegen ihren Willen erfolgen,[821] sodass ihre Einbeziehung erheblich zum dauerhaften Bestand der unselbständigen Stiftung beiträgt. Ebenso ist auch nach dem Tod des Stifters der Fortbestand der unselbständigen Stiftung gesichert, weil die Erben durch eine Vereinbarung mit dem Stiftungsträger die Stiftung weder ändern noch auflösen können. Die ständige Überwachung des Stiftungsträgers und der Vollziehungsanspruch des Stiftungsgremiums sichern die zweckentsprechende Verwendung des Stiftungsvermögens bzw. der Erträge und verhindern die Aufzehrung des Stiftungsvermögens durch den Stiftungsträger.

5. Regelungen zur Auswechslung des Stiftungsträgers

Erfüllt der Stiftungsträger die ihm übertragenen Aufgaben pflichtwidrig und führt auch der Vollziehungsanspruch i.S.d. § 525 BGB des Stifters bzw. des Stiftungsgremiums zu keiner ordnungsgemäßen Stiftungsverwaltung, kommt eine Auswechslung des bisherigen Stiftungsträgers gegen einen neu einzusetzenden Stiftungsträger in Betracht, um die Funktionstüchtigkeit der unselbständigen Stiftung auch weiterhin gewährleisten zu können. In diesen Fällen wird der Vollziehungsanspruch gegenüber dem Stiftungsträger den Interessen der Stiftungsbeteiligten vor allem deshalb nicht gerecht, weil durch die pflichtwidrige Stiftungstätigkeit das Vertrauen in den Stiftungsträger derart erschüttert sein kann, dass ein Festhalten an dem bisherigen Stiftungsträger unzumutbar ist.

Auch ist die Rückforderung des Stiftungsvermögens i.S.d. § 527 Abs. 1 BGB weder interessen- noch stiftungsgerecht. Dies vor allem unter Berücksichtigung der endgültigen Vermögensübertragung und der Dauerhaftigkeit der Zweckverfolgung. Obliegt dem Stiftungsgremium der Vollziehungsanspruch, scheidet eine Rückübertragung an den Stifter zudem auch wegen § 527 Abs. 2 BGB aus. Eine sog. Anfallklausel in der Stiftungssatzung modifiziert den Rückübertragungsanspruch des

---

820 Werner/Saenger/*A. Werner,* Stiftung, Rn. 987.

821 Herzog, Die unselbständige Stiftung, S. 85 ff., 124; zustimmend Rawert, in: FS Hopt, S. 177, 190.

Stifters dahingehend, dass der Stifter bzw. das Stiftungsgremium bei ausbleibendem Auflagenvollzug durch einen entsprechenden Beschluss auch ohne Zustimmung des Stiftungsträgers die Herausgabe des Stiftungsvermögens an einen neu einzusetzenden Stiftungsträger verlangen kann.[822] Der Fortbestand der unselbständigen Stiftung kann hierdurch ebenso gewährleistet werden wie die ordnungsgemäße Stiftungsverwaltung. Dieser vertraglichen Modifizierung steht § 527 Abs. 2 BGB nicht entgegen.

In Fällen, in denen neben dem Stiftungsgremium auch die zuständige Behörde aufgrund einer entsprechenden Unterrichtung die Vollziehung der Auflage gem. § 525 Abs. 2 BGB verlangen kann, ist das Verhältnis zu den Befugnissen des Stiftungsgremiums fraglich. So vor allem, ob das Stiftungsgremium bzw. die Rechtsnachfolger des Stifters die Auswechslung des Stiftungsträgers gleichwohl verlangen können oder aber dem Austausch des Stiftungsträgers § 527 Abs. 2 BGB entgegensteht. Denn dessen Zweck ist es, durch den Ausschluss des Rückforderungsrechts des Stifters bzw. seiner Rechtsnachfolger die Vollziehung der Auflage im Interesse der vollziehungsberechtigten Dritten sicherzustellen.[823] Zunächst ist zu beachten, dass bereits keine Rückforderung i.S.d. § 527 Abs. 1 BGB vorliegt, sondern das Stiftungsvermögen vielmehr zur Sicherstellung der weiteren Auflagenvollziehung an einen neuen Stiftungsträger übertragen wird. Übereinstimmend mit dem hinter § 527 Abs. 2 BGB stehenden Zweck ist der Austausch des Stiftungsträgers darauf gerichtet, die Vollziehung der Auflage weiterhin sicherstellen zu können. Damit entspricht die Auswechslung des Stiftungsträgers dem Interesse und dem Recht der zuständigen Behörde an der Sicherstellung des Auflagenvollzugs.[824] Der Austausch des Stiftungsträgers beeinträchtigt damit weder den Vollziehungsanspruch der Behörde noch steht der Vollziehungsanspruch einer Auswechslung des Stiftungsträger entgegen. Die gesetzlichen Vorgaben hindern das Stiftungsgremium damit nicht -im Interesse der Vollziehung der Auflage- den Stiftungsträger auszuwechseln.

Unabhängig davon bietet es sich an, den Anfallberechtigten sogleich als Vertragspartei im Rahmen des Stiftungsgeschäfts einzubeziehen und mit eigenen Ansprüchen auszustatten.[825] In Folge seiner Einbeziehung wird der Stiftungsträger verstärkt dazu angehalten, die Stiftungstätigkeit ordnungsgemäß auszuführen. Darüber hinaus kann durch die Ausstattung des Anfallberechtigten mit Mitentscheidungsbefugnissen hinsichtlich des Austauschs des Stiftungsträgers und etwaiger Satzungsänderungen verhindert werden, dass ein Zusammenwirken der übrigen Stiftungsbeteiligten zum Zwecke der Auflösung der unselbständigen

822 Vgl. Herzog, Die unselbständige Stiftung, S. 78 f.; K. Schmidt, in: Stiftungsrecht, S. 175, 187; Reuter, in: Stiftungen, S. 203, 214; Westebbe, Stiftungstreuhand, S. 153.

823 Staudinger/*Chiusi*, BGB, § 527 Rn. 5; MünchKomm/*J. Koch*, BGB, § 527 Rn. 1.

824 Herzog, Die unselbständige Stiftung, S. 78.

825 Rawert, in: FS Hopt, S. 177, 191 wonach der Anfallberechtigte mit einem klagbaren Anspruch auf Übertragung des Stiftungsvermögens unter den in der Anfallklausel der Satzung bestimmten Voraussetzungen auszustatten ist.

Stiftung und der Zweckentfremdung des Stiftungsvermögens stattfindet.[826] Zugleich können die Stiftungsbeteiligten keinen stiftungsfremden und mit anderer Zweckverfolgung handelnden Anfallberechtigten bestimmen. Wird als Anfallberechtigter zudem eine juristische Person des öffentlichen Rechts oder eine andere steuerbegünstigte Körperschaft bestimmt, so bietet deren Einbeziehung im Verhältnis zu einer wirtschaftlich tätigen juristischen Person für den Stifter zudem die Gewissheit, dass das Stiftungsvermögen durch etwaiges Zusammenwirken der Stiftungsbeteiligten nicht anderen, namentlich privaten Zwecken zugeführt wird. Angemerkt sei, dass der Grundsatz der gemeinnützigen Vermögensbindung i.S.d. §§ 55 Abs. 1 Nr. 4, 61 AO dem Austausch des Stiftungsträgers bereits deshalb nicht entgegensteht, weil die unselbständige Stiftung in diesem Fall nicht endet und sich die Vermögensbindung darüber hinaus lediglich auf die Erträge des Stiftungsvermögens bezieht.[827]

6. *Zwischenergebnis*

Die Einsetzung eines mit weitreichenden Rechten ausgestatteten Stiftungsgremiums wird den Bedürfnissen der unselbständigen Stiftung und dem Stifterwillen gerecht. Pflichtwidrige Stiftungstätigkeiten können verhindert und eine ordnungsgemäße Stiftungsverwaltung sichergestellt werden. Durch die Mittel der Vertragsgestaltung kann eine Aufsichtsinstanz gebildet werden, die nicht nur die Funktion der staatlichen Stiftungsaufsicht zu ersetzen vermag, sondern darüber hinaus, eine sorgfältige und gewissenhafte Auswahl der Gremienmitglieder und der Zuweisung konkreter Aufgaben und Befugnisse vorausgesetzt, auch eine effektive Kontrollinstanz darstellen kann. Ebenfalls bietet die Aufnahme einer Satzungsklausel, die sowohl den Austausch des Stiftungsträgers als auch die Person des Anfallberechtigten vorsieht, insbesondere auch nach dem Tod des Stifters zusätzliche Stabilität für den dauerhaften Bestand der Stiftung. Die Einbeziehung und Ausgestaltung einer umfassenden Stiftungsorganisation wird damit zum notwendigen Bestandteil des Stiftungsgeschäfts und trägt in erheblichem Umfang zur Sicherung des Stiftungsvermögens bei.

II. Sicherung des Stiftungsvermögens

Wie zuvor festgestellt, ist neben der Ausgestaltung einer umfassenden Stiftungsorganisation die Sicherung des Stiftungsvermögens vor stiftungsfremden Zugriffen erforderlich. Allein die Überwachung der Tätigkeiten des Stiftungsträgers vermag den Bestand der unselbständigen Stiftung nicht zu gewährleisten. Dies folgt aus der Tatsache, dass der Stiftungsträger neben dem Stiftungsvermögen noch mindestens ein weiteres Vermögen, sein Privatvermögen, hält und damit private Rechtsgeschäfte und Verbindlichkeiten eingeht, die der Kontrolle und Überwachung durch

826 Rawert, in: FS Hopt, S. 177, 191.
827 Vgl. hierzu bereits 1. Teil, C. VII. 4.

das Stiftungsgremium entzogen sind. Durch die Stellung des Stiftungsvermögens als Teil des Gesamtvermögens begründen diese privaten Rechtsgeschäfte jedoch dessen Haftung.

Zu denken ist dabei zum Schutz des Stiftungsvermögens an vertragliche Ausgestaltungen im Rahmen des Stiftungsgeschäfts und der Stiftungssatzung. Etwaige Regelungen erzeugen jedoch wegen § 137 BGB keine dinglichen Wirkungen gegenüber Dritten. Als schuldrechtliche Bindungen, basierend auf der mit der Schenkung verbundenen Auflage, können sie allein im Innenverhältnis der Stiftungsbeteiligten Rechte und Pflichten begründen. Der Schutz des Stiftungsvermögens vor einer stiftungsfremden Inanspruchnahme, mithin vor dem Zugriff stiftungsfremder Gläubiger, kann hingegen nicht gewährleistet werden. Damit geht auch eine entsprechende Verpflichtung des Stiftungsträgers zum Ausgleich in das Stiftungsvermögen ins Leere, sollten ihm keine ausreichenden privaten Mittel zur Verfügung stehen. Deutlich wird der unzureichende Schutz des Stiftungsvermögens im Fall der Eröffnung eines Insolvenzverfahrens über das Privatvermögen des Stiftungsträgers. Das Stiftungsvermögen wird als unselbständiges Sondervermögen mit in die Insolvenzmasse gezogen und dient der Befriedigung stiftungsfremder Gläubiger.[828] Sowohl ein Aussonderungsrecht des Stifters[829] als auch eine Übertragung des Stiftungsvermögens auf einen neuen Stiftungsträger kommen nicht in Betracht. Eine derartige Regelung in der Stiftungssatzung entfaltet im Insolvenzverfahren wegen des Eigentums des Stiftungsträgers keine Wirkung. Ein etwaiger Herausgabeanspruch aufgrund des ausbleibenden Vollzugs der Auflage in Folge der Insolvenz des Stiftungsträgers gem. § 527 Abs. 1 BGB iVm §§ 323, 326 Abs. 5 BGB begründet lediglich einen Verschaffungsanspruch, der eine Insolvenzforderung i.S.d. § 38 InsO darstellt, wonach der Stifter lediglich quotal zu befriedigender Insolvenzgläubiger ist.[830]

Mangels Möglichkeiten zur Ausgestaltung eines vor stiftungsfremden Zugriffen immunen Stiftungsvermögens, der Erzielung dinglicher Wirkungen gegenüber Dritten, ist das Stiftungsvermögen der latenten Gefahr einer stiftungsfremden Inanspruchnahme ausgesetzt. Dies stellt einen erheblichen Nachteil gegenüber dem Stiftungsvermögen der Stiftung i.S.d. §§ 80 ff. BGB dar, welches aufgrund seiner Verselbständigung allein für Stiftungsverbindlichkeiten haftet.

Anknüpfungspunkt für den Schutz des Stiftungsvermögens ist damit allein der Stiftungsträger, sodass dessen Auswahl für den Bestand der unselbständigen Stiftung von entscheidender Bedeutung ist. Naheliegend ist dabei im Hinblick auf den dauerhaften Bestand der unselbständigen Stiftung die Wahl einer potentiell

828 Ausführlich hierzu, vgl. 1. Teil, E. III. 1.

829 Ganz h.M. vgl. nur MünchKomm/*Reuter*, BGB, Vor § 80 Rn. 114, 110; Staudinger/*Hüttemann/Rawert*, BGB, Vorbem zu §§ 80 ff Rn. 255; a.A. Herzog, Die unselbständige Stiftung, S. 101 ff.; vgl. bereits 1. Teil, E. III. 1. a).

830 Fritsche, ZSt 2008, 3, 14; Werner/Saenger/*Fritsche*, Stiftung, Rn. 836; Jaeger/*Henckel*, InsO, § 47 Rn. 125; a.A. Herzog, Die unselbständige Stiftung, S. 105 f.

unsterblichen juristischen Person als Stiftungsträger.[831] Bei der Auswahl kann vor allem deren finanzielle Situation berücksichtigt werden und eine juristische Person des öffentlichen Rechts gewählt werden.[832] Dennoch besteht auch in diesem Fall stets die Möglichkeit der Inanspruchnahme des Stiftungsvermögens durch stiftungsfremde Gläubiger. Dies folgt aus der Stellung des Stiftungsvermögens als Teilvermögen im Gesamtvermögen des Stiftungsträgers, sodass es hinsichtlich der Haftung keinen Unterschied macht, ob es sich bei dem Stiftungsträger um eine natürliche oder juristische Person handelt. In beiden Fällen haftet das Stiftungsvermögen auch für stiftungsfremde Verbindlichkeiten. Die Auswahl des Stiftungsträgers durch den Stifter kann daher noch so gewissenhaft und verantwortungsvoll sein, aber ein Restrisiko, insbesondere eine möglicherweise eintretende Insolvenz des Stiftungsträgers, kann nicht ausgeschlossen werden. Damit sind das Stiftungsvermögen und der Bestand der unselbständigen Stiftung jedenfalls dann nicht vor einer stiftungsfremden Inanspruchnahme geschützt, wenn der Stiftungsträger neben der Stiftungsträgerschaft stiftungsfremde Geschäfte verfolgt.

B. Errichtung eines Stiftungsträgers

Ein umfänglicher Schutz des Stiftungsvermögens vor stiftungsfremdem Handeln des Stiftungsträgers und vor der Inanspruchnahme stiftungsfremder Gläubiger könnte in Konsequenz dessen nur dann sichergestellt sein, soweit der Stiftungsträger ausschließlich im Rahmen der Stiftungstätigkeiten handelt und er einzig Eigentümer des Stiftungsvermögens ist. Voraussetzung ist, dass er neben dem Stiftungsvermögen keine weiteren Teilvermögen innehat. Dies ist bei einer natürlichen Person bereits aus tatsächlichen Gründen nicht möglich. Allein bei einer juristischen Person bestünde diese Möglichkeit, soweit ihr über die Stiftungsträgerschaft hinaus keine weiteren Gesellschaftszwecke zugrunde liegen.

Bisher wurde stets davon ausgegangen, dass der Stifter das Stiftungsvermögen an eine bereits bestehende juristische Person überträgt, bei der sich das Stiftungsvermögen sodann als ein Teilvermögen neben den weiteren Vermögen der Rechtsperson darstellt. Die juristische Person handelt daher nicht lediglich als Stiftungsträger der unselbständigen Stiftung, sondern verfolgt darüber hinaus noch weitere Gesellschaftszwecke, sodass das Stiftungsvermögen zwar separat gehalten wird, unter Berücksichtigung des Grundsatzes der Vermögenseinheit jedoch eine rechtliche Trennung der verschiedenen Vermögensmassen nicht stattfinden kann und hieraus die Haftungsproblematik resultiert.

---

831 Rawert, in: FS Hopt, S. 177, 188; Seifert/Campenhausen/*Hof*, Stiftungsrecht, § 36 Rn. 59; Werner/Saenger/*A. Werner*, Stiftung, Rn. 950; Liermann, in: Stiftungswesen, S. 229, 232.

832 Hof/Bianchini-Hartmann/Richter, Stiftungen, S. 280; vgl. Danckwerth, Unselbständige Stiftungen, S. 47.

Anders hingegen, würde eine juristische Person eigens für die Stiftungsträgerschaft errichtet[833] in Folge dessen sich ihr Vermögen neben dem Stammkapital allein aus dem Stiftungsvermögen zusammensetzt. Dieser Ansatz setzt die Errichtung einer juristischen Person voraus, deren Gesellschaftszweck sich mit dem Stiftungszweck der unselbständigen Stiftung deckt. Erforderlich ist zunächst die Errichtung einer geeigneten juristischen Person als Stiftungsträger. Nach deren Entstehung kann die Gesellschaft das auf einer Schenkung unter Auflage basierende Stiftungsgeschäft mit dem Stifter schließen. In der Folge entsteht die unselbständige Stiftung in der Trägerschaft der zuvor eigens hierfür errichteten juristischen Person.

Im weiteren Verlauf ist unter Berücksichtigung der stiftungsrechtlichen Anforderungen und der Interessen der Stiftungsbeteiligten diese rechtliche Möglichkeit gefolgt von der konkreten Ausgestaltung und ihrer Rechtsfolgen im Hinblick auf die Sicherung des Stiftungsvermögens hin zu überprüfen.

I. Anforderungen an die Errichtung eines geeigneten Stiftungsträgers

Hierbei stellen sich zunächst gesellschaftsrechtliche Fragestellungen, insbesondere die mögliche Rechtsform der zu errichtenden juristischen Person und ihr zugrunde liegender Gesellschaftszweck einhergehend mit den weiteren Gründungsvoraussetzungen.

Aus stiftungsrechtlichen Gesichtspunkten ist zu berücksichtigen, dass sich durch die Errichtung eines eigenen Stiftungsträgers keine Nachteile für den Stifter und die Verfolgung des Stiftungszwecks im Verhältnis zu der bisherigen Ausgestaltung ergeben dürfen. Dies auch mit Blick auf die Stiftung i.S.d. §§ 80 ff. BGB. Denn oftmals wird allein die unselbständige Stiftung den Interessen des Stifters gerecht, weil auch mit dem Einsatz eines kleinen Vermögens und mit geringem Verwaltungsaufwand ein bestimmter Stiftungszweck dauerhaft gefördert werden kann. Daher müssen bei der hier angestrebten Errichtung eines eigenen Stiftungsträgers die Vorteile der unselbständigen Stiftung im Verhältnis zur Stiftung i.S.d. §§ 80 ff. BGB gewährleistet bleiben. Nur dann verliert die unselbständige Stiftung nicht an Attraktivität. Vor allem dürfen dem Stifter bei Errichtung eines geeigneten Stiftungsträgers keine Nachteile entstehen. Zu denken ist vor allem an einen zusätzlichen Verwaltungs- und Kostenaufwand. Vielmehr müssen eventuelle Mehraufwendungen nach Art und Umfang in einem angemessenen Verhältnis zu den sich aus der Errichtung eines eigenen Stiftungsträgers ergebenden Vorteilen stehen.

833 Dieser Ansatz geht zurück auf Rawert, in: FS Hopt, S. 177, 188 f.; Rawert, in: Jahreshefte, S. 27, 37.

II. Rechtsform des zu erschaffenden Stiftungsträgers

Unter den zur Verfügung stehenden Rechtsformen scheiden der eingetragene Verein sowie die Errichtung einer Stiftung mit Rechtspersönlichkeit aufgrund ihrer Errichtungsvoraussetzungen und den Stifterinteressen als Stiftungsträger offenkundig aus. Aufgrund dessen, dass sowohl die Errichtung einer GmbH als auch einer AG ein nicht unerhebliches Mindestkapital voraussetzt,[834] die unselbständige Stiftung jedoch gerade für Stifter kleinerer Vermögen interessant ist und zudem der Einsatz des Stiftungsvermögens zur Verfolgung des Stiftungszwecks dienen soll, scheidet vor allem auch die AG als Gesellschaftsform für den zu errichtenden Stiftungsträger aus. Auch die Anforderungen an das Mindeststammkapital einer GmbH sind mit einem geringen Vermögen des Stifters oftmals nicht vereinbar. Indes wurde mit der Einführung der Unternehmergesellschaft (haftungsbeschränkt)[835] eine „Rechtsformvariante" der GmbH[836] geschaffen, deren Errichtung in Betracht kommt, soweit das Stammkapital den Betrag des Mindeststammkapitals der GmbH i.S.d. § 5 Abs. 1 GmbHG von 25.000 Euro unterschreitet, § 5a Abs. 1 GmbHG. Insoweit ist es theoretisch möglich, die Unternehmergesellschaft mit einem Stammkapital von lediglich 1 Euro zu errichten.[837] Als Variante der GmbH finden, mit Ausnahme der für die Unternehmergesellschaft speziell eingeführten Regelungen des § 5a GmbHG, alle Vorschriften des GmbHG Anwendung. Sie besitzt daher eine eigene Rechtspersönlichkeit, § 13 Abs. 1 GmbHG, und kann wie die GmbH durch einen oder mehrere Gesellschafter errichtet werden, § 1 GmbHG.

Vor allem aufgrund der geringen Anforderungen an die Vermögensausstattung kommt für die Errichtung eines eigenen Stiftungsträgers die Unternehmergesellschaft in Betracht. Das Interesse des Stifters, das Stiftungsvermögen vollumfänglich für die Verfolgung des Stiftungszwecks einzusetzen, bleibt daher weitestgehend gewahrt.

---

834 Bei der GmbH beträgt das gesetzliche Mindeststammkapital 25.000 Euro, vgl. § 5 I GmbHG, bei der AG beträgt der Mindestnennbetrag des Grundkapitals 50.000 Euro, vgl. § 7 AktG.

835 Im Folgenden allein Unternehmergesellschaft.

836 Begr. RegE, BT-Drs. 16/6140, S. 31; Bork/Schäfer/*ders.*, GmbHG, § 5a Rn. 1 f.; Spies, Unternehmergesellschaft, S. 94. Der Gesetzgeber wollte mit der Unternehmergesellschaft unter Berücksichtigung des internationalen Wettbewerbsnachteils deutscher Gesellschaften eine Rechtsform schaffen, die -im Gegensatz zur GmbH- auf einer erleichterten Gründung basiert und trotz geringer Kapitalausstattung eine Haftungsbeschränkung zugunsten ihrer Gesellschafter anordnet.

837 Dabei muss der Nennbetrag jedes Geschäftsanteils auf volle Euro lauten und jeder Gesellschafter muss mindestens einen Geschäftsanteil übernehmen. Vgl. Bork/Schäfer/*ders.*, GmbHG, § 5a Rn. 13; Spies, Unternehmergesellschaft, S. 120.

III. Voraussetzungen zur Errichtung einer Unternehmergesellschaft

Unter Berücksichtigung dessen, dass die Unternehmergesellschaft zur Übernahme der Stiftungsträgerschaft errichtet werden soll, sind im Folgenden deren Errichtungsvoraussetzungen, namentlich der zugrunde liegende Gesellschaftszweck, die sie zu errichtenden Gesellschafter sowie die Ausgestaltung der Organstrukturen zu klären.

1. Gesellschaftszweck der Unternehmergesellschaft

Grdsl. kann die Gesellschaft jeden beliebigen, zulässigen Zweck verfolgen, vgl. § 1 GmbHG.[838] Vorliegend soll die Unternehmergesellschaft Vertragspartei des Stiftungsgeschäfts werden und sodann als Stiftungsträger für die unselbständige Stiftung entsprechend dem zugrunde liegenden Stiftungszweck handeln. Der Gesellschaftszweck ist daher anhand der Funktionen und Tätigkeiten des Stiftungsträgers auszurichten. In diesem Zusammenhang ist es -unter Berücksichtigung der herausgearbeiteten Haftungsproblematik verschiedener Teilvermögen- erforderlich, dass sich die Funktion der Gesellschaft auf die des Stiftungsträgers der zu errichtenden unselbständigen Stiftung beschränkt. Der Gesellschaftszweck muss insoweit den Abschluss des Stiftungsgeschäfts mit dem Stifter umfassen und zur Verwaltung des Stiftungsvermögens der unselbständigen Stiftung berechtigen.[839] Hierdurch wird eine umfassende Erfüllung sämtlicher mit der unselbständigen Stiftung in Zusammenhang stehender Aufgaben gewährleistet. Um den Gesellschaftszweck auf die Stiftungsträgerschaft zu beschränken, ist darüber hinaus die konkrete Bezeichnung der unselbständigen Stiftung erforderlich.[840]

a) Gemeinnützige Unternehmergesellschaft?

Die Unternehmergesellschaft stellt als Kapitalgesellschaft ein eigenständiges Steuersubjekt i.S.d. § 1 Abs. 1 Nr. 1 KStG dar in Folge dessen sie grdsl. der unbeschränkten Steuerpflicht unterliegt. Gleichwohl ist vorliegend entsprechend der unselbständigen Stiftung ebenfalls an eine Befreiung von der Steuerpflicht wegen einer gemeinnützigen Zweckverfolgung i.S.d. §§ 51 ff. AO, vgl. § 5 Abs. 1 Nr. 9 KStG, zu denken.[841] Anlehnend an § 58 Nr. 1 AO, wonach eine Steuervergünstigung nicht dadurch ausgeschlossen wird, dass die Körperschaft Mittel für die Verwirklichung

---

838 Namentlich erwerbswirtschaftliche, sonstige wirtschaftliche, freiberufliche und ideelle Zwecke, vgl. Bork/Schäfer/*ders.*, GmbHG, § 1 Rn. 9.

839 Vgl. zur Ausgestaltung des Gesellschaftszwecks das Beispiel bei Rawert, in: FS Hopt, S. 177, 189 in Fn. 51.

840 Vgl. zur Ausgestaltung Rawert, in: Jahreshefte, S. 27, 52.

841 Zu den Voraussetzungen und den Rechtsfolgen als gemeinnütziges Steuersubjekt siehe 1. Teil, C. VII. Zur Zulässigkeit einer gemeinnützigen Unternehmergesellschaft Ulmer/*Paura*, GmbHG, § 5a Rn. 75.

der steuerbegünstigten Zwecke einer anderen Körperschaft, vorliegend der unselbständigen Stiftung,[842] beschafft, liegt der gemeinnützige Zweck der zu errichtenden Unternehmergesellschaft in der Beschaffung von Mitteln für die gemeinnützige unselbständige Stiftung.[843]

Wird jedoch das Interesse des Stifters, eine unselbständige Stiftung zu errichten, in den Vordergrund gerückt, so wird deutlich, dass die Anerkennung der Gemeinnützigkeit bei der zugrunde liegenden Gesellschaft nicht erforderlich ist. Denn die Versteuerung der Stiftungstätigkeiten erfolgt grdsl. bei der unselbständigen Stiftung als Steuersubjekt. Die Errichtung einer Gesellschaft, die die Funktion des Stiftungsträgers übernimmt, ist lediglich Mittel zum Zweck, um die Sicherheit des Stiftungsvermögens und einen dauerhaften Bestand der Stiftung gewährleisten zu können. Da die Unternehmergesellschaft darüber hinaus keine anderweitigen Gesellschaftszwecke verfolgt und in Folge dessen weder weitere Vermögen hält noch ein Handeln mit Gewinnerzielungsabsicht vorliegt, bestehen keine der Steuerpflicht unterliegenden Tätigkeiten der Gesellschaft. Die Gesellschaft tritt im Rechtsverkehr zwar im eigenen Namen auf, handelt dabei jedoch stets für die unselbständige Stiftung. Auch sind die Einnahmen der unselbständigen Stiftung trotz Eigentums der Unternehmergesellschaft steuerrechtlich nicht der Gesellschaft, sondern der unselbständigen Stiftung als eigenständiges Steuersubjekt zuzurechnen.[844] Gleiches gilt für sonstige Zuwendungen an die unselbständige Stiftung. Es liegen damit zwei verschieden zu behandelnde Steuersubjekte vor. Die Anerkennung der Gemeinnützigkeit der Gesellschaft zum Zwecke der Steuervergünstigungen ist daher jedenfalls aus jetziger Sicht nicht erforderlich.[845]

b) Vermögensausstattung der Unternehmergesellschaft

Ob die Unternehmergesellschaft, wie zuvor angesprochen, bereits mit einem Stammkapital von 1 Euro, vgl. § 5a Abs. 1, § 5 Abs. 1, 2 GmbHG, in der Praxis Bestand haben kann, ist fraglich und zu erläutern. Damit stellt sich auch die Frage, in welchem Umfang das Stammkapital tatsächlich vorhanden sein muss, um den Bestand der vorliegenden Gesellschaft langfristig zu sichern.

Im Rahmen dessen sind zunächst die mit der Errichtung der Gesellschaft verbundenen Aufwendungen zu berücksichtigen. Wird die Gesellschaft im vereinfachten

---

842 Der Begriff der Körperschaft i.S.d. § 58 Nr. 1 AO umfasst grdsl. alle in § 1 KStG gennannten, damit auch die unselbständige Stiftung; vgl. Tipke/Kruse/*Seer*, AO, § 58 Rn. 2.

843 Rawert, in: FS Hopt, S. 177, 189; vgl. zur Ausgestaltung Rawert, in: Jahreshefte, S. 28, 52.

844 Vgl. OFD München, ZEV 2003, 239, 240; OFD Frankfurt/M., DB 2004, (1016); Hüttemann/Herzog, DB 2004, 1001, 1004 f.

845 Indes bietet die Anerkennung der Gemeinnützigkeit im Fall der Insolvenz eines Gesellschafters Vorteile, vgl. zu diesem Komplex unten, 3. Teil, D. I. 3. d).

Verfahren[846] gegründet, so darf sie mit Gründungskosten, mithin für Beratungs-, Notar-, Gerichts- und Veröffentlichungskosten, bis max. 300 Euro belastet werden.[847] Diese gesetzliche Vorgabe kann auch als Maßstab für die Kosten einer Gründung im Normalverfahren genommen werden.[848] Um eine anfängliche Überschuldung zu vermeiden, muss das Stammkapital der Gesellschaft daher mindestens diese Kosten decken.[849] Diese entstehenden und unumgänglichen Kosten könnten Anlass zur Kritik dieses Ansatzes sein, weil dem Stifter bei der bisherigen Errichtung der unselbständigen Stiftung durch den Abschluss des Stiftungsgeschäfts keine derartigen Kosten entstehen. Auch, wenn die Gründungskosten zwingend sind, so sind sie gleichwohl verhältnismäßig gering. Sollten die Stifterinteressen, einen beständigen und zuverlässigen Stiftungsträger für die unselbständige Stiftung einzusetzen, durch die Errichtung der Unternehmergesellschaft erfüllt werden können, so sind die entstehenden Kosten im Hinblick auf die Sicherheit des Stiftungsvermögens gerechtfertigt und im Interesse des Stifters auch hinzunehmen. Die mit der Gründung der Unternehmergesellschaft verbundenen Kosten stehen in diesem Fall in einem angemessenen Verhältnis zu den mit ihr verfolgten Zwecken.

Das darüber hinaus erforderliche Stammkapital lässt sich grdsl. nicht pauschal bestimmen. Ein umfangreiches Gesellschaftsvermögen ist jedenfalls nicht erforderlich. Aufgrund des alleinigen Gesellschaftszwecks, die ordnungsgemäße Stiftungsverwaltung und die Verfolgung des Stiftungszwecks, entstehen i.d.R. keine weiteren Verpflichtungen und Aufwendungen durch stiftungsfremdes Handeln der Gesellschaft. Der Gesellschaftszweck wird aus dem übertragenen Stiftungsvermögen erfüllt. Verpflichtungen, die außerhalb der Stiftungstätigkeit liegen, werden aufgrund der Beschränkung des Gesellschaftszwecks daher grdsl. nicht eingegangen, sodass weiteres Gesellschaftsvermögen nicht erforderlich ist. Vergleichbar ist die Situation mit der bisherigen Übertragung des Stiftungsvermögens an einen bereits bestehenden Stiftungsträger. Auch dieser wendet keine eigenen Mittel zur Erfüllung der Stiftungsträgerschaft auf. Gleiches gilt daher in der hier vorliegenden Ausgestaltung.

Auch führt die Bestellung eines Geschäftsführers, der als handelndes Organ der Gesellschaft die Stiftungsverwaltung vollzieht, zu keiner finanziellen Belastung der Gesellschaft. Der durch das Anstellungsverhältnis i.S.d. §§ 675, 611 ff. BGB

---

846 Dieses ist vorgesehen, wenn die Gesellschaft drei Gesellschafter und einen Geschäftsführer hat, § 2 Ia GmbHG. Diese Regelung soll vor allem die Gründung von Unternehmergesellschaften erleichtern und beschleunigen, indem ein standardisierter Mustertext für die Gründung verwendet werden kann, vgl. BT-Drs. 16/9737, S. 52. Abweichungen vom Musterprotokoll sind nicht zulässig, vgl. § 2 Ia 3 GmbHG; Bork/Schäfer/*ders.*, GmbHG, § 2 Rn. 96, 105 f.

847 Dies folgt aus Nr. 5 des Musterprotokolls für die Errichtung einer GmbH bzw. Unternehmergesellschaft, abgedruckt bei Bork/Schäfer/*ders.*, GmbHG, Anlage zu § 2 Abs. 1a; Ulmer/*Paura*, GmbHG, § 5a Rn. 27.

848 Bork/Schäfer/*ders.*, GmbHG, § 5a Rn. 14.

849 Bork/Schäfer/*ders.*, GmbHG, § 5a Rn. 14; MünchKomm/*Rieder*, GmbHG, § 5a Rn. 11.

entstehende Anspruch auf Vergütung und Aufwendungsersatz des Geschäftsführers gegenüber der Unternehmergesellschaft ist mit der bisherigen Ausgestaltung der unselbständigen Stiftung, bei der gleichfalls in Stiftungsgeschäft bzw. Stiftungssatzung eine Vergütung für den Stiftungsträger vereinbart wird, die aus den Erträgen des Stiftungsvermögens zu entnehmen ist,[850] vergleichbar. Insoweit ist auch vorliegend die Regelung zu treffen, dass der Geschäftsführer der Unternehmergesellschaft seine Vergütung aus dem Stiftungsvermögen erhält. Die Einsetzung eines Geschäftsführers entspricht damit hinsichtlich der finanziellen Belastungen weitestgehend der Wahl einer bereits bestehenden juristischen Person als Stiftungsträger.

Für eine umfangreiche Vermögensausstattung im Rahmen der Errichtung der Unternehmergesellschaft besteht kein Bedarf. Aufgrund der Errichtung der Gesellschaft zum Zwecke der Stiftungsträgerschaft scheidet die Gefahr einer Unterkapitalisierung wie bei Gesellschaften, die auf Gewinnmaximierung ausgerichtet sind, aus. Erforderlich ist lediglich, dass die Kosten für ihre Errichtung aus dem Stammkapital geleistet werden können. Darüber hinaus ist es ratsam, eine Vermögensausstattung in einem geringen Umfang als Sicherheit vorzunehmen. Grdsl. ist jedoch ein niedriges Stammkapital ausreichend. Die Gesellschaft verfügt damit im Verhältnis zu ihrem Gesellschaftsvermögen, welches sich maßgeblich durch die Übertragung des Stiftungsvermögens bestimmt, über ein nur geringes Stammkapital, welchem eher ein symbolischer Charakter zukommt, um die Gesellschaft zu errichten.

2. *Gesellschaftsvertrag*

Neben den allgemeinen Anforderungen an den Inhalt des Gesellschaftsvertrages, vgl. § 3 Abs. 1 Nr. 1–4 GmbHG, ergeben sich unter Berücksichtigung des hinter der Errichtung der Unternehmergesellschaft stehenden Anliegens, einen zuverlässigen Stiftungsträger zur Sicherung des Stiftungsvermögens und zur dauerhaften Erfüllung des Stiftungszwecks zu errichten, einige Besonderheiten, die es zu beachten gilt.

a) *Stifter als Gesellschafter und weitere Gründungsmitglieder*

Zunächst ist dabei die Frage zu klären, ob der Stifter die Unternehmergesellschaft als alleinigen Gesellschafter errichten sollte oder, ob es sinnvoll ist, die Gesellschaft mit weiteren Gesellschaftern, namentlich denjenigen, die in der bisherigen Ausgestaltung die Funktion eines Mitglieds im Stiftungsgremium innehatten, zu errichten.[851] Im Unterschied zur Einberufung als Gremienmitglied würden sie bereits bei Errichtung der dem Stiftungsträger zugrunde liegenden juristischen Person beteiligt in Folge dessen ihnen die mit der Stellung als Gesellschafter verbundenen Rechte und Pflichten

---

850 Seifert/Campenhausen/*Hof,* Stiftungsrecht, § 36 Rn. 137 f.; Westebbe, Stiftungstreuhand, S. 118, 120 f.; vgl. auch Schlüter/Stolte, Stiftungsrecht, Kap. 4 Rn. 41 im Rahmen der Ausgestaltung als Treuhandvertrag.

851 Vgl. Rawert, in: FS Hopt, S. 177, 188.

zukämen. Fraglich und zu würdigen sind zunächst die Vor- und Nachteile, die sich mit einer derartigen Einbeziehung für die Gesellschafter im Verhältnis zu ihrer bisherigen Stellung als Gremienmitglieder, den Stifter und die unselbständige Stiftung ergeben.

aa) Rechte und Pflichten der Gesellschafter

Bei Errichtung der Unternehmergesellschaft müssen sämtliche Gesellschafter einen Geschäftsanteil übernehmen und diesen vor der Anmeldung in voller Höhe leisten, vgl. § 5a Abs. 1 S. 1 GmbHG. Da die Unternehmergesellschaft keiner umfangreichen Vermögensausstattung bedarf und das Stammkapital durch die Gesellschafter frei bestimmt werden kann, liegt eine finanzielle Belastung der Gesellschafter jedenfalls nicht vor. Weitere Verpflichtungen der Gesellschafter ergeben sich aus Treuepflichten, die sowohl Rücksichtspflichten der Gesellschafter gegenüber der Gesellschaft als auch der Gesellschafter untereinander, namentlich Unterlassungs- und Mitwirkungspflichten sowie die Pflicht zur Ausübung des Stimmrechts, umfassen.[852] Diese Treuepflichten entsprechen insoweit denen der Gremienmitglieder im Verhältnis zur unselbständigen Stiftung, sodass Nachteile nicht anzunehmen sind.

Die weiteren Rechte und Pflichten folgen vor allem aus ihrer Stellung als Mitglieder der Gesellschafterversammlung. Durch die ihnen obliegende Gestaltungsfreiheit bei Abschluss des Gesellschaftsvertrages, vgl. § 45 Abs. 1 GmbHG,[853] können sowohl im Hinblick auf den Inhalt der Gesellschafterrechte als auch hinsichtlich der Art und Weise der Ausübung entsprechende Regelungen getroffen werden.[854] Relevant sind vorliegend in erster Linie Verwaltungs- und Kontrollrechte[855] über die Tätigkeiten des Geschäftsführers, um die Verfolgung des Gesellschaftszwecks zu gewährleisten. Daneben obliegt den Gesellschaftern insbesondere die Bestellung und Abberufung der Geschäftsführer, § 46 Nr. 5 GmbHG, die Bestimmung der Maßregeln zur Prüfung und Überwachung der Geschäftsführung, § 46 Nr. 6 GmbHG,[856] sowie die Geltendmachung von Ersatzansprüchen der Gesellschaft gegen den Geschäftsführer § 46 Nr. 8 GmbHG. Gleichfalls obliegt ihnen gegenüber dem Geschäftsführer ein umfangreiches Weisungsrecht, § 37 Abs. 1 GmbHG,[857] sowie das Recht unverzüglich

---

852 Bork/Schäfer/*Weller*, GmbHG, § 13 Rn. 7 f., 11; Schauhoff/*von Randenborgh*, Handbuch, § 4 Rn. 36.

853 Bork/Schäfer/*Masuch*, GmbHG, § 45 Rn. 1; MünchKomm/*Wicke*, GmbHG, § [illegible] Rn. 148. Soweit die Gesellschafter von ihrer Gestaltungsfreiheit keinen Gebrauch machen, finden die §§ 46 bis 51 GmbHG Anwendung.

854 Bork/Schäfer/*Masuch*, GmbHG, § 45 Rn. 4.

855 Vermögensrechte, vor allem das Recht auf Gewinnbeteiligung, scheiden mangels Verfolgung erwerbswirtschaftlicher Zwecke der Gesellschaft aus.

856 So z.B. die Einführung von regelmäßigen Berichtspflichten oder der Durchführung von Abschluss- oder Sonderprüfungen, vgl. Bork/Schäfer/*Masuch*, GmbHG, § 4[illegible] Rn. 24.

857 Ausgenommen sind Weisungen bzgl. Aufgaben, deren Erfüllung der Gesetzgeber den Geschäftsführern in eigener Verantwortlichkeit zugewiesen hat, vgl. Bork/Schäfer/*Jacoby*, GmbHG, § 37 Rn. 12.

Auskunft über die Angelegenheiten der Gesellschaft und Einsicht in die Bücher und Schriften zu verlangen, § 51a GmbHG. Die Darstellung dieser Rechte und Pflichten zeigt, dass sie denen der Gremienmitglieder nach Ausgestaltung einer umfassenden Stiftungssatzung weitgehend gleichen und daher ebenfalls keine nachteiligen Auswirkungen bzw. Belastungen mit der Einberufung verbunden sind.

bb) Folgen der Verklammerung von Gesellschafterstellung und Gremienmitglied

Weitergehend wies bereits Rawert[858] auf die Verklammerung von Gesellschafterstellung und Gremienmitglied hin, wonach eine Verklammerung von „Organmitgliedschaft" in der fiduziarischen Stiftung und persönlicher Mitgliedschaft in ihrem korporativ strukturierten Träger zu erfolgen hätte. Die bisherigen Gremienmitglieder der unselbständigen Stiftung sind danach zugleich auch Gesellschafter der zu errichtenden Unternehmergesellschaft. Durch die Identität von Gesellschaftszweck und Stiftungszweck kommt der Gesellschafterversammlung wie dem Stiftungsgremium die Aufgabe zu, die Erfüllung des Stiftungszwecks sicherzustellen. Aus Sicht der Gesellschafter erfolgt dies durch die Kontrolle des Geschäftsführers, der die Stiftungsverwaltung vollzieht, aus Sicht der Gremienmitglieder erfolgt dies durch die Kontrolle der Tätigkeiten des eingesetzten Stiftungsträgers. Durch die Identität von juristischer Person und Stiftungsträger gleichen sich die Aufgaben der Gesellschafter mit denen der Gremienmitglieder der unselbständigen Stiftung. Alleiniger Unterschied ist die Möglichkeit zur konkreten Überwachung der Geschäftsführertätigkeiten der dem Stiftungsträger zugrunde liegenden Gesellschaft. Für die Gesellschafter ergeben sich im Verhältnis zur bisherigen Stellung als Gremienmitglied keine darüber hinausgehenden Verpflichtungen, die nicht auch im Rahmen der Ausgestaltung der Stiftungssatzung begründet werden könnten.[859]

Für die unselbständige Stiftung haben die Errichtung eines eigenen Stiftungsträgers und die damit verbundene Gesellschafterstellung der Mitglieder des Stiftungsgremiums entscheidende Vorteile. Denn anders als bei der Errichtung der unselbständigen Stiftung mit einem bereits bestehenden Stiftungsträger, bei dem lediglich eine Überwachung im Hinblick auf die Stiftungsträgerschaft stattfinden konnte, kann vorliegend sogleich eine Überwachung der zugrunde liegenden juristischen Person stattfinden. Die Gesellschafterversammlung hat als Organ der dem Stiftungsträger zugrunde liegenden Gesellschaft anders als das bisherige Stiftungsgremium einen direkten Einfluss auf die konkrete Ausführung der Stiftungstätigkeiten durch den Geschäftsführer.

Die Verklammerung der Gesellschafterstellung in der Unternehmergesellschaft mit der Stellung als Gremienmitglied der unselbständigen Stiftung ist auch unter Berücksichtigung von Sinn und Zweck der Errichtung eines eigenen Stiftungsträgers

858 Rawert, in: FS Hopt, S. 177, 188.

859 Insbes. scheidet eine persönliche Haftung der Gesellschafter aus, vgl. § 13 II GmbHG.

erforderlich. Hierdurch soll vor allem der Bestand der unselbständigen Stiftung und die ordnungsgemäße Stiftungstätigkeit dauerhaft gewährleistet werden. Möglich ist dies allein, wenn sich die Interessen des Stiftungsträgers, mithin die der hinter ihm stehenden Gesellschafter, mit denen des einzusetzenden Stiftungsgremiums der unselbständigen Stiftung decken. Würde eine hierzu erforderliche Personenidentität nicht herbeigeführt werden, entspräche die Ausgestaltung der bisherigen Rechtslage, namentlich der unselbständigen Stiftung bei Abschluss des Stiftungsgeschäfts mit einem durch Dritte errichteten Stiftungsträger. Eine umfassende Kontrolle über die Tätigkeiten sowohl der unselbständigen Stiftung als auch der Tätigkeiten der hinter dem Stiftungsträger stehenden Gesellschaft könnte nicht durchgeführt werden. Dies hätte wiederum die Gefahr zur Folge, dass die Gesellschaft neben der Stiftungsträgerschaft weitere Zwecke verfolgt, letztlich das Stiftungsvermögen aufgrund seiner Stellung als Teilvermögen im Gesamtvermögen für stiftungsfremde Verbindlichkeiten in Anspruch genommen werden könnte.

Um dies zu verhindern ist sicherzustellen, dass zwischen den Gesellschaftern der hier zu errichtenden Unternehmergesellschaft, namentlich dem späteren Stiftungsträger, und den mit Abschluss des Stiftungsgeschäfts zu berufenen Mitgliedern des Stiftungsgremiums Personenidentität besteht. Hierdurch wird der notwendige zweckloyale Stiftungsträger gewährleistet.[860] Um auch langfristig diese Personenidentität zwischen den Gesellschaftern und den Mitgliedern des Stiftungsgremiums zu wahren, sind im Rahmen des Gesellschaftsvertrages der Unternehmergesellschaft zusätzliche Einziehungs- und Zwangsabtretungsklauseln erforderlich, die sicherstellen, dass Gesellschafter der Unternehmergesellschaft nur sein kann, wer auch Mitglied des Stiftungsgremiums ist.[861]

cc) Besondere Ausgestaltungen der Gesellschaftssatzung

Neben den bisher aufgeführten Rechten stehen den Gesellschaftern grdsl. Vermögensrechte, wie die Rechte auf Gewinn- und Liquidationsanteile, zu, vgl. §§ 29 Abs. 1, 72 GmbHG. Vorliegend soll die Vermögensverwaltung und -verteilung des Gesellschaftsvermögens, wozu nach der Übertragung auch das Stiftungsvermögen gehört, nicht den Gesellschaftern zu Gute kommen, sondern allein der unselbständigen Stiftung, mithin zur Verfolgung des Stiftungszwecks eingesetzt werden.[862] Die Mitgliedschaft ist daher nichtvermögensrechtlich auszugestalten, sodass den Gesellschaftern insbesondere keine Gewinnbezugsrechte zustehen.[863] Hierzu bedarf es der Aufnahme einer entsprechenden Klausel in der Gesellschaftssatzung.[864] Bei

860 Rawert, in: Jahreshefte, S. 27, 37; Rawert, in: FS Hopt, S. 177, 188 f.

861 Rawert, in: Jahreshefte, S. 27, 37, 53 mit Beispiel für eine entsprechende Satzungsklausel; Einzelheiten dazu, vgl. unten 3. Teil, B. III. 2. d) bb).

862 Rawert, in: Jahreshefte, S. 27, 33.

863 Rawert, in: Jahreshefte, S. 27, 33.

864 Zur Zulässigkeit BGHZ 14, 264, 270 f.; MünchKomm/*Ekkenga*, GmbHG, § 29 Rn. 68 f.; Lutter/Hommelhoff/*ders.*, GmbHG, § 29 Rn. 3.

der Wahl einer als gemeinnützig anzuerkennenden Unternehmergesellschaft ist die „Entkernung“ der Mitgliedschaft von vermögensrechtlichen Ansprüchen bereits aus steuerlichen Gründen zwingend, vgl. § 55 Abs. 1 Nr. 1 S. 1, 2 AO.[865]

Hiervon zu unterscheiden sind etwaige Regelungen über einen Aufwendungsersatzanspruch der Gesellschafter. Dieser entspricht weitestgehend dem bisherigen Anspruch der Gremienmitglieder auf Ersatz ihrer Aufwendungen und stellt daher keinen Nachteil für das Vermögen dar. Dieser kann bereits im Gesellschaftsvertrag festgelegt werden. Mangels eigenen Vermögens der Unternehmergesellschaft und unter Berücksichtigung dessen, dass sich die Aufgaben der Gesellschafter mit denen des bisherigen Stiftungsgremiums weitestgehend decken, ist ein etwaiger Aufwendungsersatzanspruch aus den Mitteln des Stiftungsvermögens zu gewähren. Im Vergleich zu der bisherigen Ausgestaltung entsteht durch die Errichtung der Unternehmergesellschaft damit weder ein finanzieller Nachteil auf Seiten der Gesellschafter einschließlich des Stifters noch auf Seiten der zu errichtenden unselbständigen Stiftung.

Daneben sind für den Fall der Liquidation der Gesellschaft Satzungsregelungen zu treffen. Auch, wenn eine Vermögensbindung gem. § 61 Abs. 1 iVm § 55 Abs. 1 Nr. 4 AO nicht vorliegt, so ist im Interesse des Stifters an der dauerhaften Erfüllung des Stiftungszwecks eine Normierung zu treffen, nach der im Fall der Auflösung der Gesellschaft das Stiftungsvermögen einem bestimmten steuerbegünstigten Empfänger zufällt.

dd) Zwischenergebnis

Für die Gremienmitglieder ergeben sich durch diese Gesellschafterstellung im Verhältnis zu der bisherigen Einsetzung als Gremienmitglieder keine Nachteile. Die sich aus der Stellung als Mitglied der Gesellschafterversammlung aus dem Gesetz ergebenden wesentlichen Rechte und Pflichten können durch den Gesellschaftsvertrag erweitert oder konkretisiert werden. Für den Stifter und den Bestand der unselbständigen Stiftung bietet die Errichtung eines eigenen Stiftungsträgers zusammen mit den bisherigen Gremienmitgliedern den Vorteil, dass hierdurch eine frühzeitige und umfassende Überwachung der Geschäftsführungstätigkeiten stattfinden kann. Die Identität von Gesellschafter und Gremienmitglied ist zum dauerhaften Bestand und zum Schutz der unselbständigen Stiftung erforderlich. Insbesondere sind mit dieser Ausgestaltung mangels Mehraufwendungen auch für den Stifter keine finanziellen Nachteile verbunden.

b) Stifter als alleiniger Gesellschafter

Dagegen ist die Errichtung der Unternehmergesellschaft allein durch den Stifter und die Einsetzung und Ausgestaltung des Stiftungsgremiums wie in der bisherigen Ausgestaltung bei Abschluss des Stiftungsgeschäfts nicht erforderlich und

865 Rawert, in: Jahreshefte, S. 27, 37; Priester, GmbHR 1999, 149, 153.

widerspricht den Interessen des Stifters. Dem Stifter obläge in diesem Fall als Allein-Gesellschafter die Kontrolle und Überwachung der Unternehmergesellschaft. Das einzusetzende Gremium würde wiederum durch die Organstellung des Stifters seitens der Unternehmergesellschaft kontrolliert. Es läge eine doppelte Überwachung der Tätigkeiten des Stiftungsträgers, zum einen durch den Stifter als alleinigen Gesellschafter, zum anderen durch das einzusetzende Stiftungsgremium der unselbständigen Stiftung vor. Unabhängig davon, dass dies in sich widersprüchlich wäre, so wird der Stifter i.d.R. kein Interesse daran haben, die Unternehmergesellschaft als alleiniger Gesellschafter zu kontrollieren. Der Stifter müsste umfassende Pflichten übernehmen, die der Rolle und dem Interesse eines Stifters, durch einen einmaligen Errichtungsakt eine unselbständige Stiftung errichten zu wollen, widersprechen.

Darüber hinaus ergeben sich Unsicherheiten für den Fortbestand der Einmann-Gesellschaft, letztlich den Fortbestand des Stiftungsträgers und den der unselbständigen Stiftung, sowohl beim Tod des Stifters als auch im Fall seiner Insolvenz. Durch das Eintreten des bzw. der Erben in die Gesellschafterposition, vgl. § 15 Abs. 1 GmbHG,[866] besteht sowohl die Gefahr der Änderung des Gesellschaftszwecks als auch die Gefahr der Auflösung der Gesellschaft, vgl. § 60 Abs. 1 Nr. 2 GmbHG, was wiederum zur Beendigung der unselbständigen Stiftung führen würde.

Nicht interessengerecht sind auch die Auswirkungen eines Insolvenzverfahrens über das Vermögen des Stifters als alleinigen Gesellschafter der Unternehmergesellschaft. Auch, wenn die Gesellschaft aufgrund ihrer Anerkennung als Rechtsperson zunächst unberührt bestehen bliebe,[867] so ginge dennoch die Verwaltungs- und Verfügungsbefugnis über den Geschäftsanteil mit Eröffnung des Insolvenzverfahrens gem. § 80 Abs. 1 InsO auf den Insolvenzverwalter über[868] in Folge dessen es im Rahmen seiner Verwertungsbefugnis regelmäßig zu einer Veräußerung des Geschäftsanteils käme. Mangels weiterer Gesellschafter entspricht die Veräußerung des Geschäftsanteils der Veräußerung der Gesellschaft insgesamt. Der Fortbestand der unselbständigen Stiftung wäre in diesem Fall nicht gewährleistet.

---

866 Zwar kann der Stifter im Gesellschaftsvertrag eine Nachfolgeregelung aufnehmen, wonach die Einmann-Gesellschaft nach seinem Tod als Mehrpersonen-Gesellschaft weitergeführt wird und entspr. durch Verfügung von Todes wegen die Gesellschafter, insbes. die Mitglieder des Stiftungsgremiums als Erben einsetzen, doch stellt sich dieser Weg im Verhältnis zur Errichtung der Gesellschaft mit den Gremienmitgliedern als Gesellschaftern widersprüchlich und nicht interessengerecht dar.

867 Gottwald/*Haas/Hossfeld*, Insolvenzrecht, § 92 Rn. 266 f.; Eichholz, Probleme, S. 219; Göcke, Wechselwirkungen, S. 162; Bartholomäus, Gesellschafter, S. 149 f. Die Gesellschaft bestünde fortan als aufgelöste fort, wobei der Gesellschaftszweck durch den Insolvenzzweck überlagert würde.

868 Uhlenbruck/*Hirte*, InsO, § 35 Rn. 160; HK/*Eickmann*, InsO, § 35 Rn. 22; Ulmer/*Löbbe*, GmbHG, § 15 Rn. 336; Kranz, Geschäftsanteil, S. 68; Göcke, Wechselwirkungen, S. 164.

c) *Bestellung des Geschäftsführers*

Als obligatorisches Organ und organschaftlicher Vertreter der Unternehmergesellschaft obliegt dem nach § 6 Abs. 1 GmbHG notwendig zu bestellenden Geschäftsführer die tatsächliche Stiftungstätigkeit. Er ist maßgeblich für den Bestand der unselbständigen Stiftung und die Erfüllung des Stiftungszwecks verantwortlich. Unabhängig von den Befugnissen zur Überwachung und Kontrolle der Geschäftsführungstätigkeiten durch die Gesellschafter, ist es hier vor allem im Interesse des Stifters, einen vertrauensvollen und erfahrenen Geschäftsführer zu bestellen.

Missbräuchliche Verfügungen des Geschäftsführers können, neben einem Ersatzanspruch i.S.d. § 46 Nr. 8 GmbHG, auch durch die Möglichkeit zur Abberufung, § 46 Nr. 5 GmbHG, unterbunden werden. Dabei haben seine Abberufung und die Bestellung eines neuen Geschäftsführers keine Auswirkungen auf den Bestand der unselbständigen Stiftung. Diese bleibt vielmehr unberührt bestehen, solange die Unternehmergesellschaft als Stiftungsträger fortbesteht. Auch hier wird wiederum ein erheblicher Vorteil zur bisherigen Errichtung der unselbständigen Stiftung durch Stiftungsgeschäft mit einem bereits bestehenden Stiftungsträger deutlich. Denn das Stiftungsgremium konnte nicht unmittelbar auf die Geschäftsführung der juristischen Person einwirken und diese überwachen, sondern die juristische Person allein im Hinblick auf die Stiftungstätigkeit kontrollieren und die Vollziehung der Auflage i.S.d. § 525 BGB verlangen bzw. bei Nichtvollziehung den Stiftungsträger auswechseln und das Stiftungsvermögen auf einen neuen Stiftungsträger übertragen, vgl. § 527 BGB. Die Errichtung eines eigenen Stiftungsträgers hat damit den Vorteil, dass eine vollumfängliche Kontrolle des Geschäftsführers stattfinden kann. Hierdurch ist es möglich, auch von stiftungsfremden Aktivitäten des Geschäftsführers frühzeitig Kenntnis zu erlangen. Gerade dies ist bei einer durch Dritte errichteten juristischen Person, die die Stiftungsträgerschaft übernimmt, nicht möglich. Weiter hat ein Austausch des Geschäftsführers keinerlei Einfluss auf den Fortbestand der unselbständigen Stiftung. Diese bleibt vielmehr unbeeindruckt dieser Veränderungen bestehen, da die Stiftungsträgerschaft, der Bestand der Unternehmergesellschaft, hiervon unberührt bleibt.

d) *Schutz der Gesellschaft vor Veränderungen*

Bereits bei Errichtung der dem Stiftungsträger zugrunde liegenden juristischen Person ist das Anliegen des Stifters, der unselbständigen Stiftung einen zuverlässigen und dauerhaften Stiftungsträger zu bieten, zu berücksichtigen. Durch die weitreichende Satzungsautonomie der Gesellschafter sind daher bereits im Rahmen des Gesellschaftsvertrages entsprechende Regelungen zu treffen, wodurch sichergestellt werden kann, dass sowohl Veränderungen innerhalb der Gesellschaft als auch im Gesellschafterbestand keinerlei Auswirkungen auf den dauerhaften Fortbestand der unselbständigen Stiftung haben können.

aa) Veränderungen der Gesellschaft

Veränderungen der Gesellschaft können durch eine Änderung des Gesellschaftszwecks sowie des Unternehmensgegenstandes erfolgen. Die Änderung des Gesellschaftszwecks erfordert dabei die Zustimmung aller Gesellschafter, vgl. § 33 Abs. 1 S. 2 BGB analog, während der Unternehmensgegenstand bereits durch Beschluss der Gesellschafter mit einer Dreiviertelmehrheit der abgegebenen Stimmen verändert werden kann, vgl. § 53 Abs. 1, 2 S. 1 GmbHG.[869] Um die Möglichkeit, Veränderungen oder Erweiterungen des Unternehmensgegenstandes[870] nicht bereits dann zu ermöglichen, wenn nicht alle Gesellschafter an der Gesellschafterversammlung teilnehmen, ist abweichend von § 53 Abs. 2 S. 1 GmbHG im Gesellschaftsvertrag eine Normierung zu treffen, wonach eine Veränderung des Unternehmensgegenstandes einzig durch Zustimmung aller Gesellschafter erfolgen kann.[871] Durch die Möglichkeit, den Unternehmensgegenstand zu verändern, letztlich die Gesellschaft für weitere Aufgaben neben der Stiftungsträgerschaft zugänglich zu machen, kann sich eine unbefriedigende Haftungssituation für die unselbständige Stiftung ergeben, weil sich das Gesamtvermögen in Folge dessen nicht allein aus dem Stiftungsvermögen, sondern aus weiteren (Teil-)Vermögen zusammensetzen würde. Diese Situation gleicht dem Stiftungsgeschäft mit einer bereits bestehenden Rechtsperson, bei der das Stiftungsvermögen auch für die Erfüllung von privaten Verbindlichkeiten herangezogen werden kann. Daher ist im Interesse des Stifters, der unselbständigen Stiftung einen dauerhaften und zuverlässigen Stiftungsträger zur Seite zu stellen, bereits bei Abschluss des Gesellschaftsvertrages dafür Sorge zu tragen, dass eine Änderung des Unternehmensgegenstandes einzig mit Zustimmung aller Gesellschafter erfolgen kann. Die Verschärfung des Mehrheitserfordernisses stellt eine taugliche Möglichkeit zur Perpetuierung des Stifterwillens dar, indem die Gesamtheit der Gesellschafter in etwaige Entscheidungen einbezogen wird.[872]

bb) Veränderungen im Mitgliederbestand der Gesellschaft

Bei personellen Veränderungen innerhalb der Gesellschaft, die sich durch das Ausscheiden eines Gesellschafters und den Eintritt eines neuen Gesellschafters ergeben

---

869 K. Schmidt, Gesellschaftsrecht, § 4 II 3, S. 65 f.; Bork/Schäfer/*Arnold,* GmbHG, § 53 Rn. 5, 18 m.w.N.; Priester, GmbHR 1999, 149, 155; MünchKomm/*Harbarth,* GmbHG, § 53 Rn. 81, 184.

870 Zur Differenzierung zwischen Unternehmensgegenstand und Gesellschaftszweck vgl. K. Schmidt, Gesellschaftsrecht, § 4 II 3, S. 64 ff.

871 Zur Zulässigkeit der Verschärfung der Mehrheitserfordernisse bei Satzungsänderungen i.R.d. Gesellschafts-satzung, Bork/Schäfer/*Arnold,* GmbHG, § 53 Rn. 13; Lutter/Hommelhoff/*Bayer,* GmbHG, § 53 Rn. 13.

872 Auch für die Auflösung der Gesellschaft, für die es nach § 60 I Nr. 2 GmbHG eines Gesellschafterbeschlusses mit der ¾ Mehrheit der abgegebenen Stimmen bedarf, kann eine abweichende Satzungsgestaltung getroffen werden, vgl. MünchKomm/*Berner,* GmbHG, § 60 Rn. 94; Bork/Schäfer/*Roth,* GmbHG, § 60 Rn. 6.

besteht die Gefahr einer Überfremdung der Gesellschaft, sollten die neu eintretenden Gesellschafter anderweitige, letztlich stiftungsfremde Interessen verfolgen. Der Fortbestand der Gesellschaft sowie ihre Eigenschaft als Stiftungsträger wären nicht mehr vollumfänglich sichergestellt. Relevant ist dies vor allem mit zunehmendem Zeitablauf, wenn die Erben in die Gesellschafterstellung nachrücken. Daher sind im Rahmen der satzungsmäßigen Gestaltungsmöglichkeiten gesellschaftsschützende Regelungen zu treffen, wodurch auch bei Veränderungen im Gesellschafterbestand die Verfolgung des Gesellschaftszwecks sichergestellt ist, letztlich die Stiftungsträgerschaft unbeirrt fortbestehen kann.

Veränderungen des Gesellschafterbestandes können neben der Vererbung eines Geschäftsanteils vor allem in Folge der Anteilsübertragung, des Austritts eines Gesellschafters sowie der Einziehung eines Geschäftsanteils und des Ausschlusses eines Gesellschafters entstehen.

(1) Anteilsübertragung und Austritt eines Gesellschafters

Die Geschäftsanteile sind grdsl. unter Berücksichtigung der zwingenden Formerfordernisse frei übertragbar in Folge dessen ein Gesellschafter aus der Gesellschaft ausscheidet, vgl. § 15 Abs. 1, 1. Alt. GmbHG. Die Veräußerung kann durch Regelungen im Gesellschaftsvertrag eingeschränkt oder abbedungen, § 15 Abs. 5 GmbHG, sogar vollständig ausgeschlossen werden.[873] Im letzteren Fall verbleibt dem Gesellschafter indes das Austrittsrecht aus wichtigem Grund.[874] Unabhängig davon, dass ein Ausschluss des Austrittsrechts den Gesellschafter nicht lebenslang an die Gesellschaft fesseln darf,[875] entspricht auch ein derartiger Ausschluss nicht dem Interesse der Gesellschaft. Ein Gesellschafter müsste mit der Gesellschaft verbunden bleiben, obwohl er sich von dem zugrunde liegenden Gesellschaftszweck bereits entfernt hat.[876] Vorliegend ist es sowohl im Interesse der Gesellschaft als auch der unselbständigen Stiftung, dass sich die Gesellschafter mit dem Gesellschaftszweck und damit einhergehend auch mit dem Stiftungszweck identifizieren.[877] Um jedoch zu verhindern, dass die Veräußerung durch den ausscheidenden Gesellschafter an

---

873 Bork/Schäfer/*Brandes*, GmbHG, § 15 Rn. 5; Lutter/Hommelhoff/*Bayer*, GmbHG, § 15 Rn. 57; MünchKomm/*Reichert/Weller*, GmbHG, § 15 Rn. 393.

874 BGHZ 9, 157, 62 f.; 116, 359, 369; Bork/Schäfer/*Brandes*, GmbHG, § 15 Rn. 5; Bork/Schäfer/*Thiessen*, GmbHG, § 34 Rn. 70 f.; MünchKomm/*Reichert/Weller*, GmbHG, § 15 Rn. 393; MünchKomm/*Strohn*, GmbHG, § 34 Rn. 178, 194; K. Schmidt, Gesellschaftsrecht, § 16 III 3, S. 471; Lutter/Hommelhoff/*Bayer*, GmbHG, § 15 Rn. 57.

875 Das Austrittsrecht gehört als Grundprinzip des Verbandsrechts zu den zwingenden, unverzichtbaren Mitgliedschaftsrechten, vgl. BGHZ 116, 359, 369; OLG Karlsruhe, BB 1984, 2015, 2016; Ulmer/*ders.*, GmbHG, Anh. § 34 Rn. 46; Bork/Schäfer/*Thiessen*, GmbHG, § 34 Rn. 72; MünchKomm/*Strohn*, GmbHG, § 34 Rn. 194.

876 Priester, GmbHR 1999, 149, 154.

877 Andernfalls ist ein Austritt aus der Gesellschaft möglich. Dies wird vor allem unter Berücksichtigung der Gemeinnützigkeit der Stiftung deutlich. Mangels Gewinnerzielungsabsicht der Gesellschaft und der alleinigen Förderung des Stiftungsträgers

einen unliebsamen Dritten erfolgt, ist es zur Sicherung eines stiftungszweckloyalen Gesellschafterkreises erforderlich, die Veräußerung von Geschäftsanteilen an die Zustimmung aller Gesellschafter zu binden, vgl. § 15 Abs. 5 GmbHG.[878] Mit sog. Vinkulierungsklauseln wird die Gesellschaft vor personellen Veränderungen im Gesellschafterkreis geschützt und Veränderungen der Beteiligungsverhältnisse werden verhindert.[879]

(2) Anteilsvererbung

Der Erbe eines Gesellschafters wird mit dem Erbfall zunächst kraft Gesetzes im Wege der Gesamtrechtsnachfolge Inhaber des Geschäftsanteils und damit Gesellschafter.[880] Hierdurch besteht die Gefahr, dass pflichtvergessene Erben in die Gesellschaft eintreten und dabei einen anderen Zweck verfolgen. Um dies zu verhindern, können durch die Gesellschaftssatzung Nachfolgeregelungen getroffen werden,[881] um auch weiterhin einen stiftungszweckloyalen Gesellschafterkreis gewährleisten zu können. Genannt seien insbesondere die Verpflichtung des Erben zur Abtretung des Geschäftsanteils an bestimmte Personen[882] oder die Befugnis der Gesellschaft zur Einziehung des Geschäftsanteils nach § 34 Abs. 2 GmbHG.[883] Sieht die Satzung für den Todesfall eines Gesellschafters einen bestimmten Nachfolger vor, so erhält der Begünstigte einen obligatorischen Anspruch gegen den Erben auf Übertragung des Anteils.[884] Der Erbe wird durch die Geltendmachung des Anspruchs verpflichtet, den Anteil an den Begünstigten abzutreten, vgl. § 15 Abs. 3 GmbHG, und erhält hierfür eine Abfindung, die sich aus dem Gesellschaftsvertrag ergibt. Den Gesellschaftern werden durch die genannten Instrumente verschiedene Möglichkeiten an die Hand gelegt, bereits bei Errichtung der Gesellschaft dafür Sorge zu tragen, dass

---

ist ein gleichgerichtetes Interesse der Gesellschafter umso bedeutsamer, da die Stellung als Gesellschafter i.d.R. keinen finanziellen Vorteil mit sich bringt.

878 Vgl. Priester, GmbHR 1999, 149, 154; vgl. allgemein zum Zustimmungserfordernis bei Abtretung, Bork/Schäfer/*Brandes,* GmbHG, § 15 Rn. 8; K. Schmidt, Gesellschaftsrecht, § 35 II 1, S. 1047; MünchKomm/*Reichert/Weller,* GmbHG, § 15 Rn. 419, 425; zur vorliegend vergleichbaren Satzungsgestaltung einer Stiftungs-GmbH Formularbuch/*Rawert,* I. 35 Anm. 13.

879 Bork/Schäfer/*Brandes,* GmbHG, § 15 Rn. 9; MünchKomm/*Reichert/Weller,* GmbHG, § 15 Rn. 359.

880 MünchKomm/*Reichert/Weller,* GmbHG, § 15 Rn. 438; K. Schmidt, Gesellschaftsrecht, § 35 II 3, S. 1050.

881 Zur Zulässigkeit von Nachfolgeregelungen, vgl. MünchKomm/*Reichert/Weller,* GmbHG, § 15 Rn. 450 f.; Bork/Schäfer/*Brandes,* GmbHG, § 15 Rn. 65.

882 MünchKomm/*Reichert/Weller,* GmbHG, § 15 Rn. 452; Ulmer/*Löbbe,* GmbHG, § 15 Rn. 13.

883 K. Schmidt, Gesellschaftsrecht, § 35 II 3, S. 1050; MünchKomm/*Reichert/Weller,* GmbHG, § 15 Rn. 457.

884 BGH, DB 1977, 2318, 2320; Bork/Schäfer/*Brandes,* GmbHG, § 15 Rn. 67; Priester, GmbHR 1999, 149, 154; MünchKomm/*Reichert/Weller,* GmbHG, § 15 Rn. 454.

der Bestand der Gesellschaft, letztlich der der unselbständigen Stiftung, auch nach ihrem Ableben gesichert ist.

(3) Einziehung eines Geschäftsanteils

Die Gesellschaft kann sich darüber hinaus mit der Zwangseinziehung von Geschäftsanteilen i.S.d. § 34 Abs. 2 GmbHG unliebsam gewordener Gesellschafter entledigen. Die Einziehung eines Geschäftsanteils ist dabei samt konkret zu bezeichnenden Einziehungsgründen in der Satzung zu regeln.[885] Unberücksichtigt einer zu empfehlenden abweichenden Bestimmung im Gesellschaftsvertrag basiert die Einziehung auf einem auf einfacher Mehrheit beruhenden Gesellschafterbeschluss, § 46 Nr. 4 iVm § 47 Abs. 1 GmbHG,[886] und der anschließenden Erklärung gegenüber dem betroffenen Gesellschafter.[887] Mit der Zwangseinziehung eines Gesellschaftsanteils geht i.d.R. die Zahlung eines Einziehungsentgelts an den ausscheidenden Gesellschafter einher.[888] Der einhelligen Meinung folgend berührt eine fehlende oder unwirksame Entgeltreglung die Wirksamkeit der Einziehungsklausel und des Einziehungsbeschlusses aufgrund deren rechtlichen Unabhängigkeit nicht.[889] Folge der Einziehung ist die Vernichtung des betreffenden Geschäftsanteils, mithin der Untergang des Anteils, und das Erlöschen aller Rechte und Pflichten des Gesellschafters aus dem Anteil.[890] Hierdurch fallen der Betrag des Stammkapitals und die Summe der Nennbeträge der Geschäftsanteile auseinander. Nach § 5 Abs. 3 S. 2 GmbHG ist dies indes nicht zulässig, sodass mit der Einziehung eine weitere Maßnahme zu verbinden ist, die diese Diskrepanz verhindert. Dabei kommen die Kapitalherabsetzung, die Aufstockung der vorhandenen Geschäftsanteile sowie die

885 Bork/Schäfer/*Thiessen*, GmbHG, § 34 Rn. 10 f.; MünchKomm/*Strohn*, GmbHG, § 34 Rn. 10, 42; Lutter/Hommelhoff/*Lutter*, GmbHG, § 34 Rn. 28; Kranz, Geschäftsanteil, S. 100 f. Denkbar sind Gründe betreffend die Unzumutbarkeit der weiteren Zusammenarbeit oder die Verletzung wesentlicher Gesellschafterpflichten.

886 BGHZ 104, 66, 74; MünchKomm/*Strohn*, GmbHG, § 34 Rn. 18; Bork/Schäfer/*Thiessen*, GmbHG, § 34 Rn. 29; Lutter/Hommelhoff/*Lutter*, GmbHG, § 34 Rn. 43 f.

887 Lutter/Hommelhoff/*Lutter*, GmbHG, § 34 Rn. 24; MünchKomm/*Strohn*, GmbHG, § 34 Rn. 33.

888 Ausführlich zur Bestimmung und zur Beschränkung der Abfindung Kranz, Geschäftsanteil, S. 130 ff.; MünchKomm/*Strohn*, GmbHG, § 34 Rn. 29.

889 BGH, NJW 1977, (2316); 1990, 2622, 2623; BGHZ 116, 359, 374 f.; Bork/Schäfer/*Thiessen*, GmbHG, § 34 Rn. 32 f.; MünchKomm/*Strohn*, GmbHG, § 34 Rn. 29; Kranz, Geschäftsanteil, S. 104 f. Bei Fehlen einer Entgeltregelung erfolgt die Einziehung gegen Zahlung des vollen wirtschaftlichen Wertes des eingezogenen Geschäftsanteils.

890 MünchKomm/*Strohn*, GmbHG, § 34 Rn. 2; Priester, GmbHR 1999, 149, 154; Lutter/Hommelhoff/*Lutter*, GmbHG, § 34 Rn. 2.

Neubildung eines Geschäftsanteils einhergehend mit der Übernahme durch einen Dritten als taugliche Maßnahmen in Betracht.[891]

Damit bietet die Einziehung ein taugliches Mittel, sich von Gesellschaftern zu trennen, deren Interessen sich von denen der Gesellschaft entfernt haben. Zudem können die Gesellschafter frei entscheiden, wie die nachfolgende Anpassung des Stammkapitals mit der Summe der Nennbeträge der Geschäftsanteile erfolgen soll. Hierdurch kann insbesondere sichergestellt werden, dass die zuvor bestehenden Mehrheitsverhältnisse und Stimmgewichte gewahrt bleiben. Dennoch stellen die Folgen der Einziehung einen zusätzlichen Verwaltungs- und ggf. Mittelaufwand dar, der insbesondere bei einer kleinen Gesellschaft nicht zu unterschätzen ist.

(4) Ausschluss eines Gesellschafters

Hingegen bleibt beim Ausschluss eines Gesellschafters der Geschäftsanteil bestehen.[892] Ist in der Gesellschaftssatzung eine Ausschließungsklausel enthalten, aus der sich der konkrete Ausschließungsgrund, eine entsprechende Abfindungsregelung sowie die Durchführung der Ausschließung ergeben,[893] so erfolgt der Ausschluss des Gesellschafters durch Beschluss der Gesellschafterversammlung.[894] Als Gründe kommen vor allem die persönliche Entfernung vom Gesellschaftszweck, letztlich dem Stiftungszweck, sowie ein zerrüttetes Vertrauensverhältnis zu den übrigen Gesellschaftern in Betracht.[895]

Im Hinblick auf die Verwertung des Geschäftsanteils sind vor allem Anteilserwerb, § 33 GmbHG, Einziehung, § 34 GmbHG, oder Abtretung des Geschäftsanteils an Gesellschafter oder Dritte, § 15 GmbHG, möglich.[896] Die Verwertung durch

---

891 BGH, NJW 1989, 168, 169; BayObLG, DB 1991, 2537 f.; Lutter/Hommelhoff/*Lutter*, GmbHG, § 34 Rn. 2 f.; K. Schmidt, Gesellschaftsrecht, § 35 III 2, S. 1057 f.

892 BGHZ 9, 157, 167 f.; 32, 17, 23; BGH, ZIP 1999, 1843, 1844; MünchKomm/*Strohn*, GmbHG, § 34 Rn. 106; vgl. K. Schmidt, Gesellschaftsrecht, § 35 IV 1, S. 1058 f.

893 MünchKomm/*Strohn*, GmbHG, § 34 Rn. 146.

894 Lutter/Hommelhoff/*Lutter*, GmbHG, § 34 Rn. 60; MünchKomm/*Strohn*, GmbHG, § 34 Rn. 144. Im Rahmen der Satzung sind die erforderlichen Mehrheitsverhältnisse, die Abfindung und das Schicksal des Anteils zu klären, vgl. BGHZ 9, 157, 160; BGH, GmbHR 1991, (362); Bork/Schäfer/*Thiessen*, GmbHG, § 34 Rn. 66; MünchKomm/*Strohn*, GmbHG, § 34 Rn. 143.

895 Ohne Satzungsregelung kann ein Ausschluss aus wichtigem Grund, der in der Person oder dem Verhalten des auszuschließenden Gesellschafters liegt und sein Verbleiben in der Gesellschaft als nicht tragbar erscheinen lässt, erfolgen. Erforderlich ist neben dem Beschluss ein Ausschließungsurteil. Vgl. MünchKomm/*Strohn*, GmbHG, § 34 Rn. 103, 123, 157; Lutter/Hommelhoff/*Lutter*, GmbHG, § 34 Rn. 53 f.; Bork/Schäfer/*Thiessen*, GmbHG, § 34 Rn. 57.

896 BGH, NJW 1953, 780, 782; OLG Thüringen, GmbHR 2005, 1566, 1568; MünchKomm/*Strohn*, GmbHG, § 34 Rn. 118; Ulmer/*ders.*, GmbHG, Anh. § 34 Rn. 40. Fehlt im Gesellschaftsvertrag eine Entscheidung über die Art der Verwertung des Geschäftsanteils, steht die Entscheidung analog § 46 Nr. 4 GmbHG der

Einziehung kann dabei zu den zuvor angesprochenen Problematiken führen. Zur Erhaltung des Geschäftsanteils ist letztlich die Abtretung an einen loyalen Dritten, der sich mit dem Gesellschaftszweck identifiziert, vorzugswürdig. Der Ausschluss eines Gesellschafters verdient vor allem unter Berücksichtigung der Bedeutsamkeit der Machtverteilung und der Mehrheitsbildung in der vorliegenden Gesellschaft Vorrang vor der Einziehung des Geschäftsanteils.

cc) Sicherung des zweckloyalen Stiftungsträgers

Zur Wahrung der Identität der Gesellschafter der Unternehmergesellschaft und den Mitgliedern des Stiftungsgremiums ist bei jeglichem Ausscheiden eines Gesellschafters aus der zugrunde liegenden Gesellschaft auch sein Ausscheiden aus dem Stiftungsgremium der unselbständigen Stiftung zu gewährleisten. Durch eine entsprechende Klausel in der Gesellschaftssatzung ist der ausscheidende Gesellschafter daher zu verpflichten, auch sein Amt als Mitglied des Stiftungsgremiums aufzugeben und an den neu eintretenden Gesellschafter zu übertragen.[897] Die Stellung als Gesellschafter hängt damit untrennbar mit der Mitgliedschaft im Stiftungsgremium zusammen, sodass Veränderungen im Gesellschafterbestand zugleich auch Veränderungen im Stiftungsgremium nach sich ziehen. Durch diese Verklammerung der Gesellschafterstellung mit der Stellung als Gremienmitglied kann auch nach einer Veränderung im Gesellschafterbestand die Loyalität des Stiftungsträgers gewährleistet werden.

e) Stellungnahme

Bereits im Rahmen der Ausgestaltung des Gesellschaftsvertrages der Unternehmergesellschaft ist der Wille des Stifters, der unselbständigen Stiftung einen beständigen Stiftungsträger zur Verfügung zu stellen, zu berücksichtigen. Denn allein soweit die zugrunde liegende Gesellschaft in ihrem Bestand gesichert ist, kann auch die unselbständige Stiftung dauerhaft bestehen. Veränderungen der Gesellschaft können daher stets Auswirkungen auf die unselbständige Stiftung haben.

Damit eine umfangreiche Kontrolle über das handelnde Organ der Gesellschaft bereits im Ansatz gewährleistet werden kann, entspricht es dem Interesse des Stifters, bereits bei Errichtung der Gesellschaft die bisherigen Gremienmitglieder mit einzubeziehen, sodass diese zugleich als Gesellschafter eine Doppelfunktion einnehmen. Dies stellt sich im Verhältnis zu ihrer bisherigen Stellung lediglich als Gremienmitglied nicht als Nachteil dar. Durch Satzungsbestimmungen ist sicherzustellen, dass die zugrunde liegende Unternehmergesellschaft in ihrem Bestand gesichert ist. Insbesondere ist die Änderung des zugrunde liegenden Gesellschaftszwecks und

---

Gesellschafterversammlung zu, vgl. MünchKomm/*Strohn,* GmbHG, § 34 Rn. 167; Ulmer/*ders.*, GmbHG, Anh. § 34 Rn. 39.

897 Beispielformulierung bei Rawert, in: Jahreshefte, S. 27, 53.

des Unternehmensgegenstandes von der Zustimmung aller Gesellschafter abhängig zu machen.

Im Rahmen der Gesellschaftssatzung sind weitere Vorkehrungen für etwaige Veränderungen im Gesellschafterbestand zu treffen. Dabei ist im Sinne des Stifters sicherzustellen, dass der Bestand der Gesellschaft auch bei einem Ausscheiden bzw. dem Ableben eines Gesellschafters nicht berührt wird und der stiftungszweckloyale Gesellschafterkreis erhalten bleibt. Mit Hilfe der vorgenannten Satzungsmodifizierungen kann gewährleistet werden, dass die Unternehmergesellschaft in ihrem grundlegenden Wesen unverändert bleibt in Folge dessen für die unselbständige Stiftung ein notwendig beständiger Stiftungsträger existiert.

3. *Haftung der Unternehmergesellschaft*

Mangels besonderer Regelungen in § 5a GmbHG betreffend die Haftungsverhältnisse der Unternehmergesellschaft finden die allgemeinen Regelungen über die Haftung der GmbH Anwendung.[898] Die Unternehmergesellschaft besteht unabhängig von den Gesellschaftern, sodass eine persönliche Haftung der Gesellschafter gegenüber Gesellschaftsgläubigern nicht begründet wird, vgl. § 13 Abs. 2 GmbHG.[899] Für die Verbindlichkeiten der Unternehmergesellschaft steht den Gläubigern ab ihrer Eintragung daher grdsl. nur das Gesellschaftsvermögen als Haftungsmasse zur Verfügung. Das Gesellschaftsvermögen haftet daher auch grdsl. für sämtliche Tätigkeiten des Geschäftsführers. Die Verantwortlichkeit des Geschäftsführers gegenüber der Gesellschaft richtet sich nach § 43 GmbHG. Verletzt der Geschäftsführer seine Pflicht, in den Angelegenheiten der Gesellschaft die Sorgfalt eines ordentlichen Geschäftsmannes anzuwenden, so haftet er der Gesellschaft für den entstandenen Schaden mit seinem gesamten Privatvermögen, vgl. § 43 Abs. 2 GmbHG.[900] Daneben kommt eine Haftung des Geschäftsführers gegenüber Dritten in gleichem Umfang in Betracht.

IV. Stellungnahme

Beschränkt sich der zugrunde liegende Gesellschaftszweck allein auf die Übernahme der Stiftungsträgereigenschaft der konkret zu benennenden unselbständigen Stiftung, so bietet die Unternehmergesellschaft als juristische Person dem Stifter einen beständigen und stiftungszweckloyalen Stiftungsträger. Die Wahl der Gesellschaft als Unternehmergesellschaft bietet sich vor allem wegen der geringen

898 MünchKomm/*Rieder*, GmbHG, § 5a Rn. 46 f.

899 In Ausnahmefällen haften die Gesellschafter mit ihrem Privatvermögen, sog. Durchgriffshaftung. Namentlich sind dies die Fälle der Vermögensvermischung, der Sphärenvermischung, des Institutsmissbrauchs sowie der sittenwidrigen Gläubigerbenachteiligung, vgl. MünchKomm/*Merkt*, GmbHG, § 13 Rn. 339; Lutter/Hommelhoff/*Lutter*, GmbHG, § 13 Rn. 18 f.

900 Lutter/Hommelhoff/*Kleindiek*, GmbHG, § 43 Rn. 38 f.

Anforderungen an ihre Errichtung, insbesondere des geringen Stammkapitals, an. Durch ihre Qualifizierung als juristische Person scheidet eine Haftung der Gesellschafter mit ihrem Privatvermögen aus. Auch entstehen den Gesellschaftern durch diese Stellung keine weiteren Nachteile, insbesondere keine Vermögensnachteile. Als Grundlage für die zu errichtende unselbständige Stiftung hat die Gründung der Unternehmergesellschaft den entscheidenden Vorteil, dass sich der zugrunde liegende Gesellschaftszweck einzig auf die Tätigkeit als Stiftungsträger erstreckt. Die Unternehmergesellschaft wird allein als Stiftungsträger der sodann entstehenden unselbständigen Stiftung tätig. Unsicherheiten hinsichtlich der Vertrauenswürdigkeit des Stiftungsträgers und der ordnungsgemäßen Stiftungstätigkeit, wie bei Abschluss des Stiftungsgeschäfts mit einer durch Dritte errichteten juristischen Person, können hierdurch vermieden werden. Gleichfalls kann eine umfangreiche Kontrolle der Tätigkeiten der Geschäftsführung der Gesellschaft im Vergleich zu der bisherigen Ausgestaltung, bei der lediglich eine eingeschränkte Kontrolle der juristischen Person im Hinblick auf die Stiftungsträgerschaft möglich war, stattfinden.

Die Errichtung eines eigenen Stiftungsträgers stellt sich dabei als ein von dem Stiftungsgeschäft zur Errichtung der unselbständigen Stiftung verschiedenes und voneinander unabhängiges, letztlich zusätzliches Rechtsgeschäft dar. Die Errichtung der Unternehmergesellschaft ist denklogisch dem Abschluss des Stiftungsgeschäfts vorgeschaltet.

C. Errichtung der unselbständigen Stiftung

Nach Eintragung der Unternehmergesellschaft in das Handelsregister wird diese juristische Person und kann damit eigenständig im Rechtsverkehr handeln.[901] Zur Errichtung der unselbständigen Stiftung ist damit in einem zweiten Schritt der Abschluss des Stiftungsgeschäfts zwischen dem Stifter, der auch als Gesellschafter der Gesellschaft eine unabhängige Rechtsperson darstellt, und der Unternehmergesellschaft, erforderlich.

I. Ausgestaltung des Stiftungsgeschäfts

Nach der hier vertretenen Ansicht ist das Stiftungsgeschäft vor allem aufgrund der endgültigen Vermögensübertragung als Schenkung unter Auflage einzuordnen. Dabei ergeben sich vorliegend im Hinblick auf die bisherige Errichtung der unselbständigen Stiftung mit einem bereits bestehenden Stiftungsträger keine maßgeblichen Abweichungen. Das Stiftungsvermögen ist nach der Übertragung durch den Stifter gleichfalls auf separaten Konten im Vermögen der Unternehmergesellschaft zu verwalten. Dies gebieten bereits die steuerrechtlichen Anforderungen zur Anerkennung der Gemeinnützigkeit der unselbständigen Stiftung. Insofern nimmt auch

---

901 Lutter/Hommelhoff/*Bayer*, GmbHG, § 11 Rn. 5; Ulmer/*ders.*/*Habersack*, GmbHG, § 11 Rn. 34.

hier das Stiftungsvermögen die Stellung eines unselbständigen Sondervermögens im Gesamtvermögen der Gesellschaft ein.

Im Hinblick auf eine umfangreiche Kontrolle und Überwachung der Stiftungstätigkeiten führt vor allem die Beherrschung des Stiftungsträgers zu einer weitgehenden Sicherheit. Daneben besteht auch vorliegend die Möglichkeit, die zuständige Behörde über die unselbständige Stiftung in Kenntnis zu setzen, sodass diese nach dem Tod des Stifters gleichfalls die Vollziehung der Auflage verlangen kann, vgl. § 525 Abs. 2 BGB.

Daneben ist, wie in der bisherigen Ausgestaltung auch, das Stiftungsgremium mit in den Abschluss des Stiftungsgeschäfts einzubeziehen im Rahmen dessen diesem ebenfalls das Recht zur Vollziehung der Auflage zu übertragen ist. Wie bereits im Rahmen der Ausgestaltung der unselbständigen Stiftung ausgeführt,[902] ist es auch vorliegend zu empfehlen und zur umfänglichen Sicherheit erforderlich, einen Anfallberechtigten als Vertragspartei im Rahmen des Stiftungsgeschäfts einzubeziehen und mit eigenen Ansprüchen auszustatten.[903] Zusätzliche Sicherheit bietet die Aufnahme einer Regelung, nach der die Stiftungssatzung nicht ohne die Zustimmung des Anfallberechtigten geändert werden kann.[904] Durch das Eigeninteresse des Anfallberechtigten am Anfall des Stiftungsvermögens kann vor allem nach dem Tod des Stifters eine Zweckentfremdung des Vermögens durch kollusives Zusammenwirken der Gesellschafter verhindert werden. Dabei kommt vorliegend ebenfalls eine juristische Person des öffentlichen Rechts oder eine andere steuerbegünstigte Körperschaft als Anfallberechtigte in Betracht.

II. Zwischenergebnis

Unberücksichtigt der Möglichkeiten des Stifters, sich vor der Errichtung der unselbständigen Stiftung einen eigenen, stiftungszweckloyalen Stiftungsträger in Form einer Unternehmergesellschaft zu erschaffen, besteht das Stiftungsgeschäft richtigerweise auch weiterhin aus einem zweiseitigen Vertrag zwischen Stifter und Stiftungsträger. An dieser Einordnung des Stiftungsgeschäfts ist entgegen den vorgebrachten Ansätzen zur Weiterentwicklung der unselbständigen Stiftung festzuhalten. Dies vor allem unter Berücksichtigung des Willens des Gesetzgebers und der Tatsache, dass eine analoge Anwendung anderer Rechtsinstitute mangels planwidriger Regelungslücke ausscheiden muss. Die unselbständige Stiftung stellt weder eine juristische Person dar noch wird eine rechtsfähige Stiftung errichtet bzw. simuliert. Das Stiftungsgeschäft basiert weiterhin auf einem schuldrechtlichen Vertrag zwischen Stifter und Stiftungsträger in Folge dessen weder eine Immunität des Stiftungsvermögens, mithin eine Haftungsexklave im Vermögen des Stiftungsträgers, geschaffen wird, noch eine dingliche Verselbständigung hin zu einem

902 Vgl. 3. Teil, A. I. 5.
903 Vgl. Rawert, in: Jahreshefte, S. 27, 34.
904 Vgl. Rawert, in: Jahreshefte, S. 27, 52.

insolvenzfesten Stiftungsvermögen stattfindet. Das Stiftungsvermögen besteht nach Übertragung auf den Stiftungsträger damit weiterhin als unselbständiges Teilvermögen in seinem Gesamtvermögen.

D. Insolvenzrechtliche Auswirkungen

Im Folgenden sind die sich aus dieser Konstellation ergebenden insolvenzrechtlichen Auswirkungen zu untersuchen. Dabei stellt sich vor allem die Frage, ob durch die Errichtung eines eigenen Stiftungsträgers die Interessen des Stifters, einen dauerhaften Bestand der unselbständigen Stiftung und die Sicherung des Stiftungsvermögens vor einer stiftungsfremden Inanspruchnahme, im Verhältnis zu der bisherigen Übertragung des Stiftungsvermögens an einen bereits bestehenden Stiftungsträger umfassender gewahrt werden können.

Ein eigenes Insolvenzverfahren über das Vermögen der unselbständigen Stiftung scheidet gleichfalls aufgrund des vertraglich einzuordnenden Stiftungsgeschäfts zwischen Stifter und Stiftungsträger und damit mangels Insolvenzfähigkeit der unselbständigen Stiftung i.S.d. § 11 InsO aus. Der Bestand der unselbständigen Stiftung ist daher auch weiterhin vom insolvenzrechtlichen Schicksal der Vertragsparteien, dem Stifter und dem Stiftungsträger in seiner Form als Unternehmergesellschaft, abhängig.

Aus insolvenzrechtlicher Sicht kommt damit sowohl ein Insolvenzverfahren über das Vermögen des Stifters als auch des Stiftungsträgers in Betracht. Darüber hinaus ist der Frage nachzugehen, inwieweit ein Insolvenzverfahren über das Vermögen eines Gesellschafters Auswirkungen auf den Bestand der Unternehmergesellschaft und damit auch auf die unselbständige Stiftung haben kann. Ist der Stifter zugleich Gesellschafter der Unternehmergesellschaft, so kann ein Insolvenzverfahren über sein Vermögen sowohl auf die Gesellschaft als auch auf das der unselbständigen Stiftung zugrunde liegende Stiftungsgeschäft Auswirkungen haben. Insoweit ist bei einer Insolvenzeröffnung über das Vermögen des Stifters zwischen der gesellschaftsrechtlichen Ebene und der stiftungsrechtlichen Ebene zu differenzieren.

I. Insolvenzeröffnung auf Seiten eines Gesellschafters

Ausgehend von obiger Darstellung errichtet der Stifter mit den bisherigen Gremienmitgliedern die Unternehmergesellschaft. Dabei unterscheidet sich die Stellung des Stifters als Gesellschafter nicht von den anderen Gesellschaftern der Gesellschaft. Durch die Anerkennung der Unternehmergesellschaft als juristische Person ist die Eröffnung eines Insolvenzverfahrens über das Vermögen eines Gesellschafters stets getrennt und unabhängig von der Gesellschaft zu betrachten. Die Insolvenzeröffnung auf Seiten eines Gesellschafters lässt den Bestand der Gesellschaft daher grdsl. unberührt.[905]

---

905 Vgl. RGZ 82, 288, 290 f.; 108, 20, 22; Bork/Schäfer/*Roth*, GmbHG, § 60 Rn. 21; MünchKomm/*Reichert/Weller*, GmbHG, § 15 Rn. 551; Ulmer/*Löbbe*, GmbHG, § 15 Rn. 336.

1. Geschäftsanteil als Teil der Insolvenzmasse

Hiervon zu unterscheiden sind jedoch die Auswirkungen auf den Geschäftsanteil des insolventen Gesellschafters. Denn der Geschäftsanteil verkörpert die Mitgliedschaft in der Gesellschaft[906] und wird als Vermögensbestandteil, mithin als Anteil am Gesellschaftsvermögen des insolventen Gesellschafters, vom Insolvenzbeschlag i.S.d. §§ 35, 36 InsO umfasst.[907] Gleichfalls gehen sämtliche mit dem Geschäftsanteil verbundene Mitgliedschaftsrechte des insolventen Gesellschafters auf den Insolvenzverwalter über, § 80 InsO.[908] Mangels dinglicher Wirkung des § 80 InsO bleibt der Gesellschafter jedoch Inhaber des Geschäftsanteils.[909] Da das Interesse des Insolvenzverwalters auf die bestmögliche Verwertung des Geschäftsanteils zur optimalen Gläubigerbefriedigung gerichtet ist,[910] stellt die Veräußerung des Geschäftsanteils den Regelfall der freihändigen Verwertung dar im Rahmen dessen der Insolvenzverwalter dem Erwerber den Geschäftsanteil des insolventen Gesellschafters mittels eines Kauf- und Abtretungsvertrages überträgt.[911] Dabei unterliegt der Insolvenzverwalter unter Berücksichtigung der allgemeinen Schranken keinerlei Bindungen gegenüber der Gesellschaft, insbesondere sind die Verwertungshandlungen nicht durch die gesellschaftliche Treuepflicht beschränkt, sodass die Verwertung durch den Insolvenzverwalter unabhängig von gesellschaftsrechtlichen Erwägungen erfolgt.[912]

2. Widerstreitende Interessen

Bereits mit dem Übergang der Verwaltungs- und Verfügungsbefugnis dringt der Insolvenzverwalter in die Unternehmergesellschaft ein. Dabei ist er bestrebt, alle

906 MünchKomm/*Reichert*/*Weller*, GmbHG, § 14 Rn. 1; Bork/Schäfer/*Weller*, GmbHG, § 14 Rn. 2; Ulmer/*Raiser*, GmbHG, § 14 Rn. 1; K. Schmidt, Gesellschaftsrecht, § 35 I 1, S. 1034; Lutter/Hommelhoff/*Bayer*, GmbHG, § 14 Rn. 1, 11.

907 MünchKomm/*Peters*, InsO, § 35 Rn. 240; Uhlenbruck/*Hirte*, InsO, § 35 Rn. 160; Lutter/Hommelhoff/*Bayer*, GmbHG, § 15 Rn. 88; MünchKomm/*Reichert*/*Weller*, GmbHG, § 15 Rn. 553; Ulmer/*Löbbe*, GmbHG, § 15 Rn. 336; Eichholz, Probleme, S. 32.

908 H.M. Lutter/Hommelhoff/*Bayer*, GmbHG, § 15 Rn. 88; MünchKomm/*Reichert*/*Weller*, GmbHG, § 15 Rn. 556; Ulmer/*Löbbe*, GmbHG, § 15 Rn. 336; ausführlich Bartholomäus, Gesellschafter, S. 31 ff., 53; sowie Göcke, Wechselwirkungen, S. 196 ff.

909 MünchKomm/*Reichert*/*Weller*, GmbHG, § 15 Rn. 556; Göcke, Wechselwirkungen, S. 164; Bartholomäus, Gesellschafter, S. 53; für die Personengesellschaften Gottwald/*Haas*/*Vogel*, Insolvenzrecht, § 94 Rn. 119.

910 Vgl. §§ 1, 148, 159 InsO; BT-Drs. 12/2443, S. 108; Uhlenbruck/*ders.*, InsO, § 159 Rn. 3; MünchKomm/*Reichert*/*Weller*, GmbHG, § 15 Rn. 558; Kranz, Geschäftsanteil, S. 70.

911 Uhlenbruck/*ders.*, InsO, § 159 Rn. 35; Bork/Schäfer/*Brandes*, GmbHG, § 15 Rn. 79; Bartholomäus, Gesellschafter, S. 100.

912 Göcke, Wechselwirkungen, S. 248.

zur Masseerhaltung und -realisierung notwendigen Maßnahmen im Gläubigerinteresse durchzuführen.[913] Sein Interesse an einer bestmöglichen Verwertung des Geschäftsanteils widerspricht jedoch denen der Gesellschaft und der Gesellschafter, weil die Verwertung des Geschäftsanteils einen Gesellschafterwechsel zur Folge hat. Dabei besteht vor allem die Gefahr, dass neue und unliebsame Gesellschafter in die Gesellschaft eindringen.[914] Dies wird bei der vorliegenden Unternehmergesellschaft besonders deutlich, da sie von einer geringen Gesellschafterzahl, einer persönlichen Verbundenheit der Gesellschafter und einem entsprechendem Vertrauensverhältnis geprägt ist und darüber hinaus mit der Verfolgung des Gesellschaftszwecks zum Wohle der Allgemeinheit handelt. Ein Eindringen eines gesellschaftsfremden Dritten führt zu einer Beeinträchtigung dieser Strukturen. Daher ist es sowohl im Interesse der Mitgesellschafter als auch des insolventen Gesellschafters, eine aus der Verwertung folgende drohende Überfremdung durch Veränderung der Gesellschaftsstrukturen zu verhindern. Das Interesse der Gesellschafter ist auf einen umfassenden Schutz und Erhaltung der Gesellschaft in ihrem ursprünglichen Bestand zur Gewährleistung eines beständigen Stiftungsträgers gerichtet. Dabei kommt es ihnen vor allem darauf an, die persönliche Zusammensetzung des Gesellschafterkreises zu erhalten und entsprechend abzusichern. Die Veräußerung des Geschäftsanteils träfe die Gesellschaft in der Zusammensetzung des Gesellschafterbestandes und damit in ihrer inneren Struktur.

Damit treffen die Interessen des Insolvenzverwalters, die durch die Interessen der Gläubiger bestimmt sind, insbes. das Verwertungsinteresse, und die Interessen der Gesellschafter an einem beständigen Gesellschaftsverhältnis, einer kontinuierlichen Gesellschaft, aufeinander.

3. *Abwendung der Verwertung*

Die Gesellschaft hat daher ein erhebliches Interesse daran, eine Verwertung des jeweiligen Geschäftsanteils durch den Insolvenzverwalter zu verhindern, letztlich das Eintreten von gesellschaftsfremden Dritten zu vermeiden und sich damit vor einer Überfremdung bzw. einem Kontrollverlust zu schützen.[915] Gleichwohl kann die kraft Gesetzes erfolgende Übernahme der Verwaltungs- und Verfügungsbefugnis i.S.d. § 80 InsO durch den Insolvenzverwalter mit Eröffnung des Insolvenzverfahrens nicht verhindert werden.[916] Allerdings können im Rahmen der Satzungsgestaltung für den Fall der Insolvenz eines Gesellschafters vorkehrende Maßnahmen getroffen werden, die eine Verwertung des Geschäftsanteils durch den Insolvenzverwalter

913 Göcke, Wechselwirkungen, S. 198 m.w.N.
914 So auch Geißler, GmbHR 2012, (370).
915 Vgl. auch Geißler, GmbHR 2012, 370, 371.
916 RGZ 70, 64, 66 f.; OLG Celle, NJW-RR 1988, 663, 664; Bork/Schäfer/*Brandes*, GmbHG, § 15 Rn. 77; Eichholz, Probleme, S. 92. Die Gesellschaft kann nach Eröffnung des Insolvenzverfahrens keinerlei Handlungen mehr vornehmen, die die Verwertung des Geschäftsanteils in der Insolvenz verhindern könnten.

zu verhindern vermögen, letztlich die umfangreichen Handlungsbefugnisse des Insolvenzverwalters einschränken. Diese in Betracht kommenden Möglichkeiten zum Schutz der Gesellschaft im Fall der Insolvenz eines Gesellschafters sind im Folgenden zunächst grundlegend darzustellen und auf ihre Insolvenzfestigkeit hin zu untersuchen. Sodann ist auf die sich aus der vorliegenden Situation ergebenden Besonderheiten -der Unternehmergesellschaft zur Gewährleistung eines geeigneten Stiftungsträgers- einzugehen.

a) Übertragungsbeschränkungen nach § 15 Abs. 5 GmbHG

Ob die Verwertung des Geschäftsanteils durch den Insolvenzverwalter aufgrund des § 15 Abs. 5 GmbHG an weitere Voraussetzungen, insbesondere an die Zustimmung der Gesellschaft, geknüpft werden kann, ist umstritten. Die überwiegende Meinung lehnt eine Bindung des Insolvenzverwalters an entsprechende Klauseln ab.[917] Von der Vinkulierungsmöglichkeit sind danach allein rechtsgeschäftliche Verfügungen erfasst. Diese können jedoch eine Zwangsverwertung des Vermögens nicht einschränken. Danach gehen die Gläubigerinteressen denen der Gesellschaft und der Mitgesellschafter, Veränderungen im Gesellschafterkreis zu kontrollieren, vor. Hingegen ist der Insolvenzverwalter nach anderer Ansicht bei der Verwertung an etwaige Zustimmungserfordernisse gebunden[918] in Folge dessen ein freihändiger Verkauf i.S.d. § 159 InsO nicht uneingeschränkt stattfinden kann.

Eine Streitentscheidung kann vorliegend deshalb unterbleiben, weil die Übertragungsbeschränkung jedenfalls kein geeignetes Mittel darstellt, die Veräußerung des Geschäftsanteils zu verhindern. Denn auch nach letztgenannter Ansicht darf es zu keiner Unverwertbarkeit des Geschäftsanteils kommen. Die Gesellschaft kann lediglich ausnahmsweise aufgrund gewichtiger Interessen die Zustimmung zur Verwertung verweigern.[919] Die Interessen der Insolvenzgläubiger an einer Verwertung überwiegen gegenüber den Interessen der Gesellschaft. Eine Übertragungsbeschränkung i.S.d. § 15 Abs. 5 GmbHG kann eine Verwertung des Geschäftsanteils durch den Insolvenzverwalter damit nicht verhindern und keinen Schutz vor dem Eindringen gesellschaftsfremder Dritter im Fall der Insolvenz eines Gesellschafters bieten.

---

917 BGHZ 32, 151, 155; MünchKomm/*Peters*, InsO, § 35 Rn. 241; Uhlenbruck/*ders.*, InsO, § 159 Rn. 35; MünchKomm/*Reichert/Weller*, GmbHG, § 15 Rn. 558; Bork/Schäfer/*Brandes*, GmbHG, § 15 Rn. 79; Ulmer/*Löbbe*, GmbHG, § 15 Rn. 328 f., 338; Kranz, Geschäftsanteil, S. 75; Eichholz, Probleme, S. 32. Die §§ 137 f. BGB, §§ 851 II, 85 I, III ZPO stehen einer Übertragungsbeschränkung nach § 15 V GmbHG entgegen.

918 OLG Hamburg, NJW 1960, 870, 871; Uhlenbruck/*Hirte*, InsO, § 11 Rn. 55; Eichholz, Probleme, S. 75 ff.; Göcke, Wechselwirkungen, S. 182 f., 191; Lutter/Hommelhoff/*Bayer*, GmbHG, § 15 Rn. 88.

919 Uhlenbruck/*Hirte*, InsO, § 11 Rn. 55; vgl. Göcke, Wechselwirkungen, S. 191 f. m.w.N.

b) Zwangseinziehung des Geschäftsanteils im Insolvenzfall

Fraglich ist, ob eine im Gesellschaftsvertrag vorgesehene Einziehung des Geschäftsanteils i.S.d. § 34 Abs. 2 GmbHG Schutz vor dem Eindringen eines Dritten in die Gesellschaft bieten kann. Als Einziehungsgrund ist die Insolvenz eines Gesellschafters jedenfalls anerkannt, weil ein entsprechendes Bedürfnis der Gesellschaft besteht, den Insolvenzverwalter und den Erwerber des betroffenen Geschäftsanteils aus dem Gesellschafterkreis fernzuhalten.[920] Der Geschäftsanteil ist durch die Einziehungsregelung von vornherein inhaltlich begrenzt, sodass auch der Insolvenzverwalter an die satzungsmäßige Einziehungsklausel gebunden ist.[921] Der Einziehungsbeschluss wird jedoch grdsl. erst nach Eröffnung des Insolvenzverfahrens gefasst, sodass der Geschäftsanteil zunächst mit in die Insolvenzmasse fällt. Im Rahmen dieser Beschlussfassung kann der Insolvenzverwalter wegen eines Stimmverbots das Stimmrecht des betroffenen Gesellschafters nicht ausüben.[922] Um ein Eindringen des Insolvenzverwalters zu verhindern, muss die Gesellschaftssatzung die sofortige Wirksamkeit der Einziehung im Zeitpunkt der Bekanntgabe des Einziehungsbeschlusses vorsehen.[923] Als Folge der Einziehung entsteht ein Anspruch des Insolvenzverwalters auf ein Einziehungsentgelt in Form einer Abfindung zugunsten der Insolvenzmasse.[924] Dieses bemisst sich grdsl. nach dem vollen wirtschaftlichen Wert des betroffenen Geschäftsanteils, dem sog. Verkehrswert.[925]

aa) Beschränkung des Einziehungsentgelts

Das Anliegen der Gesellschaft ist jedoch grdsl. darauf gerichtet, das Einziehungsentgelt weitestgehend zu beschränken, um die Kapitalausstattung zu erhalten und einen Liquiditätsabfluss zu vermeiden, letztlich den Bestand der Gesellschaft zu sichern. Anders hingegen das Bestreben des Insolvenzverwalters, dessen Interesse

---

920 BGHZ 65, 22, 25; OLG Frankfurt, NZG 1998, 595, 596; MünchKomm/*Reichert/Weller*, GmbHG, § 15 Rn. 560; Ulmer/*ders.*, GmbHG, § 34 Rn. 44; Bork/Schäfer/*Brandes*, GmbHG, § 15 Rn. 78; Kranz, Geschäftsanteil, S. 102 ff.; MünchKomm/*Strohn*, GmbHG, § 34 Rn. 53.

921 BGHZ 65, 22, 24 f.; Kranz, Geschäftsanteil, S. 102 f.; Ulmer/*Löbbe*, GmbHG, § 15 Rn. 331 f. 336; Ulmer/*ders.*, GmbHG, § 34 Rn. 45.

922 Vgl. § 47 IV 2, Alt. 1 GmbHG; OLG Hamm, GmbHR 1989, 79 f.; OLG Dresden, GmbHR 1997, 946, 949; OLG Celle, GmbHR 1998, 140, 141; OLG Jena, GmbHR 2002, 115, 116; Ulmer/*Hüffer*, GmbHG, § 47 Rn. 165; Kranz, Geschäftsanteil, S. 117 f.; Bartholomäus, Gesellschafter, S. 203.

923 Ausführlich Bartholomäus, Gesellschafter, S. 170 ff., 204 f.

924 Gleiches gilt beim Fehlen einer Satzungsregelung über das Einziehungsentgelt. Maßgeblich ist dann der wirtschaftliche Wert des Geschäftsanteils. Vgl. BGHZ 65, 22, 24 f.; Ulmer/*Löbbe*, GmbHG, § 15 Rn. 336, 331 f.; Ulmer/*ders.*, GmbHG, § 34 Rn. 77; Kranz, Geschäftsanteil, S. 104 f.; Eichholz, Probleme, S. 109 f.

925 BGHZ 9, 157, 168; 116, 359, 365; K. Schmidt, Gesellschaftsrecht, § 35 IV 2, S. 1063; Lutter/Hommelhoff/*Lutter*, GmbHG, § 34 Rn. 78; MünchKomm/*Strohn*, GmbHG, § 34 Rn. 63, 208.

es ist, zur optimalen Gläubigerbefriedigung den größtmöglichen Massezufluss zu erlangen. Fraglich ist daher, inwieweit eine satzungsmäßige Beschränkung des Einziehungsentgelts, sei es in Form eines vollständigen Ausschlusses oder einer Beschränkung der Höhe nach, zulässig ist. Im Rahmen der Zulässigkeit derartiger Beschränkungen sind damit einerseits die Gestaltungsfreiheit der Gesellschafter, andererseits die durch das Verbot der Gläubigerbenachteiligung gesetzten Grenzen, vorliegend die optimale Verwertung des Schuldnervermögens als oberstes Ziel der Insolvenzordnung, in Ausgleich zu bringen. Ungeachtet der Vorschriften über die Gläubiger- und Insolvenzanfechtung sind der wirksamen Beschränkung des Einziehungsentgelts die Grenzen der §§ 138 Abs. 1, 242 BGB gesetzt, wonach die Klausel dann nichtig ist, wenn sie einseitig auf eine Benachteiligung bzw. Schädigung der Gläubiger des insolventen Gesellschafters abzielt.[926]

(1) Ausschluss des Einziehungsentgelts

Da der Ausschluss des Einziehungsentgelts die größtmögliche Beschränkung darstellt, ist er grdsl. als grob unbillig und sittenwidrig, § 138 Abs. 1 BGB, zu beurteilen.[927] Dies auch dann, sollte sich die unentgeltliche Einziehung nicht lediglich auf die Insolvenz des Gesellschafters beziehen, sondern daneben noch weitere, vergleichbare Fälle vorsehen.[928] Ein völliger Ausschluss des Einziehungsentgelts ist für den Erhalt der Gesellschaft nicht erforderlich, sodass es bereits an einer Schutzbedürftigkeit fehlt. Darüber hinaus widerspräche dies dem Rechtsgedanken des § 738 BGB.[929] Wird eine unentgeltliche Einziehungsregelung in die Gesellschaftssatzung aufgenommen, so tritt an deren Stelle eine Abfindung in Höhe des Verkehrswertes des Geschäftsanteils.[930]

(2) Beschränkung des Einziehungsentgelts der Höhe nach

Indes liegt eine einseitige Benachteiligung der Insolvenzgläubiger jedenfalls zunächst dann nicht vor, sollte eine Beschränkung des Einziehungsentgelts neben

---

926 BGHZ 116, 359, 372 f.; BGH, WM 2002, 1186, 1189; ZIP 1996, 1475 f., NJW 1995, (1668); NJW-RR 1996, (869); MünchKomm/*Armbrüster*, BGB, § 138 Rn. 7; K. Schmidt, Gesellschaftsrecht, § 50 IV 2, S. 1485; Lutter/Hommelhoff/*Lutter*, GmbHG, § 34 Rn. 84; Geißler, GmbHR 2006, 1173, 1177; Stöber/Rafiqpoor, GmbHR 2003, 872, 873.

927 BGHZ 144, 365, 367; Ulmer/*ders.*, GmbHG, § 34 Rn. 100; K. Schmidt, Gesellschaftsrecht, § 50 IV 2, S. 1485; Stöber/Rafiqpoor, GmbHR 2003, 872, 876.

928 BGHZ 65, 22, 28 f.; 144, 365, 366; Kranz, Geschäftsanteil, S. 154; Göcke, Wechselwirkungen, S. 170.

929 Dem ausscheidenden Gesellschafter steht danach eine Entschädigung als Ausgleich für den Verlust seiner Vermögensbeteiligung zu, vgl. Göcke, Wechselwirkungen, S. 170; Geißler, GmbHR 2006, (1173).

930 BGHZ 116, 359, 375; Bartholomäus, Gesellschafter, S. 200; Stöber/Rafiqpoor, GmbHR 2003, 872, 877.

der Insolvenz eines Gesellschafters noch andere Abfindungsvorgänge, wie die Ausschließung des Gesellschafters aus wichtigem Grund, erfassen.[931] Gleichfalls darf kein grobes Missverhältnis i.S.d. § 138 Abs. 1 BGB zwischen dem Anteilswert und dem Einziehungsentgelt bestehen. So liegt eine anfängliche Sittenwidrigkeit vor, wenn zwischen dem satzungsgemäß festgelegten Einziehungsentgelt und dem tatsächlichen Wert des Geschäftsanteils bereits im Zeitpunkt der Festlegung der Klausel eine erhebliche Diskrepanz besteht und das Einziehungsentgelt daher völlig unangemessen verkürzt wird.[932] Feste Quoten, deren Überschreitung zur Annahme eines groben Missverhältnisses führen, bestehen nicht.[933] Vielmehr ist die Wirksamkeit der Regelungen von verschiedenen Kriterien abhängig und bedarf einer Einzelfallabwägung der beteiligten Interessen.[934] Dabei kommt es vor allem darauf an, den Regelungszweck des § 738 BGB, dem Gesellschafter eine angemessene Abfindung zu sichern, zu wahren. Im Fall der Nichtigkeit der Klausel orientiert sich die Abfindung, wie beim vollständigen Ausschluss des Einziehungsentgelts, nach der Höhe des Verkehrswertes des Geschäftsanteils.[935]

Wird die Entgeltregelung anhand des anfänglichen Verkehrswertes des Geschäftsanteils, namentlich nach dem Nennbetrag i.S.d. § 5 Abs. 2 S. 1, Abs. 3 GmbHG bestimmt, so ist diese Klausel zunächst wirksam.[936] Ein nachträgliches Missverhältnis zwischen dem anfänglichen Verkehrswert und dem sich durch die wirtschaftliche Entwicklung der Gesellschaft ergebenden tatsächlichen Wert des Geschäftsanteils führt nicht zur Unwirksamkeit der Klausel. In diesem Fall erfolgt eine geltungserhaltende Anpassung des Entgelts an die veränderten Umstände im Wege der ergänzenden Vertragsauslegung nach den Grundsätzen von Treu und Glauben gem. § 242 BGB.[937] Dabei ist auch bei einem nachträglichen Missverhältnis

---

931 BGHZ 65, 22, 26 f.; 144, 365, 366; BGH, GmbHR 2000, 822, 823; Lutter/Hommelhoff/*Lutter*, GmbHG, § 34 Rn. 81; Ulmer/*Löbbe*, GmbHG, § 15 Rn. 333; Ulmer/*ders.*, GmbHG, § 34 Rn. 45, 95; Kranz, Geschäftsanteil, S. 153 f.; Bartholomäus, Gesellschafter, S. 187; Geißler, GmbHR 2006, 1173, 1178.

932 BGHZ 116, 359, 368; 126, 226, 240 f.; Stöber/Rafiqpoor, GmbHR 2003, 872, 873; Lutter/Hommelhoff/*Lutter*, GmbHG, § 34 Rn. 84; Ulmer/*ders.*, GmbHG, § 34 Rn. 95; MünchKomm/*Strohn*, GmbHG, § 34 Rn. 53 m.w.N.

933 Der BGH hat feste Quoten abgelehnt, BGH, GmbHR 1993, 505, 506; vgl. Geißler, GmbHR 2006, 1173, 1177; Stöber/Rafiqpoor, GmbHR 2003, 872, 874.

934 BGH, GmbHR 1993, 505, 506; 1993, 806, 807; BGHZ 116, 359, 371, 376; 123, 281, 286; Stöber/Rafiqpoor, GmbHR 2003, 872, 874; hierzu auch Geißler, GmbHR 2006, 1173, 1178. Zu nennen sind das Ausmaß des Missverhältnisses, die Dauer der Mitgliedschaft des ausscheidenden Gesellschafters, sein Anteil am Aufbau und Erfolg der Gesellschaft, der Anlass des Ausscheidens.

935 BGHZ 116, 359, 376; Geißler, GmbHR 2012, 370, 373; Lutter/Hommelhoff/*Lutter*, GmbHG, § 34 Rn. 86; Ulmer/*ders.*, GmbHG, § 34 Rn. 110.

936 BGHZ 123, 281, 284 f.; Lutter/Hommelhoff/*Lutter*, GmbHG, § 34 Rn. 87; Stöber/Rafiqpoor, GmbHR 2003, 872, 873; Jaeger, DB 1997, (1607).

937 BGHZ 107, 351, 357 f.; 123, 281, 284 f.; 126, 226, 242 f.; BGH, GmbHR 1993, 505, 506; 1993, 806, 807; Ulmer, in: FS Quack, S. 477, 486; Ulmer/*ders.*, GmbHG, § 34 Rn. 111;

unklar, ab welcher Differenz zwischen dem Anteilswert und dem festgelegten Einziehungsentgelt eine Anpassung zu erfolgen hat. Insoweit kommt es gleichfalls auf den jeweiligen Einzelfall und die beteiligten Interessen an.[938]

Zur Bestimmung und Beschränkung des Einziehungsentgelts bestehen verschiedene Ansätze. Hierfür kann die Bilanz der Gesellschaft (sog. Buchwert) ebenso herangezogen werden wie der Beteiligungswert innerhalb der Gesellschaft (sog. Nennwert). Gleichfalls besteht die Möglichkeit auf Methoden der Unternehmensbewertung (sog. Substanzwertverfahren, Ertragswertverfahren) zurückzugreifen.[939] Grdsl. sind neben dem Nennwert des Geschäftsanteils wertbildende Faktoren wie die anteiligen Kapital- und Gewinnrücklagen, die stillen Reserven, die (künftigen) Erträge des Unternehmens sowie die Firmen- bzw. Geschäftswerte zu berücksichtigen. Dabei sind die Gesellschafter grdsl. bei der Wahl der Bewertung des Geschäftsanteils frei. Dennoch ist eine Beschränkung des Einziehungsentgelts so zu gestalten, dass eintretende Wertveränderungen der Gesellschaft berücksichtigt werden und die Ermittlung der angemessenen Abfindung dem Interesse aller Beteiligten entspricht.[940] Ausgehend vom ermittelten Anteilswert werden Abfindungen in Höhe von 70–80% des Anteilswerts bzw. Beschränkungen des Einziehungsentgelts bis 30–40% als zulässig erachtet.[941]

bb) Auszahlungsmodalitäten

Zusätzlich kann die Entgeltregelung in der Art und Weise ausgestaltet werden, dass eine ratenweise Auszahlung des Einziehungsentgelts stattfindet.[942] Dies kann im Interesse der Gesellschaft sein, weil auch bei einer wirksamen Beschränkung des Einziehungsentgelts ein erheblicher Kapitalabfluss bevorstehen kann. Für die Insolvenzmasse bedeutet dies, dass die Raten nach Beendigung des Verfahrens im Wege

---

Lutter/Hommelhoff/*Lutter*, GmbHG, § 34 Rn. 88 f.; K. Schmidt, Gesellschaftsrecht, § 50 IV 2, S. 1488 f.; Geißler, GmbHR 2006, 1173, 1179 f.; Stöber/Rafiqpoor, GmbHR 2003, 872, 878; Jaeger, DB 1997, (1607).

938 BGH, GmbHR 1993, 505, 506; BGHZ 123, 281, 286 f.; deutlich auf den Einzelfall abstellend auch OLG Hamm, DB 1997, 1612, 1613; vgl. auch Stöber/Rafiqpoor, GmbHR 2003, 872, 878; Lutter/Hommelhoff/*Lutter*, GmbHG, § 34 Rn. 90 f. der nach dem Grund des Ausscheidens differenziert.

939 Ausführlich zu den Bewertungsmethoden Bartholomäus, Gesellschafter, S. 191 ff.; Kranz, Geschäftsanteil, S. 137 ff.; zusammenfassend MünchKomm/*Strohn*, GmbHG, § 34 Rn. 209 ff.; Ulmer, in: FS Quack, S. 477, 481 f.

940 Ulmer/*ders.*, GmbHG, § 34 Rn. 111.

941 Ulmer, in: FS Quack, S. 477, 500; Stöber/Rafiqpoor, GmbHR 2003, 872, 881; Lutter/Hommelhoff/*Lutter*, GmbHG, § 34 Rn. 90; K. Schmidt, Gesellschaftsrecht, § 50 IV 2, S. 1489 f.; Bartholomäus, Gesellschafter, S. 201 f.; Geißler, GmbHR 2012, 370, 375; Geißler, GmbHR 2006, 1173, 1181.

942 K. Schmidt, Gesellschaftsrecht, § 50 IV 2, S. 1488; Bartholomäus, Gesellschafter, S. 199; weitergehend Stöber/Rafiqpoor, GmbHR 2003, 872, 875 f.

von Nachtragsverteilungen ausgeschüttet werden.[943] Auch unter Berücksichtigung der nachteiligen Folgen für die Insolvenzmasse ist die Ratenzahlung dennoch zum Schutz der Gesellschaft gegenüber dem Insolvenzverwalter wirksam, soweit die Auszahlungsmodalitäten nicht zu einer unangemessenen Benachteiligung führen.[944]

c) *Ausschluss des Gesellschafters*

Als Alternative zur Zwangseinziehung kann die Gesellschaftssatzung für den Fall der Insolvenz eines Gesellschafters eine Ausschließungsklausel enthalten.[945] Auch ohne eine ausdrückliche Regelung stellt die Insolvenz eines Gesellschafters einen zum Ausschluss berechtigenden wichtigen Grund dar.[946] Dies vor allem bei einer stark personalistisch geprägten Gesellschaft, wenn die Unternehmergesellschaft mit einer nur geringen Zahl von Gesellschaftern besteht und die hinter der Gesellschaft stehenden Interessen besondere Berücksichtigung finden müssen.[947] So vor allem in der vorliegenden Gesellschaft. Die Verwertung des betreffenden Geschäftsanteils kann sodann nach weiterem Beschluss der Gesellschafterversammlung durch Einziehung des Anteils oder durch Zwangsabtretung erfolgen.[948] Die Verwertung des Geschäftsanteils durch Einziehung entspricht dabei in ihrer Art und den Auswirkungen denen der zuvor abgehandelten Zwangseinziehung des Geschäftsanteils.

aa) Verwertung durch Abtretungsverpflichtung

Soll die Verwertung des Geschäftsanteils in Folge des Ausschlusses des insolventen Gesellschafters durch eine Abtretungsverpflichtung erfolgen, so geht der Geschäftsanteil ebenfalls zunächst gem. § 80 InsO auf den Insolvenzverwalter über. Dabei ist fraglich, ob der Insolvenzverwalter an eine Abtretungsverpflichtung, wonach

---

943 Göcke, Wechselwirkungen, S. 174.

944 Lutter/Hommelhoff/*Lutter*, GmbHG, § 34 Rn. 82; Geißler, GmbHR 2006, 1173, 1176; Ulmer/*ders.*, GmbHG, § 34 Rn. 92 m.w.N. Erhebliche Bedenken bestehen für Stundungs- oder Ratenvereinbarungen für einen über fünf Jahre nach der Einziehung hinausgehenden Zeitraum.

945 Kranz, Geschäftsanteil, S. 189; MünchKomm/*Reichert/Weller*, GmbHG, § 15 Rn. 560; Ulmer, ZHR 149 (1985), 28, 33 f.; Ulmer/*Löbbe*, GmbHG, § 15 Rn. 336; Lutter/Hommelhoff/*Lutter*, GmbHG, § 34 Rn. 52.

946 Heckschen, NZG 2010, 521, 525; Eichholz, Probleme, S. 104 f.; Ulmer/*Löbbe*, GmbHG, § 15 Rn. 336 mit Verweis auf die Vorauflage; Ulmer, ZHR 149 (1985), 28, 33 f.; kritisch Bartholomäus, Gesellschafter, S. 218 f.

947 Hier kommt es gerade auf die persönliche Zusammenarbeit der Gesellschaft an. Auf die weiteren Voraussetzungen und die Durchführung eines Gesellschafterausschlusses kann insoweit nach oben verwiesen werden, vgl. 3. Teil, B. III. 2. d) bb) (4).

948 BGH, NJW 1977, (2316); Ulmer/*ders.*, GmbHG, Anh. § 34 Rn. 39; Heckschen, NZG 2010, 521, 525; Eichholz, Probleme, S. 106.

die Abtretung des Geschäftsanteils an einen von der Gesellschaft zu benennenden außenstehenden Dritten erfolgen soll, gebunden ist.[949]

Teilweise wird dem Verwertungsrecht des Insolvenzverwalters gegenüber der Abtretungsverpflichtung der Vorrang eingeräumt in Folge dessen die Abtretungsverpflichtung ihm gegenüber keinen Bestand hätte und daher nicht durchsetzbar sei.[950] Begründet wird dies mit deren schuldrechtlichen Charakter, sodass diese lediglich eine Insolvenzforderung i.S.d. § 38 InsO darstellt. Nach anderer Ansicht ist die Abtretungsverpflichtung eine mitgliedschaftliche, quasi „dinglich" wirkende Pflicht am Geschäftsanteil.[951] Letztere Ansicht ist vorzugswürdig, weil die Abtretungsverpflichtung wie die Einziehungsklausel eine dem Mitgliedschaftsrecht immanente gesellschaftsrechtliche Nebenverpflichtung des Gesellschafters i.S.d. § 3 Abs. 2 GmbHG darstellt. Der Insolvenzbeschlag erfasst das Schuldnervermögen in dem Umfang und Inhalt, wie es auch der Gesellschafter in der Hand hat.[952] Die Zwangsabtretung als eine in der Mitgliedschaft angelegte Einschränkung entfaltet sowohl gegenüber dem Gesellschafter als auch gegenüber dem Insolvenzverwalter Wirkung.[953] Die Abtretungsverpflichtung bindet den Insolvenzverwalter, sodass § 80 InsO restriktiv auszulegen ist und der Insolvenzverwalter den Geschäftsanteil zur Verwaltung und Verwertung erhält, wie er durch die Satzung ausgestaltet ist.[954]

bb) Abfindungsanspruch

Als Adressat der Abtretungsverpflichtung wird der Insolvenzverwalter verpflichtet, die Abtretung an den von der Gesellschaft zu bestimmenden Dritten zu erklären vgl. § 15 Abs. 3 GmbHG, in Folge dessen der Erwerber die Abfindung aus seinem Vermögen Zug um Zug gegen Erwerb des Geschäftsanteils zu leisten hat.[955] Der Abfindungsanspruch des insolventen Gesellschafters macht der Insolvenzverwalter für die Insolvenzmasse gem. § 80 Abs. 1 InsO geltend.[956] Zu erstatten ist ebenfalls der volle Wert des Geschäftsanteils.[957] Entsprechend der Beschränkung des

---

949 Ausführlich zu dieser Diskussion Kranz, Geschäftsanteil, S. 197 ff.; Bartholomäus Gesellschafter, S. 223 ff.

950 Bartholomäus, Gesellschafter, S. 224 f.

951 Ulmer, ZHR 149 (1985), 28, 35 f.; Ulmer/*ders.,* GmbHG, § 34 Rn. 120; Heckschen NZG 2010, 521, 524; Lutter/Hommelhoff/*Lutter,* GmbHG, § 34 Rn. 67; Göcke, Wechselwirkungen, S. 178 f.; Kranz, Geschäftsanteil, S. 198 ff.

952 BGHZ 65, 22, 24; Ulmer, ZHR 149 (1985), 28, 35 f.

953 Damit haftet sie dem Geschäftsanteil und der Mitgliedschaft untrennbar und unmittelbar an. Vgl. Ulmer, ZHR 149 (1985), 28, 34; Göcke, Wechselwirkungen, S. 179 Geißler, GmbHR 2006, 1173, 1178.

954 Auch in der Praxis akzeptieren Insolvenzverwalter derartige Zwangsabtretungsklauseln, vgl. Heckschen, NZG 2010, 521, 524.

955 Vgl. BGH, NJW 1983, 2880, 2881.

956 Heckschen, NZG 2010, 521, 526; Göcke, Wechselwirkungen, S. 262; Ulmer, ZHR 149 (1985), 28, 34.

957 BGH, NJW 2001, 2638, 2639; MünchKomm/*Strohn,* GmbHG, § 34 Rn. 208.

Einziehungsentgelts ist auch vorliegend eine Beschränkung der Abfindung unter Berücksichtigung der Grenzen des § 138 BGB möglich, sodass die Gesellschaft im Rahmen der Satzung entsprechend der Einziehung Modifizierungen treffen kann. Entscheidend kommt es auch hier darauf an, dass kein grobes Missverhältnis zwischen dem Verkehrswert des Anteils und der Abfindungshöhe entsteht, welches zu einer einseitigen Gläubigerbenachteiligung führt.[958]

Mit erfolgter Abtretung des Geschäftsanteils an den Dritten erlöschen die Befugnisse des Insolvenzverwalters an der Mitgliedschaft und gehen vollumfänglich auf den Erwerber über.

d) Übertragung auf die vorliegende Gesellschaft

In Folge dieser Ausführungen stellt sich mit Blick auf die Unternehmergesellschaft vor allem die Frage nach der Bewertung des jeweiligen Geschäftsanteils. Denn der anfängliche Verkehrswert des Geschäftsanteils, namentlich der Nennwert i.S.d. § 5 Abs. 2 S. 1, Abs. 3 GmbHG, ist bei Errichtung der Unternehmergesellschaft relativ gering.[959] Erforderlich ist allein die Deckung der Kosten für die Errichtung der Unternehmergesellschaft. Andererseits verändert sich der Verkehrswert des Geschäftsanteils in Folge der Übertragung des Stiftungsvermögens auf die Gesellschaft, sodass diese Wertsteigerungen im Rahmen der Bemessung der jeweiligen Abfindungshöhe zu berücksichtigen wären.

Dabei stellt sich jedoch die Frage, ob die Zahlung einer Abfindung in der hier vorliegenden Konstellation überhaupt zweckmäßig erscheint. Denn die Abfindung stellt für den jeweiligen Erwerber des Geschäftsanteils jedenfalls eine finanzielle Belastung dar, für die er keinen Ausgleich erhält. Denn die Unternehmergesellschaft wurde allein zum Zwecke der Stiftungsträgerschaft errichtet in Folge dessen etwaige Gewinnbeteiligungen etc. der Gesellschafter ausscheiden. Der eintretende Gesellschafter erlangt damit keine Vorteile, müsste jedoch die Abfindung an den Insolvenzverwalter leisten. Dass dies insbesondere unter Berücksichtigung von Wertsteigerungen in Folge der Stiftungstätigkeit nicht sach- und interessengerecht ist, ist offensichtlich.

Daher ist im Fall dessen, dass eine GmbH, die ausschließlich ideelle oder gemeinnützige Zwecke verfolgt und daher als gemeinnützig anerkannt ist, ein weitgehender Ausschluss der Abfindung zulässig.[960] Denn die Gesellschafter fungieren in diesem Fall allein als Treuhänder und verwalten das Vermögen zugunsten des ideellen Zwecks.[961] Diese Zielsetzung würde verfehlt, wenn der ausscheidende

---

958 Geißler, GmbHR 2006, 1173, 1177 ff.

959 Vgl. bereits 3. Teil, B. III. 1. b).

960 OLG Hamm, DB 1997, 1612, 1613; Jaeger, DB 1997, 1607 f.; Priester, GmbHR 1999, 149, 155; MünchKomm/*Strohn*, GmbHG, § 34 Rn. 228; Ulmer/*ders.*, GmbHG, § 34 Rn. 103.

961 Geißler, GmbHR 2006, 1173, 1175; Lutter/Hommelhoff/*Lutter*, GmbHG, § 34 Rn. 85; Ulmer/*ders.*, GmbHG, § 34 Rn. 103; Goette, DStR 1997, 336, 338; vgl. für die ideelle GbR Wiedemann, EWiR 1997, 883, 884.

Gesellschafter durch eine Abfindung das ausschließlich gemeinnützigen Zwecken gewidmete Gesellschaftsvermögen schmälern würde.[962] Ähnlich entschied der BGH[963] bei einer GbR, die einen rein ideellen Zweck verfolgte. Danach sei die Beschränkung der Abfindung auf die Höhe der eingezahlten Einlage zulässig, da die Beteiligung an einer solchen Gesellschaft gerade nicht der Vermehrung des eigenen Vermögens, sondern uneigennützigen Zwecken diene und eine den ausscheidenden Gesellschaftern persönlich zukommende Abfindung damit nicht vereinbar sei. In der Folge ist eine Abfindungsbeschränkung in diesem Fall nicht sittenwidrig und beeinträchtigt auch nicht das Kündigungsrecht der einzelnen Gesellschafter.[964] Dies entspricht auch den gemeinnützigkeitsrechtlichen Anforderungen des § 55 Abs. 1 Nr. 2 AO. Da sich die Unternehmergesellschaft als eine Rechtsformvariante der GmbH darstellt, sind diese Grundsätze auch auf sie anwendbar.

Anders als oben ausgeführt,[965] zeigt sich der Vorteil einer als gemeinnützig anerkannten Unternehmergesellschaft im Fall der Insolvenzeröffnung über das Vermögen eines Gesellschafters bei der Frage, inwieweit eine Beschränkung des Einziehungsentgelts bzw. Abfindungsentgelts zulässig ist. Da die Einlagen der Gesellschafter vorliegend allein den zugrunde liegenden ideellen Zwecksetzungen, der Förderung des Stiftungszwecks der unselbständigen Stiftung, dienen, scheiden die zuvor beschriebenen Problematiken der wirksamen Beschränkung des Einziehungsentgelts aus. Durch eine entsprechende Satzungsregelung kann damit eine Beschränkung des Abfindungsbetrages in Höhe des Nennwerts des Geschäftsanteils erfolgen.

Dies ist vor allem deshalb bedeutsam und vorteilhaft, weil sich der Wert des Geschäftsanteils nach Errichtung der Unternehmergesellschaft in Folge der Übertragung des Stiftungsvermögens und den Erwerb etwaiger Spenden und Zustiftungen deutlich erhöht, mithin vom ursprünglichen Anteilswert bei Errichtung der Gesellschaft erheblich abweicht. Im Fall der Einziehung des Geschäftsanteils wird die Gesellschaft vor einer erheblichen Kapitalaufbringung zur Zahlung des Einziehungsentgelts geschützt. Gleiches gilt für den neu eintretenden Gesellschafter im Fall der Zwangsabtretung. Seinen Interessen widerstrebt es, einen Abfindungsbeitrag in Höhe des Verkehrswerts des betroffenen Geschäftsanteils leisten zu müssen, wenn der Zweck allein in der Stiftungsträgerschaft der unselbständigen Stiftung besteht und eine Mehrung des eigenen Vermögens nicht eintritt.

---

962 Vgl. OLG Hamm, DB 1997, 1612, 1613; Geißler, GmbHR 2006, 1173, 1175; Jaeger, DB 1997, 1607 f.; Bartholomäus, Gesellschafter, S. 198; Lutter/Hommelhoff/*Lutter*, GmbHG, § 34 Rn. 85.

963 BGHZ 135, 387, 391; Anm. Wiedemann, EWiR 1997, 883 f.

964 Stöber/Rafiqpoor, GmbHR 2003, 872, 876.

965 Vgl. 3. Teil, B. III. 1. a) zum bis dahin fehlenden Erfordernis der Gemeinnützigkeit der Gesellschaft.

e) Stellungnahme

Die Auswirkungen einer Gesellschafterinsolvenz auf den Bestand der Unternehmergesellschaft hängen entscheidend von der Ausgestaltung der Gesellschaftssatzung ab. Um der Verwertung des Geschäftsanteils eines insolventen Gesellschafters durch den Insolvenzverwalter zu begegnen, obliegt es den Gesellschaftern bereits bei Errichtung der Gesellschaft vorkehrende Maßnahmen zu treffen. Zur Vermeidung des freihändigen Verkaufs des Geschäftsanteils durch den Insolvenzverwalter und dem nachfolgenden Eintritt eines gesellschaftsfremden Dritten in die Gesellschaft kommen sowohl die Zwangseinziehung des Geschäftsanteils als auch der Ausschluss des insolventen Gesellschafters verbunden mit der Zwangsabtretung des Geschäftsanteils an einen von der Gesellschaft zuvor benannten Dritten in Betracht. Beide Varianten sind geeignete Mittel um die Interessen der Gesellschaft, insbes. die beständige Gesellschafterstruktur, zu gewährleisten und im Interesse der Gesellschafter den Bestand der Gesellschaft zu schützen. Mit dem Interesse der Gesellschaft im Fall der Insolvenz eines Gesellschafter ein möglichst geringes Einziehungsentgelt bzw. Abfindung leisten zu müssen, ist stets die Gefahr verbunden, dass die Beschränkung der Höhe nach wegen Gläubigerbenachteiligung unwirksam ist und an ihre Stelle ein neu festzusetzendes Entgelt entsprechend dem Verkehrswert des Geschäftsanteils tritt. Um eine zur Unwirksamkeit der Entgeltregelung führende Gläubigerbenachteiligung zu vermeiden, bedarf es einer umfassenden Regelung über die vorzunehmende Bewertung des Geschäftsanteils. Aufgrund dessen, dass die Unternehmergesellschaft allein für die Verfolgung des Stiftungszwecks der unselbständigen Stiftungen errichtet wird, bietet es sich jedoch vorliegend vielmehr an, die Unternehmergesellschaft als eine gemeinnützige Gesellschaft anerkennen zu lassen. In der Folge ist eine Beschränkung des Einziehungsentgelts bzw. der Abfindung auf den Nominalwert des Geschäftsanteils zulässig.

Hinsichtlich der Entscheidung der Gesellschafter, eine Zwangseinziehungsklausel oder den Ausschluss des insolventen Gesellschafters in die Gesellschaftssatzung aufzunehmen, ist der Ausschluss einhergehend mit einer Zwangsabtretung vorzugswürdig. Denn die Zwangsabtretung hat gegenüber der Zwangseinziehung den Vorteil, dass eine Zahlungsverpflichtung der Gesellschaft in Höhe der Abfindung nicht entsteht und damit ihre Liquidität nicht beansprucht wird.[966] Darüber hinaus wird die Gesellschaftsstruktur nicht verändert, weil die Anzahl der Gesellschafter und somit gleichsam die der Geschäftsanteile unverändert bestehen bleiben.[967] Zwar wäre dies auch bei der Einziehung des Geschäftsanteils mit der nachfolgenden Bildung eines neuen Geschäftsanteils möglich, doch würde dies für die Gesellschaft einen zusätzlichen Aufwand bedeuten, der durch die Zwangsabtretung vermieden werden kann. Durch die Zwangsabtretung wird der Geschäftsanteil nicht vernichtet, sondern vielmehr die Möglichkeit geschaffen, ihn unter Vermeidung einer Zahlungspflicht der Gesellschaft zur Finanzierung der Abfindung des betroffenen

---

966 Ebenso K. Schmidt, Gesellschaftsrecht, § 35 IV 2, S. 1064.

967 Ebenfalls als Vorteil ansehend Geißler, GmbHR 2012, 370, 371.

Gesellschafters einzusetzen,[968] indem bei dem von der Gesellschaft zu benennenden Dritten ein Erwerbsrecht begründet wird. Auch die Wahl des eintretenden Dritten stellt sich als Vorteil für die Gesellschaft heraus, die hierdurch dafür Sorge tragen kann, dass der Erwerber die Interessen der Gesellschaft vollumfänglich trägt und weiterhin eine beständige Stiftungsträgerschaft gewährleistet ist.

Letztlich stellt auch eine Zwangsabtretungsklausel für die Insolvenzmasse und die Gläubigerbefriedigung keinen Nachteil dar, da lediglich die Art und Weise der Verwertung des Geschäftsanteils vorgegeben wird[969] und darüber hinaus eine Beschränkung der Abfindungshöhe ebenfalls auch bei der Zwangseinziehung möglich ist.

4. Ergebnis

Für den Fall der Insolvenzeröffnung über das Vermögen eines Gesellschafters sind bereits bei Errichtung der Unternehmergesellschaft in der Gesellschaftssatzung vorkehrende Maßnahmen zum Schutz der Gesellschaft vor dem Eindringen gesellschaftsfremder Dritter zu treffen. Vorzugswürdig ist für den Fall eines insolventen Gesellschafters die Aufnahme einer Ausschlussklausel einhergehend mit der Zwangsabtretung seines Geschäftsanteils an einen von der Gesellschaft zu bestimmenden Dritten. Durch diese Regelung wird verhindert, dass im Wege der Verwertung des Geschäftsanteils durch den Insolvenzverwalter gesellschaftsfremde Dritte in die Gesellschaft eindringen. Im Fall der Insolvenz eines Gesellschafters ist die Unternehmergesellschaft damit in ihrem Bestand geschützt. Der unselbständigen Stiftung liegt ein zuverlässiger und beständiger Stiftungsträger zugrunde.

II. Insolvenzeröffnung auf Seiten des Stifters

Unabhängig von seiner Gesellschafterstellung schließt der Stifter das Stiftungsgeschäft mit der Unternehmergesellschaft als Stiftungsträger zur Entstehung der unselbständigen Stiftung. Aufgrund der dem Stiftungsgeschäft zugrunde liegenden Schenkung unter Auflage überträgt der Stifter das Stiftungsvermögen in das Vermögen der Unternehmergesellschaft. Dabei hat eine etwaige Eröffnung des Insolvenzverfahrens über das Vermögen des Stifters neben den zuvor dargestellten Auswirkungen auf seinen Geschäftsanteil auch Auswirkungen auf den Bestand des Stiftungsgeschäfts.

1. Insolvenzanfechtung, § 129 ff. InsO

Dabei stellt sich entsprechend der bisherigen Ausgestaltung des Stiftungsgeschäfts als Schenkung unter Auflage gleichsam auch bei Errichtung eines eigenen Stiftungsträgers die Frage nach den tatbestandlichen Voraussetzungen der

968 Ulmer, ZHR 149 (1985), 28, 41.
969 Göcke, Wechselwirkungen, S. 179; Ulmer, ZHR 149 (1985), 28, 39.

Insolvenzanfechtung. Bei der unselbständigen Stiftung handelt es sich auch weiterhin um ein Vertragsverhältnis zwischen Stifter und dem Stiftungsträger, sodass letztem gegenüber, der Unternehmergesellschaft, die Insolvenzanfechtung auszuüben ist. Eine Verselbständigung der Stiftung scheidet aus.

2. *Anfechtung wegen unentgeltlicher Leistung, § 134 Abs. 1 InsO*

Dabei bereitet die Insolvenzanfechtung nach § 134 Abs. 1 InsO im Fall der Insolvenz auf Seiten des Stifters in der vorliegenden Ausgestaltung keine Besonderheiten. Maßgeblich ist das Stiftungsgeschäft mit der Unternehmergesellschaft als Stiftungsträger, sodass an dieser Stelle vollumfänglich auf die bisherigen Ausführungen zu verweisen ist.[970] In Folge der Rückgewähr des Stiftungsvermögens wird dieses Teil der Insolvenzmasse und dient der gemeinschaftlichen Befriedigung der Insolvenzgläubiger des Stifters. Die unselbständige Stiftung erlischt. Die Insolvenzanfechtung durch den Insolvenzverwalter kann letztlich nicht vermieden werden und ist unter Rechtsschutzgesichtspunkten auch gerechtfertigt. Aufgrund der zeitlichen Begrenzung durch die Anfechtungsfrist ist das hierdurch entstehende Risiko für den Bestand der unselbständigen Stiftung jedoch absehbar und hinnehmbar.

3. *Anfechtung wegen vorsätzlicher Benachteiligung, § 133 Abs. 1 InsO*

Unberücksichtigt dessen kommt daneben eine Anfechtung wegen vorsätzlicher Gläubigerbenachteiligung nach § 133 Abs. 1 InsO in Betracht. Im Hinblick auf den Benachteiligungsvorsatz des Stifters gegenüber seinen Gläubigern kann auf die bisherige Ausarbeitung verwiesen werden.[971]

a) *Kenntnis vom Benachteiligungsvorsatz*

Hinsichtlich der Kenntnis des Anfechtungsgegners vom Benachteiligungsvorsatz des Schuldners, hier des Stifters, kommt es auf die Kenntnis der Unternehmergesellschaft als Anfechtungsgegner an. Hierbei stellt sich das Problem, dass der Stifter als Gesellschafter Teil eines Organs, der Gesellschafterversammlung, des Anfechtungsgegners ist.

Im Rahmen der Zurechnung kommt es bei einer juristischen Person maßgeblich auf die Kenntnis ihrer Leitungsorgane an,[972] sodass ihr grdsl. die Kenntnis sämtlicher vertretungsberechtigter Organe zuzurechnen ist, auch wenn diese an dem

---

970 Vgl. zur Insolvenzanfechtung nach § 134 InsO, 1. Teil, E. II. 1. a) aa) (3).

971 Siehe hierzu 1. Teil, E. II. 1. a) aa) (4) (a).

972 BGH, NJW 1956, (869); Uhlenbruck/*Hirte*, InsO, § 130 Rn. 57; NR/*Nerlich*, § 130 Rn. 76; ausführlich Buck, Wissen und juristische Person, S. 203 f., 238, 264; vgl. für den vergleichbaren Fall im Rahmen der selbständigen Stiftung Hirte, in: FS Werner, S. 222, 236 f.

Rechtsgeschäft nicht mitgewirkt haben.[973] Hat der Geschäftsführer als handelndes Organ keine Kenntnis vom Benachteiligungsvorsatz, so kommt es darüber hinaus auf die übrigen Mitglieder ihres Vertretungsorgans an, wenn es sich um ein typischerweise aktenmäßig festzuhaltendes Wissen handelt.[974] Weder der Gesellschafter noch die Gesellschafterversammlung stellen jedoch ein Vertretungsorgan der Unternehmergesellschaft dar.[975] Daher ist zunächst von dem Grundsatz auszugehen, dass die Kenntnis eines Gesellschafters nicht der juristischen Person zurechenbar ist.[976]

b) Besonderheiten der vorliegenden Konstellation

Dabei gilt jedoch zu beachten, dass der Geschäftsführer durch den von den Gesellschaftern, hingewiesen sei auf die maßgebliche Mitwirkung des Stifter-Gesellschafters, geschlossenen Gesellschaftsvertrag gegenüber der Gesellschaft verpflichtet ist, seine Vorgaben einzuhalten.[977] Der Gesellschaftsvertrag enthält die Vorgabe, das Stiftungsgeschäft mit dem Stifter zu schließen. Der Geschäftsführer ist daher unter Berücksichtigung seiner Weisungsgebundenheit maßgeblich von den Einflüssen der Gesellschafter beherrscht. Fehlt ihm die Kenntnis vom Benachteiligungsvorsatz des Stifters ist gleichwohl fraglich, ob die Kenntnis des Stifters aufgrund seiner Stellung als Mitglied der Gesellschafterversammlung der Unternehmergesellschaft zugerechnet werden kann. In der Folge wären die Voraussetzungen des § 133 Abs. 1 InsO erfüllt.

Die in dieser Konstellation vorliegenden besonderen Umstände können nicht unberücksichtigt bleiben, sodass im Ergebnis eine Zurechnung unter Berücksichtigung einer wertenden Betrachtung gerechtfertigt ist. Dies folgt vor allem aus der Stellung des Stifters als Gesellschafter und dessen Benachteiligungsvorsatz, durch die Errichtung einer juristischen Person seinen Gläubigern Vermögensmassen zu entziehen.[978] Hierbei ist zum einen der Sinn und Zweck der Vorsatzanfechtung, dem Schutz der gesetzlichen Haftungsordnung, Rechnung zu tragen. Ungerechtfertigte Benachteiligungen der Insolvenzgläubiger gilt es zu vermeiden. Denn es kann nicht hingenommen werden, dass sich der Schuldner mit Hilfe Dritter seiner Haftung

---

973 BGH, NJW 2001, 1995, 2159, 2160; Uhlenbruck/*Hirte*, InsO, § 130 Rn. 57; NR/*Nerlich*, InsO, § 130 Rn. 76.

974 BGH, NJW 2001, 359, 360; MünchKomm/*Kayser*, InsO, § 133 Rn. 21 mit Verweis auf § 130 Rn. 49; MünchKomm/*Schramm*, BGB, § 166 Rn. 20.

975 Lutter/Hommelhoff/*Bayer*, GmbHG, § 45 Rn. 4; MünchKomm/*Liebscher*, GmbHG, § 45 Rn. 87; Ulmer/*Hüffer*, GmbHG, § 45 Rn. 17.

976 Buck, Wissen und juristische Person, S. 304 m.w.N.

977 BGH, NZG 2004, 580, 582 für den Fall des Alleingesellschafters; Staudinger/*Schilken*, BGB, § 166 Rn. 32 m.w.N.

978 Vgl. für den Fall der Errichtung einer selbständigen Stiftung und der Wissenszurechnung des Stifters Jakob, ZSt 2005, 99, 100. Danach sind weder der vorsätzlich handelnde Stifter noch die mitwissende Stiftung schutzwürdig. Bejahend auch Hirte, in: FS Werner, S. 222, 236.

entzieht.[979] Der Stifter könnte vorliegend durch die Errichtung einer juristischen Person die Anfechtungsregeln umgehen und sogleich Vermögen seinen Insolvenzgläubigern bewusst entziehen. Zum anderen ist zu beachten, dass der Stifter durch seine Stellung als Gesellschafter einen maßgeblichen Einfluss bei Errichtung der Gesellschaft und der Ausgestaltung der Gesellschaftssatzung hat, weil er ihre handelnden Organe dazu veranlasst bzw. bestimmt, das Stiftungsgeschäft mit ihm als Stifter zu schließen.[980] Liegt der Benachteiligungsvorsatz auf Seiten des Stifters in seiner Stellung als Schuldner vor, so muss sich auch die Gesellschaft dieses Wissen zurechnen lassen. Allein durch sein Anliegen, das Stiftungsvermögen den Gläubigern zu entziehen und insolvenzfest auszugestalten, wird die Gesellschaft errichtet. Dies kann nicht unberücksichtigt bleiben. So ist auch bei einer GmbH das Wissen des Allein- oder beherrschenden Gesellschafters jedenfalls dann zugleich Wissen der GmbH, wenn er die angefochtene Rechtshandlung vor ihrer Ausführung kennt.[981]

Würde eine Kenntnis der Unternehmergesellschaft abgelehnt, könnte sich der wissende Gesellschafter, hier der Stifter, auf die Unkenntnis der Vertretungsbefugten berufen,[982] die lediglich entsprechend der Vorgaben des Gesellschaftszwecks handeln. Dies eröffnet die Möglichkeit bewusst eigene Vermögenswerte unter Ausschluss privater Gläubiger anfechtungsfrei auf die durch ihn errichtete Gesellschaft zu übertragen, letztlich dem Rechtsverkehr wesentliche Haftungsmassen zu entziehen.

4. Zwischenergebnis

Aus diesen Darstellungen folgt, dass sich letztlich der Wille des Stifters, das Stiftungsvermögen insolvenzfest auszugestalten, in dieser Konstellation als nachteilig auswirken kann. Kann die Absicht des Stifters, seine Gläubiger zu benachteiligen nachgewiesen werden, so ist auch regelmäßig aufgrund der sich ergebenden Zurechnung die Kenntnis vom Benachteiligungsvorsatz auf Seiten der Unternehmergesellschaft anzunehmen. Einschränkend ist jedoch zu beachten, dass, soweit die Anfechtungsfrist des § 134 Abs. 1 InsO verstrichen ist, ein bei Anwendung des § 133 InsO erforderlicher Benachteiligungsvorsatz auf Seiten des Stifters als Schuldner nur schwerlich nachweisbar ist.

Soweit der Stifter bei Errichtung der unselbständigen Stiftung keinen Vorsatz hat, seine Gläubiger zu benachteiligen, ist das Stiftungsvermögen im Fall der Insolvenzeröffnung über das Vermögen des Stifters jedenfalls nach Ablauf der Anfechtungsfrist des § 134 Abs. 1 InsO aufgrund der endgültigen Vermögensübertragung

---

979 Häsemeyer, Insolvenzrecht, Rn. 21.77.

980 Vgl. Buck, Wissen und juristische Person, S. 305 f. zu der Frage der Zurechnung bei beherrschender Stellung des Gesellschafters und der Anwendbarkeit des § 166 II BGB auf Organmitglieder bzw. der Annahme eines Zurechnungsdurchgriffs.

981 RGZ 81, 433, 436; BGHZ 78, 318, 331; BGH, NZG 2004, 580, 581 f.; MünchKomm/*Kayser*, InsO, § 130 Rn. 49 m.w.N.

982 Vgl. hierzu Buck, Wissen und juristische Person, S. 383 f.

geschützt. Die unselbständige Stiftung besteht somit unabhängig von einer Insolvenz auf Seiten des Stifters fort.

III. Insolvenzeröffnung auf Seiten des Stiftungsträgers

Auch im Fall der Insolvenzeröffnung über das Vermögen des Stiftungsträgers ergeben sich keine abweichenden Rechtsfolgen im Verhältnis zu dem bisherigen Abschluss des Stiftungsgeschäfts mit einem durch Dritte errichteten Stiftungsträger. Das Insolvenzverfahren wird über das gesamte Vermögen der juristischen Person, der Unternehmergesellschaft, eröffnet, vgl. § 11 Abs. 1 InsO. Als unselbständiges Sondervermögen stellt das Stiftungsvermögen nach der Übertragung ein Teilvermögen im Gesamtvermögen der Unternehmergesellschaft dar und ist somit Bestandteil der Insolvenzmasse i.S.d. § 35 Abs. 1 InsO. Damit dient das Stiftungsvermögen grdsl. auch weiterhin der Befriedigung stiftungsfremder Gläubiger in Folge dessen die unselbständige Stiftung grdsl. endet.[983] Ein Aussonderungsrecht des Stifters i.S.d. § 47 InsO scheidet aufgrund der mit der Schenkung unter Auflage verbundenen endgültigen Vermögensübertragung auf die Unternehmergesellschaft gleichfalls aus.

1. Grundlegender Unterschied zur bisherigen Ausgestaltung

Indes würde dieser Ansatz keinen Sinn machen, bliebe es bei den unbefriedigenden Auswirkungen für den Bestand der unselbständigen Stiftung. Hauptaugenmerk ist in der vorliegenden Ausgestaltung nicht auf die sich entsprechenden Rechtsfolgen im Fall der Insolvenz des Stiftungsträgers zu werfen, sondern vielmehr bereits auf die Sicherung des Stiftungsvermögens, die durch die Errichtung eines eigenen Stiftungsträgers erzielt wird. Die sich hieraus ergebenden Vorteile werden bereits vor Eröffnung des Insolvenzverfahrens deutlich in Folge dessen die Möglichkeit einer Insolvenzeröffnung auf Seiten des Stiftungsträgers erheblich an Relevanz verliert, letztlich allein rein theoretischer Natur ist. In der Praxis ist die Insolvenz des Stiftungsträgers hingegen nahezu gänzlich ausgeschlossen. Es kann daher von einem „quasi-insolvenzfesten Sondervermögen“ gesprochen werden.

Durch die Errichtung eines eigenen Stiftungsträgers ergibt sich ein grundlegender Unterschied zu der bisherigen Ausgestaltung. Die Gründe, die bisher zur insolvenzbedingten Beendigung der unselbständigen Stiftung geführt haben, namentlich die Einbeziehung des Stiftungsvermögens in die Insolvenzmasse der zugrunde liegenden Gesellschaft wegen eines sich aus stiftungsfremden Tätigkeiten ergebenden Eröffnungsgrundes, scheiden aus. Denn die zu errichtende Unternehmergesellschaft verfolgt entsprechend des begrenzten Gesellschaftszwecks neben der Stiftungsträgerschaft keine weiteren Gesellschaftszwecke, sondern handelt allein in ihrer Funktion als Stiftungsträger der unselbständigen Stiftung. Ihr Vermögen setzt sich somit nicht aus verschiedenen Teilvermögen zusammen, sondern besteht neben dem Stammkapital allein aus dem Stiftungsvermögen. Daher scheidet

---

983 Vgl. bereits ausführlich 1. Teil, E. III. 1.

-eine ordnungsgemäße Stiftungstätigkeit vorausgesetzt- bereits die Gefahr einer Inanspruchnahme des Stiftungsvermögens für anderweitige Gesellschaftszwecke aus. Gleiches gilt für zur Insolvenz führende Gründe, die außerhalb der Stiftungsträgerschaft liegen.

Mit der Errichtung der Unternehmergesellschaft durch den Stifter und der Beschränkung des Gesellschaftszwecks auf die Stiftungsträgerschaft werden die sich stellenden Problematiken einer Insolvenzeröffnung über das Vermögen der zugrunde liegenden juristischen Person somit bereits im Kern vermieden und verlieren weitgehend an Relevanz. Denn bei einer ordnungsgemäßen Stiftungsverwaltung entstehen die bisherigen Gefährdungslagen für das Stiftungsvermögen erst gar nicht.

2. Absicherung durch umfassende Kontroll- und Überwachungsmöglichkeiten

Unberücksichtigt dessen, dass die Fälle einer Insolvenzeröffnung der dem Stiftungsträger zugrunde liegenden juristischen Person mangels verschiedener Gesellschaftszwecke und unterschiedlichen Geschäftstätigkeiten stark eingeschränkt sind, so ist zudem zu berücksichtigen, dass in dieser Ausgestaltung auch die Kontrollmöglichkeiten umfassender und effektiver stattfinden können. Denn über die bisher stattfindende Kontrolle der Stiftungstätigkeiten hinaus findet zudem eine umfassende Kontrolle der Tätigkeiten der zugrunde liegenden juristischen Person statt. Insoweit kommt dem Stifter und den weiteren Gesellschaftern eine Doppelfunktion zu, indem sie als Stiftungsgremium über die Stiftungstätigkeiten wachen und zudem als Gesellschafter der Unternehmergesellschaft umfängliche Kontroll- und Überwachungsfunktionen über die Tätigkeiten des handelnden Organs der Gesellschaft ausüben, vgl. §§ 45 ff. GmbHG. Die Überwachung beschränkt sich damit nicht allein auf die konkreten Stiftungstätigkeiten. Vielmehr sind pflichtwidrige Tätigkeiten des Geschäftsführers, so insbesondere die Verfolgung stiftungsfremder bzw. gesellschaftsfremder Zwecke und die Eingehung gesellschaftsfremder Verbindlichkeiten, frühzeitig erkennbar. Für den Erhalt des Stiftungsvermögens und den dauerhaften Bestand der unselbständigen Stiftung kann hierdurch neben den zuvor genannten Vorteilen eine zusätzliche Sicherung gewährleistet werden.

Handelt es sich bei dem Stiftungsträger hingegen um eine durch Dritte errichtete juristische Person, so sind die Kontroll- und Überwachungsbefugnisse des Stiftungsgremiums auf die Aufgabenerfüllung im Rahmen der Stiftungsverwaltung beschränkt. Hinsichtlich der daneben stattfindenden stiftungsfremden Tätigkeiten hat das Stiftungsgremium keine Kontrollbefugnisse.[984] Gerade diese fehlenden

984 Denkbar ist allenfalls, dass im Rahmen des Stiftungsgeschäfts eine Vereinbarung dahingehend getroffen wird, wonach die der Stiftungsträgerschaft zugrunde liegende juristische Person gewisse Informationspflichten über ihre Tätigkeiten gegenüber dem Stiftungsgremium zu erfüllen hat.

Kontrollbefugnisse sind es jedoch, die die Gefahr einer Inanspruchnahme des Stiftungsvermögens durch stiftungsfremde Gläubiger begründen. Das Stiftungsgremium nahm bisher eine Stellung als außenstehende Instanz mit lediglich beschränkten Befugnissen ein. Diese waren allein auf die Stiftungstätigkeit gerichtet und konnten eine Haftungsbegründung des Stiftungsvermögens für stiftungsfremde Verbindlichkeiten nicht verhindern. Durch die umfassenden Einsichts- und Kontrollmöglichkeiten in der hier vertretenen Ausgestaltung wird indes eine Überwachung sämtlicher Tätigkeiten der dem Stiftungsträger zugrunde liegenden juristischen Person erreicht. Durch die stattfindende Verklammerung von „Organmitgliedschaft" in der fiduziarischen Stiftung und der persönlichen Mitgliedschaft in ihrem korporativ strukturierten Träger,[985] ist sichergestellt, dass die Mitglieder des Stiftungsgremiums zugleich in ihrer Stellung als Gesellschafter über sämtliche Tätigkeiten der Gesellschaft wachen. Auch für die Zukunft ist durch die Vereinbarung von Einziehungs- und Zwangsabtretungsklauseln sichergestellt, dass Gesellschafter nur diejenigen Personen sein können, die zugleich Mitglieder im Stiftungsgremium sind. Hierdurch ist gewährleistet, dass die Verfolgung des Stiftungszwecks im Interesse des Stifters fortgeführt wird, insbesondere durch die Personenidentität von Gesellschaftern und Mitgliedern des Stiftungsgremiums widerstreitende Interessen zwischen der unselbständigen Stiftung und der ihr zugrunde liegenden juristischen Person nicht entstehen, letztlich der Bestand der unselbständigen Stiftung gesichert ist.

Die umfassenden Kontroll- und Überwachungsmöglichkeiten über die Tätigkeiten der unselbständigen Stiftung und der zugrunde liegenden juristischen Person einhergehend mit der aufgezeigten Personenidentität führen letztlich dazu, dass die Gefahr der Haftung des Stiftungsvermögens für stiftungsfremde Tätigkeiten und damit zugleich die Gefahr eines Insolvenzverfahrens über das Vermögen der zugrunde liegenden Gesellschaft nochmals eingeschränkt und die unselbständige Stiftung in ihrem Bestand gesichert wird.

3. Verbleibende zur Insolvenz führende Gründe

Gleichwohl kann eine Eröffnung des Insolvenzverfahrens über das Vermögen der zugrunde liegenden Unternehmergesellschaft selbstverständlich nicht gänzlich ausgeschlossen werden. Von erheblicher Bedeutung ist jedoch, dass allein das Stammkapital und das Stiftungsvermögen als Haftungsmassen zur Verfügung stehen. Mangels weiterer (Teil-)Vermögen der Gesellschaft können sich die zur Insolvenz führenden Gründe i.S.d. §§ 17 f. InsO damit allein aus diesen beiden Vermögensmassen ergeben. Eröffnungsgründe, die sich aus der Verfolgung anderweitiger Gesellschaftzwecke ergeben, scheiden aus. Da das Stammkapital lediglich in einem beschränkten Umfang vorhanden ist und zur Errichtung der Unternehmergesellschaft erforderlich war, im Rahmen der Verfolgung des Gesellschaftszwecks jedoch

985 Rawert, in: Jahreshefte, S. 27, 37; Rawert, in: FS Hopt, S. 177, 188.

keine Berücksichtigung findet, kommt i.d.R. allein ein im Stiftungsvermögen angelegter Insolvenzgrund i.S.d. §§ 17 ff. InsO in Folge der Stiftungstätigkeit in Betracht.

In diesem Zusammenhang gilt es die Zusammensetzung des Stiftungsvermögens zu berücksichtigen. Der überwiegende Vermögensanteil ist dabei als Grundstockvermögen zu qualifizieren, das nach seinem Sinn und Zweck grdsl. unangetastet bleibt, mithin nicht der laufenden Stiftungstätigkeit dient. Die Verwaltung der unselbständigen Stiftung und die Förderung der Stiftungszwecke erfolgt allein aus den Erträgen des Grundstockvermögens und den Zuwendungen von Seiten Dritter, sodass jedenfalls tatsächliche Vermögensverfügungen i.d.R. nicht zur Aufzehrung des Grundstockvermögens führen können. Dies erst Recht, wird berücksichtigt, dass das Grundstockvermögen, jedenfalls ein Teil davon, i.d.R. langfristig angelegt ist, um höhere Erträge erzielen zu können, und damit der Verfügungsbefugnis des Geschäftsführers entzogen ist.[986] Das Grundstockvermögen bietet damit für den Bestand der unselbständigen Stiftung und der zugrunde liegenden Gesellschaft eine nicht unbedeutende Sicherheit. Darüber hinaus scheidet wegen der gemeinnützigen Zweckverfolgung, anders als bei wirtschaftlich tätigen Gesellschaften, eine Gefährdung des Vermögens durch eventuelle Risikogeschäfte aus.

Ungeachtet dessen verbleibt gleichwohl die Möglichkeit, dass durch die handelnde Geschäftsführung vertragliche oder deliktische Verbindlichkeiten begründet werden, die in keinem Zusammenhang mit der Stiftungstätigkeit stehen.[987] Mangels weiterer Gesellschaftszwecke sind diese stets als pflichtwidrige Tätigkeiten zu qualifizieren. Zwar hat die vorliegende Ausgestaltung zur Folge, dass die bisherige Inanspruchnahme des Stiftungsvermögens für anderweitige Gesellschaftszwecke ausscheidet. Gleichwohl kann aber die pflichtwidrige Eingehung stiftungsfremder Verbindlichkeiten durch den Stiftungsträger, hier durch den Geschäftsführer der Unternehmergesellschaft, eine nicht unerhebliche Gefährdungslage für den Bestand der unselbständigen Stiftung zur Folge haben, letztlich auch die Inanspruchnahme des Grundstockvermögens verlangen und zur Eröffnung des Insolvenzverfahrens führen. Dies vor allem deshalb, weil pflichtwidrige Handlungen des Geschäftsführers i.d.R. erst im Nachhinein sichtbar werden. Zudem entfalten etwaige Beschränkungen seiner Vertretungsmacht im Außenverhältnis grdsl. keine Wirkungen, vgl. § 37 Abs. 2 GmbHG, sodass bei gesellschaftswidrigem Handeln stets die Gesellschaft verpflichtet wird.[988] Schutz bietet die entstehende Schadensersatzpflicht des Geschäftsführers für pflichtwidrige, stiftungsfremde Handlungen gegenüber der Gesellschaft gem. § 43 Abs. 2 GmbHG und die damit verbundene Ausgleichszahlung

986 Angemerkt sei, dass es sich zur Sicherheit des Grundstockvermögens empfiehlt, etwaige Verfügungen von der Zustimmung der Gesellschafter abhängig zu machen, vgl. bereits 3. Teil, A. I. 4. b).

987 Rawert, in: FS Hopt, S. 177, 189.

988 Ulmer/*Paefgen*, GmbHG, § 37 Rn. 27; Lutter/Hommelhoff/*Kleindiek*, GmbHG, § 37 Rn. 2.

in das Gesellschaftsvermögen bzw. in das Stiftungsvermögen. Stiftungsfremde Minderungen des Stiftungsvermögens können auf diesem Wege ausgeglichen werden.

Selbstverständlich hindert die entstehende Schadensersatzpflicht den böswilligen Geschäftsführer nicht vor der Eingehung stiftungsfremder Verbindlichkeiten mit der Folge der Haftungsbegründung des Stiftungsvermögens. Dieses Risiko lässt sich indes nicht vermeiden und kann nur durch eine sorgfältige Auswahl der Person des Geschäftsführers verringert werden. Unabhängig davon kann, wie zuvor angesprochen, durch umfassende Kontrollen sämtlicher Geschäftsführertätigkeiten sowie der Ausübung von Weisungsrechten durch die Gesellschafter die Gefahr der Eingehung stiftungsfremder Verbindlichkeiten weiter verringert bzw. frühzeitig erkannt werden. Daneben kommt stets die Ersetzung des Geschäftsführers in Betracht, vgl. § 38 GmbHG. Dementsprechend ist die tatsächliche Möglichkeit, dass ein Insolvenzverfahren über das Vermögen der Gesellschaft eröffnet wird und die unselbständige Stiftung hierdurch enden könnte, als äußerst gering einzuschätzen, vielmehr allein theoretischer Natur.[989]

4. *Stellungnahme*

Zwar können bei Zugrundelegung einer Schenkung unter Auflage als Stiftungsgeschäft die sich ergebenden Rechtsfolgen im Fall der Insolvenzeröffnung über das Vermögen des Stiftungsträgers nicht gänzlich ausgeschlossen werden, doch werden mit der vorliegenden Ausgestaltung, der Errichtung eines eigenen Stiftungsträgers in Form der Unternehmergesellschaft, die zur Insolvenz führenden Gründe bereits dem Grunde nach weitgehend eingeschränkt. Eine Insolvenzeröffnung auf Seiten des Stiftungsträgers ist damit in der Stiftungswirklichkeit i.d.R. nicht mehr möglich

Dies vor allem, weil sich der Gesellschaftszweck der zugrunde liegenden Unternehmergesellschaft allein auf die Stiftungsträgerschaft der unselbständigen Stiftung beschränkt und damit einhergehend neben dem Stiftungsvermögen keine weiteren Haftungsmassen zur Verfügung stehen. Gleichfalls findet eine umfassende Kontrolle über sämtliche Tätigkeiten des geschäftsführungsbefugten Organs statt, sodass die Eingehung stiftungsfremder Verbindlichkeiten nahezu ausscheidet.

Ein verbleibendes Restrisiko ist jedoch hinzunehmen und entspricht dem allgemeinen Risiko. Ein vollkommener Schutz eines Vermögens vor seiner Insolvenzverwertung kann in keinem Rechtsbereich gewährleistet werden. Durch regelmäßige Kontrollen und Überwachungsmaßnahmen kann dieses Restrisiko jedoch weitgehend begrenzt werden. So obliegt es im Fall der juristischen Person den Gesellschaftern durch die Ausgestaltung der Gesellschaftssatzung und den Einsatz geeigneter Kontrollmechanismen dafür Sorge zu tragen, dass eine ordnungsgemäße Verfolgung des Gesellschaftszwecks durch den Geschäftsführer sichergestellt ist. Pflichtwidrige und stiftungsfremde Tätigkeiten, letztlich die Gefährdung des Stiftungsvermögens sind hierdurch erkennbar. Anknüpfungspunkt für einen dauerhaften Bestand de

989 Ebenfalls Rawert, in: FS Hopt, S. 177, 189.

unselbständigen Stiftung ist damit in erster Linie die Stiftungsträgerschaft durch die errichtete Unternehmergesellschaft und die damit verbundenen umfassenden Kontrollmöglichkeiten.

E. Abschließende Würdigung und kritische Auseinandersetzung

I. Erfüllung der ausgearbeiteten Anforderungen

Die zuvor genannten Anforderungen[990] an einen dauerhaften Bestand der unselbständigen Stiftung werden durch die Errichtung eines eigenen Stiftungsträgers weitgehend erfüllt.

Im Hinblick auf das Erfordernis einer ordnungsgemäßen Stiftungsverwaltung ergeben sich im Verhältnis zu der bisherigen Ausgestaltung des Stiftungsgeschäfts keine Neuerungen. Erforderlich ist die Einsetzung eines Stiftungsgremiums sowie dessen Ausstattung mit umfassenden Rechten, sodass eine Kontrolle über die Tätigkeiten des Stiftungsträgers gewährleistet und damit eine ordnungsgemäße Stiftungstätigkeit sichergestellt werden kann. Daneben bieten die Bestimmung eines Anfallberechtigten und seine Einbeziehung in das Stiftungsgeschäft bzw. die Stiftungssatzung zusätzliche Sicherheit, insbesondere vor einem nicht ausschließbaren kollusiven Zusammenwirken der Gremienmitglieder nach dem Tod des Stifters. Für die Position des Anfallberechtigten kommt vor allem eine juristische Person des öffentlichen Rechts in Betracht. Auch die zusätzliche Übertragung des Vollziehungsanspruchs auf die zuständige Behörde gem. § 525 Abs. 2 BGB bietet für den Stifter Sicherheit, dass die unselbständige Stiftung auch nach seinem Tod in seinem Interesse fortbesteht.

Hingegen konnte die bisherige Ausgestaltung der unselbständigen Stiftung keinen Schutz vor einer stiftungsfremden Inanspruchnahme des Stiftungsvermögens bieten. Die Übertragung des Stiftungsvermögens auf eine natürliche Person bzw. eine bereits bestehende juristische Person als Stiftungsträger, die neben dem Stiftungsvermögen noch weitere (Teil-)Vermögen hält, hatte mangels Verselbständigung des Stiftungsvermögens stets die Haftung des Stiftungsvermögens für stiftungsfremde Verbindlichkeiten des Stiftungsträgers zur Folge. So konnte vor allem eine Inanspruchnahme des Stiftungsvermögens in der Insolvenz des Stiftungsträgers nicht ausgeschlossen werden. Zudem konnte eine Überwachung der neben der Stiftungsträgerschaft stattfindenden Geschäftstätigkeiten durch das Stiftungsgremium nicht erfolgen, sodass eine Inanspruchnahme des Stiftungsvermögens wegen stiftungsfremder Verbindlichkeiten weder vorhersehbar war noch -mangels dinglicher Wirkungen etwaiger schuldrechtlicher Abreden- verhindert werden konnte und damit letztlich jederzeit möglich war.

---

990 Siehe hierzu, 3. Teil, A., namentlich die Gewährleistung einer ordnungsgemäßen Stiftungsverwaltung sowie die Sicherung des Stiftungsvermögens.

Anders jedoch mit der vorliegenden Ausgestaltung, wodurch die erforderliche Sicherheit des Stiftungsvermögens gewährleistet ist. Die Errichtung eines eigenen Stiftungsträgers einhergehend mit der Verklammerung der Mitgliedschaft im Stiftungsgremium und der Stellung als Gesellschafter kann eine Haftung des Stiftungsvermögens für stiftungsfremde Zwecke ausschließen. Dies vor allem, weil die Gesellschaft neben der Stiftungsträgerschaft keine weiteren Gesellschaftszwecke verfolgt, mithin sie neben dem Stiftungsvermögen keine weiteren (Teil-)Vermögen hält. Daneben beschränkt sich die Kontrolle nicht allein auf die Stiftungsträgerschaft, sondern umfasst darüber hinaus sämtliche Tätigkeiten der juristischen Person.[991] Die typische Gefährdungslage bei Errichtung einer unselbständigen Stiftung, die sich vor allem durch die Übertragung des Stiftungsvermögens auf eine bereits bestehende juristische Person ergibt, liegt nicht vor.

II. Insolvenzfestes Stiftungsvermögen

Bei sämtlichen im Verlauf der Ausarbeitung dargelegten Ansichten zur Qualifizierung des Stiftungsgeschäfts zeigte sich die Tendenz, die unselbständige Stiftung hin zu einem Rechtsträger bzw. das Stiftungsvermögen hin zu einem insolvenzfesten Sondervermögen weiterzuentwickeln. Dabei trat die Frage, ob eine derartige Verselbständigung des Stiftungsvermögens im Rahmen der Errichtung einer unselbständigen Stiftung überhaupt erreicht werden soll, in den Hintergrund. Hierbei sind jedenfalls zwei wesentliche Aspekte zu berücksichtigen.

Zum einen hat sich der Gesetzgeber wiederholt gegen die gesetzliche Ausgestaltung der unselbständigen Stiftung ausgesprochen und damit deutlich gemacht, dass die vorhandenen schuld-, erb- und gesellschaftsrechtlichen Regelungen für die Errichtung der unselbständigen Stiftung ausreichend sind. In der Folge hat die Zuordnung des Stiftungsvermögens zu einem Rechtsträger zu erfolgen, sodass das Stiftungsvermögen stets vom Bestand dieses Rechtsträgers, letztlich dem Stiftungsträger, abhängig ist. Die Einordnung als Vertragsverhältnis kann indes offensichtlich nicht dazu führen, dass das Stiftungsvermögen derart als Sondervermögen verselbständigt wird in Folge dessen eine Inanspruchnahme für stiftungsfremde Zwecke ausscheidet. Soll hingegen eine Verselbständigung des Stiftungsvermögens erfolgen, so ist hierfür die Stiftung i.S.d. §§ 80 ff. BGB die richtige Wahl. Die bewusste und wiederholt deutlich gemachte Entscheidung des Gesetzgebers, dass grdsl. zwischen der selbständigen und der unselbständigen Stiftung zu unterscheiden ist, rückt vermehrt in den Hintergrund.

Gleichfalls kommt es im Rahmen der Einordnung des Stiftungsgeschäfts maßgeblich auf die Interessen des Stifters an. Es wurde bereits deutlich, dass die selbständige Stiftung seinen Interessen oftmals nicht gerecht wird und er sich daher

991 Zwar finden mangels weiterer Gesellschaftszwecke grdsl. keine weiteren Tätigkeiten der juristischen Person statt, gleichwohl bietet die weitergehende Überwachung Schutz vor der Begründung stiftungsfremder Verbindlichkeiten durch das geschäftsführungsbefugte Organ.

bewusst für die Errichtung einer unselbständigen Stiftung entscheidet.[992] Dies zeigt sich insbesondere an der lauter werdenden Kritik gegenüber der staatlichen Stiftungsaufsicht. Daher stellt die unselbständige Stiftung je nach Intention des Stifters durchaus eine Alternative zur selbständigen Stiftung dar.[993] Zuzugeben ist in diesem Zusammenhang, dass die Gefahren für den Bestand der unselbständigen Stiftung aus ihrer fehlenden Verselbständigung und damit einhergehend aus der fehlenden Insolvenzimmunität des Stiftungsvermögens folgen, sodass die Versuche, die unselbständige Stiftung hin zu einem Rechtsträger zu entwickeln, logische Konsequenz und nachvollziehbar sind. Gleichwohl ist die fehlende Verselbständigung zwingende Folge der Einordnung des zugrunde liegenden Stiftungsgeschäfts als Vertragsverhältnis zwischen Stifter und Stiftungsträger. Der Stifter errichtet die unselbständige Stiftung i.d.R. bewusst in Kenntnis der fehlenden Verselbständigung des Stiftungsvermögens. Daher spricht die fehlende Insolvenzimmunität nicht grundlegend gegen die Interessen des Stifters. Dies erst Recht nicht, kann eine Korrektur auf andere Weise erfolgen.

Anknüpfungspunkt für den Bestand der unselbständigen Stiftung und den Schutz des Stiftungsvermögens ist die Person des Stiftungsträgers. Es kommt entscheidend auf seine Vertrauenswürdigkeit und Zuverlässigkeit an. Insoweit ist bei der Auswahl eines geeigneten Stiftungsträgers besondere Sorgfalt geboten.[994] Der dauerhafte Bestand einer natürlichen Person als Stiftungsträger ist bereits aufgrund der Natur der Sache nicht umsetzbar. Ein Stiftungsträger in Form einer juristischen Person ist daher grdsl. vorzugswürdig. Bei der Auswahl einer juristischen Person besteht indes stets die Gefahr, dass der Bestand der unselbständigen Stiftung, insbes. das Stiftungsvermögen, durch weitere Verpflichtungen der juristischen Person beansprucht wird. Dabei hat der Stifter die Wahl, einer bereits bestehenden juristischen Person als Stiftungsträger zu vertrauen oder durch die Errichtung einer juristischen Person deren Zuverlässigkeit selbst zu steuern und zu überwachen. Wie zuvor dargestellt kann im letzteren Fall bereits durch die Verbindung der Gesellschafterstellung mit der Stellung als Gremienmitglied die Möglichkeit einer Insolvenzeröffnung über das Vermögen des Stiftungsträgers weitgehend ausgeschlossen werden.

Es geht also nicht primär um die Frage, ein insolvenzfestes Vermögen durch die Verselbständigung der unselbständigen Stiftung zu konstruieren, sondern darum, einen entsprechenden Einfluss auf den Stiftungsträger ausüben zu können und eine umfassende Kontrolle der Stiftungstätigkeiten zu erreichen. Kann, wie vorliegend dargestellt, eine entsprechende Kontrolle sichergestellt werden, so scheidet auch eine Inanspruchnahme des Stiftungsvermögens für stiftungsfremde Zwecke aus. Anders als die bisher aufgezeigten Lösungsvorschläge wird weder ein eigener Vertragstyp für die unselbständige Stiftung konstruiert noch wird versucht eine juristische Person nachzubilden, um die unselbständige Stiftung auf die Stufe der

992 Vgl. zu den Vorteilen der unselbständigen Stiftung, 1. Teil, C. VIII. 1.

993 Ebenfalls Hof/Bianchini-Hartmann/Richter, Stiftungen, S. 283.

994 Rawert, in: Jahreshefte, S. 27, 36.

Stiftung mit Rechtspersönlichkeit zu stellen. Allein die Errichtung eines eigenen Stiftungsträgers führt zu einer weitreichenden Sicherheit des Stiftungsvermögens. Das Stiftungsvermögen ist in der Folge gesichert, als ob es sich um ein insolvenzfestes Stiftungsvermögen handelt. Indes wird diese quasi Insolvenzimmunität allein rechtsgeschäftlich mit den vorhandenen schuld- und gesellschaftsrechtlichen Regelungen erzeugt. Die unselbständige Stiftung wird nicht zu einem eigenständigen Rechtsträger entwickelt. Die vorliegende Ausgestaltung stellt daher nicht den Versuch dar, das Stiftungsvermögen zu einem insolvenzfesten Sondervermögen fortzubilden. Es wird lediglich durch Vertragsgestaltung ein insolvenzfestes Sondervermögen simuliert.

III. Dauerhafter Bestand der unselbständigen Stiftung

Die vorliegende Ausgestaltung trägt erheblich zu einem dauerhaften Bestand der unselbständigen Stiftung bei. Dies entspricht vor allem dem Interesse des Stifters. Die unselbständige Stiftung ist wie die selbständige Stiftung darauf angelegt über mehrere Generationen hinweg zu bestehen. Dabei macht der Stifterwille die Eigenart der Stiftung aus, indem er den Stiftungszweck festlegt und er sodann weiterer menschlicher Willensbildung grdsl. entzogen ist.[995] Damit ist er als oberste Richtschnur der weiteren Entwicklung der Stiftung zu verstehen.[996] Diese überragende Bedeutung des Stifterwillens ist bei der Stiftungstätigkeit, insbesondere im Hinblick auf die Bindung der nachfolgenden Generationen an den vorgegebenen Stiftungszweck, zu berücksichtigen. In besonderem Maße kann dies durch die Verklammerung der Mitgliedschaft im Stiftungsgremium und der Gesellschafterstellung sichergestellt werden. Hierbei kommt es vor allem auf einen stiftungsloyalen Gesellschafterkreis an. Insbesondere nach dem Tod des Stifters besteht die Gefahr, dass pflichtvergessene Erben im Einvernehmen untereinander die Gesellschaftssatzung ändern oder gar ihre Aufhebung betreiben.[997] Neben der Verklammerung und Identität von Gesellschaftern und Mitgliedern des Stiftungsgremiums ist daher sicherzustellen, dass in der Gesellschaftssatzung Einziehungs- und Zwangsabtretungsklauseln enthalten sind, um unliebsam gewordene Gesellschafter, insbesondere pflichtvergessene Erben, die stiftungsfremde Zwecke verfolgen, aus der Gesellschaft ausschließen zu können. Hierdurch kann die Gesellschaft mit den übrigen Gesellschaftern fortbestehen bzw. stiftungsloyale Gesellschafter können neu eintreten. Ebenso ist dafür Sorge zu tragen, dass eine Änderung des Unternehmensgegenstandes nur unter engen Voraussetzungen möglich ist.[998] Entsprechendes gilt für die Änderung des

995 Liermann, in: Stiftungswesen, S. 153, 155.

996 Burgard, Gestaltungsfreiheit, S. 188 f.; hierzu auch O. Werner, in: Stiftungen, S. 243, 245 f. mit Verweis auf die Landesgesetze, die für die selbständige Stiftung den Vorrang des Stifterwillens erklären. Nach Seifert/Campenhausen/*ders.*, Stiftungsrecht, § 1 Rn. 2 ist der Stifterwille das fortgeltende Grundgesetz der Stiftung.

997 Rawert, in: FS Hopt, S. 177, 189; Rawert, in: Jahreshefte, S. 27, 37.

998 Vgl. bereits, 3. Teil, B. III. 2. d) aa).

Stiftungszwecks. Unabhängig davon, dass die Insolvenz des Stiftungsträgers und die Auswirkungen auf die unselbständige Stiftung eher theoretischer Natur sind, kann mit dieser Ausgestaltung auch der dauerhafte Bestand der unselbständigen Stiftung gewährleistet werden.

F. Gesamtergebnis

Die unselbständige Stiftung entsteht durch den vertraglichen Abschluss des Stiftungsgeschäfts zwischen Stifter und Stiftungsträger. Durch die sich hieraus ergebende Verpflichtung des Stifters zur dauerhaften Übertragung des Stiftungsvermögens und der Verpflichtung des Stiftungsträgers, das Stiftungsvermögen zur dauerhaften Verfolgung des vom Stifter vorgegebenen Stiftungszwecks einzusetzen, stellt sich das Stiftungsgeschäft als Schenkung unter Auflage i.S.d. §§ 516, 525 BGB dar.

Die Insolvenz des Stifters führt aufgrund der Übertragung des Stiftungsvermögens in das Vermögen des Stiftungsträgers regelmäßig zur Insolvenzanfechtung, § 134 Abs. 1 InsO. Innerhalb der Anfechtungsfrist kann der Insolvenzverwalter die Rückforderung des Stiftungsvermögens vom Stiftungsträger verlangen in Folge dessen die unselbständige Stiftung endet. Liegen die anfechtungsrechtlichen Voraussetzungen der §§ 129 ff. InsO nicht vor, scheidet eine Haftung des Stiftungsvermögens für Verbindlichkeiten des Stifters aus. Hingegen dient das Stiftungsvermögen aufgrund der Übertragung in das Vermögen des Stiftungsträgers und der Stellung als unselbständiges Sondervermögen im Fall der Insolvenz des Stiftungsträgers stets der Befriedigung seiner (stiftungsfremden) Insolvenzgläubiger in Folge dessen die unselbständige Stiftung endet.

Zum Schutz des Stiftungsvermögens vor einer Inanspruchnahme durch stiftungsfremde Gläubiger des Stiftungsträgers empfiehlt sich die Errichtung eines eigenen Stiftungsträgers in Form einer juristischen Person. Hierfür bietet sich wegen der geringen Gründungsanforderungen, insbesondere des geringen Stammkapitals, die Errichtung einer Unternehmergesellschaft an. Der Gesellschaftszweck ist auf die Stiftungstätigkeit der zu errichtenden unselbständigen Stiftung zu beschränken. Hierdurch wird sichergestellt, dass die juristische Person neben der Stiftungsträgerschaft keine weiteren Gesellschaftszwecke verfolgt und damit einhergehend keine weiteren (Teil-)Vermögen vorhanden sind. Die Gefahr einer Haftung des Stiftungsvermögens für stiftungsfremde Verbindlichkeiten wird ausgeschlossen. Im Interesse des Stifters und der dauerhaften Verfolgung des Stiftungszwecks erfolgt die Errichtung der Unternehmergesellschaft durch den Stifter zusammen mit den bisherigen Mitgliedern des einzusetzenden Stiftungsgremiums. Die Personenidentität zwischen den Gesellschaftern in dem zugrunde liegenden Stiftungsträger und den Mitgliedern in dem Stiftungsgremium der unselbständigen Stiftung führt sowohl aus stiftungsrechtlicher als auch aus insolvenzrechtlicher Sicht zu einer umfassenden Sicherheit für den Bestand der unselbständigen Stiftung und des Stiftungsvermögens.

Die Ausarbeitung, insbesondere auch die Auseinandersetzung mit den insolvenzrechtlichen Folgen und den vorgebrachten Ansätzen zur Weiterentwicklung der unselbständigen Stiftung, zeigt, dass ein zuverlässiger und beständiger Stiftungsträger für den dauerhaften Bestand der Stiftung unumgänglich und von herausragender Bedeutung ist. Ausgangspunkt für etwaige Weiterentwicklungen muss daher unter Berücksichtigung der rechtlichen Grenzen und gesetzgeberischen Wertungen die Position des Stiftungsträgers sein. Die Interessen der Stiftungsbeteiligten können mit der hier ausgearbeiteten Ausgestaltung auf simple Art und Weise befriedigt und gewährleistet werden, weil ein beständiger und zuverlässiger Stiftungsträger eigens für die unselbständige Stiftung errichtet wird. Damit erfreut sich die unselbständige Stiftung zu Recht immer größerer Beliebtheit.

Literaturverzeichnis

Achilles, Alexander / Spahn, Peter / Gebhard, Albert: Protokolle der Kommission für die zweite Lesung des Entwurfs des Bürgerlichen Gesetzbuchs Band I, Allgemeiner Teil, Berlin 1897 Band II, Recht der Schuldverhältnisse, Berlin 1898 (zit.: Achilles/Spahn/Gebhard, Protokolle, Bd.).

Andrick, Bernd: Stiftungsrecht und Staatsaufsicht unter besonderer Berücksichtigung der nordrhein-westfälischen Verhältnisse, Baden-Baden 1988 (zit.: Andrick, Stiftungsrecht).

Assfalg, Dieter: Die Behandlung von Treugut im Konkurse des Treuhänders, Tübingen 1960 (zit.: Assfalg, Treugut).

Augsten, Ursula / Wolf, Anita: Rechtliche und steuerliche Aspekte der unselbstständigen Stiftung – unter Berücksichtigung erbrechtlicher Regelungen –, ZErb 2006, S. 155–161.

Bach Alexander / Knof, Béla: Insolvenzfähigkeit der Stiftung, ZInsO 2005, S. 729–735.

Bächstädt, Peter: Die unselbständige Stiftung des Privatrechts, Göttingen 1966 (zit.: Bächstädt, Unselbständige Stiftung).

Ballerstedt, Kurt / Salzwedel, Jürgen: Soll das Stiftungsrecht bundesgesetzlich vereinheitlicht und reformiert werden, gegebenenfalls mit welchen Grundzügen? in: Verhandlungen des 44. Deutschen Juristentages, Band I, Gutachten, 5. Teil, S. 1–76, Tübingen 1962 (zit.: Ballerstedt/Salzwedel, in: Verhandlungen).

Bamberger, Heinz Georg / Roth, Herbert (Hrsg.): Kommentar zum Bürgerlichen Gesetzbuch Band 1, §§ 1–610, 3. Auflage, München 2012 Band 2, §§ 611–1296, 3. Auflage, München 2012 (zit.: Bamberger/Roth/*Bearbeiter,* BGB).

Bartholomäus, Anja: Der GmbH-Gesellschafter in der Insolvenz, Baden-Baden 2009 (zit.: Bartholomäus, Gesellschafter).

Baumann, Wolfgang: Mehrfachbeteiligungen an Gesamthandsgemeinschaften oder Die Eine-Person-Erbengemeinschaft (im Vergleich zur Einmann-Personengesellschaft) in: Gesetz Recht Rechtsgeschichte, Festschrift für Gerhard Otte zum 70. Geburtstag, S. 15–38, München 2005 (zit.: Baumann, in: FS Otte).

–: Die Einmann-Personengesellschaft, BB 1998, S. 225–232.

Baur, Fritz / Stürner, Jürgen F.: Sachenrecht, 18. Auflage, München 2009 (zit.: Baur/Stürner, Sachenrecht).

Beck'sches Formularbuch, Hoffmann-Becking, Michael / Rawert, Peter (Hrsg.): Bürgerliches, Handels- und Wirtschaftsrecht, 11. Auflage, München 2013 (zit.: Formularbuch/*Bearbeiter*).

Beckmann, Nina Lorea: Die unselbständige, nichtrechtsfähige Stiftung in: Stiftungen in Theorie, Recht und Praxis, S. 220–227, Berlin 2005 (zit.: Beckmann, in: Stiftungen).

Bekker, Ernst Immanuel: System des heutigen Pandektenrechts, Band 1, Weimar 1886 (zit.: Bekker, System).

Berger, Christian: Die Aussonderung von Treugut in der Insolvenz des Treuhänders – ein konkursrechtlicher Klassiker im Großkommentar des Leipziger Konkurswissenschaftlers Ernst Jaeger in: Festschrift für Juristenfakultät zum 600 jährigen Bestehen der Universität Leipzig, S. 139–152, Berlin 2009 (zit.: Berger, in: FS Juristenfakultät).

Bitter, Georg: Rechtsträgerschaft für fremde Rechnung: Außenrecht der Verwaltungstreuhand, Tübingen 2006 (zit.: Bitter, Rechtsträgerschaft).

Boehmer, Gustav: Erbfolge und Erbenhaftung, Halle (Saale) 1927 (zit.: Boehmer, Erbfolge).

Böhmer, Martin: Die Vereinbarung eines gemeinsamen Zwecks bei der Gesellschaft bürgerlichen Rechts, JZ 1994, S. 982–990.

Bork, Reinhard / Schäfer, Carsten (Hrsg.): GmbHG Kommentar, 2. Auflage, Köln 2012 (zit.: Bork/Schäfer/*Bearbeiter,* GmbHG).

Brinz, Alois: Lehrbuch der Pandekten, Erster Band, 2. Auflage, Erlangen 1873 (zit.: Brinz, Lehrbuch).

Bruns, Patrick: Kommentar zum Stiftungsgesetz Baden-Württemberg, 6. Auflage, Essen 2010 (Bruns, in: StiftG-BW).

–: Fiduziarische Stiftung als Rechtsperson, JZ 2009, S. 840–846.

Buchberger, Horst: Gibt es eine „Einmann-OHG"?, Rpfleger, 1994 (102), S. 54–56.

Buchna, Johannes / Seeger, Andreas / Brox, Wilhelm: Gemeinnützigkeit im Steuerrecht, 10. Auflage, Bremen 2010 (zit.: Buchna/Seeger/Brox, Gemeinnützigkeit).

Buck, Petra: Wissen und juristische Person, Tübingen 2001 (zit.: Buck, Wissen und juristische Person).

Bundesministerium der Justiz: Bericht der Bund-Länder-Arbeitsgruppe Stiftungsrecht vom 19. Oktober 2001 (zit.: BMJ, Bericht Stiftungsrecht).

Burgard, Ulrich: Gestaltungsfreiheit im Stiftungsrecht, Köln 2006 (zit.: Burgard, Gestaltungsfreiheit).

–: Mitgliedschaft und Stiftung – Die rechtsfähige Stiftung als Ersatzform des eingetragenen Vereins in: Non Profit Law Yearbook 2005, S. 95–124, Köln 2006 (zit.: Burgard, in: Law Yearbook).

Calliess, Christian / Ruffert, Matthias (Hrsg.): EUV AEUV Kommentar, 4. Auflage, München 2011 (zit.: Calliess/Ruffert/*Bearbeiter,* EUV/AEUV).

Coing, Helmut: Die Treuhand kraft privaten Rechtsgeschäfts, München 1973 (zit.: Coing, Treuhand).

Cranshaw, Friedrich L.: Anmerkung zu BFH, Beschluss vom 01.04.2008 – X B 201/07, jurisPR-InsR 18/2008 Anm. 3.

Danckwerth, Richard: Das Recht der unselbständigen Stiftungen, Heidelberg 1908 (zit.: Danckwerth, Unselbständige Stiftungen).

Dauner-Lieb, Barbara: Unternehmen in Sondervermögen, Tübingen 1998 (zit.: Dauner-Lieb, Sondervermögen).

Dawe, Christian: Der Sonderkonkurs des deutschen Internationalen Insolvenzrechts, Tübingen 2005 (zit.: Dawe, Sonderkonkurs).

Ebersbach, Harry: Handbuch des deutschen Stiftungsrechts, Göttingen 1972 (zit.: Ebersbach, Stiftungsrecht).

Eichholz, Fabian David: Probleme in der Insolvenz des GmbH-Gesellschafters, Baden-Baden 2011 (zit.: Eichholz, Probleme).

Elicker, Michael: Zum Streit über die Verselbständigung der fiduziarischen Stiftung – Teil 1, ZStV 2012, S. 135–139.

Enneccerus, Ludwig / Nipperdey, Hans Carl: Lehrbuch des Bürgerlichen Rechts, I. Band, Allgemeiner Teil des Bürgerlichen Rechts, 1. Halbband, Allgemeine Lehren, Personen, Rechtsobjekte, 15. Auflage, Tübingen 1959 (zit.: Enneccerus/Nipperdey, Allg. Teil).

Erman, Walter (Begr.), *Westermann, Harm Peter* (Hrsg.): Kommentar zum Bürgerlichen Gesetzbuch Band 1, §§ 1–758, 13. Auflage, Köln 2011 Band 1, §§ 1–758, 12. Auflage Köln 2008 Band 2, §§ 759–2385, 13. Auflage, Köln 2011 (zit.: Erman/ *Bearbeiter*, BGB).

Fischer, Michael: Dogmatik des unselbständigen Stiftungsgeschäfts unter Lebenden und Steuerrecht in: Festschrift für Dieter Reuter zum 70. Geburtstag am 16. Oktober 2010, S. 73–92, Berlin u. a. 2000 (zit.: Fischer, in: FS Reuter).

Flume, Werner: Allgemeiner Teil des Bürgerlichen Rechts, Erster Band, Zweiter Teil, Die juristische Person, Berlin u. a. 1983 (zit.: Flume, Juristische Person).

–: Allgemeiner Teil des Bürgerlichen Rechts, Erster Band, Erster Teil, Die Personengesellschaft, Berlin u. a. 1977 (zit.: Flume, Personengesellschaft).

–: Gesellschaft und Gesamthand, ZHR 136 (1972), S. 177–207.

Fridgen, Alexander: Zum Aussonderungsrecht bei der fremdnützigen Verwaltungstreuhand, ZInsO 2004, S. 530–540.

Fritsche, Stefan: Grundfragen zur unselbständigen Stiftung des Privatrechts, ZSt 2008, S. 3–16.

–: Die Stiftung des bürgerlichen Rechts im Regelinsolvenzverfahren (Teil 2), ZSt 2003, S. 243–251.

Ganter, Hans Gerhard: Die Rechtsprechung des Bundesgerichtshofs zu Treuhandkonten in der Insolvenz des Treuhänders in: Verschuldung, Haftung, Vollstreckung,

Insolvenz – Festschrift für Gerhard Kreft zum 65. Geburtstag, S. 251–266, Recklinghausen 2004 (zit.: Ganter, in: FS Kreft).

Gaul, Hans Friedhelm: Neuere „Verdinglichungs"-Tendenzen zur Rechtsstellung des Sicherungsgebers bei der Sicherungsübereignung in: Festschrift für Rolf Serick zum 70. Geburtstag, S. 105–152, Heidelberg 1992 (zit.: Gaul, in: FS Serick).

Geibel, Stefan J.: Die Treuhandstiftung im Zivilrecht in: Die Treuhandstiftung – Ein Traditionsmodell mit Zukunft, S. 32–47, Essen 2012 (zit.: Geibel, in: Treuhandstiftung).

–: Dachstiftungen, Stiftungszentren und Treuhandstiftungen in: Non Profit Law Yearbook 2011/2012, S. 29–64, Hamburg 2012 (zit.: Geibel, in: Law Yearbook).

–: Treuhandrecht als Gesellschaftsrecht, Tübingen 2008 (zit.: Geibel, Treuhandrecht).

Geißler, Markus: Statuarische Vorsorge bei der Pfändung eines GmbH-Anteils und der Insolvenz eines Gesellschafters, GmbHR 2012, S. 370–376.

–: Rechtsgrundsätze und Bewertungsfragen zur angemessenen Abfindung des ausscheidenden GmbH-Gesellschafters, GmbHR 2006, S. 1173–1181.

Gernhuber, Joachim: Die fiduziarische Treuhand, JuS 1988, S. 355–363.

Gierke, Otto: Deutsches Privatrecht, Erster Band, Allgemeiner Teil und Personenrecht, Leipzig 1895 (zit.: Gierke, Privatrecht).

–: Genossenschaftstheorie, Berlin 1887 (zit.: Gierke, Genossenschaftstheorie).

Gesetz betreffend die Gesellschaft mit beschränkter Haftung (GmbHG) – Großkommentar: Ulmer, Peter / Habersack, Mathias / Löbbe, Marc (Hrsg.) Band I, Einleitung; §§ 1 bis 28, 2. Auflage, Tübingen 2013 Band II, §§ 29–52, Tübingen 2006 (zit.: Ulmer/*Bearbeiter*, GmbHG).

Göcke, Torsten: Wechselwirkungen bei der Insolvenz von Gesellschaft, Gesellschafter und Organwalter, Köln u. a. 2009 (zit.: Göcke, Wechselwirkungen).

Goette, Wulf: BGH, OLG Celle: GmbH: Höhe des Einziehungsentgelts bei der zwangsweisen Einziehung ererbter Geschäftsanteile, DStR 1997, S. 336–338.

Gottwald, Peter (Hrsg.): Insolvenzrechts-Handbuch, 4. Auflage, München 2010 (zit.: Gottwald/*Bearbeiter*, Insolvenzrecht).

Gschoßmann, Bernhard: Rechtliche Grundlagen des Investmentgeschäfts, München 1996 (zit.: Gschoßmann, Investmentgeschäft).

Gundlach, Ulf / Frenzel, Volkhard / Schmidt, Nikolaus: Die Rechtsstellung des obligatorisch Aussonderungsberechtigten, DZWiR 2001, S. 95–99.

Hadding, Walther: Zum Erlangen von Rechtsfähigkeit nach deutschem Zivilrecht in: Festschrift für Alfons Kraft zum 70. Geburtstag, S. 137–146, Neuwied 1998 (zit.: Hadding, in: FS Kraft).

Häsemeyer, Ludwig: Insolvenzrecht, 4. Auflage, Köln u. a. 2007 (zit.: Häsemeyer, Insolvenzrecht).

Happ, Annette: Stifterwille und Zweckänderung, Köln 2007 (zit.: Happ, Stifterwille).

Hartmann, Maren: Die gemeinnützige Stiftung in: Stiftungen in Theorie, Recht und Praxis, S. 381–399, Berlin 2005 (zit.: Hartmann, in: Stiftungen).

Hauger, Helmut: Die unselbständige Stiftung – Begriff, Geschichte und Wesen, Heidelberg 1929 (zit.: Hauger, Unselbständige Stiftung).

Heckschen, Heribert: Einziehung, Zwangsabtretung und Ausschluss in der Insolvenz eines GmbH-Gesellschafters, NZG 2010, S. 521–526.

Heidelberger Kommentar Insolvenzordnung: Kreft, Gerhart (Hrsg.), 6. Auflage, Heidelberg u. a. 2011 (zit.: HK/*Bearbeiter,* InsO).

Heidelberger Kommentar Körperschaftssteuergesetz: Erle, Bernd / Sauter, Thomas (Hrsg.), 3. Auflage, Heidelberg 2010 (zit.: HK/*Bearbeiter,* KStG).

Heiner, Michael: Literaturbesprechung zu: Fiduziarische Person und Widmung, Stefan Koos ZSt 2004, S. 216–217.

Henckel, Wolfram: Haftungsfragen bei der Verwaltungstreuhand in: Europäische Rechtsgedanken in Geschichte und Gegenwart, Festschrift für Helmut Coing zum 70. Geburtstag, Band 2, S. 137–147, München 1982 (zit.: Henckel, in: FS Coing).

Henssler, Martin: Treuhandgeschäft – Dogmatik und Wirklichkeit, AcP 196 (1996), S. 37–87.

Herzog, Rainer: Die unselbständige Stiftung des bürgerlichen Rechts, Baden-Baden 2006 (zit.: Herzog, Die unselbständige Stiftung).

Heuel, Markus: Die Treuhandstiftung – Grenzen und Möglichkeiten, Stiftung & Sponsoring, Rote Seiten 4/2012, S. 1–23.

–: Die unselbständige Stiftung im Steuerrecht in: Die Stiftung, Jahreshefte zum Stiftungswesen, 5. Jahrgang 2011, S. 127–135, Frankfurt/Main u. a. 2011 (zit.: Heuel, in: Jahreshefte).

Hinz, Michael: Die Haftung der Stiftung für Verbindlichkeiten des Stifters, Baden-Baden 1996 (zit.: Hinz, Haftung der Stiftung).

Hirte, Heribert: Stiftung und Insolvenz in: Gründen und Stiften, Festschrift zum 70. Geburtstag des Jenaer Gründungsdekans und Stiftungsrechtlers Olaf Werner, S. 222–238, Baden-Baden 2009 (zit.: Hirte, in: FS Werner).

Hof, Hagen / Bianchini-Hartmann, Maren / Richter, Andreas: Stiftungen: Errichtung – Gestaltung – Geschäftstätigkeit – Steuern, 2. Auflage, München 2010 (zit.: Hof/Bianchini-Hartmann/Richter, Stiftungen).

Huber, Ulrich: Rechtsfähigkeit, juristische Person und Gesamthand in: Festschrift für Marcus Lutter zum 70. Geburtstag, S. 107–139, Köln 2000 (zit.: Huber, in: FS Lutter).

Hüffer, Uwe: Zuordnungsprobleme und Sicherung der Kapitalaufbringung bei der Einmanngründung der GmbH, ZHR 145 (1981), S. 521–539.

–: Vorgesellschaft, Kapitalaufbringung und Drittbeziehungen bei der Einmanngründung – Rechtsfragen nach dem Entwurf der Bundesregierung zur Änderung des GmbHG, ZHR 142 (1978), S. 486–510.

Hüttemann, Rainer: Das Gesetz zur Stärkung des Ehrenamts, DB 2013, S. 774–779.

–: Gemeinnützigkeits- und Spendenrecht, 2. Auflage, Köln 2012 (zit.: Hüttemann, Gemeinnützigkeits- und Spendenrecht).

–: Gesetz zur weiteren Stärkung des bürgerschaftlichen Engagements und seine Auswirkungen auf das Gemeinnützigkeits- und Spendenrecht, DB 2007, S. 2053–2059.

–: Der Grundsatz der Vermögenserhaltung im Stiftungsrecht in: Festgabe für Werner Flume zum 90. Geburtstag, S. 59–98, Berlin u. a. 1998 (zit.: Hüttemann, in: FG Flume).

Hüttemann, Rainer / Herzog, Rainer: Steuerfragen bei gemeinnützigen nichtrechtsfähigen Stiftungen, DB 2004, S. 1001–1009.

Jacob, Markus: Franz Haymann und die Schenkung unter Auflage, Köln 1995 (zit.: Jacob, Schenkung unter Auflage).

Jacobs, Jörn: Die institutionelle Haftungsbeschränkung bei atypischen Erscheinungsformen der Außen-GbR, Köln u. a. 2007 (zit.: Jacobs, Haftungsbeschränkung).

Jaeger, Carsten: Die Abfindung bei Ausscheiden aus einer gemeinnützigen GmbH, DB 1997, S. 1607–1608.

Jaeger Insolvenzordnung Großkommentar, Henckel, Wolfram / Gerhardt, Walter (Hrsg.): Erster Band, §§ 1–55, Berlin 2004 Vierter Band, §§ 129–147, Berlin 2008 (zit.: Jaeger/*Bearbeiter,* InsO).

Jakob, Dominique: (Insolvenz-)Anfechtung und Stiftungsrecht, ZSt 2005, S. 99–107

John, Uwe: Die organisierte Rechtsperson, Berlin 1977 (zit.: John, Rechtsperson).

Kaper, Aaltje: Bürgerstiftungen, Baden-Baden 2006 (zit.: Kaper, Bürgerstiftungen).

Knobbe-Keuk, Brigitte: „Verunglückte“ Schenkungen in: Festschrift für Werner Flume zum 70. Geburtstag, Band 2, S. 149–172, Köln 1978 (zit.: Knobbe-Keuk, in FS Flume).

Kötz, Hein: Trust und Treuhand, Göttingen 1963 (zit.: Kötz, Trust).

Kohler, Josef: Über das Recht der Stiftungen, ArchBürgR, Band 3 (1890), S. 228–292

–: Noch einmal über Mentalreservation und Simulation. Ein Beitrag zur Lehre vom Rechtsgeschäft in: Jahrbücher für die Dogmatik des heutigen römischen und deutschen Privatrechts, JherJB, 16 (1878), S. 325–356, Jena 1878.

Koos, Stefan: Fiduziarische Person und Widmung, München 2004 (zit.: Koos, Fiduziarische Person).

Kranz, Petra: Der GmbH-Geschäftsanteil in Pfändung und Insolvenz – Rechtsfragen Auswirkungen und Auswege -, Köln 1998 (zit.: Kranz, Geschäftsanteil).

Küstermann, Burkhard: Die Beendigung der vertraglichen Beziehungen zwischen Stifter und Treuhänder ZSt 2008, S. 161–167.

Lange, Heinrich / Kuchinke, Kurt: Erbrecht – Ein Lehrbuch, 5. Auflage, München 2001 (zit.: Lange/Kuchinke, Erbrecht).

Larenz, Karl: Lehrbuch des Schuldrechts, Band II, 1. Halbband, Besonderer Teil, 13. Auflage, München 1986 (zit.: Larenz, Schuldrecht).

Lehmann, Matthias: Der Begriff der Rechtsfähigkeit, AcP 207 (2007), S. 225–255.

Leipold, Dieter: Einige Bemerkungen zur Rechts- und Parteifähigkeit der BGB-Gesellschaft und des nicht eingetragenen Vereins in: Festschrift für Claus-Wilhelm Canaris zum 70. Geburtstag, Band II, S. 221–244, München 2007 (zit.: Leipold, in: FS Canaris).

Leonhardt, Peter / Smid, Stefan / Zeuner, Mark (Hrsg.): Insolvenzordnung Kommentar, 3. Auflage, Stuttgart 2010 (zit.: LSZ/*Bearbeiter,* InsO).

Lex, Peter: Steuerliche Änderungen für Stiftungen und Spender durch das Gesetz zur weiteren steuerlichen Förderung von Stiftungen, DStR 2000, S. 1939–1944.

Liebich, Dieter / Mathews, Kurt: Treuhand und Treuhänder in Recht und Wirtschaft – Ein Handbuch, 2. Auflage, Berlin 1983 (zit.: Liebich/Mathews, Treuhand).

Liebl, Klaus: Gemeinnützigkeit in der zivilgesellschaftlichen Perspektive, Stuttgart 2011 (zit.: Liebl, Gemeinnützigkeit).

Lieder, Jan: Pflichtteilsergänzungsanspruch wegen Zuwendungen an gemeinnützige Stiftung – Anmerkung zum Urteil des BGH vom 10.12.2003 – IV ZR 249/02, ZSt 2004, S. 74–79.

Liermann, Hans: Die Stiftung als Rechtspersönlichkeit in: Deutsches Stiftungswesen 1948–1966, Wissenschaft und Praxis, S. 154–172, Tübingen 1968 (zit.: Liermann, in: Stiftungswesen).

–: Die unselbständigen Stiftungen in: Deutsches Stiftungswesen 1948–1966, Wissenschaft und Praxis, S. 229–245, Tübingen 1968 (zit.: Liermann, in: Stiftungswesen).

Löhnig, Martin: Treuhand: Interessenwahrnehmung und Interessenkonflikte, Tübingen 2006 (zit.: Löhnig, Treuhand).

Lutter, Marcus / Hommelhoff, Peter (Hrsg.) – *GmbH-Gesetz Kommentar:* 18. Auflage, Köln 2012 (zit.: Lutter/Hommelhoff/*Bearbeiter,* GmbHG).

Meyer, Petra A.: Treuhandrecht und Treuhänderische Stiftung in: Stiftungen in Theorie, Recht und Praxis, S. 228–240, Berlin 2005 (zit.: Meyer, in: Stiftungen).

Meyn, Christian / Richter, Andreas / Koss, Claus: Die Stiftung, 2. Auflage, Freiburg 2009 (zit.: Meyn/Richter/Koss/*Bearbeiter,* Stiftung).

Möller, Senta: Die Überführung von Treuhandstiftungen in rechtsfähige Stiftungen, ZEV 2007, S. 565–569.

Müller-Gugenberger, Christian / Schotthöfer, Peter (Hrsg.): Die EWIV in Europa, München 1995 (zit.: Müller-Gugenberger/Schotthöfer/*Bearbeiter,* EWIV).

Münchener Kommentar zum BGB: Säcker, Franz Jürgen / Rixecker, Roland (Hrsg.) Band 1, Allgemeiner Teil, §§ 1–240, 6. Auflage, München 2012 Band 3, Schuldrecht Besonderer Teil I, §§ 433–610, 6. Auflage, München 2012 Band 4, Schuldrecht Besonderer Teil II, §§ 611–704, 6. Auflage, München 2012 Band 5, Schuldrecht Besonderer Teil III, §§ 705–853, 6. Auflage, München 2013 Band 9, Erbrecht, §§ 1922–2385, 6. Auflage, München 2013 (zit.: MünchKomm/*Bearbeiter,* BGB).

Münchener Kommentar zum GmbHG: Fleischer, Holger / Wulf, Goette (Hrsg.) Band 1, §§ 1–34, München 2010 Band 2, §§ 35–52, München 2012 Band 3, §§ 53–85, München 2011 (zit.: MünchKomm/*Bearbeiter,* GmbHG).

Münchener Kommentar zur InsO: Kirchhof, Hans Peter / Eidenmüller, Horst u. a. (Hrsg.) Band 1, §§ 1–79, InsVV, 3. Auflage, München 2013 Band 2, §§ 80–216, 3. Auflage, München 2013 Band 3, §§ 270–359, 2. Auflage, München 2008 (zit.: MünchKomm/*Bearbeiter,* InsO).

Münchener Kommentar zur ZPO: Krüger, Wolfgang / Rauscher, Thomas (Hrsg.) Band 2, §§ 355–1024, 4. Auflage, München 2012 (zit.: MünchKomm/*Bearbeiter,* ZPO).

Münchener Vertragshandbuch: Heidenhain, Martin / Meister, Burkhardt W. (Hrsg.) Band 1. Gesellschaftsrecht, 7. Auflage, München 2011 (zit.: Vertragshandbuch/*Bearbeiter,* Bd.).

Münchener Vertragshandbuch: Langenfeld, Gerrit (Hrsg.) Band 6. Bürgerliches Recht II, 6. Auflage, München 2010 (zit.: Vertragshandbuch/*Bearbeiter,* Bd.).

Mugdan, Benno: Die gesamten Materialien zum Bürgerlichen Gesetzbuch für das Deutsche Reich Band I – Einführungsgesetz und Allgemeiner Teil, Berlin 1899 Band II – Recht der Schuldverhältnisse, Berlin 1899 (zit.: Mugdan, Materialien, Bd.).

Muscheler, Karlheinz: Stiftungsrecht – Gesammelte Beiträge, 2. unveränderte Auflage, München 2011 (zit.: Muscheler, Stiftungsrecht).

–: Die unselbständige Stiftung in: Die Stiftung – Jahreshefte zum Stiftungswesen, 3. Jahrgang 2009, S. 59–86, Frankfurt/Main 2007 (zit.: Muscheler, in: Jahreshefte).

–: Stiftung und Schenkung, AcP 203 (2003), S. 469–510.

–: Plädoyer für ein staatsfreies Stiftungsrecht, ZRP 2000, S. 390–395.

Nerlich, Jörg / Römermann, Volker: Insolvenzordnung, Loseblattsammlung, Stand: 25. Ergänzungslieferung, 07/2013, München 2013 (zit.: NR/*Bearbeiter,* InsO).

Neuhoff, Klaus: Rechtstatsachenforschung zur unselbständigen Stiftung, ZSt 2005, S. 277–280.

–: Um der juridical correctness Willen: Spende, keine Schenkung, ZSt 2004, S. 90–91

–: Anmerkung zu OVG NW, Urt. v. 23.3.1984, DÖV 1985, S. 985–986.

Nieder, Heinrich: Rechtsgeschäfte unter Lebenden auf den Tod, BWNotZ 1996, S. 129–137.

Oetker, Hartmut / Maultzsch, Felix: Vertragliche Schuldverhältnisse, 4. Auflage, Heidelberg u. a. 2013 (zit.: Oetker/Maultzsch, Schuldverhältnisse).

Ohl, Karl: Die Rechtsbeziehungen innerhalb des Investment-Dreiecks, Berlin 1989 (zit.: Ohl, Investment-Dreieck).

Palandt – Kommentar zum Bürgerlichen Gesetzbuch: 72. Auflage, München 2013 (zit.: Palandt/Bearbeiter, BGB).

Pfister, Wolfgang: Die Einmann-Personengesellschaft, Frankfurt/Main 1998 (zit.: Pfister, Personengesellschaft).

Pleimes, Dieter: Irrwege der Dogmatik im Stiftungsrecht, Münster u. a. 1954 (zit.: Pleimes, Irrwege).

Plodeck, Christian: „Unbewusste Gründung einer unselbständigen Stiftung", ZSt 2007, S. 38–42.

Priester, Hans-Joachim: Nonprofit-GmbH – Satzungsgestaltung und Satzungsvollzug, GmbHR 1999, S. 149–157.

Prütting, Hanns: Insolvenz von Stiftungen und Vereinen in: Non Profit Law Yearbook 2002, S. 127–155, Köln u. a. 2003 (zit.: Prütting, in: Law Yearbook).

Pues, Lothar / Scheerbarth, Walter: Gemeinnützige Stiftungen im Zivil- und Steuerrecht, 3. Auflage, München 2008 (zit.: Pues/Scheerbarth, Stiftungen).

Raiser, Thomas: Der Begriff der juristischen Person. Eine Neubesinnung, AcP 199 (1999), S. 104–144.

–: Gesamthand und juristische Person im Licht des neuen Umwandlungsrechts, AcP 194 (1994), S. 495–512.

Rawert, Peter: Die Stiftungsersatzformen – GmbH, Verein, AG und unselbständige Stiftung in: Die Stiftung – Jahreshefte zum Stiftungswesen, 5. Jahrgang 2011, S. 27–53, Frankfurt/Main u. a. 2011 (zit.: Rawert, in: Jahreshefte).

–: Anmerkung zu VG Karlsruhe, Urt. v. 23.09.2010–6 K 59/09, npoR 2011, S. 57–58.

–: Von süffigen Parolen, einem dicken Sargnagel und der Philosophie des „Als Ob" – Karsten Schmidt und das Stiftungsrecht, S. 1323–1339 in: Festschrift für Karsten Schmidt zum 70. Geburtstag, S. 1323–1339, Köln 2009 (zit.: Rawert, in: FS Schmidt).

–: Charitable Correctness – Das OLG Dresden zu Spenden und Pflichtteilsergänzung, NJW 2002, S. 3151–3153.

–: Die staatsfreie Stiftung in: Festschrift für Klaus J. Hopt zum 70. Geburtstag am 24. August 2010: Unternehmen, Markt und Verantwortung, S. 177–194, Berlin u. a. 2010 (zit.: Rawert, in: FS Hopt).

Reinhardt, Rudolf / Erlinghagen, P.: Die rechtsgeschäftliche Treuhand – ein Problem der Rechtsfortbildung, JuS 1962, S. 41–50.

Reuter, Dieter: Der funktionale Stiftungsbegriff – ein Meilenstein in der stiftungsrechtlichen Diskussion? in: Non Profit Law Yearbook 2010/2011, S. 65–84, Hamburg 2011 (zit.: Reuter, in: Law Yearbook).

–: Stiftungsform, Stiftungsstruktur und Stiftungszweck, AcP 207 (2007), S. 1–27.

–: Die Stiftung zwischen Verwaltungs- und Treuhandmodell in: Festschrift für Walther Hadding zum 70. Geburtstag, S. 231–251, Berlin 2004 (zit.: Reuter, in: FS Hadding).

–: Die unselbständige Stiftung in: Stiftungen in Deutschland und Europa, S. 203–228, Düsseldorf 1998 (zit.: Reuter, in: Stiftungen).

RGRK Kommentar zum Bürgerlichen Gesetzbuch mit besonderer Berücksichtigung der Rechtsprechung des Reichsgerichts und des Bundesgerichtshofes: Band I, §§ 1–240, 12. Auflage, Berlin u. a. 1982 Band II, 2. Teil, §§ 414–610, 12. Auflage, Berlin u. a. 1978 (zit.: RGRK/*Bearbeiter,* BGB).

Richter, Andreas: Insolvenzen von Stiftungen – Handlungspflichten und Haftungsregeln, Stiftung & Sponsoring, Rote Seiten 3/2006, S. 1–23.

Ritter, Gabriele: Verlust der Gemeinnützigkeit und die Folgen, Stiftungsbrief 2011, S. 43–46.

Rosenberg, Leo (Begr.), *Gaul, Hans Friedhelm / Schilken, Eberhard / Becker-Eberhard, Ekkehard* (fortgef.): Zwangsvollstreckungsrecht, 12. Auflage, München 2010 (zit.: Rosenberg/Gaul/Schilken/Becker-Eberhard/*Bearbeit*er, Zwangsvollstreckungsrecht).

Roth, Günter Hermann: Das Treuhandmodell des Investmentrechts – Eine Alternative zur Aktiengesellschaft Frankfurt am Main 1972 (zit.: Roth, Treuhandmodell).

Roth, Gregor / Knof, Béla: Die Stiftung in Krise und Insolvenz, KTS 2009, S. 163–198.

Roth, Jan: Insolvenz Steuerrecht – Insolvenzrechtliche Implikationen im Steuerrecht, Köln 2011 (zit.: Roth, Insolvenz Steuerrecht).

Roth, Jan / Pfeuffer, Jürgen: Praxishandbuch für Nachlassinsolvenzverfahren, Berlin 2009 (zit.: Roth/Pfeuffer/*Bearbeiter,* Praxishandbuch).

Savigny, Friedrich Carl von: System des heutigen Römischen Rechts, Zweiter Band, Berlin 1840 (zit.: Savigny, System).

Schauhoff, Stephan: Handbuch der Gemeinnützigkeit, 3. Auflage, München 2010 (zit.: Schauhoff/*Bearbeiter,* Handbuch).

Schauhoff, Stephan / Kirchhain, Christian: Das Gesetz zur weiteren Stärkung des bürgerschaftlichen Engagements, DStR 2007, S. 1985–1992.

Schlüter, Andreas: Stiftungsrecht zwischen Privatautonomie und Gemeinwohlbindung – Ein Rechtsvergleich Deutschland, Frankreich, Italien, England, USA, München 2004 (zit.: Schlüter, Stiftungsrecht).

Schlüter, Andreas / Stolte, Stefan: Stiftungsrecht – Erscheinungsformen und Errichtung der Stiftung, Stiftungsaufsicht, Verwaltung des Stiftungsvermögens,

Stiftungssteuerrecht, Rechnungslegung und Publizität, Internationales Stiftungsrecht – Mit Mustern, 2. Auflage, München 2013 (zit.: Schlüter/Stolte, Stiftungsrecht).

Schmid, Cornelia: Stiftungsrechtliche Zuwendungen im Erb- und Familienrecht, Berlin 2007 (zit.: Schmid, Zuwendungen).

Schmidt, Karsten: Anmerkung zu VG Karlsruhe, Urt. v. 23.09.2010–6 K 59/09, npoR 2011, S. 56–57.

–: Gesellschaftsrecht, 4. Auflage, Köln u. a. 2002 (zit.: K. Schmidt, Gesellschaftsrecht).

–: „Ersatzformen" der Stiftung – Unselbständige Stiftung, Treuhand und Stiftungskörperschaft in: Stiftungsrecht in Europa, S. 175–195, Köln 2001 (zit.: K. Schmidt, in: Stiftungsrecht).

–: Die BGB-Außengesellschaft: rechts- und parteifähig Besprechung des Grundlagenurteils II ZR 331/00 vom 29.1.2001, NJW 2001, S. 993–1003.

–: Einmanngründung und Einmann-Vorgesellschaft, ZHR 145 (1981), S. 540–564.

Schmidt, Oliver: Vermögenszuwendung und Festlegung des Stiftungszwecks bei der Errichtung unselbständiger Stiftungen von Todes wegen, ZEV 2003, S. 316–319.

Schmidt, Thorsten: Einmann-Personengesellschaften, Baden-Baden 1998 (zit.: T. Schmidt, Personengesellschaften).

Schöpflin, Martin: Der nichtrechtsfähige Verein, Köln u. a. 2003 (zit.: Schöpflin, Verein).

Schwake, Johannes: Zum Mindestkapital bei rechtsfähigen Stiftungen bürgerlichen Rechts, NZG 2008, S. 248–252.

Schwarz, Bernhard: Kommentar zur Abgabenordnung, Band 1: §§ 1–84 AO, Loseblattsammlung, Stand: 156. Ergänzungslieferung, Dezember 2013, Freiburg 2013 (zit.: Schwarz/*Bearbeiter,* AO).

Seifert, Werner / Campenhausen, Axel Freiherr von (Hrsg.): Stiftungsrechts-Handbuch, 3. Auflage, München 2009 (zit.: Seifert/Campenhausen/*Bearbeiter,* Stiftungsrecht).

Seyfarth, Sabine: Der Schutz der unselbstständigen Stiftung, Baden-Baden 2009 (zit.: Seyfarth, Unselbstständige Stiftung).

Siebert, Jacob: Einmann-Personengesellschaften, Bonn 2005 (zit.: Siebert, Personengesellschaften).

Siebert, Wolfgang: Das rechtsgeschäftliche Treuhandverhältnis, Marburg 1933 (zit.: Siebert, Treuhandverhältnis).

Smid, Stefan: Handbuch Insolvenzrecht, 6. Auflage, Berlin u. a. 2012 (zit.: Smid, Insolvenzrecht).

Soergel Hs. Th. (Begr.): Kommentar zum Bürgerlichen Gesetzbuch Band 1, Allgemeiner Teil 1, §§ 1–103, 13. Auflage, Stuttgart 2000 Band 4/1, Schuldrecht, III/1, §§ 516–651, 12. Auflage, Stuttgart 1998 Band 4/2, Schuldrecht III/2, §§ 652–704, 13. Auflage, Stuttgart 2012 Band 11/1, Schuldrecht 9/1, §§ 705–758, 13. Auflage,

Stuttgart 2012 Band 21, Erbrecht 1, §§ 1922–2063, 13. Auflage, Stuttgart 2002 Band 22, Erbrecht 2, §§ 2064–2273, §§ 1 -35 BeurkG, 13. Auflage, Stuttgart 2003 (zit.: Soergel/*Bearbeiter,* BGB).

Spies, Melanie: Unternehmergesellschaft: Verfassung – Gläubigerschutz – Alternativen, Berlin 2010 (zit.: Spies, Unternehmergesellschaft).

Staub, Hermann (Begr.), *Großkommentar zum Handelsgesetzbuch* Dritter Band, 3. Teil – Bankvertragsrecht, 2. Bearbeitung, Berlin u. a. 1981 (zit.: Staub/*Bearbeiter,* Bankvertragsrecht).

Staudinger, Julius von (Begr.), *J. von Staudingers Kommentar zum Bürgerlichen Gesetzbuch* Buch 1, Allgemeiner Teil, §§ 21–79, Allgemeiner Teil 2, Berlin 2005 Buch 1, Allgemeiner Teil, §§ 80–89, Stiftungsrecht, Berlin 2011 Buch 1, Allgemeiner Teil, §§ 80–89, Stiftungsrecht, Berlin 1995 Buch 1, Allgemeiner Teil, §§ 90–124; 130–133, Allgemeiner Teil 3, Berlin 2012 Buch 1, Allgemeiner Teil, §§ 164–240, Allgemeiner Teil 5, Berlin 2009 Buch 2, Recht der Schuldverhältnisse, §§ 516–534, Berlin 2013 Buch 2, Recht der Schuldverhältnisse, §§ 657–704, Berlin 2006 Buch 2, Recht der Schuldverhältnisse, §§ 705–740, Berlin 2003 Buch 5, Erbrecht, §§ 1967–2063, Berlin 2010 Buch 5, Erbrecht, §§ 2064–2196, Berlin 2013 Buch 5, Erbrecht, §§ 2197–2228, Berlin 2012 (zit.: Staudinger/*Bearbeiter,* BGB).

Stöber, Michael / Rafiqpoor, Parwäz: Die Gestaltung abfindungsbeschränkender Regelungen in GmbH-Verträgen, GmbHR 2003, S. 872–881.

Streck, Michael (Hrsg.): Körperschaftssteuergesetz mit Nebengesetzen Kommentar, 7. Auflage, Münchjen 2008 (zit.: Streck/*Bearbeiter,* KStG).

Strickrodt, Georg: Stiftungsrecht, Baden Baden 1977 (zit.: Strickrodt, Stiftungsrecht).

Thole, Larissa: Die Stiftung in Gründung, Berlin 2009 (zit.: Thole, Stiftung).

Thomann, Werner: Die Schenkung unter einer Auflage nach dem BGB, Forchheim Ofr. 1935 (zit.: Thomann, Schenkung).

Tuhr, Andreas von: Der Allgemeine Teil des Deutschen Bürgerlichen Rechts I, Leipzig 1910 (zit.: Tuhr, Allgemeine Teil).

Timm, Wolfram: Die Rechtsfähigkeit der Gesellschaft bürgerlichen Rechts und ihre Haftungsverfassung, NJW 1995, S. 3209–3218.

Tipke, Klaus / Kruse, Heinrich, Wilhelm: Abgabenordnung Finanzgerichtsordnung Kommentar zur AO und FGO Band 1: §§ 1–154 AO, Loseblattsammlung, Stand 234. Ergänzungslieferung, Dezember 2013, Köln 2013 (zit.: Tipke/Kruse/*Bearbeiter,* AO).

Tipke, Klaus (Begr.) / *Lang, Joachim* (fortgef.): Steuerrecht, 21. Auflage, Köln 201[illegible] (zit.: Tipke/Lang/*Bearbeiter,* Steuerrecht).

Tolani, Madeleine: „Teilrechtsfähigkeit" von Personenvereinigungen, Berlin 200[illegible] (zit.: Tolani, Teilrechtsfähigkeit).

Tyarks, Marco: Körperschaftsteuerrechtliche Zweckvermögen des privaten Rechts und ihre Behandlung im Umsatzsteuerrecht, Baden-Baden 2010 (zit.: Tyarks, Zweckvermögen).

Uhl, Matthias: Anmerkung zu VGH Mannheim, Urteil vom 15.05.2012 (6 S 998/11; npoR 2012, 138) – Zur Rechtsfähigkeit der „fiduzarischen Stiftung", npoR 2012, S. 141–143.

Uhlenbruck, Wilhelm (Hrsg.): Insolvenzordnung Kommentar, 13. Auflage, München 2010 (zit.: Uhlenbruck/*Bearbeiter,* InsO).

Ulmer, Peter: Die höchstrichterlich „enträtselte" Gesellschaft bürgerlichen Rechts, ZIP 2001, S. 585–599.

–: Die Gesamthandsgesellschaft – ein immer noch unbekanntes Wesen?, AcP 198 (1998), S. 114–151.

–: Abfindungsklauseln in Personengesellschafts- und GmbH-Verträgen – Plädoyer für die Ertragswertklausel in: Festschrift für Karlheinz Quack zum 65. Geburtstag, am 3. Januar 1991, S. 477–503, Berlin u. a. 1991 (zit.: Ulmer, in: FS Quack).

–: Die Sicherung der GmbH gegen das Überfremdungsrisiko in der Insolvenz eines Gesellschafters, ZHR 149 (1985), S. 28–41.

Ulmer, Peter / Ihrig, Christoph: Die Rechtsnatur der Einmann-Gründungsorganisation – Ein Beitrag zum Gründungsrecht der Einmann-GmbH, GmbHR 1988, S. 373–384.

Wallenhorst, Rolf: Die Erhöhung des Spendenvolumens durch Zuwendungen in den Vermögensstock bei fiduziarischen Verbrauchsstiftungen, DStR 2002, S. 984–988.

Wallenhorst, Rolf / Halaczinsky, Raymond: Die Besteuerung gemeinnütziger Vereine, Stiftungen und der juristischen Personen des öffentlichen Rechts, 6. Auflage, München 2009 (zit.: Wallenhorst/Halaczinsky/*Bearbeiter,* Besteuerung).

Walter, Gerhard: Das Unmittelbarkeitsprinzip bei der fiduziarischen Treuhand, Tübingen 1974 (zit.: Walter, Unmittelbarkeitsprinzip).

Weimar, Robert: Die Europäische wirtschaftliche Interessenvereinigung im Gründungsstadium, DZWiR 1997, S. 441–447.

–: Einmann-Personengesellschaften – ein neuer Typ des Gesellschaftsrechts?, ZIP 1997, S. 1769–1778.

Weitemeyer, Birgit: Die Reform des Bundesrechts und die nachfolgenden Reformen in den Ländern – Erreichtes und Agenda für die Zukunft in: Non Profit Law Yearbook 2012/2013, S. 17–35, Hamburg 2012 (zit.: Weitemeyer, in: Law Yearbook).

Werner, Almuth: Wirtschaftliche Selbständigkeit und Vermögenstrennung – steuerliche und zivilrechtliche Perspektiven auf die „Eigenständigkeit" unselbständiger Stiftungen Zugleich eine Besprechung der Verfügung der OFD Frankfurt vom 30.08.2011, ZStV 2012, S. 129–134.

–: Die Struktur der unselbständigen Stiftung, 1. Teil: Grundlegendes, ZSt 2008, S. 51–57.

Werner, Olaf / Saenger, Ingo (Hrsg.): Die Stiftung – Recht, Steuern, Wirtschaft – Stiftungsrecht, Berlin 2008 (zit.: Werner/Saenger/*Bearbeiter*, Stiftung).

Werner, Olaf: Die Struktur der unselbstständigen Stiftung – 2. Teil: Einzelprobleme, ZSt 2008, S. 58–62.

–: Die unselbständige Stiftung, Stiftung & Sponsoring, Rote Seiten 4/1999, S. 1–14.

–: Stiftung und Stifterwille in: Stiftungen in Deutschland und Europa, S. 243–259; Düsseldorf 1998 (zit.: O. Werner, in: Stiftungen).

Westebbe, Achim: Die Stiftungstreuhand, Baden-Baden 1993 (zit.: Westebbe, Stiftungstreuhand).

Westermann, Harm Peter: Vertragsfreiheit und Typengesetzlichkeit im Recht der Personengesellschaften, Berlin u.a. 1970 (zit.: Westermann, Vertragsfreiheit).

Wiedemann, Herbert: Gedanken zum Inhalt der Juristischen Person im Zivilrecht in: Festschrift für Uwe Hüffer zum 70. Geburtstag, S. 1091–1101, München 2010 (zit.: Wiedemann, in: FS Hüffer).

–: Kurzkommentar zu BGH, Urt. v. 2.6.1997 – II ZR 81/96, EWiR 1997, S. 883–884.

–: Juristische Person und Gesamthand als Sondervermögen, WM 1975, Sonderbeilage Nr. 4/1975, S. 4–44.

Wigand, Klaus / Heuel, Markus / Stolte, Stefan / Haase-Theobald, Cordula: Stiftungen in der Praxis – Recht, Steuern, Beratung, 3. Auflage, Wiesbaden 2011 (zit.: Wigand/Heuel/Stolte/Haase-Theobald, Stiftungen).

Winheller, Stefan: Frühjahrsputz im Stiftungswesen – Verhindern die „Treuhandverwaltungs-Grundsätze" schmutzige Geschäfte mit Treuhandstiftungen?, Stiftung & Sponsoring, 4/2012, S. 16–17.

Wochner, Georg: Die unselbständige Stiftung, ZEV 1999, S. 125–132.

–: Stiftungen und stiftungsähnliche Körperschaften als Instrumente dauerhafter Vermögensbindung, MittRhNotK 1994, 89–112.

Wolf, Manfred (Berab.) / *Neuner, Jörg* (fortgef.): Larenz, Karl (Begr.) – Allgemeiner Teil des Bürgerlichen Rechts, 10. Auflage, München 2012 (zit.: Wolf/Neuner, Allgemeiner Teil).

Wolf, Manfred: Die Rechtsfähigkeit der Gesamthandsgemeinschaften in: Festschrift für Claus-Wilhelm Canaris zum 70. Geburtstag, Band I, S. 1313–1323, München 2007 (zit.: Wolf, in: FS Canaris).

Zöllner, Wolfgang: Rechtssubjektivität von Personengesellschaften? in: Festschrift für Joachim Gernhuber zum 70. Geburtstag, S. 563–578, Tübingen 1993 (zit.: Zöllner, in: FS Gernhuber).

Schriftenreihe des Centrum für Deutsches und Europäisches Insolvenzrecht Kiel

Herausgegeben von Stefan Smid, Silke Wehdeking und Mark Zeuner

Band 1 Stefan Smid (Hrsg.): Fragen des Deutschen und Europäischen Insolvenzrechts 10. Kieler Insolvenzsymposium. 2015.

Band 2 Sebastian Wilhelm Deichgräber: Gesellschaftsrechtliche Sitzverlegungen und haftungsrechtliche Begründungen internationaler insolvenzrechtlicher Zuständigkeiten. Zugleich ein Beitrag zur Verwendung in der Judikatur. 2012.

Band 3 Malte Engeler: Die zweigliedrige Personengesellschaft in der Insolvenz. 2012.

Band 4 Sebastian Müller: Verhandlungsgesteuerte Sanierung durch den prepackaged plan. Das Planinitiativrecht des Schuldners aus § 218 Abs. 1 S. 2 InsO als Ausgangspunkt steuer- und planbarer Gestaltungsprozesse. 2013.

Band 5 Christoph Pabst: Materielle Insolvenz – Die retrograde Ermittlung der Zahlungsunfähigkeit. 2013.

Band 6 Torsten Martini: Die Anfechtbarkeit der Zahlung der Vergütung des vorläufigen Insolvenzverwalters im Zweitverfahren. 2014.

Band 7 Stefan Smid: Zivilgerichtliche Verfahren. Grundlagen des Zivilprozesses und der Freiwilligen Gerichtsbarkeit. Ein Studienbuch. 2014.

Band 8 Philipp Schlenkhoff: Insolvenzgründe, Prognose und Antragspflicht. 2014.

Band 9 Alexander Bluhm: Die Anwendbarkeit und Auswirkungen der EU-Dienstleistungsrichtlinie auf Auswahl und Bestellung des Insolvenzverwalters. 2015.

Band 10 Karsten Andresen: Die objektiven Kriterien der Zahlungsunfähigkeit nach der Rechtsprechung des BGH und dem IDW. 2014.

Band 11 Rebecca Wolff: Stimmrechte im Insolvenzverfahren. 2014.

Band 12 Johannes Knop: Amtshaftungsansprüche bei insolvenzgerichtlichen Pflichtverletzungen. 2015.

Band 13 Nina Rohrberg-Braun: Die unselbständige Stiftung in der Insolvenz. 2016.

www.peterlang.com

www.ingramcontent.com/pod-product-compliance
Ingram Content Group UK Ltd.
Pitfield, Milton Keynes, MK11 3LW, UK
UKHW021846290926
8980IPUK00005B/671

9 783631 6720